非物质文化遗产保护理论与方法丛书

王文章 著

非物质文化遗产保护研究

文化艺术出版社
Culture and Art Publishing House

图书在版编目（CIP）数据

非物质文化遗产保护研究 / 王文章著 . —北京：
文化艺术出版社，2021.12
ISBN 978-7-5039-6938-6

Ⅰ. ①非… Ⅱ. ①王… Ⅲ. ①非物质文化遗产—保护
—研究—中国 Ⅳ. ①G122

中国版本图书馆CIP数据核字（2021）第249979号

非物质文化遗产保护研究

著　　者	王文章
责任编辑	叶茹飞　钟诗娴　贾　茜
责任校对	董　斌
书籍设计	顾　紫
出版发行	文化藝術出版社
地　　址	北京市东城区东四八条52号（100700）
网　　址	www.caaph.com
电子邮箱	s@caaph.com
电　　话	（010）84057666（总编室）　84057667（办公室） 　　　　84057696—84057699（发行部）
传　　真	（010）84057660（总编室）　84057670（办公室） 　　　　84057690（发行部）
经　　销	新华书店
印　　刷	国英印务有限公司
版　　次	2022年11月第1版
印　　次	2022年11月第1次印刷
开　　本	710毫米×1000毫米　1/16
印　　张	27
字　　数	361千字
书　　号	ISBN 978-7-5039-6938-6
定　　价	98.00元

版权所有，侵权必究。如有印装错误，随时调换。

目 录

1　《非物质文化遗产保护研究》再版自序

第一部分　知行探论

3　永远珍视中华民族的非物质文化遗产
　　——《非物质文化遗产保护研究》初版自序
12　坚定文化自信　推进非遗保护
24　非遗保护的继承与创新及其与文化市场、文化创意产业的关系
　　——由黎族传统纺染织绣技艺十年保护引起的思考
32　保护人类独特的文化记忆
36　非物质文化遗产保护步入规范里程
40　以《公约》精神推动非遗保护
　　——在成都国际非物质文化遗产大会上的主旨发言
44　总结非遗保护的"中国经验"
46　非遗保护的中国经验
51　形成广泛参与非物质文化遗产保护的文化自觉
56　简谈传统手工技艺的生产性保护
63　增强非遗保护的文化自觉
68　非物质文化遗产保护与国家文化发展战略
89　不断开创文化创造和文化遗产保护的新境界
94　尊重科学规律　创造性地保护非物质文化遗产
103　守护人类共同的精神家园
　　——中国的非物质文化遗产保护
119　正确认识和把握非物质文化遗产的传承规律
130　可持续发展离不开对无形文化遗产抢救与保护

133	保护传统艺术　弘扬优秀文化
	——在抢救和保护中国人类口头和非物质遗产座谈会上的讲话
137	珍视和保护少数民族文化艺术遗产是多元文化协调并存的重要基础
140	非物质文化遗产传承在文化生态保护区建设中的要义解析
	——以闽南传统戏曲艺术为例
145	人类社会发展的重要课题：保护和传承非物质文化遗产
	——在"中国非物质文化遗产保护论坛"上的发言
148	非遗保护，问题何在？
151	非遗传承需奋力
153	在保护中稳步发展　在发展中积极保护
	——在"中国传统工艺美术保护与发展研讨会"上的发言
157	创造非遗整体性保护的社会环境
161	文化符号传递多彩信息
163	非遗保护走向文化自觉
165	保护的灵魂是传承
168	让更多观众享受博物馆
171	同享月华的光辉与祝福
173	中国传统节日的文化内涵
187	扬弃传统文化　阐发儒学精神
190	挖掘文化遗产的"寻根之旅"
193	建设队伍　继承创新　推动发展
	——在"中国当代工艺美术双年展学术论坛"的发言

197	重视提高非遗保护能力
199	非遗生产性保护需减税护航
202	中华老字号：在继承与创新中演变
205	非遗理论建设的可贵探索
	——写在《非物质文化遗产概论（修订版）》出版之际
210	以文化人　以德润心
	——《记住乡愁》观后
213	坚守手艺
	——王亚雄与传统技艺
216	知行合一的追梦人
220	谭元寿、李世济最看重啥名头
222	珍视梅兰芳的艺术和精神遗产

第二部分　序评・建言

227	《绝世清音》序
229	《中国古版年画珍本》：极其珍贵的中国民间社会生活图像志
	——《中国古版年画珍本》总序
232	《非物质文化遗产概论（第四版）》前言
235	《活的记忆 —— 中国戏曲在当代》序
237	《非物质文化遗产保护与田野工作方法》序
239	《吴风物语 —— 无锡非物质文化遗产图鉴》序
242	《中国民间艺术传承人口述史》丛书总序
245	从书中看中国的世遗文化风采
	——《中国世界文化和自然遗产历史文献丛书》序
249	《中国传统节日》前言
254	《中国少数民族戏曲剧种发展史》再版前言

256	《南京云锦图典》序言
259	《捡起金叶》序
263	在工作实践中产生的理论思考
	——《风生水起——浙江省非物质文化遗产保护的生动实践》序言
266	《中国非物质文化遗产代表作丛书》总序
271	赓续薪传　久久为功
	——《2019非遗薪传奖图录》序言
274	《江宁非物质文化遗产资源集萃》序
280	关于加快我国"非物质文化遗产保护法"立法进程的提案
283	关于建立中国戏曲博物馆的提案
285	关于加快民族艺术国家三馆（中国工艺美术馆、中国戏曲博物馆、中国音乐博物馆）立项和建设的提案
287	关于进一步加快"非物质文化遗产保护法"立法进程的提案
290	关于建议在大、中、小学大力普及书法教育的提案
292	关于增加各级财政投入、重视保护戏曲剧种的提案

第三部分　媒体访谈

297	共同参与保护，构建和谐精神家园
	——中国艺术研究院院长、研究员王文章访谈
305	守护我们的精神家园
	——访中国艺术研究院院长王文章
309	科学保护才不会流于形式
	——专访中国艺术研究院院长、中国非物质文化遗产保护中心主任王文章

目 录

316	非遗，需要全人类共同守护
	——访中国艺术研究院院长、中国非物质文化遗产保护中心主任王文章
319	科学保护非物质文化遗产：访中国艺术研究院院长王文章研究员
326	中国非物质文化遗产保护：守护人类的精神家园
331	中韩文化遗产争夺硝烟再起
334	少数民族非物质文化遗产保护工作意义重大
	——访中国艺术研究院院长、中国非物质文化遗产保护中心主任王文章
336	文化遗产与我们一道前进
	——访文化部副部长、中国非物质文化遗产保护中心主任王文章
341	熔铸民族传统　彰显文化自信
	——文化部副部长王文章畅谈传统节日
348	有历史记忆的环境是非遗重建难点
	——访中国非物质文化遗产保护中心主任王文章
351	保护文化遗产　建设和谐文化
	——中国艺术研究院院长、中国非物质文化遗产保护中心主任王文章专访
355	王文章：建立文化生态保护实验区是保护非遗创举
358	王文章：京剧要创新，但不能盲目创新
359	国新办举办新闻发布会　王文章介绍我国非物质文化遗产保护与传承
	——在国务院新闻发布会上的答记者问
371	我国非物质文化遗产进入全面保护阶段
	——国务院新闻办举行新闻发布会　文化部副部长王文章介绍我国"非遗"保护与传承
374	文化部回应人大委员担忧：立法可强制保护非遗
377	非物质文化遗产保护的重要里程碑
	——文化部副部长王文章谈非遗法出台
383	要坚决制止非遗中的"伪民俗"

384	王文章委员：应对少数民族戏曲剧种实行抢救性保护
387	四川为国际非遗保护提供经验
	——访中国艺术研究院院长、中国非遗保护中心主任王文章
390	王文章：中国非遗保护工作总体已进入科学持续发展阶段
393	创新非遗传承人培养方式，建议将非遗传承人培养纳入现代教育体系
395	专访全国政协委员、文化部原副部长王文章："非遗保护传承不能丧失自我品格"
400	退出机制是非遗保护不可缺的一环
403	政协委员王文章：非遗传承应当促进当代文化创新
407	新中国戏曲艺术的70年
	——全国政协京昆室副主任王文章访谈

《非物质文化遗产保护研究》再版自序

以2001年5月18日昆曲被联合国教科文组织公布为首批"人类口头和非物质遗产代表作"为标志，中国现代意义上的非物质文化遗产保护已走过20多年的历程。随着对保护实践认识的深化，2008年11月4日，联合国教科文组织公布第四批代表作名录时，将原用的"人类口头和非物质遗产"这一名称，改为"人类非物质文化遗产"。人们从一开始觉得这两个名称念起来拗口、不适应，到今天对"非物质文化遗产"这一称谓较为熟悉，还逐渐比较普遍地把"非物质文化遗产"一词简称为"非遗"。"非遗"和"非遗保护"实际上都已成为专业名词。这充分说明当代社会对非物质文化遗产保护已经具有了过去从来没有过的广泛认知度，以及人们对优秀传统文化的珍视和以文化自信自觉参与保护的热忱。

中华民族历来有着保护文化遗产的优良传统，《诗经》将民间歌谣与正声雅乐、宗庙祭祀舞曲歌词汇集传世就是例证。历朝历代文人对市井民生业态、百工技艺等，也有大量记载，这对我们认识今天以"非物质文化遗产"描述的物象情状及其价值，亦有深刻启示。像康有为在他的《广艺舟双楫》中说："譬江汉游女之风诗，汉魏儿童之谣谚，自能蕴蓄古雅，有后世学士所不能为者。"清人徐沁在《明画录序》里也说："琴弈之有谱，而卒莫能发其闷者何也？盖琴之妙，在于抚弦弄指之间，及鼓罢而音亡，了无可传矣。况求弈于推枰敛子之后，是何异于醒而说梦乎？"抚琴、弈棋无形的技艺及依托的文化意蕴，相比于可见的琴和棋子，更为重要。前人的认知，对我们今天的非遗保护仍具有很好的启发意义。但建立起国家整体性文化发展战略基础上的非遗保护体系，只有在今天人们对非物质文化遗产的认知更具文化自信的时候，才成为现实。

什么是非物质文化遗产？虽然今天大家对它的概念已越来越清晰，却也仍常见一些人仅把物质的、可见的呈现形态当作非遗项目的全部。比如我们看到的广告中常有"中国非物质文化遗产××酒"等此类的表述。这样的说法往往会使我们忽视了非遗的实质内涵。实际上，酒的酿造技艺及技艺的文化蕴涵才是非遗的核心。而这样的现象，也并非个例。因此，非遗保护要坚持科学保护的原则，今天仍然需要从它的基本概念、呈现形态、传承规律、保护原则与方式以及怎样认知非遗的价值、保护的意义等方面来正确认知非遗与非遗保护。如此，我们的保护工作才能符合规律，有的放矢，收到实效。否则，就会事倍功半，甚至对非遗造成损害。好在今天的非遗保护实践已经提供了比较丰富的科学保护的经验。除了理论工作者要总结这些经验以外，各级非遗传承人也应结合自己的传承历程，总结、阐发传承的经验、思考，他们的体会最具实践性，最鲜活，也最具说服力。非遗与非遗传承人不可分离，非遗传承人保护是非遗保护的核心，尊重传承人的传承（包括继承、延续、再创造）主体地位，尊重传承人在继承基础上的创新，是非遗保护也是理论研究最重要的命题之一。我们讲非物质文化遗产价值的时候，很多时候都是在讲它的共性价值，而某项非物质文化遗产持有者的传承人、社区、群体基于该项目而产生的个体的情感记忆和精神依归，更是具有个性和独特性的。这种蕴含人类智慧和精神血脉的文化情感记忆，因其个体性而愈加鲜明和独特。它具有在某一时期、某一文化区域内促成人类价值观交流的独特意义。它体现的共性价值我们要珍视，它基于个体感受的独特价值更应尊重。只有如此，我们才能在非遗保护中真正尊重非遗项目的持有者（传承人、社区、群体）在项目认定、传承和享有相应权益中的主体地位，包括他们对非遗保护和管理范畴的话语权。有了这样一个原则，非遗保护才可能健康、持续，我们的理论研究才可能比较符合实际。

在我国非遗保护工作初起之时，我即参与了这一工作。由于担任中国艺术研究院院长兼中国非物质文化遗产保护中心主任，在参与保护工作实践的同时，我也注意学习、总结、探讨非遗保护的理论问题，不断深化认知非遗保护的科学规律，以期从遵循科学规律的保护实践中求得保护工作的实效。这就有了汇集这些思考的于2013年5月由文化艺术出版社出版的《非物质文化遗产保护研究》一书。非遗保护实践不断发展，人们对非遗及其保护的认知也不断深化，不少新的经验和问题需要不断从理论上加以总结、概括。因此，近七八年来，我仍然结合非遗保护工作的发展，思考非遗保护中的一些新的问题，也就有了一些新的文章发表。尽管这些文章或为应报刊、同道之邀而撰写，或为参加研讨会及讲学而撰写，但皆非应酬之作，都表达了我对非遗保护中主体性的基本问题或新问题的针对性看法。相信这些看法和书中所提出的问题，可以作为基础引发从事非遗保护理论研究的同道做更深入的探讨。正好去年文化艺术出版社社长杨斌同志提出希望将《非物质文化遗产保护研究》纳入该社《非物质文化遗产保护理论与方法丛书》再版，我欣然同意。第一版出版时，张晶、刘涛同志和出版社原社长沈梅同志帮助把收入书中的文章汇集整理起来，胡晋同志做了认真的编辑。本次再版，徐贺同志帮助搜集了新补入的近八九年来发表的大部分文章，出版社总编辑王红同志提出了很好的意见并重新编辑调整，叶茹飞、贾茜、钟诗娴同志认真校订，在原文基础上做了一些技术性的订正。本书再版之际，谨对以上同志给予的帮助表示感谢。同时，书中除了收入我本人发表的文章之外，还附有部分媒体记者的采访报道及我在全国政协会议上有关非遗保护工作的提案。媒体报道中记者的文章都比较准确地表达了我的思考；提案有的是由我单独提出，有的是由我作为主要提案人征得有关政协委员（如梅葆玖、李世济、叶少兰、朱乐耕、朱世慧等）同意签名后共同提出。在此表达我对这些朋友们的谢意。

非遗保护是在科技的迅猛发展和社会现代化演进带来人们生活方式、生产方式快速改变的背景下实施的，它与人们思考以未来为导向的社会发展目标，保持社会的可持续发展相对应。对我们而言，非遗保护一方面有利于加强中华民族共同体意识和共有精神家园的建设，另一方面有利于维护人类文化多样性，发挥中华文明独特优势，构建人类命运共同体，开创国际关系和人类文明发展新格局。珍视非遗，不断地在保护实践中认知非遗，从而更好地保护非遗，是我们当代人的责任。保护非遗，要立足"保护"，它的要义是要着力于传统文化资源的集聚，保护为主，抢救第一，合理利用，传承发展。合理利用是保护的内涵之一，很多非遗项目本来就是人们的生活方式、生产方式的一部分，以合理利用的方式保护传承，无疑是上佳的选择。合理利用，就要禁止以歪曲、贬损的方式使用非物质文化遗产。

任何时代文化创新都是社会发展的精神引领。非遗保护既是保护人类的精神家园，也为文化创新提供丰厚资源。非物质文化遗产是在恒定性和活态流变性的对立统一中发展的。就非遗保护而言，创造性转化、创新性发展是由传承人在继承、融汇、吸收的过程中自然而然开花结果的。社会相关方面要为传承人的传承创造条件，支持传承人通过自己的传承过程实现创新。其他人就项目传承的越俎代庖、移花接木都是违背其传承规律的。保护本身就包含了扬弃，创新亦是传承的题中应有之义。鲁迅在《摩罗诗力说》中说："时时念辉煌之旧有，故其新者日新，而其古亦不死。"非物质文化遗产的演进、传承，生生不息，就因创新从来是它的灵魂。但非遗保护既被世人谓之"保护"，是就它在今天所处的前所未有的独特情境而言的。保护，说明它与文艺创作、文化市场、文化产业等所处的情境不同，发展的直接指向和发展的直接目的也不同，所以它既不可能也不应该搞成产业。同时，非遗的非物质特性决定了它的核心主体——技艺只能通过持有者（传承人）本人日积月累学习和生产实践习得，不会像商品一样可以通过买卖取得。即便通过知识产权转移，技艺持有者的技艺本身也不会随之发生转移。技艺的转移，仍然需要通过学习和实践，这决定了非遗不能作为商品进入市场。非遗项目不是商品，但非遗项目的作品（产品）可以进入市场。非遗的作品（产品）一旦作为商品进入市场，它便与非遗的技艺脱离了联系，不再是非遗的构成部分，就不能称作非遗了。就像各种酒，当它脱离了酿造技艺，就不能单独称作非物质文化遗产一样。但非遗作品（产品）的商品性，决定了很多非遗项目完全可以以生产性保护等方式充分体现其经济价值，使传承人获得自身生活和可持续传承的经济保障。在此基础上，生产性保护完全可以为地方经济发展带来助力。

文艺创作、文化产业、文化创意产业的发展要充分利用非遗资源。非遗保护为文化创新提供宝贵资源，也是非遗保护的初心之一。文化产业要借助非遗资源大力发展，充分开发利用非遗资源是当代文化发展的重要方面。但非遗资源的产业利用，首先是要本真性地把非遗保护下来，不能以文化创意开发代替非遗保护。文化创意产业不属于非遗保护的范畴，不能以文化创意发展作为非遗传承的路径。非遗保护要防止文化创意化的倾向，要防止创意性的变异。否则，我们可能会以保护的名义加速失去我们本应珍视和保护的东西。同时，在现代社会的背景下，应通过各种方式宣传非遗，这是为了让更多的人特别是年轻人珍视和认知它，但传承本身是在生活中，而不是在表演中。非物质文化遗产的活态性，就表现在它是我们生活的组成部分，它的价值也表现在其日常存在和传承本身。非遗保护要重视非遗自身作为人们的生活方式和生产方式体现的日常价值，它伴随着人类社会发展进程，会使人类文化传统的纽带更结实，人们的精神、情感更丰富、更健康，人们的精神家园更美好。

今天，在坚持文化自信的思想背景下，我国的非遗保护有了理论把握更科学、保护实践推进更切实的法制化、体系化的安排，尽管这种安排仍然需要在实践的探索中追求最有效的体现。作为理论工作者，要在深入非遗保护实践的社会考察中概括、总结非遗保护的理论，并尽可能以理论成果服务于保护实践。有的理论工作者以批判性的精神阐释非遗这一社会历史和精神文化领域的现象，及侧重剖析我们今天保护实践中的问题，警示我们疏离本体规律的实践活动，这是重要而可贵的。但我认为仅此是不够的。我们更应该提倡理论工作者通过参与保护实践或深入保护实践的社会考察，发现和总结传承主体、保护主体在实践中不断探索、创造的解决保护实践中问题的好办法、好经验。保护实践就是从面对问题开始的，保护实施就是在不断解决问题和克服困难的过程中发展的。保护过程中出现和存在的问题，都是传承主体、保护主体以创造性的智慧通过探索的实践不断解决的。面对非遗和非遗保护，理论工作者既要具备批判性的眼光，更要具备发现和揭示创造性经验的眼光，尽可能为非遗保护实践寻求深层次的理论支持，揭示"是什么""为什么"和该做什么、怎样去做。

现在，国务院学位主管部门已公布在有关学位授予单位设置非物质文化遗产二级学科，设立非遗方向人才培养试点，非遗保护正式列入普通高等学校本科专业目录。基于如此背景下的非遗理论体系和学科体系的建构更有迫切性，这就更需要注意避免为构建而构建的盲目性。一是避免照搬国外和其他学科体系构架，以"拿来主义"代替自身的学术建构；二是避免脱离我国的非遗保护实践，搭建从理论到理论的空中楼阁。非遗保护作为一个实践类的学科，"经世致用"是第一要义。理论体系、学科体系的建立要深入考察我国非遗保护的实际，汲取其进程中鲜活的创造智慧，并借鉴吸收国外和其他学科的理论资源，实现自身理论体系和学科体系建设的开放与活跃。

理论来自实践，对发展着的保护实践的认知没有止境。本书作为非遗保护实践进程中理论思考的一个记录，奉献给对非遗保护和相关理论研究有兴趣的读者，以求得交流与批评。

王文章

2022 年 8 月 9 日

第一部分 知行探论

永远珍视中华民族的非物质文化遗产
——《非物质文化遗产保护研究》初版自序

中华民族具有保护、传承优秀文化遗产的深厚传统，但我国现代意义上的非物质文化遗产保护工作的开展，却是近十几年的事情。2001年5月18日，联合国教科文组织公布世界首批"人类口头和非物质遗产代表作"名录，我国的昆曲艺术名列其中。以此为标志，短短十几年，我国的非物质文化遗产保护已从初始比较单一的项目性保护，走向了整体性、系统性的全面保护阶段。2011年2月25日，全国人大常委会通过《中华人民共和国非物质文化遗产法》，同年6月1日起正式施行，我国的非物质文化遗产保护，已经在具有自觉性的科学保护的道路上迈进。

我国的非物质文化遗产保护成效是显著的，其保护实践显示的意义，产生了重要的国际性影响。

第一，我国重视积极参与和推动国际间的合作。非物质文化遗产保护是一项维护人类文化多样性的国际性课题。因为丰富多样的文化遗产不仅是一个国家、民族的文化财富，而且是属于全人类共同的精神财富，保护优秀的文化遗产是全人类共同的责任。中国积极参与联合国教科文组织实施的人类非物质文化遗产代表作公告制度。目前，我国已成为拥有该组织公布的人类非物质文化遗产代表作名录、急需保护的非物质文化遗产名录和保护非物质文化遗产优秀实践名册项目数量最多的国家。

通过项目的申报，向世界充分展示了我国非物质文化遗产的独特价值及实施保护的积极态度和创新务实的保护实践。2004年8月，全国人大常委会批准加入联合国教科文组织《保护非物质文化遗产公约》，我国成为最早加入该公约的国家之一。近年来，我国相关机构举办了一系列非物质文化遗产保护的国际学术研讨会，并通过展览、演出向国际社会介绍中国保护工作的实际情况，让世界看到我国非物质文化遗产保护工作的开展，不仅很好地体现了联合国教科文组织提出的保护工作的宗旨，而且以自己的实践推动了世界范围内保护工作的开展。2012年2月，联合国教科文组织亚太地区非物质文化遗产国际培训中心在北京的中国艺术研究院成立，既说明了国际社会对我国保护工作成绩的肯定，也说明了"中国经验"的传播对促进世界范围内非物质文化遗产保护具有的意义。

第二，重视推进立法保护。《中华人民共和国非物质文化遗产法》的颁布和实施，是我国文化领域的重要事项。这是新中国成立后文化领域的第二部法律（此前只有《中华人民共和国文物保护法》）。该法对我国的非物质文化遗产保护做了整体性的规定，奠定了我国非物质文化遗产保护工作科学性、规范性和持久性开展的基础，也标志着我国的非物质文化遗产保护已走上依法保护阶段。

《中华人民共和国非物质文化遗产法》颁布之前，在2005年3月国务院办公厅颁发了《国务院办公厅关于加强我国非物质文化遗产保护工作的意见》（以下简称《意见》）；同年12月，国务院公布了《国务院关于加强文化遗产保护的通知》（以下简称《通知》），其中包括了非物质文化遗产的保护。这两个文件是国家最高行政机关首次就非物质文化遗产保护工作发布的指导意见。文件对保护工作的指导思想、工作原则、实施步骤都做了规定。《通知》指出，保护工作的方针是："保护为主、抢救第一、合理利用、传承发展。"《意见》指出，保护工作的原则是："政府主导、社会参与，明确职责、形成合力；长远规划、分步实施，点面结合、讲求实效。"这些重要的指导思想和原则，为我国非物质文化遗产保护初始阶段的健康发展奠定了基础。同时，国务院规定从2006年起，每年6月的第二个星期六为"中国文化遗产日"。文化遗产日的施行，为调动社会特别是公众自觉参与非物质文化遗产保护起到了重要的推动作用。

第三，在保护实践中探索总结形式多样的保护措施。我国主要从以下方面开展保护工作：全面普查，弄清楚目前我国非物质文化遗产的基本情况，包括数量、项目产生的渊源、演变的历史过程、现状、传承人、保护措施等；制定保护规划；建立四级（国家级、省级、市级、县级）名录保护体系和国家级传承人名录公布制度。同时，从整体性保护的原则出发，设立国家级文化生态保护实验区，以维护文化的多样性、保护文化生态空间的完整性和文化资源的丰富性；从积极保护的原则出发，避免静止和凝固的保护，在不改变非物质文化遗产项目按其内在规律自然演变的前提下，对传统技艺类项目，以及传统美术、传统医药、饮食文化类项目等尽可能寻找生产性保护的方式加以传承和发展。这些项目本来就是人们传统的生产方式、生活方式，在今天，要强调生产性保护的方式是非物质文化遗产依靠自身价值的体现，而获得持久性传承的重要方式之一，它在上述项目的保护方面已经显示出突出的有效性。从抢救第一的原则出发，要对那些濒临消亡的非物质文化遗产项目，以及陷入生存困境的项目，通过文字、数字化等形式加以抢救性保护，使之转化为有形的形式加以保存和传承。从原真性动态保护的原则出发，对民间信仰及一些民间的礼仪、仪式等，要尽可能使它在产生、生长的原始氛围中保持其动态的活力。

第四，社会公众不断树立自觉参与非物质文化遗产保护的意识，健全的传承保护体系和有效的保护机制正在形成。近十多年来，随着保护工作的推进和宣传教育，社会公众逐渐认识到非物质文化遗产保护的重要意义，非物质文化遗产保护家喻户晓，非物质文化遗产保护得到社会公众的高度认同，还没有任何一项文化工作像非物质文化遗产保护这样广泛地深入人心。从我国的保护实践中可以看到，只有社会公众自觉地参与，保护工作才会真正取得成效。社会公众自觉参与保护的程度，决定着非物质文化遗产保护的实际成效。

　　非物质文化遗产保护工作开展的时间不长，它走过的保护历程，实际上是一个在总结实践经验中不断探索的过程。但我国的非物质文化遗产保护工作一路走过来，基本上没有走弯路，这首先是党中央、国务院的高度重视和支持，以及中央建立在文化自觉、自信、自强基础上的对中华民族传统文化的科学认知，这使我们对非物质文化遗产的认识和评价也就具有了一种科学的态度，对项目的认定也就把握了一种科学性，这是我国的非物质文化遗产保护工作没有发生偏差的首要原因。其次是在重视加强国际性合作和认真履行联合国教科文组织《保护非物质文化遗产公约》的同时，十分重视"中国经验"的创造和总结。保护措施的制定和实施，都明确坚持从我国国情出发，学习但不照搬国外经验，而是在保护实践中创造性地开展工作，以不断创新的经验推动保护工作健康发展。最后是在我国的保护工作中，建立起了良好的工作机制。文化部、财政部等相关部委以联席会议制度的形式，共同携手推动保护工作；中央和省级政府文化部门设立了专门的管理机构，随着中国非物质文化遗产保护中心的成立，各地也都成立了非物质文化遗产保护中心，具体规划、指导、实施保护工作，真正形成了"政府主导、社会参与，明确职责、形成合力"的工作机制。政府主导，主要体现在立法、规划、指导和经费投入方面，而非物质文化遗产项目的传承人作为传承主体，社会有关机构等作为保护主体，共同在保护工作中发挥了根本性的推动作用，特别是传承主体，在我国的保护工作中发挥着关键性作用。还有一个方面是社会公众不断树立起自觉参与保护的意识，共同在舆论和实际工作中推动着我国保护工作的开展。在非物质文化遗产保护的宣传、教育方面，新闻媒体发挥了重要作用。

　　在保护非物质文化遗产的工作实践中，坚持科学保护的原则、坚持遵循客观规律是十分重要的。科学保护的前提是首先要弄清楚什么是非物质文化遗产。在保护工作的初始阶段，这并不是一个清晰的问题，在今天，参与保护工作的同志们都比较清楚地知道非物质文化遗产包含的范围内容,也比较清楚非物质文化遗产作为一个概念来描述的时候,可以这样来定义:非物质文化遗产是人类口传心授、世代相传的无形的、活态变化的文化遗产,亦即联合国教科文组织《保护非物质文化遗产公约》指出的,是"被各社区、群体,有时是个人,视为其文化遗产组成部分的各种社会实践、观念表述、表现形式、知识、技能以及相关的工具、实物、手工艺品和文化场所"。非物质文化遗产更多地表现为精神性、智慧性、技艺性的呈现形态,它与我们的精神、情感、思维方式相联系,它往往是通过人们的生产方式和生活方式呈现出来的。

坚持科学保护的原则,还要正确认识非物质文化遗产的传承规律。其重要的规律是"恒定性"和"活态流变性"。恒定性是指人类智慧、思想、情感和劳动创造积淀形成的生产、生活方式和思想、情感表达方式,它成为个体的人的一种"群体"活动,形成一定群体共同遵守践行的一些规则,这些规则具有集体维持的恒定性,不是一个个体可以随便改变的,它世代相传,因之具有一定的恒定性。但是,随着时代、环境、生产生活条件、审美趋向等的变化,整个传承链条上每一个环节的传承者,都会把自己的独特体验融入其中,所以整个传承过程又不是凝固不变的,它是在继承和创造的统一性中发展,这就是它的恒定性和活态流变性。正因如此,它才有可能作为传统而持久延续。

我们说科学保护非物质文化遗产,既不是人为地随意改变它按照自身演变规律自然演变的进程,也不是使之静止、凝固不再发展,而是要保护它能够按照自身发展规律去自然演变。正因为我们的保护工作是建立在尊重客观规律的基础之上,所以才能够一直保持一种稳健而具有持久性的健康发展态势。

我有幸持续性地参与了我国十多年来的非物质文化遗产保护工作实践。从2000年底到2001年初,主持并组织首届向联合国教科文组织申报昆曲艺术为"人类口头和非物质遗产代表作"起,我连续三届承担组织评审委员会主任的工作,并作为文化部副部长具体指导第四届的申报工作。回想首届申报之时,人们大都不清楚"人类口头和非物质遗产代表作"是怎么一回事。在这种情况下，文化部把申报评审工作交给了中国艺术研究院，在经费困难且当时中国艺术研究院职工全额工资都难以保障的情况下，大家积极筹措制作申报文本和短片及音像资料的经费，按照联合国教科文组织的申报规则一丝不苟地讨论、评审。虽然专家们对规则的理解意见并不一致，甚至争论起来，但高度的责任感把大家凝聚在一起，求实的科学精神把大家统一起来，最终将红火一时的"丽江古乐"这样的伪"非遗"剔除在外（发展演艺产业是另一回事），昆曲艺术成为专家们一致同意的推荐项目。因为没有经验，申报材料的制作也很艰难，报到联合国教科文组织后，曾有数次文本的返回修改，每次都是夜以继日，以最迅捷的速度完成报回，生怕误了每次修改的截止时间。申报评审及加班加点工作没有任何报酬，但大家没有任何怨言。当时，中国驻联合国教科文组织办事处的同志每次都及时地反馈前方意见，内外协调配合，很好地完成了任务。每每忆起那时的评审工作，对共同参与工作的同志们，我都心怀真切的感激之情。后来的申报评审工作虽仍有困难和曲折，但规范、公正、公平的评审与科学、细致的申报文本制作，保证了我国向联合国教科文组织申报人类非物质文化遗产代表作的工作取得重要成绩。

  作为中国非物质文化遗产保护中心主任，我还有幸参与了十多年来我国保护工作的一系列具体组织工作。这些具体工作的艰难与曲折自不待言。但文化部、财政部和相关部委高度重视与支持，文化部原部长孙家正、现任部长蔡武同志和财政部分管教科文财政工作的负责同志都把非物质文化遗产保护工作摆在重要位置；同时，各地相关机构的同志们努力推进工作，大批著名专家学者如刘魁立、乌丙安、冯骥才、资华筠、祁庆富、刘锡诚等积极参与，共同推动我国的非物质文化遗产保护工作在克服困难中不断前行。其中，不能忘记的是，周和平同志担任文化部副部长分管非物质文化遗产保护工作期间，他通过开拓性的工作思路和推动措施加强这一工作，在他的领导之下，全面的保护工作有了显著的进展。我担任文化部副部长后一段时间，又接手分管这一工作。2012 年底从副部长岗位退休后，我仍继续担任中国艺术研究院院长兼中国非物质文化遗产保护中心主任，及联合国教科文组织亚太地区非物质文化遗产国际培训中心管委会主席。我感谢组织赋予我这样的工作岗位，使我有机会在我国非物质文化遗产保护的重要阶段参与这一工作，在工作实践中学习并为推动这一对中华民族优秀文化传承与发展具有重大意义的工作贡献力量。正是抱着恪尽职守努力适应工作的决心，在参与推动保护工作的同时，我也在努力思考并总结保护工作实践中的问题和理论。因为只有理论与实践并行，从实践中总结理论又使之指导和推动实践，保护工作才能健康地发展。这十多年中，不少理论工作者以自己的研究成果奉献于保护工作的实践。在工作的过程中，同时进行理论的思考，也同样是我的一个想法，这当然也缘于我供职于中国艺术研究院的责任。2006年10月，我与陈飞龙等七位同事共同编撰出版了《非物质文化遗产概论》，这本书比较系统地阐述了关于非物质文化遗产保护的理论思考。现在，我把自己十多年来发表的有关非物质文化遗产保护的文章整理出来，结集出版，与热心于非物质文化遗产保护的同行和读者交流，以期进一步思考正在进行并在不断解决新问题中探索前行的非物质文化遗产保护问题。

　　我感到欣慰的是，正因为处在保护工作的实践之中，对非物质文化遗产保护发展进程中的主要问题，我都较早地提出了自己的看法，像我提出的"生产性保护"等观点也得到保护工作实践的认同。但这本集子中的文章大都是根据保护工作发展的实际问题提出看法，也多数是媒体朋友约稿写成，也就难免有缺乏系统性及重复论述的问题。好在这些文章都是我在保护工作实践历程中有针对性的思考，或许有回顾总结这段保护工作实践的参考价值。同时，我在一些文章中提出的问题或观点，也是今后保护工作实践中仍然需要探索和回答的一些问题。因此，这些文章也可以为今后更深入的理论思考提供借鉴。本书还附有我在全国政协会议上有关非物质文化遗产保护工作的提案和部分媒体记者采访的报道。提案中有一些是我单独提出，有的是作为主要提案人征得有关政协委员同意签名后共同提出，如梅葆玖、叶少兰、朱世慧、朱乐耕等同志都与我共同提出过相关提案。媒体报道中，记者的文章也都比较准确地表达了我的思考。相关提案与部分采访的文章附录于后，一方面也借此表达对这些朋友们的谢意。

我国的非物质文化遗产保护工作任重道远。今后，我们要在全面落实《中华人民共和国非物质文化遗产法》的基础上，重在建立健全非物质文化遗产的传承机制，仍然要以传承人为核心，以持续传承为重点，以促进各民族、各社区、群体和个人之间的相互理解、尊重和社会可持续发展为目的，推动开展全面的保护工作，要使广大人民群众自觉参与非物质文化遗产保护工作并共享保护成果。非物质文化遗产保护不是为了留住历史，而是要着眼于在继承优秀文化传统的基础上，进行文化创新。所以在保护工作过程中，我们既反对盲目否定传统文化遗产，也反对"泛文化遗产论"。同时明确我们提倡大力保护的非物质文化遗产，是指那些不违反人性、符合现有国际人权文件，有利于社区、群体和个人之间相互尊重和可持续发展的非物质文化遗产，要大力倡导传承人在认真学习、地道地继承传统的过程中，以自己的思考与体验赋予非物质文化遗产时代的新创造。

在今天，我们仍然需要深入认识非物质文化遗产的重要价值。无论是从中华民族五千年文明史的纵向发展看，还是从中华民族是由多民族组成的民族大家庭的多样性文化创造看，非物质文化遗产作为人类文明的创造成果，它在中华民族传统文化的构成中都占有重要地位。可以说，作为人们生活方式、生产方式和思想情感表达方式的非物质文化遗产，千百年来，同儒家文化、道家文化和佛教文化一起，共同构成中华民族传统文化的主体。比如，中华民族大家庭中各民族都有民间信仰，很多民间信仰并非儒、释、道所能涵盖的，正是民间信仰及表现为人们传统的生产方式、生活方式与思想情感表达方式的多种非物质文化遗产蕴含的文化传统，更广泛地维系着大众的文化趋向，传递着人们的信仰和习俗。从这个意义上讲，我们对非物质文化遗产的价值和保护意义的认识仍然不够充分。应该看到，非物质文化遗产保护对于我们建设中华民族的精神家园和促进当代文化创新都具有十分重大的意义。只有进一步深入认识非物质文化遗产的价值与保护的意义，我们的保护工作才会更具有紧迫性、自觉性、实效性。我们应该永远珍视中华民族的非物质文化遗产，努力保护传承非物质文化遗产并不断创新发展非物质文化遗产。

（原载《非物质文化遗产保护研究》初版自序，文化艺术出版社2013年版，《新华文摘》2014年第5期转载）

坚定文化自信　推进非遗保护

以 2001 年 5 月 18 日中国昆曲艺术被联合国教科文组织公布为"人类口头与非物质遗产代表作"为标志，中国现代意义上的非物质文化遗产保护已走过近 20 年的历程。中国非遗保护以令人瞩目的成就为社会公众所广泛认知并获得了国际社会的高度评价。站在新时代的节点，深入学习领会习近平同志提出的文化自信这一时代课题，以及习近平同志 2019 年 8 月 19 日在敦煌研究院座谈时指出的"要加强对国粹的传承和非物质文化遗产保护的支持与扶持"的重要讲话，对于我们从理论和实践上更明确地理解新时代非物质文化遗产保护的深刻意义、非遗的重要价值，以及对非遗保护的科学性把握，以更明确的指导思想，以更科学、更切实、更有效的方式做好非遗保护工作具有重要意义。

非遗保护应保护什么和不保护什么

什么是非物质文化遗产？这是近 20 年来大家一直在说的一个问题。即使今天大家对它的概念越来越清晰，但除了从事和关心非遗保护的人们，社会上仍常见一些人仅把物质的、可见的呈现形态当作非遗项目的全部，比如我们常看到的广告中"中国非物质文化遗产××酒"这样的表述等。这样的说法往往会使我们忽视了非遗的实质内涵。实际上，酒的酿制技艺才是非遗的核心。因此，非物质文化遗产保护要想坚持科学保护的原则，坚持遵循客观规律，前提就是要先弄清楚什么是非物质文化遗产，以及要保护什么样的非物质文化遗产。

作为一个概念，非物质文化遗产可以这样来定义：它是人们通过口传心授、世代相传的无形的、活态流变的文化遗产。亦即联合国教科文组织《保护非物质文化遗产公约》中指出的，是"被各社区、群体，有时是个人，视为其文化遗产组成部分的各种社会实践、观念表述、表现形式、知识、技能，以及相关的工具、实物、手工艺品和文化场所"。它更多地表现为精神性、知识性、技艺性的呈现形态，相关的实物只有与它们相联结的时候，才成为非遗项目的构成部分。非物质文化遗产与我们的精神、情感、思维方式相联系，它往往是以人们的生产方式和生活方式呈现出来的。它作为呈现形态来表达时应涵盖以下范围：1.口头传统和表现形式，包括作为非物质文化遗产媒介的语言；2.传统表演艺术；3.社会实践、礼仪、节庆活动；4.有关自然界和宇宙的知识和实践；5.传统手工艺。除以上范围，还有人认为非遗应包含与上述5个方面相关的文化空间。如庙会，在一个特定的时间（这一时间一般是固定的）和特定的地点（就是举行庙会的这个地点），举行的有关民族民间传统文化的活动，这就是文化空间。

目前，我国实行的国家级非遗名录保护制度中，是按10种类型界定非遗项目的：1.民间文学，这是我国非物质文化遗产中最基本也是最主要的门类和领域之一。它是民众主要以口传心授方式代代相传、集体创作和享有的口头文学。如"梁祝传说""孟姜女传说"等。2.传统音乐，它是我国非物质文化遗产各门类中最能体现普通大众心声的部分。运用中华民族特有的音乐艺术形式、表现具有鲜明的民族审美内涵和情感的那些音乐作品，是体现各民族文化多样性和确立各民族文化身份的重要标志。3.传统舞蹈，中国传统舞蹈与各民族群众的生产、生活密切相关，是民众精神、文化生活的重要组成部分。它以口传心授传承的异彩纷呈的艺术表现形式，体现了各地区、各民族人民独特的文化风貌和民俗风情。4. 传统戏剧，中国传统戏剧历史悠久，尤其是中国戏曲，各个剧种积淀了深厚的民族民间文化，综合了歌舞、文学、音乐、美术等艺术元素，以虚拟和程式化的表演，创造了区别于世界其他任何戏剧的独特的表演体系。5. 曲艺，今天仍然有 400 个左右的曲种在民间有演出活动。它以口头说唱的形式，通过"说书""唱曲""谐谑"等方式，以最通俗最具民间性的表达，宣泄情怀、娱乐民众。6. 传统体育、游艺与杂技，这些是各民族群众重要的娱乐、健身活动方式，历史悠久。它体现着民众的健康生命追求和娱乐审美情趣。7. 传统美术，指一切在中国传统审美观念引领下，以独特的表现工具和手法表达的民族美术形态，但其中的民间美术不仅具有造型艺术的一般属性和意义，更具有体现中华独特美学品质的表现形式，如年画、剪纸、泥塑等。8. 传统技艺，如丝绸织染、生铁冶铸、木作、造纸、木版印刷等发明创造，都离不开传统手工技艺。迄今，举凡瓷器、笔墨纸砚、制药酿酒、金箔银饰等传统工艺，依然在民众的社会生产和日常生活中广泛应用。所有这些传统手工技艺，都是人们智慧和创造力的结晶。9. 传统医药，既包括汉族的医学医药，也包括藏、蒙古、苗、瑶、彝等其他少数民族的传统医学医药。它蕴含了中华民族特有的哲学思想、思维方式和对生命的认知理念。中药学是中医学的重要内容。中药学对中药的采集、炮制，对药性、药量、配方、服用的分析，都建立在对植物学的深入认识上，具有很高的科学性。10. 民俗，民俗和民间信仰是不同民族文化的重要组成部分，体现着特定民族或群体的生活形态、审美个性和文化精神。它们都以人本身的活动作为重要载体，呈现为生活形态，却与人们的生产、情感和精神有紧密的联系。如二十四节气、春节习俗等。

  非物质文化遗产的科学分类，需要在我国非遗保护的实践和研究基础上，借鉴国际规范，建立起比较具有科学概括性而又符合我国普查与保护应用实践的分类体系。以上 10 种分类，是基于当时我国公布国家级非遗保护名录的保护需要设定的。实际上按照更科学性的分类，"语言"应单列，"传统体育、游艺与杂技"应分列为"杂技"与"传统武术、体育、竞技"，"文化空间"亦可单列。如我主编的《非物质文化遗产概论》（文化艺术出版社 2006 年版）中，就据此将非遗项目分为了 13 类：语言（民族语言、方言等），民间文学，传统音乐，传统舞蹈，传统戏剧，曲艺，杂技，传统武术、体育与竞技，传统美术、工艺美术，传统手工技艺与其他工艺美术，传统医学和医药，民俗，文化空间。

那么，是不是一切非物质文化遗存都要保护呢？国际公约文件和我国政府的相关文件制定的认定非遗项目的标准大体可归纳为如下几项：1. 具有杰出价值的民间传统文化表现形式或文化空间；2. 具有见证现存文化传统的独特价值；3. 具有鲜明独特的民族、群体或地方文化特征；4. 具有推进民族文化认同或社区文化传承的作用；5. 具有精湛的技术性；6. 符合人性，具有影响人们思想情感的精神价值；7. 某些项目的生存呈现出某种程度的濒危性，尤其需要关注。

在规范认定非遗项目标准的同时，一些国际公约文件和我国的《中华人民共和国非物质文化遗产法》也都明确指出，我们提倡大力保护的非遗，是指那些不违反人性、符合现存国际人权文件，有利于民族、社区、群体和个人之间的相互尊重和顺应"可持续发展"的非遗。与此相反指向的则不予保护。同时，对于一些不可能整体保护而又有关联价值的项目，则首先保护重要项目的关联部分，如"口头传统和表现形式，包括作为非物质文化遗产媒介的语言"，意即在难以保护所有的民族语言和地方语言的情况下，对于确定为重要保护项目的非遗，其作为项目内容载体的语言则需要保护。如柯尔克孜族《玛纳斯》，蒙古族《江格尔》，藏族、蒙古族《格萨（斯）尔》等少数民族史诗，再如一些地方戏曲中的方言。这些语言不保护，这些项目也就不存在。

在非遗项目的认定上，反对两方面倾向：一是不慎重的盲目态度，即不具体分析就盲目否定。如对妈祖信仰等项目。二是"泛文化遗产论"，即认为凡是传统文化现象，不问其价值，也不管是否具备独立存在的本质特性，甚至对近年来新出现的模仿形态项目，也认定为非遗项目，有的甚至是再造项目。对非遗项目，在认定上既反对"泛文化遗产论"，另外也要坚持保护、保存、保留面从宽的原则。有些具有独立存在本质特性的项目，即便表达的是一种唯心主义的理想愿望，也不妨认为其记录了先人认识事物的一种方式而应保留下来，作为文化现象研究也是有益的。何况寄寓人类思想、情感的形式是复杂的，作为亿万个体的人的思想情感构成的精神世界，也应该是异彩纷呈的。

目前，我国国家级非遗保护名录项目已公布了四批共3145项，国家级传承人已公布五批共3068人[①]（其中407人已经去世）。联合国教科文组织已公布的"人类非物质文化遗产代表作名录"共548项，我国入选名录项目共40项（其中包括急需保护名录项目7项，优秀实践名册1项）。[②] 我国入选联合国教科文组织公布的人类非遗项目数量名列世界第一。

只有以正确的原则与标准去认定非遗项目，才能取真去伪，使保护真正为传承、弘扬中华民族优秀文化发挥作用。

正确把握非物质文化遗产的传承规律

从总体上准确揭示和把握非遗传承规律，是做好保护工作的基础和前提。它的传承规律是什么呢？就是它的恒定性与活态流变性。恒定性是指人类智慧、思想、情感和劳动创造积淀形成的生产、生活方式和思想、情感表达方式，它成为个体的人的一种集体活动，形成一定群体人们共同遵守践行的规则，这些规则具有集体维持的恒定性，不是一个个体可以随意改变的，它世代相传，因而具有一定的恒定性。

但是随着时代、环境、生产生活条件、审美趋向的变化，整个传承

[①] 2021年12月13日，文化和旅游部发布公告取消乔月亮等5人国家级非物质文化遗产代表性传承人资格。截至2021年12月，国家级非物质文化遗产代表性项目代表性传承人总计3063人。

[②] 截至2022年4月，联合国教科文组织已公布的"人类非物质文化遗产代表作名录"共629项，我国入选名录项目共42项（其中包括急需保护名录项目7项，优秀实践名册1项）。

链条上每一个时代的传承者，都会把自己的独特体验融入其中，所以整个传承过程又不是凝固不变的，它是在继承和创新的统一性中发展的，这就是非遗传承的恒定性与活态流变性。正因如此，它才有可能作为传统而持久延续。

科学保护非物质文化遗产就是保护它、尊重它，让它能够按照其自然发展的规律去自然演变。两个方面的倾向都要防止：一是人为地随意改变它按照自身演变规律自然演变的进程（往往是从外部的管理），二是使之静止，凝固不再发展。

非遗保护要重视发挥传承主体与保护主体的作用。由于非遗是活态演变着的文化形态，其延续与发展永远处在活态传承与活态保护之中，因此，传承主体——非物质文化遗产传承人，是非遗保护的核心要素。何谓传承主体？是指某一项非遗的优秀传承人或传承群体，即代表某项遗产深厚的民族民间文化传统，掌握着某项非遗知识、技能、技术，并且具有最高水准，具有公认的代表性、权威性与影响力的个人或群体。非遗传承主体是非遗保护的核心要素，那么非遗保护首先就要正确认识非遗传承人的价值。《联合国教科文组织关于建立"人类活珍宝"制度的指导性意见》中指出："尽管生产工艺品的技术乃至烹调技艺都可以写下来，但是创造行为实际上是没有物质形式的。表演与创造行为是无形的，其技巧、技艺仅仅存在于从事它们的人身上。"非遗传承人是非遗的重要承载者和传递者，他们以非凡的才智、灵性，创造着、掌握着、承载着非遗相关类别的文化传统和精湛技艺，非遗正是依靠他们的传承才得以延续。

在认识非遗传承人价值的基础上，就要尊重传承人的地位。第一是提高他们的社会地位，第二更重要的是尊重他们的创造精神。每一个时代的传承人只有首先继承传统才可谓之传承人，他们必然是以刻苦的学习和磨砺，很好地掌握了传统精髓，同时在这样的基础上，他们以自己的独特创新，使其技艺百尺竿头更进一步。现在必须改变的一种倾向是，认为非遗项目特别是一些民族民间项目简单平庸，必须用当代的和外来的艺术元素加以提高；另一种倾向是认为传承人只是掌握精湛的技术，而在创意和设计上粗陋陈旧，需要引进高级设计人员予以提升。这些认识都是片面和错误的，是缺乏自信的表现。必须看到，非遗传承人的创造既然是历史的传递，他们也必然要在继承的链条上打上当代的印记。每一个传承人都受他所处的时代审美趋向演变的影响，以及新的材料、新的科学技术的影响，这些都必然会反映到他的创造中来，但这种创造是传承人在融汇传统与当代审美元素基础上的自觉创新，不是外部强加的改造。我们面对非物质文化遗产和传承人的时候，应有发自内心的敬畏之心和敬重之心，任何低估传承人创造性的臆想都是错误的。那种越俎代庖、以外在的干预去嫁接他们的作品而达到提高的想法，既不必要也不可能做到。我曾在山东工艺美术学院民间艺术馆看到鲁西南手工民间粗布（现称鲁锦），其上的斗纹花、表带花、团扇花图案，设计的现代性、艺术性和观赏性令人惊叹。据了解，它们都是出自民间织布艺人之手。我也曾在贵州毕节看蜡染传承人在苗布上手绘圆形、几何形图案，线条的流畅、图案的对称、内涵的丰富，不亲眼所见，不敢想象是未经艺术学院专业训练或培训的民间艺人所绘。再像黎锦，不说其纺染织绣技艺的精妙，单说其纹样包括人形纹、动物纹、植物纹、几何纹和表现生产、生活事物及自然界现象、汉字符号等的图案就有百余种，其中，动物纹中的青蛙纹又有300余种，形式独特，意象无穷。这些也都是来自黎族妇女世世代代的创造。

同时，当代科技发展日新月异，要鼓励传承人运用数字化手段，以及通过对材料、工具等方面进行革新，来共同促进非遗传承，但这些都不能代替传统手工技艺及有机材料的运用。就非遗保护而言，不能使其演变为以工业化生产代替传统手工技艺的传承与创造。

非遗作为人们的生产方式与生活方式，与社会公众的广泛联系也决定了社会公众树立文化自觉、积极参与保护的不可或缺性。负有保护责任、从事保护工作的国际组织，各国政府相关机构、团体及社区民众，构成了非遗的"保护主体"。各级各类保护主体负有不同的职责，要积极承担不同的保护责任。应整合社会各方面资源，体现全社会共同关注、参与和支持非遗保护的有效性。2003年10月17日联合国教科文组织第32届会议基于12个方面的原因通过《保护非物质文化遗产公约》，其中一条原因即是"考虑到必须提高人们，尤其是年轻一代对非物质文化遗产及其保护的重要意义的认识"。可见年轻一代正确认识非遗、自觉参与非遗保护，很大程度上决定着非遗保护的未来。

非遗保护的原则与方式：复杂性决定了多样性

非物质文化遗产本身存在形态的复杂性，决定了抢救与保护相应的复杂性。如前所述，非遗的内涵具有丰富性，以及它体现的民族性、独特性、多样性，决定了保护方式的多样性。要从中国的实际出发，科学、全面、系统地抢救保护现存的非物质文化遗产。

保护的基础工作主要有：1.在普查基础上建立各级名录保护制度和国家级传承人名录制度。名录体系的建立是保护工作的基础，是抢救保护的前提，也是传承发展的依据。2.将非遗转变为有形的形式。通过搜集、记录、分类、建档，用文字、录音、录像、数字化媒体、数据库方式进行记录、保存，并搜集相关实物资料进行保存。3.在其产生、生长的原生氛围中保护其活力，如赛龙舟等。4.转化为可以产生经济效益的经济资源，以生产性方式保护。5.保护传承人，尊重他们的地位，认知他们的价值，尊重他们的创新精神。以传承人为核心主体，社会各方面力量参与，建立健全非遗传承体系。只有建立起科学的传承体系，非遗保护才能持续性开展。6.立法保护，这是最根本的保护。

非遗保护的原则与保护方式密不可分。1.坚持抢救第一的原则。非遗的不可再生性和脆弱性，决定了我们必须把抢救和保护放在第一位。文化方面凡是与"保护"联系在一起的，都不应该也不可能搞成产业。非遗保护与文化市场、文化产业发展的目的不同，其目的决定了非遗保护不能谓之非遗产业。非遗保护为当代文化创新提供了宝贵资源，这也是我们进行非遗保护的初心之一。我们提倡以各种创意方式发掘利用非遗资源，但决不能把从非遗项目衍生的文化创意产品当成非遗传承，舍本逐末会使我们加速失去本应珍视和保护的东西。2. 坚持积极保护的原则。要按照不同类型的非遗采取不同的保护方式，在不改变其按内在规律自然演变的进程又不影响其未来发展方向的前提下，尽可能寻找生产性保护的方式予以持续性保护。生产性保护是非遗项目依靠自身经济价值的体现而获得持久性传承的重要方式。3. 坚持整体性保护的原则。创造整体性社会保护的环境，如文化生态保护实验区的设立等，从保护方式和形成保护生态两方面创造整体性保护环境。

非遗保护还要坚持正确的指导方针和原则。国务院于2005年12月发布的《国务院关于加强文化遗产保护的通知》和全国人大常委会于2011年2月25日通过的《中华人民共和国非物质文化遗产法》对我国非遗保护工作的指导方针、工作原则、实施步骤作了规定。非遗保护工作的指导方针是"保护为主、抢救第一、合理利用、传承发展"。保护工作的原则是"政府主导、社会参与、明确职责、形成合力；长远规划、分步实施、点面结合、讲求实效"。这些重要的指导思想和原则，为我国非遗保护奠定了健康发展的基础。

以文化自信和文化自觉保护、传承非遗

优秀传统文化与中国在革命、建设、改革的伟大实践过程中孕育的革命文化和社会主义先进文化是构成文化自信的基础，而非遗在其中占有重要地位。中华民族自古就有保护文化遗产的传统，《诗经》将土风歌谣与正声雅乐及宗庙祭祀的舞曲歌词汇集为一，汉代以后竟逐渐成为士子无不研读之"经"。《诗经》在搜集、整理和保护传承民族民间文化方面的传统，对中华文化的发展有深远的影响，但不能否认的是，中国历史上从执政者角度而言，大都是把典籍文献奉为正统，而民间文化处在遭贬斥的境地。新中国成立后，把对民族民间文化的挖掘、整理提到重

要位置，但真正把"日用而不觉"的现代意义上的非遗整体性纳入保护、珍视的范畴，还是近 20 年来的事情。这只有在一个国家有足够的文化自信时才能做到。

坚定文化自信，今天我们仍然需要深入认识非物质文化遗产的重要价值。无论是从中华民族五千年文明史的纵向发展，还是从中华民族是由多民族组成的民族大家庭的多样性文化创造看，非遗作为人们生活、生产方式和思想、情感表达方式，千百年来，同儒家文化、道家文化和佛教文化一起，共同构成中华传统文化的主体。中华民族大家庭中，多种非遗形式蕴含的文化传统，更广泛地维系着大众的文化价值取向，这并非儒、释、道文化所能涵盖。从这个意义上讲，我们对非遗的价值及保护意义的认识仍然不够充分。

坚定文化自信，需要彻底摒弃西方文化中心论的无形影响，以文化自信坚守、传承、发展自己的优秀文化的同时，注意吸收外来优秀文化成果。这种吸收是借鉴、融汇，而不是被外来文化所改造。我们还要不断深入认识和把握非物质文化遗产在中华优秀文化中不可替代的价值，要更加珍视之。尊重传承人的传承主体地位，尊重传承人的主体创造精神，支持传承人的创新发展，建立健全以传承人为核心的保护体系仍需继续努力。就非遗保护而言，创造性转化、创新性发展是由传承人在自我继承、融汇、吸收的过程中自然而然开花结果的，任何外在的嫁接和干预都是拔苗助长。非遗作为文化创新、创意、产业化开发资源的利用，是国家文化产业部门和相关领域的重要工作，但不是非遗保护和非遗传承人的工作职能。我们知道小提琴协奏曲《梁祝》，广西彩调《刘三姐》和桂林大型山水实景演出《印象·刘三姐》也家喻户晓。《梁祝》的作者之一作曲家何占豪说，这首曲子是农民伯伯原创的。为什么？因为它的创作素材是民间文学"梁祝传说"和越剧音乐。舞台剧彩调《刘三姐》的创作也是来源于民间文学"刘三姐传说"和当时仍活跃于山乡的众多民间歌手的智慧结晶。从这两者可以看出，非遗保护就是在本真地采集、维护、传承民间传说如越剧、歌谣这样的环节用心用力。

经过时间积淀的东西自有它的价值，如果在采集、记录的同时就对素材加以创造性的改造，很难想象还会有后来小提琴协奏曲《梁祝》和诸多"刘三姐"题材作品这般的精彩。非遗保护永远需要把本真的保护、抢救、传承放在第一位。

时代在发展，科技在进步，人们的生活方式、生产方式，以及思想、情感表达方式都在改变，非遗的总体演变也会在渐进的变化中适应时代发展的趋势。这更需要我们的坚守和坚持。非遗的文化之魂不能丢，非遗的传统手工技艺不能丢。非遗保护、传承的坚持、坚守，绝不是着眼于经济价值，而首先要从丰富人们的精神家园、体现文化的核心价值观方面显示其重要性。这不仅需要作为传承主体的传承人的努力，也更需要作为保护主体的社会相关方面的努力，特别是各级政府部门的正确把握。今天非遗保护中令人忧虑的一个现象仍然是"重开发、轻保护"的问题。如单一地把非遗看作经济资源，有经济效益的就予以保护，其他的则视而不见。然而，立足于"赚钱"的开发，只能让人们看到伪民俗的表演，看到简单划一的刻板产品，看到不得要领的广告语。由于认识片面，常常是在加强保护和利用的名义下的一些做法，反而让非遗遭到损害。丢掉灵魂的非遗保护是毫无意义的。

中华优秀传统文化强调"和而不同"，"和"就是要追求诸多不同因素在共同的环境中相互依存、和谐共处。"和实生物，同则不继"(《国语·郑语》)，"和"不等于单一的"同"，"和"是不同元素的结合。不同、差别，是"和"的前提。两千年前的齐国大臣晏婴与齐侯对话时曾有一番议论，从用人、听取意见讲"和"与"同"的问题，譬如做菜，油盐酱醋各种不同材料的调和，才可能有美味佳肴；音乐声调有"短长急徐""哀乐刚柔"，才会相济相成。仅是以相同的事物叠加，则最终会因单调而失去生机。中国传统文化的最高理想是"万物并育而不相害，道并行而不相悖"(《礼记·中庸》)。中华优秀传统文化正是在丰富的多样性、差异性构成中显示出其强大的力量。联合国教科文组织《世界文化多样性宣言》曾指出：文化多样性"对人类来讲就像生物多样性对维护生物平衡那样必不可少。从这个意义上讲，文化多样性是人类的共同遗产，应当从当代人和子孙后代的利益考虑予以承认和肯定"。中国非遗保护的成就为国际社会所赞许，就是以维护自身文化的丰富性而为世界文化的多样性做出了重要贡献。

"欲人勿疑，必先自信。"只有对中华民族自身独树一帜、丰富多彩的非物质文化遗产有深刻的认知，有坚定的自信，才能坚守得从容，传承得持续，才能使之葆有深沉的力量。

（原载《文艺报》2020 年 5 月 29 日）

非遗保护的继承与创新及其与文化市场、文化创意产业的关系
——由黎族传统纺染织绣技艺十年保护引起的思考

当下正值黎族传统纺染织绣技艺列入联合国教科文组织急需保护的非物质文化遗产名录十周年之际,在海南省首届传统工艺高峰论坛暨黎族传统纺染织绣技艺列入联合国教科文组织非物质文化遗产名录十周年活动上,国内外知名专家学者、非物质文化遗产传承人和相关方面同道汇集一堂,共同研究探讨了传统工艺的内涵、呈现形态、价值与当代意义,以及如何传承与发展的现实问题,特别是全面总结了黎族传统纺染织绣技艺十年来抢救、保护、传承、发展的做法和经验,不仅使社会各界特别是学界对我国传统工艺的振兴现状有了一些了解与关注,而且对世界范围内的非物质文化遗产保护和传统工艺的传承都产生了重要影响,具有重要的现实意义。

传统工艺是人们世代相传的实践技艺,一般是指具有几百年发展历史和完整的工艺流程,采用天然材料制作,主要借助手工来完成的一些具有鲜明民族风格和地域特色的工艺品种和技艺,它涵盖了传统饮食制作、传统建筑营造、染织、木作、编织扎制、雕塑、陶瓷、刻绘工艺和包括日用器具在内的工具器械制作等内容,可以说不仅覆盖了人们传统生活方式和生产方式的方方面面,而且与当代人们的日常生活有着不可

分割的联系。特别是传统工艺虽然呈现为工艺的形态，但它所涵盖的历史、文化、审美的记忆，已经深深地融入了人们的血脉之中，它是构成我们精神家园的文化影像，也是建构我们文化自信和家国情怀的一个重要精神源泉。

黎族传统纺染织绣技艺集中地体现着中国传统工艺的特质和形态，于2009年10月被列入联合国教科文组织公布的急需保护的非物质文化遗产名录。这是由于它自身技艺的创造性价值和蕴含丰厚的精神、文化价值及濒危性决定的。作为中国纺织史上的"活化石"之一，它没有理由不被世人和时代珍视。抢救和保护传统黎锦技艺，由此成为中国和世界的文化课题之一。令人欣喜的是，海南省政府和相关文化部门以坚定的文化自信认知黎锦技艺的价值，首先建立起政府主导、社会参与的保护体系，采取切实措施，落实履约责任，稳步扎实地推进了传统黎锦技艺的保护与传承。政府保护经费投入迅速增长，建立了传承、展览、研究、档案保护机构，建立了黎锦技艺传承村、传承馆和黎锦生产性保护示范基地，推动了黎锦技艺实践课进校园等，虽然在传统生产方式的复建方面还有一些工作要做，但这些务实的保护措施，在黎族传统纺染织绣技艺入选联合国教科文组织急需保护的非遗名录十周年之际，都已显示出了显著的保护成效。与建立传统黎锦技艺社会保护体系同样重要的是目前已经逐步建立起了以传承人为核心的传承体系。各级传承人以师徒、母女传授和普及教育等方式传承，现在海南全省会织锦的妇女就有20000人。传统黎锦技艺进校园实践课活动，参与学习的学生也已超过8000人。海南省民族技工学校设立的黎锦技艺中专学历教育，也已培养了数百名有专业知识和文化知识的新型黎锦技艺持有者。据我所知，迄今为止，联合国教科文组织从2009年起公布的急需保护的非遗名录项目中，黎族传统纺染织绣技艺应是通过保护、传承而改变自身濒危状况最为显著的为数不多的项目之一。虽然传统黎锦技艺同其他非遗项目一样，仍然面临着传统社会在现代化进程中必然的传承、发展挑战，但它今天展现的发展趋势仍然令人为之欣喜。在保护、传承它的过程中创造的经验，值得世界范围内的同类文化项目学习和借鉴。

不断加快的现代化进程与非遗保护似乎永远处在一种现实的矛盾之中。科技的发展和社会的现代化演进带来人们生活方式和生产方式的改变，一方面使人们与更多的非物质文化遗产更快地拉开了距离，但另一方面，人们也在比任何时候都更迫切地寻求着精神家园的寄托。因此，非遗也永远处在需要人们珍视和保护、传承的视野范畴之中。这种坚韧的守望和坚持，需要坚定的文化自信，需要我们更深切地认知非物质文化遗产的价值。被古人誉为"光辉艳若云"的黎锦，我们今天去看它的时候，也很难说已经对其文化内涵认知深透。不说其纺染织绣技艺的精妙，单说其纹样图案的形式及蕴含的历史、民族、文化、信仰、风俗、人生奥秘，寄寓和体现的黎族妇女的文化观念、思维方式、审美意象和艺术表达的深邃、丰富及其高度的概括力，都需要以敬畏之心去做进一步的全面研究和探索。据统计，黎锦图案有百余种，包括人形纹、动物纹、植物纹，以及几何纹和表现生产与生活事物、自然界现象、汉字符号等纹样。这些纹样类型又细分为很多不同的设计形象，如动物纹中的青蛙形象就有300余种。不管是以意象表现自然万物的图案，还是形象地反映环境情境的图案，不管手法是夸张变形还是撷物点睛，看似信手拈来、造型简洁，却是画面充实、意韵悠长。尤其是利用直线、平行线、方形、菱形、三角形等组成的几何纹样，形式奇特，意象无穷。其创造智慧和审美表达能力不由人不叹服。

由此，我想到非遗保护的首要问题，应该就是如何重视传承人的价值和发挥好传承人的作用。要真正认知到传承人的价值，要充分发挥传承人在非遗保护中的核心作用，要尊重传承人在继承特别是创新中的主体地位。独特的技艺与创造力凝聚在传承人身上，非遗的时代创新最终是由传承人来完成的。我有次在山东工艺美术学院博物馆参观时，看到鲁锦精致的"团扇花""表带花""斗纹花"等图案，很富有现代性，它是纺织土布的农民由生活观察、理解并抽象创造继而创作设计出来的。在贵州毕节看苗族蜡染传承人手绘圆形、几何形图案，其线条的舒畅、图形的对称、内涵的丰富，若不是亲眼所见，是不敢想象这是从未经过学院训练、培训的民间艺人所绘。

所以，我们在任何时候都不能低估传承人的创造力。著名民俗学家、非遗保护专家刘魁立先生讲"贬斥民间传统文化，实际上也贬斥了传承人和民众"。那种认为非遗项目基本就是简单粗陋甚至落后的东西的看法，是不了解非遗，甚或是缺乏文化自信的表现。每个民族的非物质文化遗产都有自己独特的文化体系、呈现形态，我们在任何时候都不能企望通过外部的嫁接或改造来进行所谓的非遗创新，更不能用西方的文化评价体系和艺术表达方式来衡量和替代中华民族的审美法则以及艺术表现语言、风格体系。我很欣赏海南省旅游和文化广电体育厅的刘实葵同志在介绍海南省开展传统黎锦技艺进校园实践课时的一句很重要的话："各级代表性传承人是指导老师。"非遗的继承离不开传承人，那么非遗的创新与传承人有怎样的关系？我们必须看到，非遗的创新同样是依靠传承人来完成的。每一个时代的传承人只有首先继承传统才谓之为传承人，但每一个时代的传承人都受到他所处的那个时代的审美趋向演变的影响，以及新的材料、新的科学技术的影响，这些影响会自然而然地被传承人赋予并表现在他们自己所持有项目的生产和创造之中。这种创新是在他们坚持传统并融汇传统、坚守民族审美法则并把握时代审美趋向的基础上实现的。这是符合非遗基本传承规律的一个现象。非物质文化遗产是活态演变着的文化形态，它传承的基本规律是恒定性与活态流变性的统一，它向来是在继承与创新的对立统一中向前发展的。非遗保护不是不要创新，而是必须创新，但这种创新最终是由传承人来实现的，而不是由外部的干预来有目的地实现。

在非遗保护工作中，作为管理部门，秉持这样的理念是很重要的，管理者要自觉地尊重传承人的首创精神，那种以越俎代庖式的"指导"来代替传承人创新的做法是要不得的。社会不仅要鼓励支持传承人利用可能的机会包括到大学进修学习的方式来博采众长，为我所用，而且要避免"一刀切"式地利用所谓培训的方式，让所有传承人去学习那些与传承人自身民族技艺的表达方式、风格手法格格不入的西方艺术的表达方式，谓之以当代、现代观念和意识去丰富、改造简陋、落后的观念，这就像人们诟病的让画唐卡的藏民去学素描一样。这样只会使传承人手足无措、失去方向，直至怀疑自我、丢失自我。近些年来，随着文化自信意识的加强和人们对非遗保护认知的深化，社会各界已经更深刻地认识到坚持中华自身文化体系传承、传播的重要性。据我所知，像上海工艺美院（上海工艺美术职业学院）已建立起系统的以非遗传承人为传承主体的教育教学体系，一方面，学院聘任各非遗门类顶尖的传承人组成教学团队，以原真性的教学传承传授传统技艺，学生学到的是地地道道的非遗技艺。另一方面，学院文化创意产业教学并行不悖。学院以清醒、明确的认知，坚持正确的教学方向，避免了以文化创意代替传统技艺传承教学的倾向，取得了显著的教学成果。再如杭州十竹斋国家级非遗传承人魏立中，应邀在北大附中、北航附中、北医附中等设立了木版水印传承中心，教学受到中学生的欢迎。他在杭州实验小学开设的木版水印教学的课程，被评为浙江省和杭州市精品课程。其木版水印学生中还有北京航空航天大学、复旦大学、天津师范大学等大学的青年教师。我想，在当代非物质文化遗产的传承中，与上面指出的传承人被动、盲目地接受培训教育的方式相比，像上海工艺美院和魏立中这样的教学，或其他以非遗传承人为主导的包括培训在内的教学传承，应该得到社会的肯定。我们中华民族的非物质文化遗产，就是由那些众多的、世世代代的具有自觉创新意识的传承人共同在传承和继承、创新中发挥了主体作用而孕育形成的。特别是在继承自己项目之前人创造的基础上，通过不断创新达到更高的境界，所以才赓续不绝，而绝非通过嫁接、整容，不断失去自己本来的面目。政府部门应该依照《中华人民共和国非物质文化遗产法》积极支持、扶持非遗保护、传承，社会各方面皆须以文化自觉努力参与非遗保护，这些都必不可少。但我们在任何时候都不能忘记，在非遗的赓续中，尊重和依靠传承人始终是第一位的。

目前非遗保护面临的另一个值得思考的问题，是非遗保护与文化市场、文化产业的关系问题。非遗的不可再生性和脆弱性,决定了非遗保护必须把抢救和保护放在第一位。这在《中华人民共和国非物质文化遗产法》中是有明确规定的。文化领域中凡是与"保护"联系在一起的,都不应该也不可能搞成产业。非遗保护与文化市场、文化产业发展的指向和目的不同,因此决定了非遗保护不能搞成非遗产业。文艺创作、文化市场、文化产业要着力于文化的创新转化,非遗保护则需要着力于文化资源的集聚。同时,非遗的非物质特性决定了它的核心主体——技艺只能通过持有者本人日积月累的学习和生产实践习得,不会像商品一样通过买卖取得(尽管知识产权有它的价值,但即便是知识产权的转移,也不会随之发生技艺持有者之技艺本身的转移。技艺的转移,仍然需要通过学习和实践),这决定了非遗不能以商品的形态进入市场。

但是,非遗的产品可以进入市场,非遗的产品一旦作为商品进入市场,它就与非遗的技艺脱离了联系,不再是非遗的构成部分,也就不能称作非遗了。就像各种酒类,当它脱离了酿造技艺,就不能再单独称作非物质文化遗产了。正像相关权威机构的文献所指出的,非物质文化遗产是群体或个人确认为是其非物质文化遗产构成的非固态形式:各种社会实践、观念表达、表现形式、知识、技能,以及与这些非固态形式"相关的"实物和文化空间。如果非遗产品作为实物脱离了这些活态形式(非固态形式)存在,就成了与活态主体非整体性构成的另外一种实物,没有了活态相关性,实物就失去了作为非遗构成的灵魂,也就不能单独被称作非遗了。非遗的产品可以进入市场,因此,就要充分发掘非遗项目自身蕴含的经济价值,尽可能寻找到一种生产性保护方式来充分体现它的经济价值,使之主要靠自身的内在动力获得持久性传承。所以,对于非遗产品的营销包括中介机构来汇集产品,继而以产业或市场的方式营销,都要支持鼓励。同时,要鼓励文化产业部门包括文化企业充分利用非遗资源发展文化产业。它们要求产品的创新求异,文化创意贵在撷取非遗元素标新立异,当然首先也要追求品质,它从材料到表现形式越新奇越好。近些年来一些有眼光有追求的文化企业,立足发掘非遗资源生产文化创意产品，做到了传统与时尚融汇、审美与实用结合，开拓出了广阔的市场，这是非常可喜的现象。有的文化企业用两条腿走路，一方面利用工作室、传承馆、数据库及资助传承人原地传承等方式，原真性保护非遗项目，以此作为企业开发的深厚资源基础；另一方面，则是以创意开发或定型化、标准化生产来利用非遗资源生产文化产品。这些举措都应给予积极肯定。企业从事的非遗保护的工作部分，相关部门应按照国家有关非遗保护的政策给予扶持。文化产业、文化创意产业的发展利用了非遗文化资源，非遗保护也为文化创新提供了宝贵资源，这也是非遗保护的初心之一。关键在于，这其中我们必须要搞清楚的是，非遗保护与文化产业、文化创意产业的本质是不同的，发展的路径也是不同的。我赞成刘魁立先生讲的，非遗不是物。"保护文化遗产的意义，就在于这些遗产背后的文化内涵。"非遗一旦作为物质性商品而存在，其整体性的内涵也就散失了。我们说非遗技艺的时候，实际上也包括了技艺蕴含的文化内涵，并非只是单纯的技术。一些文化企业利用非遗的技艺或元素，以人工或机器做定型化、标准化的产品生产，这其中传统技艺中的技术也会得到一定的传承，对非遗保护当然也有益处，但这种定型化和标准化稀释甚至丢失了技艺背后的文化内涵、情感内涵和精神创造，所以这不是非遗保护的范畴。

　　文化创意产品的生产不能侵害非遗传承，更不能以此认定这就是非遗传承的路径而以此代替非遗传承，非遗保护要防止文化创意化的倾向。前面我谈到非遗传承人的创新，这种创新与文化创意产业创新的区别就在于它体现着非遗的精髓，是其核心技艺的提高和纯粹性的提升，是从对传统的坚守中而生发的，这与文化创意的海阔天空是完全不同的。在当今社会经济体制趋利的背景下，传承人以清醒的认知坚守非遗传承，尽可能以生产性保护延续非遗传承，而包括各级党委政府部门在内的保护主体则应以落实《中华人民共和国非物质文化遗产法》为基础，通过实施健全的经济政策等措施来保障传承人的安心传承，除此以外还要实施抢救性保护、整体性保护等各种有效措施以加强全面保护，以此，非遗传承的长河就会永远奔腾向前。如果我们忘记了非遗保护是把抢救和保护放在第一位，非遗保护是原真性的保护而不是创意性的变异等原则和标准，因趋利而将文化创意产业引入非遗保护的范畴，把文化创意化当成非遗保护的本质，那么我们可能不仅不能很好地保护非遗，反而会加速失去我们本应珍视和保护好的东西。

借这次论坛，我们客观地审视了黎族传统纺染织绣技艺抢救、保护十年走过的历程，这一艰苦历程确实是不平凡的。今天，黎锦已在黎族群众及其以外更多人们的日常生活领域中充分地显现了其价值。保护普及性的延展，社会对其价值的认知特别是对其当代意义的揭示，传承人地位的提升和进一步得到尊重，这些在十年前都是不可想象的。这从一个方面说明了传统黎锦技艺抢救、保护的意义和成就，也说明了实施生产性保护并正确处理好保护与资源开发的关系，以生产性保护促进传承的有效性和实践效果。正是因此而使得曾处于濒危状态的传统黎锦技艺及其织绣品重新绽放出了云霞般的光彩，也使得传统黎锦技艺能够在今天依然属于主要以其实用性体现其价值所在的非遗项目，而其审美价值也延伸为独立的作品而存在，就像唐卡已由寺庙供养延伸到独立的美术作品进入大众审美领域一样。毫无疑问，黎锦由抢救、保护而扩展的历史、文化、审美价值的影响，会以非物质文化遗产的多重价值特征而进一步显现出来，其经济资源的价值也会在生产性保护和文化产业发展利用中产生出更大的效益。总结黎族传统纺染织绣技艺十年抢救、保护的经验，必定会进一步促进人们持续推进对这一民族文化杰作在自觉珍视基础上的着力坚守和传承，它也必定会迎来更美好的前景和未来。

（原载《艺术百家》2020年第4期，《中国非物质文化遗产》2020年11月创刊号以《把握非遗规律，坚持守正创新》为题转载，《新华文摘》2021年第3期转载）

保护人类独特的文化记忆

继 2001 年 5 月 18 日联合国教科文组织公布世界首批"人类口头和非物质遗产代表作"名单之后，今年 11 月 7 日又公布了第二批"代表作"名单。中国昆曲艺术名列第一批 19 个"代表作"名单之中，中国古琴艺术又成为第二批 28 个"代表作"之一。联合国教科文组织继世界文化遗产和世界自然遗产项目公告之后创立的"人类口头和非物质遗产代表作宣布计划"，标志着在世界范围内对无形文化遗产的抢救与保护已引起高度重视。这对于创建适宜的社会、经济环境来保护和承续优秀的人类文化传统，对于人类社会可持续发展的演进，都具有重要的意义。

"遗产"包含了古老的文化观念和深远的精神根源

我国是一个多民族的国家，具有悠久的文明史，积淀着十分丰厚而又独特的优秀文化遗产。新中国成立以来，特别是改革开放以来，我国政府为抢救和保护文化遗产采取了许多积极有效的措施，并取得了令人瞩目的成果。同物质文化遗产一样，中华民族在发展历史中创造了丰富的无形文化遗产，它们不少是具有突出价值、体现人类精神创造最高水准的代表作，在艺术、宗教、人类学、社会学、语言学、文学或手工艺等方面，都有上乘之作，并曾广为流传。这些遗产，有些堪称世界文的精粹。虽然多年来我国对无形文化遗产的保护做了大量卓有成效的工作，但是，有不少无形文化遗产的生存面临着前所未有的危机，甚至有很快消失的危险。我们应该充分看到，一个民族乃至整个人类文化传统作为有机整体，是由各种不同存在形态的文化相互关联而构成的，其中包括无形文化遗产，因此，及时抢救和保护那些处于生存困境中的无形文化遗产，已成为时代赋予我们的非常紧迫的历史使命。

在人类文化遗产中，由于存在形态的不同，口头及非物质遗产承载的精神内涵也有所不同，但其价值是不能以物质性的量化标准来判定的。人类口头和非物质遗产与人类其他历史遗迹、遗址及人文景观一样，都是人类伟大文明的结晶。作为现有文化的记忆，无形文化遗产与物质形式的文化遗产，对一个民族来说，具有同等重要的意义。从历史的角度看，人类口头和非物质遗产包含了更多随时代迁延与变革而曾经被人们忽略或忘却了的文化记忆，我们只有在保护和重新唤起这些"记忆"的基础上，才有可能真正懂得人类文化整体的内涵与意义。正是基于与其他形式的遗产相比，人类口头和非物质遗产更容易受到世界全球化的影响与损害。联合国教科文组织在1972年签署的《保护世界文化和自然遗产公约》的基础上，于1998年创立的"人类口头和非物质遗产代表作宣布计划"，强调其目的是鼓励各国政府、非政府组织，及各地方团体确认、保护并推广其口头及非物质遗产，将它看作仅存的、可使独特文化特征得以保存的人类集体记忆的积累。"代表作"公告制度的实施，对于在世界范围内唤起社会公众对无形文化遗产的保护意识，以及推动全社会对无形文化遗产实施保护，都正在起着十分重要的作用。

科学、系统地保护与抢救是当务之急

中国入选世界"人类口头和非物质遗产代表作"的昆曲艺术和古琴艺术，都是民族艺术的瑰宝。有六百多年历史的昆曲艺术，它的剧本文辞典雅，表演综合了中国传统的音乐、舞蹈、诗歌等艺术元素，使之发展到艺术的高峰，成为中国传统文化的重要代表和象征。同昆曲艺术一样，古琴艺术也是中国传统艺术的重要象征，它凝聚了中国文化历史创造中最为精粹的艺术遗产，与中国的儒、释、道等哲学、伦理学传统密切相关。

这两个项目入选世界"人类口头和非物质遗产代表作"，使世人进一步了解了它们所包含的深刻文化内涵和宝贵的人文价值，也使人们进一步看到了目前这些艺术形式的濒危程度。它们被列为"代表作"是件好事，但它反映的现状却令人喜忧参半：喜的是这些人类文化的精粹越来越受到世界的瞩目；忧的是凡是被列为遗产保护的，大抵面临生存困境，甚至面临消亡危险。保护好这些祖先留给我们的优秀文化，是一个艰巨的任务。

中国是一个多民族的国家，具有五千年文明史，而且中华文明是世界上唯一不曾间断过的人类文明，有着非常丰富的人类口头和非物质遗产，但是，按照联合国教科文组织制定的"代表作"申报的原则，每个国家每两年只允许有一个项目入选。虽然我国已连续两届都有项目入选，但是，对我们来说，被列入"代表作"的机会实在是太少了。我们应该根据我国的实际情况参照国际标准，建立适合自己的评价标准和认证体系，制定抢救和保护的政策，科学、系统地抢救和保护现存人类口头和非物质遗产。今年初，文化部宣布"中国民族民间文化保护工程"正式启动，这一全面而系统地对我国民族民间文化的抢救、保护、推广、发展的重大工程，得到了党中央、国务院及财政部等有关政府部门的肯定和支持。这一工程的实施，标志着我国多年来对民族民间文化的保护，将由分散的项目实施转入全面系统的保护工作。这一工程的实施，对于我国"人类口头和非物质遗产代表作"制度的建立，将会起到重要的推动作用。

文化遗产将在保护中发扬光大

申报世界"人类口头和非物质遗产代表作"的重要意义，不在申报本身而在落实抢救、保护的工作。如果只是一窝蜂地申报，甚至盲目炒作，而把抢救保护放在一边，是没有任何意义的。目前昆曲艺术保护、振兴的五年规划正在顺利实施之中，规划中的复排昆曲优秀传统剧目和新整理创作剧目、整理出版昆曲艺术家从艺经验、录制优秀传统折子戏影像资料，以及培养青年人才、加强艺术研究等内容，都在按计划进行之中。特别是在昆曲的发祥地苏州，每两年一届的昆曲艺术节和虎丘曲会，以及青年人才的培养和昆曲艺术的普及，都呈现着前所未有的喜人景象。古琴艺术的十年保护振兴计划，在其被公布为世界"人类口头和非物质遗产代表作"之后，也将会得到更好的实施。

中国向联合国教科文组织申报"人类口头和非物质遗产代表作"的论证、评选工作，文化部委托中国艺术研究院承担，目前已有效地建立起规范的申报论证评选机制。评选工作得到联合国教科文组织官员的高度评价。在积极做好向联合国教科文组织评选推荐"代表作"候选项目的基础上，中国艺术研究院参照联合国教科文组织规定的标准以及其他国家的做法，正在论证、制定我国国家级人类口头及非物质遗产代表作鉴定的评价体系，编纂《中国人类口头和非物质遗产代表作名录》并建立数据库。对无形文化遗产的积极抢救与保护，不仅对经济一体化背景下世界文化的多元化发展会产生积极而重要的影响，人类优秀的文化传统，也将在我们有效地保护之中得到发扬光大，并最终成为人类推动文化创新与持续发展的不竭源泉。

（原载《人民日报》2003年12月9日）

非物质文化遗产保护步入规范里程

在世界经济一体化和现代化进程日益加快的今天,非物质文化遗产在社会中存在的基础日渐狭窄,现代生活方式对它的消解,以及灾害性破坏、建设性破坏,都对其存在形态构成程度不同的危害。尤其是一些项目被确定为保护对象后,人们片面地去开发它的经济价值,如对古老村落的过度旅游开发和一些手工艺项目的大量机械复制,使这些项目显现的某种人类文明,以及这种文明成长的过程,因我们的保护而消失,因此,对非物质文化遗产特别是许多已处于生存困境中的项目,进行正确的抢救与保护具有重要意义。最近,国务院办公厅印发了《国务院办公厅关于加强我国非物质文化遗产保护工作的意见》,这标志着我国非物质文化遗产的保护工作将进入全面、科学、规范有序的发展阶段。

从《诗经》到民族民间文化,中华民族文化传统和文化精神绵绵相延,文化保护历来有着良好传统

中华民族历来有保护非物质文化遗产的优良传统。从我国古代《诗经》的采集、整理、传承到20世纪初兴起的民族、民间、民俗文化的搜集、保存特别是民俗学建设取得的成就,它们与中华文明延续的灵魂——丰富的文化传统和文化精神的关系,都有值得深入总结的学术内涵。

新中国成立特别是改革开放以来，我国在保护非物质文化遗产方面做了大量卓有成效的工作，取得了令人瞩目的成就，如编纂被誉为"文化长城"的十部《中国民族民间文艺集成志书》，抢救、保存了大量的珍贵艺术资源。1997年，国务院发布《传统工艺美术保护条例》；2000年，文化部、国家民委联合发布《关于进一步加强少数民族文化工作的意见》；2003年，文化部、财政部等联合启动了"中国民族民间文化保护工程"；2004年，十届全国人大常委会第十一次会议通过了关于联合国教科文组织《保护非物质文化遗产公约》的批准决定。今年，国务院办公厅印发的《国务院办公厅关于加强我国非物质文化遗产保护工作的意见》，提出要建立国家级和省、市、县级非物质文化遗产代表作名录体系，逐步形成有中国特色的非物质文化遗产保护制度。新的时期正在开展的非物质文化遗产保护工作，可以从我国历史上特别是近现代和当代保护非物质文化遗产的做法中，得到许多科学保护的借鉴，但非物质文化遗产本身存在形态的复杂性，决定了抢救与保护相应的复杂性。同时，非物质文化遗产概念在共同工作准则中的应用，也只有不长的时间，还需要人们在实践中逐步形成对其概念约定俗成的共识。

非物质文化遗产涵盖五方面内容，并将有新的项目不断加入其中，保护经验在实践中丰富和完善

《保护非物质文化遗产公约》指出，非物质文化遗产应涵盖五个方面的项目：1. 口头传说和表现形式，包括作为非物质文化遗产媒介的语言；2. 表演艺术；3. 社会实践、仪式、节庆活动；4. 有关自然界和宇宙的知识和实践；5. 传统手工艺。《保护非物质文化遗产公约》还指出，非物质文化遗产概念中的非物质性的含义，是与满足人们物质生活基本需求的物质生产相对而言的，是指以满足人们的精神生活需求为目的的精神生产这层含义上的非物质性。所谓非物质性，并不是与物质绝缘，而是指其偏重于以非物质形态存在的精神领域的创造活动及其结晶。

人们对非物质文化遗产内涵的认识，有不断丰富和深化的过程，表现出经验性、实践性和可操作性。现在的五大类的划分不会是凝固不变的，随着认识的深化，会有新的种类进入其类别系列。也许我们可以从日本对非物质文化遗产项目认定过程的发展中得到启示。日本从1950年开始实行保护"无形文化遗产"，最初是由国家"文化保护委员会"对于面临濒危状态的项目，采取选定后给予补贴保护。1954年以后，保护项目的选定，则是首先从其本身有无独特价值或有无历史保护价值来确定。保护项目的内容，主要以古典的表演艺术和工艺技术为对象。在指定项目的同时，必须认定该项目艺术或技术的代表性人物，这些人物被称为"人间国宝"，因此，有人称日本的这种保护措施为"人间国宝制度"。1975年以后，日本又规定将有特别重要价值的风俗习惯和民俗表演艺术指定为"重要无形民俗文物"加以保护。今天，我国非物质文化遗产的保护工作已进入全面开展阶段，但日本保护非物质文化遗产认识不断深化的过程，仍然可以启发我们在普查和保护中，不必拘泥于某些定义的限制，而要注重实际，在实践中总结和丰富我们的经验。

我国正在申报第三批项目，但申报只是形式，科学的抢救与保护才是目的

从2000年联合国教科文组织正式启动"人类口头和非物质遗产代表作"项目以来，我国报送的昆曲艺术和古琴艺术分别被公布为第一批和第二批代表作项目。第三批我国评审申报的正式项目是"新疆维吾尔木卡姆艺术"，并会同蒙古国做联合申报"蒙古族长调民歌"的文本制作。这为我国的非物质文化遗产代表作项目评审和保护工作积累了丰富的经验。我国评审代表作项目的工作，不仅注重科学认定该项目的确定性、自身价值、濒危性和机构保护行为的规范性，而且注重该项目公布后应该具有的对我国非物质文化遗产保护工作的示范作用。申报或建立非物质文化遗产代表作名录，只是一种形式，而真正的目的还是促进抢救与

保护。保护措施的完备、得当和可行性应该是确定和公布非物质文化遗产代表作名录的一项重要内容。

对于非物质文化遗产的保护问题，以什么样的方式保护，这是大家普遍关心和思考的一个问题。各个国家、各个民族的非物质文化遗产是全人类共同的文化财富，但首先还是属于自己国家和民族的。我们应从实际出发，尽快制定更加完备的抢救和保护的法律、政策，科学、全面、系统地抢救和保护现存的非物质文化遗产。非物质文化遗产内涵的丰富性体现的民族性、独特性、多样性，决定了保护方式也应当是多样的，但是，保护方式的多样性，是以保持其原生态，保持其按内在规律自然衍变的生长过程，不因其特有的脆弱性而导致消亡为前提。无形文化遗产的不可再生性，决定了我们必须把保护放在第一位。同时，非物质文化遗产作为活态文化，其精粹是与该项目代表性的传承人联结在一起的，对项目传承人的保护也应该是保护工作的重点。

（原载《人民日报》2005年6月10日）

以《公约》精神推动非遗保护
——在成都国际非物质文化遗产大会上的主旨发言

在联合国教科文组织《保护非物质文化遗产公约》通过十周年之际，我们在成都举办中国成都国际非物质文化遗产大会，回顾十多年来国际间非物质文化遗产保护的历程，总结非物质文化遗产保护工作的经验，针对保护工作的现状和问题，探讨和规划未来保护工作的可持续性健康发展，具有重要的现实意义。

十多年来，在联合国教科文组织的推动下，特别是《保护非物质文化遗产公约》实施近十年来，世界范围内的非物质文化遗产保护取得了令人瞩目的成就。就中国而言，自古就有保护文化遗产的深厚传统，但现代意义上的非物质文化遗产保护工作的开展，可以说还是以2001年我国的昆曲艺术被联合国教科文组织公布为"人类口头和非物质遗产代表作"为开端。短短十几年来，我国的非物质文化遗产保护工作已由以往的单项的选择性的项目保护，走上全国整体性、系统性的保护阶段。2011年2月25日，我国全国人大常委会第十九次会议审议通过了《中华人民共和国非物质文化遗产法》（以下简称《非物质文化遗产法》），以此为标志，我国的非遗保护更是走上不断健全的依法科学保护的阶段。

中国的非遗保护，主要从以下方面开展工作：一是通过全面普查，弄清楚了我国非物质文化遗产的数量、项目产生的渊源及演变的历史过程、现状、传承人、保护措施等基本情况；二是建立起国家级名录保护体系和国家级传承人名录公布制度；三是从非遗项目的丰富性、独特性出发，探索和实行抢救性保护、原生态保护、生产性保护、整体性保护等不同的有效保护方式；四是设立国家级文化生态保护实验区。十多年中，我国的非遗保护得到了有效的推进，可以说，非遗保护在中国家喻户晓，成绩显著，得到社会公众高度认同。这一方面是因为非物质文化遗产保护工作在国际范围内普遍得到重视。另一个重要的方面，是近年来我国对文化的认知，特别是对文化遗产的认知，更具包容性的眼光。人类文化的演进，是与人的整体发展的要求相适应的。以人为本的社会，必然尊重文化的多样性，而我国对非遗的保护，正是适应了中国社会对人的整体发展日趋尊重这样一种必然的要求。

联合国教科文组织《保护非物质文化遗产公约》和中国《非物质文化遗产法》的实施，使中国的"非遗"保护工作在科学实践的基础上不断发展。在今后一个时期的非物质文化遗产保护工作中，我认为有几个问题是需要特别给予重视的。

第一，非遗保护要积极推进建立健全保护工作的有效机制。建立健全非遗保护的有效机制，是保护工作持续发展的重要基础。以我的了解，世界上非物质文化遗产保护工作做得好的国家，像日本、韩国、法国等，都具有良好的保护机制。中国的非遗保护机制，是由国家文化部、财政部等相关部委以联席会议制度的形式，共同携手推动保护工作；中央和省级政府文化部门设立了专门的管理机构，随着中国非物质文化遗产保护中心的成立，各地也都成立了非物质文化遗产保护中心，具体规划、指导、实施保护工作，真正形成了"政府主导、社会参与，明确职责、形成合力"的工作机制。政府主导，主要体现在立法、规划、指导和经费投入方面，而非物质文化遗产项目传承人作为传承主体，社会有关机构等作为保护主体，共同在保护工作中发挥了根本性的推动作用，特别是作为传承主体的传承人，在我国的保护工作中发挥着关键性的作用。还有一个方面是社会公众不断树立起自觉参与保护的意识，共同从舆论和实际工作中推动着保护工作的开展。我们应该看到，在非遗保护工作中，只有社会公众的自觉参与，保护工作才会真正取得成效。《保护非物质文化遗产公约》特别强调"应努力确保创造、延续和传承这种遗产的社区、群体，有时是个人的最大限度的参与，并吸收他们积极参与有关的管理"。可以讲，社会公众自觉参与保护的程度，决定着非遗保护的实际成效。

第二，非遗保护要正确处理继承与创新、保护与使用的关系。非物质文化遗产具有"恒定性"和"活态流变性"的传承规律。恒定性是指人类智慧、思想、情感和劳动创造积淀形成的生产、生活方式和思想、情感表达方式，它成为个体的人的一种"群体"活动，形成一定群体人们共同遵守践行的一些规则，这些规则具有集体维持的恒定性，不是一个个体可以随便改变的，它世代相传，因之具有一定的恒定性。随着时代、环境、生产生活条件、审美趋向等的变化，整个传承链条上的每一个环节的传承者，都会把自己的独特体验融入其中，所以整个传承过程又不是凝固不变的，它是在继承和创造的统一性中发展的，这就是它的恒定性和活态流变性。正因如此，它才有可能作为传统而持久延续。

基于此，我们的保护工作，应该既有利于促进在继承的基础上保证非物质文化遗产的"世代相传"；又能促进"在各社区和群体适应周围环境，以及与自然和历史的互动中被不断地再创造"，即努力把握好继承与创新的关系。同时，非遗保护中保护与利用的关系，也是保护工作必须正确把握的一个问题。我国的保护工作实践，一直坚持"保护为主、抢救第一、合理利用、传承发展"的指导方针。保护工作实践证明，这是一个正确的方针。要特别看到，在今天市场经济社会趋利性的背景下，不少人特别看重的是非遗项目的经济价值，所谓保护，更看重的是经济资源开发。我们并不反对在不损害非遗项目原真性前提下的开发利用，但坚决反对改变非遗项目性质的过度开发和随意滥用。我们只有在保护实践中正确把握好保护和利用的关系，非物质文化遗产的保护才会具有可持续性。

第三，我特别强调非遗保护要重视积极参与和推动国际间的合作。非物质文化遗产保护是一项维护人类文化多样性的国际性课题，绚丽多姿、异彩纷呈的非物质文化遗产，不仅是一个国家、民族的古老生命记忆和活态文化基因，也是属于全人类共同的精神财富，保护优秀的非物质文化遗产，是全人类共同的责任。何况，正如联合国教科文组织《人类口头和非物质遗产代表作申报书编写指南》中指出的："在世界全球化的今天，此种文化遗产的诸多形式受到文化单一化、武装冲突、旅游业、工业化、农业人口外流、移民和环境恶化的威胁，正面临消失的危险。"在中国，现代工业的迅速发展、现代交通的拓展和延伸、计算机网络的密集化、全球经济一体化趋向的影响、农村人口不断向城市迁徙和集结以及旅游业的持续发展，非物质文化遗产也同样面临严重的冲击和消解。社会的现代化具有人类社会发展的必然性，现代化的社会又使人类社会面临保护、传承自身文化遗产需要的共同性。十多年来，世界多数国家越来越认识到加强交流和合作，共同携手维护人类共同的精神家园、保持世界文化多样性的重要意义。中国积极参与联合国教科文组织实施的人类非物质文化遗产代表作公告制度，并于2004年8月加入联合国教科文组织《保护非物质文化遗产公约》。近年来还通过举办一系列非遗保护的国际性学术研讨会，包括举办中国成都国际非遗节等，宣传和体现联合国教科文组织提出的保护工作宗旨。在非遗保护的进程中，中国一直把积极参与和推进国际间的合作当作一项重要的工作任务。

在今后非遗保护的实践中，我国将继续履行《保护非物质文化遗产公约》，全面落实《中华人民共和国非物质文化遗产法》，重在健全非物质文化遗产传承机制，仍然要以传承人为核心，以持续传承为重点，以促进各民族之间，各社区、群体和个人之间的相互理解、尊重和社会可持续发展为目的，推动开展全面的保护工作。同时，更好地发挥联合国教科文组织亚太地区非物质文化遗产国际培训中心的作用，与亚太各国及世界各国共同携手，不断推进"非遗"保护工作的发展。

（原载《中国文化报》2013年6月19日）

总结非遗保护的"中国经验"

　　十多年来,在党中央、国务院的关心支持和各级政府部门、社会各界的共同努力下,我国的非物质文化遗产保护工作取得了令人瞩目的成绩。通过我国广大非物质文化遗产保护工作者的不懈努力和创造性实践,已形成一系列非物质文化遗产保护的"中国经验"。其中一点,就是我们十分重视非物质文化遗产及其保护的理论总结和学术建设,尤其强调非物质文化遗产理论研究要与非物质文化遗产保护的实践密切结合。在这方面,一些专业理论研究工作者已出版了一批优秀的研究成果,更使人欣喜的是我们一些优秀的传承人,在全力做好自己所掌握项目的传承、保护工作的同时,还努力对其传承的非物质文化遗产项目的历史、现状,它的渊源、特性、价值,保护的方式、方法,以及该项目所面临的困难、问题等,加以理论性的总结研究探讨,努力将非物质文化遗产保护实践中的感性经验上升到理论认识的水平,以求得对非物质文化遗产的科学保护。其中有一些传承人在这方面取得了较为突出的研究成果,这是十分可贵的现象。为了推动非物质文化遗产的研究工作,大力提倡非物质文化遗产的理论研究与保护实践密切结合,中国非物质文化遗产保护中心从已列入国家级非物质文化遗产名录的项目中首批遴选出4个保护成效好、具备一定研究能力并已推出初步成果的国家级项目传承单位,命名为"国家级非物质文化遗产保护研究基地"。这是我国非物质文化遗产理论研究领域倡导理论联系实际，从保护实践中总结经验、概括理论，并运用从实践中总结的理论更好地指导保护实践。无疑，推动以传承人为主体的理论总结，对深化非物质文化遗产保护具有重要意义。

作为我国国家级非物质文化遗产保护专业工作机构，中国非物质文化遗产保护中心一直致力于全面推进我国非物质文化遗产的理论研究和保护实践工作。我们认为，非物质文化遗产既是中华优秀文化传统绵延传承的客观呈现，又是当代中国文化构成的重要组成部分，更是中华文明可持续发展的源泉。基于非物质文化遗产是以其传承人的实践活动为主要载体的"活"的文化形态这一学理性基础，近年来，中国艺术研究院·中国非物质文化遗产保护中心创造性地开展了以非物质文化遗产传承人为主体的各项工作，如2005年聘任了第一批30名民间艺术创作研究员；与中国泛海控股集团有限公司共同设立了"中华非物质文化遗产传承人薪传奖"，2012年，60名非物质文化遗产传承人获得"薪传奖"；与宝马公司连续6年举办的"BMW中国文化之旅"，探访资助了近百个各级非物质文化遗产项目及代表性传承人。这些工作的开展，对提升非物质文化遗产传承人的社会影响力产生了积极作用。

中国非物质文化遗产保护中心命名授牌的研究基地，是深化非物质文化遗产保护研究的重要平台，这些基地要根据各自项目的性质与特点及各自的研究特长，紧密结合我国非物质文化遗产保护实践，在非物质文化遗产基础理论、非物质文化遗产保护的技术与方法等方面，深入总结研究，不断提升我国非物质文化遗产保护与传承水平，在传承中不断推动文化创新，促进经济社会持续健康发展。

（原载《中国文化报》2013年1月24日）

非遗保护的中国经验

中华民族具有保护和传承优秀文化遗产的深厚传统，但我国现代意义上的非物质文化遗产保护工作的开展，却是近十几年的事情。从2001年5月18日昆曲艺术名列世界首批"人类口头和非物质遗产代表作"名录以来，短短十几年，我国的非物质文化遗产保护已从初始的比较单一的项目性保护，进入了整体性、系统性的全面保护阶段。到2011年6月1日《中华人民共和国非物质文化遗产法》的正式实施，我国非物质文化遗产在自觉的科学保护道路上迈进了一大步。

我国非遗保护重要思路

第一，重视和推动国际间的合作。非物质文化遗产保护是一项维护人类文化多样性的国际性课题。因为丰富多样的文化遗产，不仅是一个国家、民族的文化财富，也是属于全人类共同的精神财富，保护优秀的文化遗产，是全人类共同的责任。中国积极参与联合国教科文组织实施的人类非物质文化遗产代表作公告制度。目前，我国已成为拥有该组织公布的人类非物质文化遗产代表作、急需保护濒危项目和保护实践示范项目最多的国家。通过项目的申报，向世界充分展示了我国非物质文化遗产的独特价值、实施保护的积极态度和创新务实的保护实践。2004年

8月，经全国人大常委会批准，我国加入联合国教科文组织《保护非物质文化遗产公约》，成为最早加入该公约的国家之一。近年来，我国相关机构举办了一系列非物质文化遗产保护的国际学术研讨会，并通过展览、演出向国际社会介绍中国保护工作的实际情况，让世界看到中国非物质文化遗产保护工作的开展，不仅很好地体现了联合国教科文组织提出的保护工作的宗旨，也以自己的实践推动了世界范围内保护工作的开展。2011年2月，联合国教科文组织亚太地区非物质文化遗产国际培训中心在北京成立，既说明了国际社会对我国保护工作成绩的肯定，也说明了"中国经验"的传播对促进世界范围内非物质文化遗产保护具有意义。

第二，重视推进立法保护。《中华人民共和国非物质文化遗产法》（以下简称《非物质文化遗产法》）的颁布和实施，是我国文化领域的重要事项。这是新中国成立后文化领域的第二部法律（此前只有《中华人民共和国文物保护法》）。该法对我国的非物质文化遗产保护做了整体性的规定，奠定了我国非物质文化遗产保护工作科学性、规范性和持久性开展的基础，也标志着我国的非物质文化遗产保护已走上依法保护阶段。

《非物质文化遗产法》颁布之前，2005年国务院办公厅颁发的《国务院办公厅关于加强我国非物质文化遗产保护工作的意见》和国务院颁发的《国务院关于加强文化遗产保护的通知》两个文件，是国家最高行政机关首次就非物质文化遗产保护工作发布的指导意见，国家政府部门关于非遗保护工作的指导方针是"保护为主、抢救第一、合理利用、传承发展"，保护工作原则是"政府主导、社会参与，明确职责、形成合力；长远规划、分步实施，点面结合、讲求实效"。这些重要的指导思想和原则，为我国非物质文化遗产保护初始阶段的健康发展奠定了基础。与此同时，"文化遗产日"的设立，为调动社会特别是公众自觉参与非物质文化遗产保护起到了重要的推动作用。

第三，探索形式多样的保护措施。我国主要从以下方面开展保护工作：全面普查，弄清楚目前我国非物质文化遗产的基本情况，包括数量和项目产生的渊源、演变的历史过程、现状、传承人、保护措施等；制定保护规划；建立四级（国家级和省、市、县级）名录保护体系和国家级传承人名录公布制度。同时，非物质文化遗产项目的丰富性，决定了保护方式的多样性。从整体性保护的原则出发，设立国家级文化生态保护实验区，以维护文化的多样性、保护文化生态空间的完整性和保护文化资源的丰富性。从积极保护的原则出发，避免静止和凝固的保护，在不改变非物质文化遗产项目按其内在规律自然演变的前提下，对传统手工技艺类项目，以及民间美术、传统医学药学、饮食文化类项目等尽可能寻找生产性保护的方式加以传承和发展。生产性保护是非物质文化遗产依靠自身价值而获得持久性传承的重要方式之一，已经显示出突出的有效性。从抢救第一的原则出发，对那些濒临消亡的非物质文化遗产项目，以及陷入生存困境的项目，通过文字、数字化等形式加以抢救性保护，使之转化为有形的形式加以保存和传承。从原真性动态保护的原则出发，对民间信仰及一些民间的礼仪、仪式和具有空间性的民俗、文化活动等，尽可能使它在产生、生长的原真氛围中保持其动态的活力。

有效工作机制和科学保护原则

我国的非物质文化遗产保护工作一路走过来，基本上没有走弯路，一是党和政府高度重视和支持；二是从中国国情出发，重视"中国经验"的创造和总结；三是建立良好的工作机制。我国"非遗"保护的工作机制首先是文化部、财政部等相关部委建立联席会议制度，中央和省级政府文化部门设立了专门的管理机构，各地建立非遗保护中心，形成了"政府主导、社会参与，明确职责、形成合力"的工作机制。政府主导主要体现在立法、规划、指导和经费投入方面，而非物质文化遗产项目的传承人作为传承主体，社会有关机构等作为保护主体，共同在保护工作中发挥根本性的推动作用，特别是传承主体，在我国的保护工作中发挥着关键性的作用。此外，在非物质文化遗产保护的宣传、教育方面，新闻媒体发挥了重要的作用，促进社会公众树立参与保护的自觉意识，共同推动遗产保护工作的开展。

在非物质文化遗产保护实践中，坚持科学保护的原则、坚持遵循客观规律十分重要。科学保护的前提是首先要弄清楚什么是非物质文化遗产。在保护工作的初始阶段，这个问题并没有一个清晰的答案，今天人们已经比较清楚地知道非物质文化遗产的内涵：非物质文化遗产是人们通过口传心授而世代相传的、无形的、活态流变的文化遗产，亦即联合国教科文组织《保护非物质文化遗产公约》指出的，是"被各社区、群体，有时是个人，视为其文化遗产组成部分的各种社会实践、观念表述、表现形式、知识、技能，以及相关的工具、实物、手工艺品和文化场所"。非物质文化遗产更多地表现为精神性、智慧性、技艺性的呈现形态，它与我们的精神、情感、思维方式相联系，它往往通过人们的生产方式和生活方式呈现出来。

坚持科学保护的原则，还要正确认识非物质文化遗产的传承规律，即"恒定性"和"活态流变性"。恒定性是指人类智慧、思想、情感和劳动创造积淀形成的生产、生活方式及思想、情感表达方式，它成为个体的人的一种"群体"活动，形成一定群体人们共同遵守践行的一些规则，这些规则具有集体维持的恒定性，不是一个个体可以随便改变的，它世代相传，因之具有一定的恒定性。随着时代、环境、生产生活条件、审美趋向等的变化，整个传承链条上每一个环节的传承者，都会把自己的独特体验融入其中，所以整个传承过程又不是凝固不变的，它是在继承和创造的统一性中发展的，这就是它的恒定性和活态流变性。正因如此，它才有可能作为传统而持久延续。

科学地保护非物质文化遗产，既不是随意地改变它按照自身规律展开的自然演变进程，也不是使之静止、凝固、不再发展，而是保护它按照自身发展规律去自然演变。正因为保护是建立在尊重客观规律的基础之上，才能够一直保持稳健而持久的健康发展态势。

思考与期待

在全面落实《非物质文化遗产法》的基础上，重在建立健全非物质文化遗产的传承机制，仍然要以传承人为核心，以持续传承为重点，以促进各民族之间，各社区、群体和个人之间的相互理解、尊重和社会可持续发展为目的，推动开展全面的保护工作，使民众自觉参与非物质文化遗产保护并共享保护成果。非物质文化遗产保护不是为了留住历史，而是要着眼于在继承优秀文化传统的基础上，进行文化创新。所以在保护工作过程中，既反对盲目否定传统文化遗产，也反对"泛文化遗产论"。明确提倡、大力保护的非物质文化遗产，是指那些不违反人性、符合现有国际人权文件，有利于社区、群体及个人之间相互尊重和顺应可持续发展的非物质文化遗产，要大力倡导传承人在认真学习、地道地继承传统的过程中，以自己的思考与体验赋予非物质文化遗产以时代的新创造。

无论从中华民族五千年文明史的纵向发展看，还是从中华民族由多民族组成的民族大家庭的多样性文化特点看，非物质文化遗产作为人类文明的创造成果，在中华民族传统文化的构成中占有重要地位。可以说，作为人们生活方式、生产方式和思想、情感表达方式的非物质文化遗产，千百年来，同儒家文化、道家文化和佛教文化一起，共同构成中华民族传统文化的主体。比如，中华民族大家庭中各个民族都有民间信仰，很多民间信仰并非儒、释、道所能涵盖，正是民间信仰及表现为人们传统的生产方式、生活方式与思想、情感表达方式的多种非物质文化遗产形式蕴含的文化传统，更广泛地维系着大众的文化趋向，传递着人们的信仰和习俗。从这个意义上讲，今天的人们对非物质文化遗产的价值和保护意义的认识仍然不够充分。非物质文化遗产保护对于我们建设中华民族的精神家园、实现中华民族富强的中国梦和当代文化创新都具有十分重大的意义。只有进一步深入认识非物质文化遗产的价值与保护的意义，保护才会更具有紧迫性、自觉性、实效性。

（原载《人民日报》2013年6月7日，《新华文摘》2013年第17期转载）

形成广泛参与非物质文化遗产保护的文化自觉

近些年来，非物质文化遗产保护问题，正在世界范围内引起人们的关注和重视。2003年10月17日联合国教科文组织第三十二届大会通过了《保护非物质文化遗产公约》。在我国，2005年3月，国务院办公厅印发了《国务院办公厅关于加强我国非物质文化遗产保护工作的意见》。同年12月，国务院颁发了《国务院关于加强文化遗产保护的通知》。这一方面是因为保护非物质文化遗产有着十分重大的意义；另一方面，则是正像联合国教科文组织在阐明通过《保护非物质文化遗产公约》的基点时所说，"考虑到必须提高人们，尤其是年轻一代对非物质文化遗产及其保护的重要意义的认识"，着眼于唤起全社会参与非物质文化遗产保护的文化自觉。

在社会发展和历史进步的过程中，人类创造了丰富而珍贵的文化遗产，其中包括有形的物质文化遗产，也包括各种无形的非物质文化遗产。非物质文化遗产所包括的口头文学及其语言载体、传统表演艺术、民俗礼仪与节庆、有关自然界和宇宙的民间知识与实践、传统手工艺技能，及其相关的文化空间等等，以其精神性和智慧性的形态方式和活态传承的演变方式，对推动人类社会的文明进程和生产生活实践的演进，具有重要的意义。非物质文化遗产，是人类通过口传心授、世代相传的无形的、活态流变的文化遗产。它鲜活地扎根、生存于民族民间，主要表现为人们的生活方式和生产方式，是一个民族的生命记忆和活态的文化基因，是人类创造力、想象力、智慧和劳动的结晶，是人类文化多样性的生动展示。非物质文化遗产活态流变性的基本特性，使它在时间的长河中，往往会不断丢失那些被各种原因中断了的文化记忆，而失去过多的文化记忆，我们就不会懂得人类文化整体的内涵与意义。某种文化形态的消失，也可能同时失去了寄寓其中的宝贵的人类智慧和精神血脉。我国作为56个民族构成的多民族国家，在其历史长河中，各族人民以自己的智慧和想象力创造了极其丰富的非物质文化遗产，像昆曲艺术、京剧艺术、古琴艺术、新疆维吾尔木卡姆艺术、蒙古族长调民歌、中医学和中药学等，很多都是世界文化的精粹。今天，我们已经充分认识到，大家有责任、有义务努力保护好中华民族的祖先千百年来共同创造的这些宝贵的文化财富，不能让它们从我们这一代人的手中流失。

党中央、国务院十分重视我国的非物质文化遗产保护，近五六年来，我国的非物质文化遗产保护已由以往的项目性（单项的）保护，开始走向全国整体性、系统性的保护阶段。《国务院办公厅关于加强我国非物质文化遗产保护工作的意见》中指出，我国非物质文化遗产保护工作的目标是，通过全社会的努力，逐步建立起比较完备的、有中国特色的非物质文化遗产保护制度，使我国珍贵、濒危并具有历史、文化和科学价值的非物质文化遗产得到有效保护，并得到传承和发扬。这一目标，通过下列工作正在逐步实现：重视参与国际间的合作，如积极申报联合国教科文组织举办的"人类口头和非物质遗产代表作"评选；2004年8月，十届全国人大常委会第十一次会议通过批准中国加入联合国《保护非物质文化遗产公约》；重视加强对非物质文化遗产保护的法规建设；实施形式多样的保护措施，如开展项目普查、重视形成全社会参与非物质文化遗产保护的文化自觉。

我国的非物质文化遗产保护工作，像世界上的很多国家一样，都是以政府主导发挥着重要的推动作用，但同样重要和不可忽视的是，在保护工作中不断提高社会公众的参与意识，只有形成社会公众主动参与保护和承担保护职责的文化自觉，才是实现保护工作目标，持久做好保护工作的根本。

形成社会公众自觉参与非物质文化遗产保护的文化自觉，首先要重视调动非物质文化遗产传承主体的积极性。非物质文化遗产是植根于民族民间文化土壤的活态文化，是发展着的传统的行为方式和生活方式，它不能脱离传承主体而独立存在。它的延续与发展永远处在活态传承与活态保护之中。尊重传承人，调动和发挥传承人的积极性和聪明智慧，使他们自觉地、主动地承担传承的责任。依靠他们的传承使非物质文化遗产得以延续，这是做好保护工作的基础。目前不少非物质文化遗产项目特别是传统工艺技术项目，后继乏人的现象相当严重。以艺术性极高的上海松江顾绣为例，绣的时候要先将一根蚕丝分成24份，用1/24细的蚕丝绣出一幅作品要耗时几个月甚至几年，学好这门技艺的难度和成本，都使年轻人望而却步。再如江苏无锡技艺精湛的精微绣，绣出一幅不大的图案，也同样要几个月甚至几年的时间，目前传承人仅有一位。联合国教科文组织《关于建立"人类活珍宝"制度的指导性意见》中曾指出："尽管生产工艺品的技术乃至烹调技艺都可以写下来，但是创造行为实际上是没有物质形式的。表演与创造行为是无形的，其技巧、技艺仅仅存在于从事它们的人身上。"承载着非物质文化遗产技艺、技术或知识的优秀传承人是非物质文化遗产延续的决定性因素。只有他们努力把自己所持有的技艺、技术传承给后人、贡献给社会，并在传承的同时，有所发展与创新，才能使非物质文化遗产生生不息，永续发展。

形成社会公众自觉参与非物质文化遗产保护的文化自觉，要充分发挥非物质文化遗产保护主体的作用。非物质文化遗产保护主体与传承主体都是保护工作的核心因素。非物质文化遗产保护主体指负有保护责任的从事保护工作的国际组织、各国政府相关机构、团体和社会有关部门及个人。各类不同的保护主体承担不尽相同的保护职责，但形成社会公众自觉参与保护工作的良好氛围，是各类不同的保护主体行使保护职责的基础。同时，各种非物质文化遗产是在基层社区、群体、公众生活中衍变和发展的，它也是人们生活或生产方式的重要组成部分。联合国教科文组织《保护非物质文化遗产公约》指出："承认各社区，尤其是原住民、各群体，有时是个人，在非物质文化遗产的生产、保护、延续和再创造方面发挥着重要作用，从而为丰富文化多样性和人类的创造性作出贡献。"这就要求各个国家"在开展保护非物质文化遗产活动时，应努力确保创造、延续和传承这种遗产的社区、群体，有时是个人最大限度地参与，并吸收他们积极地参与有关的管理"。这是因为，非物质文化遗产就在我们身边，保护可以从我做起。广大民众既是非物质文化遗产的保护者，也是它的享有者。相辅相成，非物质文化遗产的延续和发展也才有了浓厚的土壤。公众的参与，要体现以人为本，要反对人为地、被动地"让"人们参与，要乐在其中，不能苦在其中。

　　社会公众参与保护的程度，从根本上决定着非物质文化遗产的未来命运。世界上一些自觉实施非物质文化遗产保护时间较长的国家，都把唤起民众的广泛参与作为实施保护的一项重要内容。比如在韩国，你会看到众多的民俗博物馆，不仅有实物展示，还有实际的演示，而各种形式的传统民族文化遗产学习班也是遍布各地。韩国一年四季都举办着各种各样的节庆活动，其中一种是民间代代相传的乡俗，另一种是各种民俗节或民俗文化节，它们构成了韩国民众精神生活的重要内容。像韩国的"重要无形文化遗产"项目"农乐"，在各地的重大节日和许多民众活动中都有它的演出，甚至各大、中、小学也有学生自己组织的农乐队。非物质文化遗产在民众土壤上呈现的旺盛的生命状态，是保护的最高境界。公众的广泛参与，很多是以传统民俗节日为载体。在我国同样如此。春节、元宵、清明、端午、重阳、中秋等，以及少数民族的节日，都作为历史文化记忆的标志，向后来的人们传递着传统文明的信息。把重要的传统民俗节日纳入国家法定节假日体系，既是满足人们今天社会生活的需要，也是延续中华民族宝贵的非物质文化遗产的需要，所以，这已成为今天人们关注的一个问题。做好非物质文化遗产的保护工作，在具体实践中，应当是传承主体和保护主体综合作用的结果，我们要充分重视和全面发挥这两种核心因素的作用。

　　保护非物质文化遗产,既是守护我们的精神家园,也是为了在文化传统的传承中为新的文化创造提供不竭的源泉。保护非物质文化遗产不是为了留住历史,也不是为了回到过去。我们要以高度的社会责任感,继承优秀传统,加强文化自觉,促进文化创新,努力创造一个更加有利于可持续发展的和谐社会。

(原载《光明日报》2007年6月9日)

简谈传统手工技艺的生产性保护

举办"留住手工技艺——现代化进程中传统工艺美术保护论坛"有着重要意义。因为就在昨天,"巧夺天工——中国非物质文化遗产百名工艺美术大师技艺大展"刚刚圆满落幕。这为研讨传统手工技艺的保护与发展提供一个形象的基础。今年"文化遗产日"期间,在非物质文化遗产保护方面,文化部围绕"非遗保护,人人参与"这一主旨,举办了一系列的活动。为什么要强调这么一个主旨?非物质文化遗产保护到了今天这么一个时期,应该说有十来年的时间了,大家更认识到它本身具有的对我们时代发展的意义,即它本身的价值,这是一个方面。另一方面是大家认识到非物质文化遗产就在我们身边,它作为我们的生活方式和生产方式,是跟我们大家联系在一起的。基于这样的认识,从每个人到社会公众,就会从心里感到保护这些跟每个人都密切相关的非物质文化遗产是非常重要的,我们是离不开这些与我们的生活、思想、精神、情感密切相连的非物质文化遗产的。

保护的意义也体现在这里。我们看到,"巧夺天工——中国非物质文化遗产百名工艺美术大师技艺大展"中展出的传统手工艺作品,特别是大师们现场技艺的展示,就会认识到无论是与生活方式相联系的一些器物,或者是创造这些器物过程中所体现的人类的智慧和情感都是有价值的。我们看了之后,会叹服这些工艺美术大师的创造技艺的精湛和他们作品的文化内涵的丰富性。对工艺美术大师要尊重，他们的地位要确立，这些精湛的手工技艺要传承和延续，我想每一个观众看了之后，都会有这样发自内心的一种感想。我们展示这些作品，展示工艺美术大师的手工技艺，就是要唤起社会对非物质文化遗产的尊重和保护的一种热情，并且自觉地参与保护。这次展览将"非遗保护，人人参与"这一主旨很鲜明地体现出来了，其中就有我们在座的工艺美术大师、工艺美术界的同行和有关方面的理论家，以及有关行业、有关方面的负责同志的参与，我们共同努力才使这次活动达到这么好的效果。只有大家共同来携手，共同来参与，我们的非物质文化遗产保护工作才能够真正收到成效。

今天我们所举办的论坛主旨是"留住手工技艺——现代化进程中传统工艺美术保护"，这不仅仅是在这次展览的基础上生发的一个议题，也是源自我们深层次的思考，就是传统手工技艺活态的保护问题。保护传统手工技艺，不仅仅是保护非物质文化遗产的一种形态，更是通过对这种形态的认识和保护，推动和促进维护非物质文化遗产的生存基础。一方面，传统手工技艺在当代确实有它面临濒危的境况，有它生存和延续的脆弱性，非物质文化遗产在当今的时代大都面临这样生存的限制，这是一个规律。另一方面，我们还要看到的是这个时代对它的需要和给它提供的一种机遇，所以我想我们论坛中大家会谈到这个问题。非物质文化遗产保护应该受到全社会的重视并自觉参与，我们每一个人的重视和参与是促进保护的基础。这次活动虽然是文化部主办的，但是文化部的非遗司、中国艺术研究院中国非物质文化遗产保护中心，以及我们行业协会——中国珠宝玉石首饰行业协会等协会的参与，也为这一次活动的成功举办发挥了积极作用。

我今天参加这个论坛主要是想谈一下传统工艺美术生产性保护的问题。现在非物质文化遗产的保护在科学、健康、持续的发展中也面临着一些问题。前些日子我在国务院新闻办举办的新闻发布会上也讲到这些问题，主要是"重申报、轻保护"，这是普遍存在的一个问题。这个问题的存在有它的必然性，这些问题的出现跟我们的非遗保护有一种必然性的伴生的过程。我想，这个问题会在保护工作进程中逐渐加以调整，但是这些问题的存在是长期的，关键在于我们要认识到这些问题，并且采取比较有针对性的措施加以调整，这样这些问题就不会成为严重阻碍我们推进保护工作的重大问题。

现在保护工作应该说是取得了很大的成绩，在保护实践中也探索了很多有效的保护方式，这些保护方式为什么有效呢？因为我们是从实践中总结出来的。非物质文化遗产呈现的形态是丰富的，它呈现形态的丰富性决定了我们保护的方式也应该是多样性的，这些保护方式都是非物质文化遗产的传承人和从事保护的同志们从保护的实践中总结出来的科学、有效的方式，我想我们在今后的探索中还能够总结出更多的方式。我们将这么多保护方式进行归类的话，主要有这么三种：第一种是抢救性保护，主要是对一些濒危的，现在又难以传承延续的非物质文化遗产进行抢救性的保护。第二种是整体性保护，主要是对一些文化空间的保护等等。非物质文化遗产呈现为很多不同类型的项目，由于这些项目不是平面的、单一的、孤立的，对于这些项目所延伸的环境和一些条件加以整体性的保护是非常重要的。第三种是生产性保护。这几种保护的方式贯彻着一个重要的原则，就是积极保护的原则。积极保护的原则是非常重要的，因为非物质文化遗产面临的濒危性及其不可再生性决定了我们要把抢救和保护放在第一位，但是抢救和保护不是被动消极的，要在传承中延续，在发展中保护。在发展中保护是非常重要的。抢救性保护放在首位是相对于合理利用来说的，抢救保护是第一的，同时要合理利用。就抢救性保护本身来说，这也是一种积极的态度，不是消极的、被动的，我们把濒危的非物质文化遗产放到博物馆去，把它通过录音录像保存起来，这也是一种保护，但是如果仅用这种方式，那就会是被动的、消极的保护。中国的保护是积极性的保护，其中生产性保护就是一种很重要的、积极性的保护。

第一，生产性保护符合非物质文化遗产传承规律。非物质文化遗产的传承规律的第一条就是它的恒定性，它是经过时间积淀形成的非物质文化遗产的形态,不是我们今天刚刚创新的,它是通过口传心授的方式,经过积累之后形成的一些传统文化的形态,所以它有恒定性,但是,我们也看到它呈现为一种活态流变性,它在发展,在演变,它是活态的,是变化的。比如说剪纸,我们看50年以前的剪纸作品,跟今天这些剪纸艺术家的作品就有时代的区别,虽然每个人有自己的个性,在继承和创新方面呈现不同个性的差异,但从总体上看,前50年的作品和现在的作品存在着时代审美差异,我们看到的是一个活态流变的形态。非物质文化遗产同文物不同,因为它的活态性,也就必然会融入当代性因素,这是它的重要特性之一。生产性保护是发展传统的一种保护方式,很多艺术家或者项目的传承人在继承前辈技艺的基础上,将当代审美趋向的影响和个人独特的思考融入他们所从事的项目之中,将自己新的创造赋予其中,这样他们既把基因保存了下来,同时又把自己独特的创造融入其中,因此它是一种活态流变的过程,就在活态流变的传承之中,这些项目能够保存下来。实际上传承人通过自己的作品或者产品,把前辈积淀的基因和他们自己独特的创造融合在一起,形成了他们今天的产品或者作品,这就是一种生产性的过程,所以生产性保护符合非物质文化遗产传承的规律。

　　第二,生产性保护的基础是传承。联合国教科文组织《保护非物质文化遗产公约》强调非物质文化遗产的传承就是一个生产、保护、延续、再创造的过程。每一个艺术家都有他再创造的因素或元素,并将其融入他的作品之中,所以生产性保护的一个主要基础就是传承,传承人要把他从前辈继承下来的和他赋予作品之中的新的创造传承给年轻的学习者。生产性保护不仅是一个简单的生产过程,更是一个传承的过程,在生产中传承,把技艺的核心技术、作品的品格、内涵,甚至传承人的艺术个性都能够传承下来。传承的过程中要注意形成艺术家和传承人的艺术个性,或者是作品的个性、作品独特的风格。在座的很多大师都有自己被公众认同的个人风格,你看都是唐卡,都是紫砂,都是刺绣,都是陶艺,都是雕刻,但是每一个人有不同的风格,这种不同的风格和个性赋予他们的作品以灵魂。这种个性和风格越鲜明，越被公众普遍认知，就越容易成为品牌性的标志，所以生产性传承过程中间一定要继承前辈的经验，要思考今天的传承人在创作中怎么样赋予作品以独特的个性。如果我们不同类型的传统手工技艺能够更多地有艺术家个人的独特的风格、个性，那么我们就可以形成更多的品牌，这种品牌的影响对我们非遗的传承和保护的推动是很重要的，不仅会使这个作品、产品在国内外市场上产生影响，而且会成为我们中华民族当代传统技艺达到一定水平的标志，因此要注意形成艺术家自己独特的个性、风格，并在这个基础上能够促进品牌的形成。

第三，生产性保护的核心是质量。在生产性保护中，质量是生命，我们的作品、产品，如果在质量方面不能达到精致性，那么它的生命就不会长远，所以生产性保护的核心是追求质量，追求一种高的品质。现在我们传统的手工技艺面临着发展的一些难题，比如材料问题，这是一个很实际的问题。一些传承人说过："我的技艺很精湛、很高超，但是材料的品质限制了我的创造性。"传统手工技艺都面临着一个材料的问题，材料是一个大问题，我想下一步行业协会、社会的有关方面要研究这个问题，文化部相关部门也要研究这些问题，促进与传统手工技艺相联系的材料的发展，研究保持材料质量和品质的方法。今天，如果我们光有了精湛的技艺，但是材料不能与时代相适应，我们也绝对不可能产生很精到的，与时代的发展相适应，或者适应当代时代发展要求的作品，因此也希望我们传承人在传承的过程中要思考这个问题，共同携手来推进材料的品质。以年画的颜料为例，年画在过去传统的农业社会中更多体现的是实用的价值，但是今天在一定程度上它又有了收藏的价值。那么收藏它就需要较长时间的保存，但是一些年画制作出来之后，它的颜料保存不了多长时间，画面中的颜色就褪色了、就变色了。我问了一些制作年画的艺人、艺术家，他们的颜料都是一般的，很多是化学的，而且主要使用化学颜料。这种情况就跟当代的发展不相适应，所以这些问题要研究一下，特别是我们在生产过程中，在传承过程中怎么样来把好这个关。再比如说我们的技艺跟工具的问题。传统手工技艺的独特性，或者区别技艺高下的水平都体现在手工上，这是毫无疑问的。随着社会的发展，生产工具普遍改进了，但是不管生产工具多大程度上提高了生产率，或者是多大程度上达到一种先进性，最后作品的完成还是离不开手工技艺。比如，玉石的雕刻工具有了很大的改进，有一个艺术家告诉我，他以前刻一块玉石要一天的时间，现在半个小时就能完成，为什么呢？就是工具改进了，采用了提高生产率的工具，但是工具再改进，表达手工技艺本质的手的创造还是不能丢掉的。有的地方的年画用制版来印制，非常精致，跟手工的没有什么区别，我到一个厂子里去看，他把原画跟印刷品放在一起，根本看不出来，但是，它们存在的本质的意义是完全不同的，这就是其本质的生命和非生命的区别，所以我们传统手工技艺一定不能丢掉手工这个核心环节，寄寓作品生命的手工创造一旦丢失，传统手工技艺也就必然瓦解，这是很重要的。现在传统的手工技艺产品也强调商品性和市场性，这些都是没有问题的。我们传统的手工技艺作品、产品也要通过市场来扩大影响，通过市场来进入受众的手中，所以市场、商品这些都没必要回避，但是我们不能脱离手工，以机器或者其他便捷的生产方式实现产业化、商品化、市场化，这样反而最终损害了我们传统的手工艺。

第四，社会和政府的扶持是生产性保护的保障。政府的扶持和支持，不仅是从保护非物质文化遗产的角度来扶持和支持，从发展我们国家当代手工艺生产的角度来说，也是应该加以扶持和支持的。现在，《中华人民共和国非物质文化遗产法》（以下简称《非物质文化遗产法》）已经国务院的常务会议原则通过，下一步提交全国人大常委会讨论通过。《非物质文化遗产法》对我们非物质文化遗产的保护是至关重要的，因为对于非遗而言，最根本的保护还是立法的保护。只有法律颁布之后我们才可能实现真正意义上的根本性的保护，所以国家的《非物质文化遗产法》是非常重要的，我们大家呼吁它能够早一天出台。现在看来《非物质文化遗产法》之下还要出台一些专门的政策法规，这个也很重要，比如说下一步我们要研究推进的就是要制定生产性保护扶持的政策,还有如知识产权的保护。知识产权的保护现在已经放到了一个非常急迫的、非常重要的位置上。此外,政府部门要继续加以推进的工作就是更好地宣传我们传统的手工艺和作品,包括确立大师的地位。创造本身是前提,但也要通过评奖和大师的认定确立传统手工技艺的价值和地位,通过更多的展示和交流来宣传、来让人们广泛地认知其价值。现在很多传统的手工技艺作品或者产品,有的将实用性和艺术性融为一体,有的主要表现为一种艺术性。人们现在应该说从整体上对这些产品或者作品的认知度正在提高,但是要看到对它的认知和其手工价值之间还有一定的距离。其中要特别研究通过市场和经济规律来提高这些作品或者产品的价值,这实际上就是确立了这些艺人、艺术家的地位,这些方面都要综合地加以研究。我想随着非物质文化遗产保护工作不断地深化,这些方面的工作的成效也会在今后的非物质文化遗产保护中更多地显现出来。

传统的手工技艺要在生产性保护中加以更好地传承、延续和发展,这种发展要创造我们当代手工技艺的辉煌。我们中华民族和国家现代化进程正处在前所未有的重要的发展时期,传统的手工技艺在当代应该绽放跟这个时代相一致的光辉,这不仅体现传统手工技艺在非物质文化遗产保护中能够达到的一种境界,同时也体现我们对所有的非物质文化遗产的保护应该达到的一种境界,这就要靠大家的共同努力来实现。

2010 年 6 月 18 日
(原载《中华文化画报》2010 年第 9 期)

增强非遗保护的文化自觉

近年来，我国非物质文化遗产保护工作卓有成效地全面展开，取得了显著成就。我国非物质文化遗产保护已由以往单项的、选择性的项目保护，逐步走向整体性、系统性的全面保护阶段。

首先，非物质文化遗产保护的文化自觉日益增强。各地党委、政府积极部署非物质文化遗产保护工作，社会公众高度关注并积极参与非物质文化遗产保护。今天，非物质文化遗产保护的意识已日益深入人心。社会公众特别是青年一代参与保护的程度从根本上决定着非物质文化遗产的未来命运，因此，今年"文化遗产日"确定非物质文化遗产活动的主题为"非遗保护，人人参与"，就是通过一系列活动进一步增进社会公众，特别是青年一代自觉参与非物质文化遗产保护的文化自觉。

其次，不断拓展保护领域。目前，我国的非物质文化遗产保护领域不断拓展，从原来的民间文学、传统音乐、舞蹈、戏曲、美术等民族民间艺术，拓展到包括传统体育、游艺与杂技、传统技艺、传统医药、民俗等十大门类，内涵更加丰富，内容更加全面。

再次，正在逐步形成科学的保护体系。在"保护为主、抢救第一、合理利用、传承发展"的保护方针指导下，逐步形成了符合我国国情的非物质文化遗产保护体系，基本完成了第一次全国非物质文化遗产普查工作。初步查明，全国非物质文化遗产资源总共87万项。建立了较为完善的国家、省、市、县四级非物质文化遗产名录体系。2006年和2008年国务院公布了两批共1028项国家级非物质文化遗产名录，命名了国家、省、市、县级非物质文化遗产项目代表性传承人。2007—2009年评定并公布了三批共1486名国家级非物质文化遗产项目代表性传承人。命名了闽南文化生态保护实验区、羌族文化生态保护实验区、客家文化（梅州）生态保护实验区、武陵山区（湘西）土家族苗族文化生态保护实验区等6个国家级文化生态保护实验区。稳步推进非物质文化遗产专题博物馆和传习所建设，逐步加强各级非物质文化遗产保护工作机构和队伍建设。中央和省级财政已累计投入17.89亿元用于非物质文化遗产保护，确保了非物质文化遗产保护工作的顺利开展。

最后，重视参与国际间的合作，赢得国际社会的积极肯定。我国积极参与联合国教科文组织实施的非物质文化遗产代表作申报制度，已有26个项目列入"人类非物质文化遗产代表作名录"，有3个项目列入"急需保护的非物质文化遗产名录"。我国成为世界上入选代表作名录项目最多的国家。2004年8月，全国人大常委会批准加入联合国教科文组织《保护非物质文化遗产公约》，今年5月，在中国艺术研究院挂牌成立了联合国教科文组织支持的亚太地区非物质文化遗产国际培训中心，这表明国际社会对我国非物质文化遗产保护工作的充分肯定。

科学保护居首位

我国的非物质文化遗产保护工作取得了显著成就，但同时也必须清醒地看到，目前我国非物质文化遗产保护仍然面临着许多困难和问题。第一，共性的问题。随着全球经济一体化和现代化进程的加快，主要依赖口传心授方式加以传承的非物质文化遗产不断消失，许多传统技艺濒临消亡，这是国际性的问题。第二，就我们自身面临的问题而言，主要是一些地方仍然缺乏科学保护意识，重申报、重开发、轻保护、轻管理，保护措施不落实，甚至出现超负荷利用和破坏性开发，背离了实施非物质文化遗产保护工作的根本出发点。

科学保护非物质文化遗产，已经成为时代赋予我们的非常紧迫的历史使命。针对存在的困难和问题，在今后的非物质文化遗产保护工作中，我们将把对非物质文化遗产的科学保护放在首要位置。按照"保护为主、抢救第一、合理利用、传承发展"的保护方针和"政府主导、社会参与，明确职责、形成合力；长远规划、分步实施，点面结合、讲求实效"的原则，以非物质文化遗产项目和传承人为核心，最终建立起科学而有效的非物质文化遗产保护和传承机制。

首先，加强法规建设，促进非物质文化遗产立法保护。在已有的行政法规的基础上，推进"中华人民共和国非物质文化遗产保护法"立法工作。文化部将配合有关部门，推动保护法尽快出台。

其次，健全保护机制，推进非物质文化遗产保护的开展。要针对非物质文化遗产不同的类别，深入研究每一类项目不同的保护措施，分门别类制定保护与传承的指导意见，建立非物质文化遗产保护监督机制、退出机制，对保护不力的项目和单位予以警告和摘牌。完善教育传承机制，使非物质文化遗产融入生活，焕发时代的活力。

再次，加大宣传力度，不断提高社会公众对非物质文化遗产的认知度和自觉参与保护的意识。使社会公众真正做到自觉参与非物质文化遗产保护，并在保护中共享成果。

最后，尊重非物质文化遗产传承规律，以科学的方式保护非物质文化遗产，并充分发挥非物质文化遗产在当代社会发展中的重要功能和作用。要继续以建立健全四级名录体系、保护传承人、建立文化生态保护区、重视生产性保护，以及运用现代科技手段保护等方式，科学、全面、系统地抢救和保护现存的非物质文化遗产。科学的方式要以正确的原则为指导，要坚持把抢救和保护放在第一的原则；要坚持积极保护的原则；要坚持整体性保护的原则。从保护方式和形成立体的保护生态两个方面去活态地保护非物质文化遗产。

保护非物质文化遗产不是为了留住历史，也不是为了回到过去。我们要立足于非物质文化遗产的保护,加强文化自觉,促进文化创新,激发民族文化创造精神,为落实科学发展观,建设社会主义和谐社会作出贡献。非物质文化遗产保护是一项来自民众、融入民众的工作,是一项功在当代、利在千秋的伟大事业。每一位公民都有义务和责任来保护非物质文化遗产。

推进非遗保护法出台

非物质文化遗产保护有很多方式,最重要的方式是立法保护,立法保护是最根本的保护方式。应该说,我们国家在非物质文化遗产保护过程中是比较注重推进立法保护的。像2005年3月国务院办公厅就颁发了《国务院办公厅关于加强我国非物质文化遗产保护工作的意见》,2005年底国务院又颁布了《国务院关于加强文化遗产保护的通知》,在推进非物质文化遗产保护中起到了很好的作用。现在一些地方制定了一些保护条例,云南、贵州、广西、福建、新疆、甘肃、江苏、浙江这8个省区都制定了地方性的非物质文化遗产保护条例,这对于促进地方性的保护起到了很好的作用。现在全国人大和国务院的有关部门包括文化部在内,都在推动国家非物质文化遗产保护法的颁布。现在立法工作已经做了很多调研,草案正在征求各方面的意见,我们期待国家非物质文化遗产保护法能够早日出台。

科学保护最重要的是遵循非物质文化遗产传承的基本规律。恒定性和流变性是非物质文化遗产传承基本规律的最重要特征。一方面,非物质文化遗产作为一种文化传统存在,有它不能随便改变的特质或者基因。另一方面,非物质文化遗产随着时代的变化,又是在变化中传承的,比如说一些当代人的审美取向融入其中。我们注意它的恒定性时就不能随便改变它的形态。我们注意到它的活态流变性时,就要活态地保护它,就不能使它凝固、僵化。我们保护的措施或者一些规定就要按照基本的传承规律来制定。在保护的时候,抢救保护要放在首位,同时又要贯彻积极保护的原则，既能使它很好地传承，又要在当今时代的发展中焕发出活力。

  重申报、轻保护的倾向，实际上是违背它的传承规律。要改变这种现象，首先我们在申报方面要按照申报的有关规定，严格评审。要进一步严格控制国家级非物质文化遗产项目的数量，要进一步完善市级和县级非物质文化遗产名录体系的建设。这样在非物质文化遗产名录体系建设中，就形成一个好的结构，这个结构是国家级名录少而精，省级名录居中，市、县级名录是数量的多数，是一个很好的基础。这样一个合理的金字塔形的结构，就使我们把关注点、保护的基础放在了基层。同时要加大监督和检查的力度，组织专家组对各地申报的国家级名录项目进行检查和监督，对于没有采取有效的保护措施加以保护的、保护不力的要限期予以改正。对于不能很好落实保护措施的，要在名录中除名。当然更积极的保护措施还是针对不同的类型项目采取不同的保护措施，使它能够在当代的发展中跟文化建设、文化创新和当代生活结合起来，能够在当代的发展中产生一种保护的活力。

（原载《中国社会科学报》2010 年 9 月 14 日）

非物质文化遗产保护与国家文化发展战略 *

国家文化发展需要调动一切有利资源，尤其是传统文化资源。胡锦涛同志在党的十七大报告中指出，中华文化是中华民族生生不息、团结奋进的不竭动力。要加强对各民族文化的挖掘和保护，重视文物和非物质文化遗产的保护。为了中华文化的发展，为了在世界多元文化格局中保持中华文化的竞争力，我们必须重视对所有文化遗产包括非物质文化遗产进行保护和创造性转化。从这个意义上来说，保护非物质文化遗产对于促进中华文化的不断创新、发展中国先进文化、构建社会主义和谐文化，对实现我国国家文化发展战略目标具有特别重大的现实意义和长远的历史意义。

一、保护非物质文化遗产是国家文化发展战略的重要内容，也是实施国家文化战略的重要途径和方式

非物质文化遗产是一个和民族与国家紧密联系的概念，保护非物质文化遗产对于继承弘扬中华民族优秀文化和我国当代文化创新发展具有重要的战略意义。

---

* 本文与中国艺术研究院马克思主义文艺理论研究所所长、研究员陈飞龙合作。

联合国教科文组织非常强调和重视非物质文化遗产的民族性。《伊斯坦布尔宣言》认为：对于许多民族，非物质文化遗产是本民族的识别标志，是维系社区生存的生命线，是民族发展的源泉，"无形文化遗产的多种表现形式从主要方面体现了各民族和社会的文化特性"。《人类口头和非物质遗产代表作条例》在申报规定中明确指出：列入《名录》的作品必须是……突出代表民族文化认同，又因种种原因濒于失传的文化表现形式；民族性是评审非物质文化遗产的重要标准："其是否具有确认各民族和有关文化社区特性之手段的作用，其是否具有灵感和文化间交流之源泉，以及使各民族和各社区关系接近的重要作用，其目前对有关社区是否有文化和社会影响。"所以说，越是民族的就越有可能具有世界性的重要文化价值。

在保护非物质文化遗产方面，我们坚持保护非物质文化遗产世界性和民族性立场的统一。我国现在处在一个由农耕文明向现代文明的转折时期，是发展中国家的代表，中国人口、地域和历史的特性决定了中国非物质文化遗产存在和保护情况在世界上具有一定的代表性。对于中华民族而言，非物质文化遗产是"中华民族的情感基因"，是我们集体记忆的根源，也是"我们今天与过去的沟通渠道"[1]，因此，在国家层面保护非物质文化遗产对于我们的国家发展和民族复兴具有非常重要的意义。概括而言，保护非物质文化遗产将有利于我们借鉴先人的智慧和创造力、掌握文化发展主导权、促进文化创新和民族文化现代化；有利于社会主义文化和经济社会的协调、可持续发展；有利于维护国家文化安全和文化主权，进一步拓展文化空间；有利于促进全社会正确认识世界遗产的意义和价值，承担起保护人类文明的国际义务；有利于促进我国人权和文化权利事业的发展、促进公民文化权利的实现，以满足不同群体，尤其是非物质文化遗产参与各方的文化需求；有利于带动我国对历史文化遗产的全面保护，全方位地弘扬传统文化，维系文化命脉；有利于扩大

---

[1] 戴廉：《非物质文化遗产保护的困惑》，《瞭望新闻周刊》2005年第30期。

世界对中国传统文化（特别是对丰富的民族民间文化）的了解，改变或破除世界对中国陈旧、落后的负面印象，重塑中国形象；有利于促进世界各地华人（特别是大中华文化圈）对中国文化的了解与传承，提高他们的文化认同感和自豪感，进一步增强民族文化的凝聚力，增强民族自尊心和自豪感，促进中华民族的伟大复兴等等。正因为如此，对于为什么要保护非物质文化遗产，"大多数中国学者在谈论这个问题时主要还是从民族利益出发的"[①]。换句话说，主要是从国家文化战略的现实需要来认识非物质文化遗产保护意义的。

（一）保护非物质文化遗产有利于保护我国传统文化和民族文化的多样性

丰富多彩的非物质文化遗产是文化多样性的生动体现。保护非物质文化遗产的核心内容就是保护传统文化、保护文化多样性。

今天，我们的传统文化和多样文化生存面临着普遍危机。孙家正在《人类口头与非物质文化遗产丛书·总序》中指出："现代化进程的加快发展，在世界范围内引起各国传统文化不同程度的损毁和加速消失，这会像许多物种灭绝影响自然生态环境一样影响文化生态的平衡，而且还将束缚人类思想的创造性，制约经济的可持续发展及社会的全面进步。"[②]这概括地揭示了传统文化和多样文化所面临的危机、危机产生的原因及其后果。国际上，保护非物质文化遗产国际文书非常强调要面对这一现实危机。2002年《伊斯坦布尔宣言》强调："主要因冲突，不宽容，极端重商主义，无控的城市化或乡村的衰败等原因，无形文化遗产面临消亡或边缘化的危险。"人们普遍认识到，导致传统文化和文化多样性危机的原因是多方面的。第一是社会历史原因。在全球化、信息化、商业化经济社会环境下，一些传统文化或部族、土著、社区文化所赖以

---

① 戴廉：《非物质文化遗产保护的困惑》，《瞭望新闻周刊》2005年第30期。
② 孙家正：《人类口头与非物质文化遗产丛书·总序》，载王文章主编《人类口头与非物质文化遗产丛书》，浙江人民出版社2005年版。

生存的社会结构和形态、功能和性质发生了很大的变化或不再存在，作为传统社会文化表达方式的传统文化由于不能适应这种变化而逐渐走向消亡。新出现或形成的文化大体上是与市场经济、消费社会的经济社会形态相适应的，是与个体主义和自由主义的价值观念及交往方式、与市场经济或法制经济所要求的民主主义的法制、民权主义的政治、平等正义的分配原则和道德观念相适应的。反过来，传统文化正因为不具备这些适应性而失去生存和发展的活力，它的消亡是必然的。第二是外来文化影响，这在全球化进程中表现尤为明显。由于传统文化和现代文化之间力量对比悬殊，不同文化之间往往是一种单向交流，弱势文化虽然可以接受强势文化的合理影响，但现实社会的发展不可能给一种文明几百年甚至上千年的时间来接受这种影响并调整自己，因此在不同文化之间相互影响产生作用形成新文化之前，传统文化就已经在加速消失了。第三是传统文化自身的原因，如某些非物质文化遗产主要通过家族亲缘关系传承或师徒关系传承的特点加剧了传统文化的生存危机。

在我国，传统文化面临的这种整体性危机是可预见的。以我国基诺族为例，云南省社会科学专家通过研究指出：基诺族服装可能在十年内消失，基诺族口碑史、民族歌舞可能在二十年内消失，基诺族语言可能在三十年内消失。[①] 实际上，这样的例证并不是孤立的。我们今天所进行的非物质文化遗产保护事业，实质就是在延续我们祖先的创造力，它将帮助我们积极、有效、从容地应对我们在发展中遇到的各种困难和问题。在我国，近几年来非物质文化遗产保护工作取得重大进展，保护传统文化和文化多样性的重要性、紧迫性已经为大家所接受，但在保护工作的方式方法上仍然存在不少问题，其中保护工作"形似神失""空壳化"的趋势应引起我们的高度关注。一些地方割裂非物质文化遗产自身存在的合理性，剥离传统文化特有的情感特性和形式的庄严特性，单纯对非物

---

① 赵自庄：《云南民族文化区域构建》，载《中国少数民族艺术遗产保护及当代艺术发展国际学术研讨会论文集》，文化艺术出版社2004年版，第80页。

质文化遗产的外在形式进行保护，使得保护工作失去其意义。

我国政府非常重视非物质文化遗产保护和发展之间的重要关系，将非物质文化遗产保护工作纳入国家文化发展战略。这是因为，一方面，保护非物质文化遗产对于落实科学发展观，实现可持续的经济、文化全面协调发展具有重要意义，它能进一步推进经济、政治、文化、社会、自然协调发展，促进社会全面进步和人的全面发展，促进我国社会主义现代化建设。另一方面，保护非物质文化遗产在促进文化认同和爱国主义教育方面也同样具有重要作用。2005年3月国务院办公厅发布的《国务院办公厅关于加强我国非物质文化遗产保护工作的意见》强调，要充分发挥非物质文化遗产对广大未成年人进行传统文化教育和爱国主义教育的重要作用，广泛开展非物质文化遗产的宣传展示和普及教育活动。从国家战略的现实需要出发，《意见》充分表明了我们党和政府对保护中华民族非物质文化遗产的高度重视，将有力促进我国年轻一代对我国文化的认同，极大地推动年轻一代对我国非物质文化遗产的了解、保护和传承。

（二）保护非物质文化遗产有利于促进我国的文化创新和发展先进文化

保护非物质文化遗产的核心目的之一是为了促进人类社会的文化创新。《保护非物质文化遗产公约》在前言和定义中强调，尊重和保护非物质文化遗产是为了促进文化多样性和人类的创造力，是为丰富文化多样性和人类的创造性作出贡献。非物质文化遗产是一种人类的创造，其有益于世界发展的普遍价值更是世界和人类社会发展的重要动力和精神源泉。

在一个文化系统内部，文化创新是文化发展的生命之源，而文化遗产又是文化创新的源泉。2001年《世界文化多样性宣言》第7条"文化遗产——创作的源泉"指出，"每项创作都来源于有关的文化传统，但也在同其他文化传统的交流中得到充分的发展"；2002年《伊斯坦布尔宣言》指出：非物质文化遗产"被认为是创造性和文化创作的主要源泉之一"。文化创新的内涵十分丰富，包括文化思想和观念、内容和形式、体制与机制、领导方式和管理模式等等。保护非物质文化遗产将在这些方面促进各民族文化和世界文化的创新。

我们时代的文化遗产是中华民族优秀文化的重要体现，也是我们时代文化创新的重要源泉。我们对传统文化和非物质文化遗产的保护实质是一种创造性的转化，就是"用中国特色社会主义的先进文化所具有的价值取向、思维方式、道德观念和行为方式来改造、更新传统文化，使之符合现代化的要求，使之在自我超越中获得新的生命力"[①]，因此，为了中华文化的发展，为了在世界多元文化格局中保持中华文化的竞争力，为了文化创新和发展先进文化，我们必须重视对文化遗产的保护和创造性转化，所以，保护的目的就是为了创新。从国家文化战略实现途径来看，只有做好非物质文化遗产的保护工作才能有力地促进我国社会主义先进文化的发展和中华文化的不断创新。

（三）保护非物质文化遗产有利于促进我国和谐文化建设

在新世纪新阶段，我国确立了构建社会主义和谐社会的伟大目标。促进和谐文化建设，可为构建社会主义和谐社会提供强大的思想道德力量。中国的非物质文化遗产在历史上为中华民族和谐文化的形成和发展作出过重要的贡献，它也是我们今天建设社会主义和谐社会，树立和落实科学发展观的重要思想资源。与国家文化战略的功能和性质相统一，保护非物质文化遗产将有利于促进我国现阶段国家整体发展战略目标的实现。

和谐思想是中华文化固有的价值观、世界观和人生观。构建人与自然、人与人（特别是人与群体）、人与自我的和谐是我国传统文化和绝大部分非物质文化遗产的思想基础和核心价值理念，而以"和谐"为思想内核和价值取向，奉行和谐理念并以之为主要内容的文化形态、文化

[①] 王文章主编：《中国先进文化论》，文化艺术出版社2004年版，第185页。

现象，都可以统称为和谐文化。和谐文化在思想观念、价值体系、行为规范、文化产品、社会风尚、制度体制等各个方面有多种存在方式或表现形态。和谐文化最核心的内容，就是崇尚和谐理念，体现和谐精神，大力倡导社会和谐，坚持和实行互助、合作、团结、稳定、有序的社会准则。

非物质文化遗产中蕴含着大量的和谐思想，以及行为规范。非物质文化遗产在本质上往往是价值理性和工具理性相结合的一种综合体，它对自身现实问题的关切往往是独特而有效的。绝大部分非物质文化遗产都是各民族、族群、社区人民在自己特殊的生活生产方式中为解决某种特定的社会问题或规避某种可能产生的问题而创造形成的，它们在规范人类社会秩序、构建社会环境的公序良俗等方面有着自己独特的思维方式和问题处理技巧，它的存在对历史上一定范围内的和谐社会的存在和发展起着决定作用。

当前，要建设和谐文化，离不开对中国非物质文化遗产中和谐思想观念的继承和发扬。一方面，非物质文化遗产中的许多积极因素可以直接作用于和谐社会的建设，人们通过遵循非物质文化遗产中的一些规定性要求来适应和谐社会的要求，来帮助我们解决人类的和谐生存、可持续发展和精神走向等问题。另一方面，非物质文化遗产本身就是一个稳定的文化系统，我们可以在思想观念、价值体系、行为规范、文化产品、社会风尚、制度体制等方面从非物质文化遗产汲取有益的东西，使得我们的和谐文化建设更具有民族性和大众性。

非物质文化遗产本身作为一个和谐文化系统，虽然并不能与我们今天所要建设的社会主义和谐文化直接画上等号，但是我们一定要从国家文化战略的实际需要出发来对待非物质文化遗产，从建设社会主义和谐社会、树立和落实科学发展观的长远眼光，充分认识非物质文化遗产保护在建设和谐文化、构建社会主义和谐社会中的作用的基础上，让古老而鲜活的非物质文化遗产在今天的和谐文化建设中发挥重要作用。

（四）保护非物质文化遗产有利于促进我国文化事业和文化产业的发展

非物质文化遗产的保护水平与一个国家的经济水平尤其是文化产业发展水平有着密切关联。一般来讲，非物质文化遗产保护程度与一个国家文化产业发展程度和文化政策制定执行水平情况密切相关，因此在非物质文化遗产保护方面，联合国教科文组织非常重视和强调缔约国在国家一级保护工作层面应注重提高文化政策制定执行水平和积极发展文化产业。这些要求对实现我们国家文化发展战略、保证国家文化的协调与可持续发展有着非常积极的现实意义。

首先，保护非物质文化遗产有利于促进我国文化立法，提高文化政策制定与执行水平。政府拥有权威和公共资源。政府文化政策的制定和实施直接影响着非物质文化资源的配置和使用，直接决定着保护非物质文化遗产的成效。促进成员国文化政策发展和政府文化权力的合理科学运用是联合国教科文组织工作的一项重要内容。1982年《墨西哥城文化政策宣言》、1998年《文化政策促进发展行动计划》都对文化政策发展问题给予了专题讨论。国家层面保护非物质文化遗产需要与之配套的国内法律、政策和行政环境。2001年《世界文化多样性宣言》提出："每个国家都应在遵守其国际义务的前提下，制订本国的文化政策，并采取其认为最为合适的行动方法，即不管是在行动上给予支持还是制订必要的规章制度，来实施这一政策。"

在保护非物质文化遗产政策方面，我国有许多工作要做。在法律方面，如果缺少完整、配套的法律环境，保护非物质文化遗产将是没有保障的。我国目前只有《中华人民共和国文物保护法》，而"非物质文化遗产保护法""民族民间传统知识产权保护法"的制定尚在拟议之中。在文化管理体制和行政方面，政府文化行政部门所应对和管理的主要是精英的、上层的、艺术的、见诸文字的、物质的和可视的部分，目前还没有以法律或行政法规去健全和规范的办法，对民间的和大众的、生活的、非文字的、非物质的和无形的文化遗产行使管理职能。目前在很大程度上多数的非物质文化遗产仍然存在于文化管理体制之外。此外，我国的非物质文化遗产保护涉及文化、旅游、文联、民族、宗教、教育、财政等多个政府管理部门和社会团体，这就需要有一个高效和统一的管理体制。这些情况都是需要调整的。在文化政策方面，保护非物质文化遗产重在基层和社区，但我国缺乏相应的政策可供执行，这使得保护工作缺乏基础，因此，保护非物质文化遗产需要我们在立法、政策制定和文化行政方面加强工作。

其次，保护非物质文化遗产有利于提高我国文化产业的发展水平。目前世界上文化物品和文化服务的流通和交换存在着严重的失衡现象，文化产业发达国家对发展中国家具有明显的贸易和服务优势，这对文化多样性和发展中国家的文化主权构成了很大的威胁。针对这种情况，国际文书强调发展文化产业。1998年《文化政策促进发展行动计划》指出，要鼓励文化合作，尤其是合办文化产业项目（生产、投资和权利转让）的文化合作；要考虑到社会经济、技术与文化变革的迅速发展进程和国家与国际一级现存的日益增大的差距，以及正视文化产业发展和文化产品交易所造成的各种危险与重大问题，尊重著作权和知识产权的重要性。2001年《世界文化多样性宣言》提出，文化服务和文化物品"不应被视为一般的商品或消费品"，而"文化政策应当在确保思想和作品的自由交流的情况下，利用那些有能力在地方和世界一级发挥其作用的文化产业，创造有利于生产和传播文化物品及文化服务的条件"，"面对目前世界上文化物品的流通和交换所存在的失衡现象，必须加强国际合作和国际团结，使所有国家，尤其是发展中国家和转型期国家能够开办一些有活力、在本国和国际上都具有竞争力的文化产业"。《实施教科文组织〈世界文化多样性宣言〉的行动计划要点》要求："帮助发展中国家和转型期国家建立或加强文化产业，并为此合作建立必要的基础结构和培养必要的人才，促进建立有活力的当地市场，并为这些国家的文化产品进入世界市场和国际发行网提供方便。"

我国在世界文化物品与服务的流通和交换中同样处于被动地位。一方面是大量的西方文化产品销往国内，另一方面是大量的文化资源流往国外。目前后一种情况比较严重。"许多外国人借商贸、旅游、学术交流之机进入我国民族地区，大量采集、收购、记录和使用少数民族民间文学艺术，甚至通过非法渠道买卖少数民族文物，形成了一股变相文化掠夺的浪潮，造成了文化资源的大量流失。在西南、东北等少数民族文学艺术丰富的地区，许多外国人深入村寨，低价收购民族服装、头饰、配饰，而且有的专门收购年代久远的工艺品，或者收录歌曲、舞蹈等民间艺术，制作成光盘，或出版作为自己的研究成果。"[1]要改变这种状况，则需要大力发展文化产业。概括而言，对非物质文化遗产的合理保护和产业化开发利用，可提高非物质文化遗产开发利用的产业化程度，增强文化国力，还可进一步保护文化遗产当事人权益。这方面好的例子很多，比如四川自贡灯会产业就是一个典型例子。

当前而言，我国非物质文化遗产保护中文化产业的发展有些情况又确实堪忧。一些人或地方将非物质文化遗产商品化、碎片化、拼盘化（如有些地方把当地老百姓用来祈祷、祭祀的傩戏搬上戏台，京剧表演选段化等），或者将非物质文化遗产非民间化（如将民间老艺人集中起来培训或者将民间艺术演出形式舞台化[2]）等，这种所谓产业化的运作实际上在加速非物质文化遗产的消亡。对这些问题或现象，我们应该通过在实践中提高保护非物质文化遗产政策制定和执行水平、提高我国文化产业的发展水平来解决。

需要特别提到的是发展文化产业、实现我国在世界文化物品与服务流通和交换中的平等地位，必须重视数字技术的发展。联合国教科文组织注意到：要树立平等的文化观，必须消除非物质文化遗产交流和对话之间的"数字鸿沟"；只有技术上的进步才能消解不平等的"游戏规

---

[1] 王鹤云：《浅论保护中国少数民族民间文学艺术的有效方式》，载《中国少数民族艺术遗产保护及当代艺术发展国际学术研讨会论文集》，文化艺术出版社 2004 年版，第 89 页。

[2] 有报道称：有些地方将原本几十个为当地农民所喜闻乐见的业余道情皮影班组升格成正式剧团，还计划修建一个大剧场。见戴廉《非物质文化遗产保护的困惑》，《瞭望新闻周刊》2005 年第 30 期。

则"或歧视性的技术壁垒。1998年联合国教科文组织《文化政策促进发展行动计划》"在信息社会的范围内并为信息社会促进文化和语言的多样性"的目标中,要求各国在文化政策层面关注文化遗产保护的技术问题。2001年联合国教科文组织在《实施教科文组织〈世界文化多样性宣言〉的行动计划要点》中倡导缔约国"促进'数字扫盲',将信息与传播新技术作为教学计划中的学科和可提高教学工作效率的教学手段,提高掌握这些新技术的能力""促进数字空间的语言多样化,鼓励通过全球网络普遍地利用所有的公有信息""与联合国系统各有关机构密切合作,向数字鸿沟宣战,促进发展中国家利用新技术,帮助这些国家掌握信息技术,并为当地文化产品的数字化传播和这些国家利用世界范围的具有教育、文化和科学性质的数字化资源提供方便"。到了2002年,联合国教科文组织《伊斯坦布尔宣言》在仍旧强调全球化和数字技术带给世界文化单一化的严重威胁的同时,已经乐观地看到:"新信息和传播技术的利用有利于无形文化遗产的传播,同时新信息和传播技术也创造了值得保护的数字化遗产,因此,全球化有利于形成一套全人类共同的参照标准,从而促进团结和宽容,更好地了解他人和尊重多样性。"所以,我国应该在保护非物质文化遗产方面充分利用全球化和数字技术带来的优势,积极创造数字化遗产,以强有力的数字化手段来保护自己的非物质文化遗产,扩大自己的文化在国际交往中的话语权。

二、从国家文化发展战略的长远目标出发,保护好非物质文化遗产

明确了保护非物质文化遗产的战略意义后,进一步了解我国非物质文化遗产保护工作的现状,正确认识我国保护非物质文化遗产面临的主要问题及保护工作的紧迫性,积极借鉴国外保护经验,在总体掌握现代条件下非物质文化遗产传承规律的基础上,遵循正确的保护理念和保护原则,是我们做好非物质文化遗产保护工作的关键所在。只有把保护工作做好做实,才能有意义地发挥非物质文化遗产在实现我国文化发展战

略中的重要作用。

（一）我国的非物质文化遗产保护已上升为国家文化战略的重要环节

中华民族历来有保护非物质文化遗产的优良传统，从我国古代《诗经》的采集、整理、传承到20世纪初兴起的民族、民间、民俗文化的搜集、保存，特别是民俗学建设的成就，都为丰富中华文明延续的灵魂——不竭的文化传统和文化精神作出了贡献。新中国成立特别是改革开放新时期以来，我国在保护非物质文化遗产方面做了大量的工作，进行了积极的探索，积累了有益的经验。20世纪50年代初期，国家组织有关部门和专家对少数民族的文化遗产进行调查记录；之后，采取措施，保护和扶植传统工艺美术行业生产，保护了一大批传统工艺品种，命名了二百余名"工艺美术大师"。国家对传统戏曲剧种、剧目的挖掘和保护，对民间传统艺术、中医中药及少数民族医学的保护，大量的民间艺术博物馆的建立，都为非物质文化遗产的保护起到了重要作用。20世纪80年代以来，文化部、国家民委、中国文联共同发起被誉为"文化长城"的十部《中国民族民间文艺集成志书》的编纂，抢救、保存了大量的珍贵艺术资源。

2003年文化部、财政部联合国家民委和中国文联，启动实施了旨在全面推动我国非物质文化遗产保护工作的系统工程——中国民族民间文化保护工程。这项工程计划从2003年到2020年，用17年的时间，创建我国非物质文化遗产保护的有效机制，初步建立起比较完备的我国非物质文化遗产保护体系，基本实现我国非物质文化遗产保护工作的科学化、规范化和法制化。这一工程的启动和实施，标志着我国非物质文化遗产的保护，已由以往的项目性保护，开始走向全国整体性、系统性的保护阶段。

近几年来，立法保护的进程也加快了步伐。2003年11月全国人大教科文卫委员会形成了《中华人民共和国民族民间传统文化保护法（草案）》，2004年8月十届全国人大常委会第十一次会议批准我国加入联合国《保护非物质文化遗产公约》，我国成为较早加入该公约的国家之一。据此，全国人大教科文卫委员会将《中华人民共和国民族民间传统文化保护法（草案）》名称调整为《中华人民共和国非物质文化遗产保护法》，并成立了专门小组，协调各方，加快该部法律的立法进程。[①]2005年3月国务院办公厅颁发了《国务院办公厅关于加强我国非物质文化遗产保护工作的意见》。这是国家最高行政机关首次就我国非物质文化遗产保护工作发布的权威指导意见，明确指出了保护工作的重要性和紧迫性，并明确提出要建立名录体系，逐步形成有中国特色的非物质文化遗产保护制度。同年12月国务院颁发了《国务院关于加强文化遗产保护的通知》，《通知》指出，当前我国文化遗产保护面临着许多问题，形势严峻，不容乐观，要充分认识保护文化遗产的重要性和紧迫性；为进一步加强文化遗产保护，决定从2006年起，每年6月的第二个星期六为我国的"文化遗产日"。正是在国务院办公厅文件的推动下，2005年6月我国开始进行第一批国家级非物质文化遗产名录申报与评审工作。经过专家评审委员会评审确定首批国家级名录501项初选项目，于2005年12月31日向社会公示。在听取各方面意见基础上，由文化部、国家发展改革委员会、教育部、国家民委、财政部、建设部、国家旅游局、国家宗教局、国家文物局九部委联席会议调整为518项正式报国务院审批，于2006年5月20日获得国务院批准，正式向全国公布。

当前，我国非物质文化遗产保护工作的重要内容主要有下列几项：第一，组织全国非物质文化遗产项目普查，在各省、自治区、直辖市及地、县级普查的基础上，基本摸清我国非物质文化遗产在当代的遗存状况，做到心中有数；第二，在普查基础上，制定评定标准并经过科学认定建立国家级和省、市、县级非物质文化遗产名录体系及四级保护制度；第三，加强非物质文化遗产的研究、认定、保存和传播；第四，建立文

[①] 朱兵：《我国非物质文化遗产的立法：背景、问题与思路》，《非物质文化遗产》2006年第1期。

化生态保护区，对文化遗产包括非物质文化遗产进行立体性保护；第五，建立科学有效的非物质文化遗产传承机制，在动态整体性保护中使非物质文化遗产焕发生机。我国是一个多民族的国家，在悠久的历史发展进程中创造了丰富的非物质文化遗产。它们有的是具有突出价值的人类创造的天才代表作，有的是在历史、艺术、宗教、人类学、社会学、语言学、文学或手工技艺方面具有突出价值并曾广为流传的传统文化的表现形式，这些遗产有不少是世界文化的精粹。各个国家、各个民族的非物质文化遗产是全人类共同的文化财富，但首先还是属于自己的国家和民族的，都应当根据自己国家不同的实际情况，制定抢救和保护的法律、政策和措施，科学、全面、系统地抢救和保护现存非物质文化遗产。胡锦涛主席在致联合国教科文组织第二十八届世界遗产委员会的贺信中指出："加强世界遗产保护已成为国际社会刻不容缓的任务。这是历史赋予我们的崇高责任，也是实现人类文明延续和可持续发展的必然要求。"以上可以看到，我国近几年来的非物质文化遗产保护工作已经上升为国家文化发展战略的高度，成为组成国家文化发展战略的重要内容之一，也是实现国家文化发展战略的重要途径和实施方式之一。

（二）从国家文化发展战略的高度，正确认识非物质文化遗产保护面临的主要问题及保护的紧迫性

就世界范围而言，非物质文化遗产保护面临的主要问题，正如联合国教科文组织《人类口头和非物质遗产代表作申报书编写指南》中指出的那样："在世界全球化的今天，此种文化遗产的诸多形式受到文化单一化、武装冲突、旅游业、工业化、农业人口外流、移民和环境恶化的威胁，正面临消失的危险。"这些问题，对非物质文化遗产生存的影响，在发展中国家表现得更为突出。一些发达国家虽然更早开始认识和着手解决非物质文化遗产保护的问题，因而问题呈现程度不那么严重，但全球经济一体化和现代化进程对非物质文化遗产的冲击和消解的问题，在这些国家也一样程度不同地存在着。

目前我国非物质文化遗产保护面临的问题和困难主要是：第一，一些依靠口传心授方式加以传承的文化遗产正在不断消失；许多传统技艺濒临消亡；大量有历史、文化价值的珍贵实物与资料遭到毁弃或流失境外；随意滥用、过度开发非物质文化遗产的现象经常可见。第二，法律法规建设的步伐不能与非物质文化遗产保护的紧迫性相适应，由于保护工作不能纳入国民经济和社会发展整体规划，因此与保护相关的一系列问题不能得到系统性解决。保护标准和目标管理，以及收集、整理、调查、记录、建档、展示、利用、人员培训工作相对薄弱，保护、管理资金和人员不足的困难普遍存在。第三，一些地方保护意识淡薄，重申报、重开发、轻保护、轻管理的现象比较普遍。少数地区进行超负荷利用和破坏性开发，存在商业化、人工化和城镇化倾向，甚至借继承创新之名随意篡改民俗艺术，损害了非物质文化遗产的原真性。第四，适合我国保护工作实际，整体性有效性的工作机制尚未建立，尤其是政府主导的有效性亟待体现。文化遗产对象分割，由政府不同部门分别实施管理，与实际的保护工作不相适应。

在保护工作存在的问题中，有两种倾向尤其应引起我们的注意。一种是建设性破坏，一种是保护性破坏。非物质文化遗产的保护正在全社会范围内引起人们广泛参与的兴趣，由于认识不正确，或出于良好愿望或出于经济目的，以及历来存在的赶风头的现象，建设性破坏和保护性破坏，常常是在加强保护和开发利用的名义下进行，更具有危害性。现在，新农村建设正在全国农村展开，对农村进行新的建设，这本身是件好事，但是由于非物质文化遗产大部分都保存在农村地区，如果建设不当，很容易对其造成不可挽回的损失。拆旧村建新村，不对蕴含历史文化内容的有形遗存加以认真保护，承载这个村庄历史文化记忆的载体也就荡然无存。过去几十年来，这一方面已经造成了很大的损失。

保护性破坏的危害也很明显。一些项目被确定为保护对象后，一些人片面地去开发它的经济价值，如对古老村落的过度旅游开发和一些手工艺项目的大量机械复制，使这些项目显现的某种人类文明，以及这种文明成长的过程，因我们的保护而中断。在服务于旅游开发的目的下，原生态的歌舞，按照当代肤浅时尚的审美趣味加以改造；传统的民间手工艺制作大量机械复制；古老村落成了喧嚣的闹市。从表面上看，似乎是被保护项目的繁荣，实际上是对非物质文化遗产的一种根本性伤害。

对非物质文化遗产保护面临的不容忽视的状况，我们在实施保护工作中要更加明确地、有针对性地加以避免和调整。2005年3月国务院办公厅颁发的《国务院办公厅关于加强我国非物质文化遗产保护工作的意见》指出："随着全球化趋势的增强，经济和社会的急剧变迁，我国非物质文化遗产的生存、保护和发展遇到很多新的情况和问题，面临着严峻形势。"正如以上分析，一方面，当代文化生态的改变，正在使非物质文化遗产逐渐失去赖以生存和发展的环境基础，许多非物质文化遗产正处于生存困境或已处于消亡状态；另一方面，保护工作的困难及保护方式的不当，也形成非物质文化遗产承续的更多问题。我们一定要高度重视开展非物质文化遗产保护工作的紧迫性，以对国家和民族，以及人类社会可持续发展的高度责任感，以科学和务实的态度与精神，切实做好我国非物质文化遗产的保护工作。

（三）从国家文化发展战略的高度，总体把握非物质文化遗产的传承规律

保护是为了发展。没有保护，难以发展；而没有发展弘扬，保护也就失去了重要的意义。非物质文化遗产本身存在形态的复杂性，决定了抢救与保护工作的复杂性和其特殊的规律性。

1. 界定非物质文化遗产概念及内涵的原则

非物质文化遗产概念的形成是个复杂的过程，这可看出非物质文化遗产存在形态的复杂性。联合国教科文组织通过的《保护非物质文化遗产公约》，从五个方面对保护对象做了划分；《国务院办公厅关于加强我国非物质文化遗产保护工作的意见》的附件《国家级非物质文化遗产代表作申报评定暂行办法》中，对非物质文化遗产的范围做了六个方面的划分。《非物质文化遗产概论》第七章归纳概括的分类体系中，将非物质文化遗产分为十三个类别。①这种划分既是以国际公约关于非物质文化遗产的定义为基础，又是充分考虑我国自身社会特点和文化特性而概括的。它基本包含了我国各民族、群体、地域现存的非物质文化遗产中一切传统知识、文化现象和表现形式。人们对非物质文化遗产概念和内涵的认识，有不断丰富和深化的过程，表现出经验性、实践性、可操作性及开放性和衍生性。任何界定和划分都不会是凝固不变的，随着认识的深化，我们会发现更多现存文化事项的历史、艺术、科学和精神价值，也就会有新的种类进入非物质文化遗产的类别系列。正因为如此，我们在普查和保护工作中，不必拘泥于某些定义的限制，要注重实际，在实践中不断总结和深化我们的认识。

2. 对非物质文化遗产项目认定要坚持科学性

准确科学地认定非物质文化遗产项目，是进行正确、有效保护的基础。特别是在确定各级保护名录时，要坚持科学认定该项目的确定性、自身价值、濒危性和保护主体保护行为的规范性，以及项目公布后应该具有的项目保护工作的示范性。联合国教科文组织《人类口头和非物质遗产代表作条例》和《保护非物质文化遗产公约》都提出了认定非物质文化遗产项目的标准；《国务院办公厅关于加强我国非物质文化遗产保护工作的意见》也制定了具体的评审标准。国际公约文件和我国政府的文件制定的认定非物质文化遗产项目的标准，大体可归纳为如下几项：（1）具有杰出价值的民间传统文化表现形式或文化空间；（2）具有见证现存文化传统的独特价值；（3）具有鲜明独特的民族、群体或地方文化特征；（4）具有促进民族文化认同或社区文化传承的作用；（5）具有精湛的技术性；（6）符合人性，具有影响人们思想情感的精神价值；（7）其生存呈现某种程度的濒危性。

在认定非物质文化遗产项目时，只有正确科学地坚持认定标准，才会知道"我们要保护什么"。我们在撰写古琴艺术向联合国教科文组织申

---

① 王文章主编：《非物质文化遗产概论》，文化艺术出版社2006年版，第319页。

报"人类口头和非物质遗产代表作"的文本时,首先阐明认定古琴艺术为"代表作",是从对古琴艺术具有的"历史、发展,以及社会性、象征性和文化性的功能",对古琴艺术"与相关社区的文化传统或文化史的渊源关系及程度"进行科学认定,所谓正本清源是十分重要的。只有这样,才有可能辨清真伪,才能正确判定其价值。韩国入选联合国教科文组织公布的世界首批"人类口头和非物质遗产代表作"的项目——"宫廷宗庙祭祀礼乐",其申报文本中这样介绍该项目:在汉城的皇家孔祠举行的纪念朝鲜王朝祖先的仪式,包括歌曲、舞蹈和音乐,礼仪以中国古典文献的记载为基础,由皇帝的后代于每年5月的第一个星期天组织举行,祈求祖先灵魂永远平安。这样一种求实的对项目历史渊源的揭示,并没有伤害民族尊严或文化主体性及其他,而是表达了一种文化真诚和文化尊重。这种延续和保存人类文化财富的努力,不也是值得我们学习的吗?在我国各地申报评审项目中,受外在因素的影响而编造或"创造"项目生成、发展史的现象是存在的,韩国"宫廷宗庙祭祀礼乐"项目的申报体现的科学精神,我们应引为借鉴。

非物质文化遗产项目认定中存在两个方面的问题。第一个问题主要是方法方面的问题,表现在四个方面:第一,从民俗旅游开发的角度认定文化保护项目;第二,用保护物质文化遗产的标准认定非物质文化遗产项目;第三,把文化表现形式仅仅理解为艺术表现形式,不敢于也不善于认定其他文化表现形式的项目;第四,不能正确把握文化空间项目的认定,往往将其分解为几种文化表现形式分别认定,割裂了完整统一的文化空间形态。[1]第二个问题是思想观念方面的问题,具体有这样几种表现:第一,"泛文化遗产论",即认为凡是传统文化现象,不问其价值,不管是否具备独立存在的本质特性,甚至对近年来出现的模仿形态项目,也都认定为非物质文化遗产加以保护。第二,把普查挖掘非物质

---

[1] 参见乌丙安《非物质文化遗产保护的科学管理及操作规程》,载王文章主编《非物质文化遗产保护国际学术研讨会(2004)论文集》,文化艺术出版社2005年版,第11—12页。

文化遗产，当成再造遗产项目。比如一些地方戏曲声腔，本来早已融入其他戏曲剧种，现在也要独立建立演出团演出，作为遗产项目保护。第三，简单化对待某些非物质文化遗产项目。由于非物质文化遗产的活态流变性，人们对它的评价标准，往往受到特定社会、时代、环境、审美的影响。同一个项目，在不同的时期不同的社会环境中，人们对其往往会有完全相反的价值判断，因此，今天我们在认定项目时，要持一种特别慎重的态度。多少年来不少我们过去认为是愚昧落后的东西，今天来看，却蕴含了许多珍贵的价值。今天我们的判断，仍要受时间的检验。对待非物质文化遗产项目，弘扬宜慎重，但在认定上既反对泛文化遗产论，另一方面又要坚持保护、保存、保留面要宽的原则。比如有一些具有独立存在本质特性的项目，即便表达一种唯心主义的愿望理想，也不妨作为记录先人认识事物的一种方式保留下来，就是作为文化现象研究，也是有益的。

3. 非物质文化遗产保护的基本方式与原则

以什么样的方式和原则来保护，这是面对非物质文化遗产的一个核心问题。我们要以正确的方式和原则，从实际出发，科学、全面、系统地抢救、保护和发展现存的非物质文化遗产。

保护的基本方式，主要有如下几项：第一，建立保护名录制度。非物质文化遗产代表作名录体系的建立是保护工作的基础，既是抢救保存的前提，也是传承、弘扬的依据。目前，中央和各省、自治区、直辖市都已建立起名录制度，许多地、市（县）也已建立起名录制度。第二，将非物质文化遗产转变为有形的形式。通过搜集、记录、分类，建立档案，用文字、录音、录像、数字化媒体等手段，对保护对象进行全面、真实、系统的记录，并积极搜集有关实物资料，予以妥善保存。比如20世纪50年代著名音乐理论家杨荫浏先生等对阿炳演奏的民间二胡曲《二泉映月》的录音记录。第三，在它产生、生长的原始氛围中保持其活力，如一些礼仪、仪式的保存，以及文化生态保护区的保护方式。第四，转化为经济效益和经济资源，以生产性方式保护。比如剪纸、年画，以及其他很多手工艺制作项目，都可以作为艺人生产、生活方式延续传承。甚至可以通过资源重组，以产业运作扩大生产规模，扩展销售市场，从而使这些项目得到弘扬和传播。很多民间手工艺制作项目的繁荣，是与文化生态的生成紧密关联的。比如传统民族节日仪式的恢复，会大大增加民间艺术品（如年画、剪纸）的需求。随着全社会保护非物质文化遗产氛围的整体性养成，更多的非物质文化遗产项目的生存、发展环境会得到改善。第五，保护传承人。非物质文化遗产作为活态文化，其精粹是与该项目代表性的传承人联结在一起的。对项目传承人的保护应该是保护工作的重点。要以传承人为核心主体，通过传授、培训，以及宣传，使非物质文化遗产项目得到传承，传承人的地位得到尊重。

非物质文化遗产内涵的丰富性，以及它体现的民族性、独特性、多样性，决定了保护方式也是多样的。以上列举的几种保护方式，实施的基础是立法保护。立法保护是根本性的保护，只有健全的立法保护，才会使行政保护、财政支持、知识产权保护等得到保证。

保护非物质文化遗产应坚持的原则与保护方式是密不可分的。第一，非物质文化遗产的不可再生性和脆弱性，决定了我们必须把抢救和保护放在第一位。第二，坚持积极保护的原则。非物质文化遗产活态流变性的特点，决定了我们要尽可能避免以静止、凝固的方式去保护。在既不改变其按内在规律自然衍变的生长过程，又不影响其未来发展方向的前提下，尽可能寻找生产性保护的方式及与旅游开发等的良性互动结合。第三，坚持创造整体性社会保护的环境。任何民族、社区或地域群体，非物质文化遗产的遗存都不会是单一的，因此，从保护方式和形成保护生态两方面创造整体性保护的环境十分重要。只有如此，众多非物质文化遗产项目才会在交互的影响中得到更好的延续和发展。

总之，保护非物质文化遗产在我们国家文化战略中具有非常重要的地位和作用。保护好非物质文化遗产符合我国文化发展战略的效益原则、可持续发展原则、系统开发原则。从国家文化发展战略的长远目标出发，高度重视非物质文化遗产保护对于我国文化发展战略目标的实现、对于我国文化发展战略措施的选择都具有特殊的意义。在国家文化发展战略的宏大构想下，我们应该脚踏实地、扎扎实实地做好非物质文化遗产的抢救和保护工作。

［本文原版载《求是》杂志2007第17期，《新华文摘》2008年第11期转载；完整版原载《华中师范大学学报（人文社会科学版）》2008年第2期］

不断开创文化创造和文化遗产保护的新境界

文化建设对国家发展、民族振兴具有举足轻重的作用。2010年的《政府工作报告》中,"大力加强文化建设"作为八项重点工作之一被单独列出来,这在历年的《政府工作报告》中从未有过。这说明,我们的国家和政府对文化发展的认识已经提升到一个很高的层面。这对于我国如何坚持科学的文化发展战略,如何更好地在现代化进程中发展文化事业,进而实现中华民族的伟大复兴,都具有重要的战略意义。

一、要促进引领时代精神的、标志性的文艺作品和优秀人才不断涌现

加强文化建设,不断提高我国文化总体实力和国际竞争力,需要培育德艺双馨的优秀文化英才,创造和传播体现文化创造力的精品佳作。这就必须彻底改变"文化搭台、经济唱戏"的观点,真正让文化成为国家全面发展内容的重要组成部分,让文化产业成为经济发展的支柱产业。

第一,要认真贯彻2010年《政府工作报告》的重要精神。随着现代化发展进程的加快,我国的国际地位也得到很大提升,可以说我们在国际上的影响力是前所未有的。那么,我们的文化实力如何与现代化建设进程以及我们国家的地位相符合,这是必须认真思考的问题。其中重要的一点,就是要在当前文化大发展大繁荣的背景之下,推出更多能够代

表这个时代艺术水平的、成为这个时代标志性的艺术精品。如果艺术创作没有取得最终成果，谈文化大发展大繁荣也就只能是一句空话。文化创作的成果主要是属于精神领域的创造。比如文学作品、舞台艺术作品、美术作品等。还有一些是属于文化整体性发展的，如基础设施的建设以及文化遗产、非物质文化遗产的保护等。但是，很重要的一点就是当代精神领域的创造，也就是引领我们时代精神的文化成果和文艺精品。文化产品从未像现在这么丰富，但精品还不多。满足一般的大众文化需求，这仅仅是一个层次。还有一个层次就是，作品要能够代表和引领这个时代的精神。只有这样，人们才能通过欣赏文艺作品，不仅使精神得到愉悦，而且能使境界得到提升，中华民族也才能在一个比较高的精神文化层次中加快发展的步伐。

第二，要推出我们当代文艺的大家。如果没有一定数量的、能够代表一个时代的标志性的大师级人物，这个时代也不能被称为文化繁荣的时代。从历史上看，真正称得上文化艺术繁荣的时期，都是以那些时代标志性的人物为标志的。只有多推出能够代表当前这个时代最高艺术水平的、能够引领这个时代精神的艺术成果和艺术家，我们的文化艺术才能真正在世界上具有地位。只有这样，我们的文艺作品所体现出来的价值观才能真正让世界认同和接受。也只有这样，我们才能够通过艺术的方式去和全世界交流，增强理解和认同。这不仅能够提升中国的文化地位和文化软实力，而且对于构建和谐社会、和谐世界也有着重要意义。

二、积极调动社会力量投入文化建设，促进民营文化机构的发展

文化成果如何才能让大众更好地共享，这也是非常重要的一个问题。我们发展艺术、创造更多文化成果的目的是什么？其最终的目的，就是能够让大众更好地充分地享受到这些成果。就目前来看，我们在这个方面的差距还非常大。例如最具代表性的舞台艺术，就拿看戏看文艺节目来说，我国现有2500多个国有艺术表演团体，这些艺术团体代表了我国

舞台艺术发展的主体。在这些艺术团体中，有600多个团体很少演出甚至没有演出。这样计算，那些能够正常演出的近2000个艺术表演团体，哪怕每个团体每年演出300场左右，全国平均每人每年还看不到半场演出，这与我国巨大的人口基数、公众的欣赏需求以及艺术欣赏基本权利的满足等相比，依然存在很大差距。要缩小这个差距，不仅需要政府主导、财政支持，而且需要动员社会力量广泛参与，共同推动。一方面，国家要加大对国有专业艺术表演团体的扶持和支持力度，推进国有艺术表演团体进行体制机制改革。只有这样才能焕发新的艺术活力，也才能更好地将文艺精品和更丰富的精神食粮奉献给群众。另一方面，国家应该大力支持扶持民营艺术机构和团体的发展。我国民营艺术机构和团体在这些年有了快速发展，但无论从机构的数量还是文艺作品的创作质量上看，还远远不够。因此，国家应该制定相关政策，积极调动社会力量投入文化建设，促进民营文化机构如民营剧团、民营美术馆和博物馆等的发展，使其与国有艺术机构和团体相互呼应，为满足人民大众基本的文化需求发挥重要作用。

三、在现代化进程加快、世界经济一体化加快的社会背景下，立法保护非遗显得尤为紧迫

除了当代的文艺创作，作为文化建设重要内容之一的文化遗产，在其保护和延续等方面也应当受到关注。这些年，在党中央、国务院的高度重视下，政府主导、社会参与，在文物的保护，尤其是非物质文化遗产的保护方面取得了非常好的成绩。非物质文化遗产保护工作中，科学保护和立法保护是非常重要的。通过近十年的努力，全国非物质文化遗产的普查工作已经基本结束。这就让我们对于全国范围内到底有多少非物质文化遗产及其具体现状等做到了心中有数、有据可查。在此基础上，通过建立国家、省、市、县四级名录保护体系，让我们对非物质文化遗产的保护更有目的性和针对性。非物质文化遗产是承载在传承人身上的，

保护传承人是非物质文化遗产保护的核心。因此，要做到科学地保护文化遗产，就必须尊重传承人。传承人保护制度的建立，能够让他们更好地把文化遗产需要传承的基因传承下来。在工作中，我们探索并形成了多种有效的保护方式。如对濒危的非物质文化遗产项目实施抢救性保护，对那些手工技艺类的非遗项目则进行生产性保护，对那些文化生态保护实验区进行整体性保护等。这些保护的原则和方式，在实践过程中通过检验是行之有效的。要想更好地对非物质文化遗产进行保护，加大与国际间的合作是非常必要的。这些年，我们与国际间，特别是与联合国教科文组织之间的合作，取得了很大成效。联合国教科文组织已经决定，将在中国设立亚太地区非物质文化遗产国际培训中心。这个中心的设立，为我们更好地加强地区间和国际间合作打下很好的基础。为更好地学习经验，我们与一些非遗保护工作开展较好的国家，比如日本、韩国、法国等也进行了广泛交流。通过这些年政府和社会的共同努力，中国对非物质文化遗产的保护工作已经被世界认可。某调查机构对于中国形象的评价，其中非遗保护在中国正面形象中占据了第一位。

我国现代意义上的非遗保护工作开展得较晚，尽管取得了显著成绩，但由于地方政府和公众对非遗认知程度不同，还有很多问题需要面对，有许多难题需要解决。首先，存在重申报轻保护的问题。一些地方在申报非遗保护名录时非常积极，但在申报完成之后，实际的保护措施和经费投入等方面的工作却迟迟没有到位。其次，存在重利用开发轻保护的问题。有些地方将非物质文化遗产项目单纯当作经济资源来看，主要目的是想将其开发。非物质文化遗产并非没有经济资源的因素，但首要的还是要将其作为遗产来进行保护。只有在做好保护的基础上，才能够更好地、合理地进行开发利用。对非物质文化遗产进行保护，不仅是在保护我们国家的文化财产、文化创新的资源及文化安全，而且是在保护我国文化的多样性。所以持久地做好保护工作十分重要。有效的保护方式是多样的，但要想真正解决存在的问题，国家立法保护才是根本。通过立法，首先能对非遗保护的职责进行强制要求，会有力推动非遗保护措施的顺利实施。其次，可以使经费的投入得到一定保障，也可以使保护的方法更科学。此外，立法必然涉及知识产权及尊重和保护传承人及传承项目的主体问题，有了保护法，就会对保护中存在的问题进行调整，使我国的非遗保护进入全面、科学、健康的发展轨道。

（采访整理：周晓燕，原载《人民论坛》2010年第10期）

尊重科学规律　创造性地保护非物质文化遗产[*]

这几天的"中国成都国际非物质文化遗产节",确实对于我们外地来成都的每一位同志都是很大的震动,不仅是因为我们看到了世界文化的多样性,通过实地的情境式的传统表演,我们也看到了成都以及四川其他地区的民族文化的独特性,尤其是少数民族的一些歌舞类表演,可以说是令人叹为观止,其原生态的精粹性令人感到惊奇。这一切,都促使我们更深入地来思考非物质文化遗产的保护问题。

对非物质文化遗产认识的不断深化

一般来说,"非物质文化遗产"这个词,现在人们认为它包含了这么一些内容,第一,是口头文学及其语言载体。很多民间的口头文学,如父辈、祖辈给我们讲的故事,它的精神内涵和语言载体,即它是表达了什么样的传统和用哪种语言(包括表述习惯和语音语调等),是非物质文化遗产重要的一部分。我们四川的"龙门阵"中就包含很多口头文学元素。第二,是传统的表演艺术,不是当代的表演艺术。比如,川剧、很多的地方戏曲、民间的歌舞,如我们在非物质文化遗产节上看到的许多

---

[*] 根据作者在"中国成都国际非物质文化遗产节"期间讲座录音整理。

少数民族的舞蹈，这些就是传统表演艺术。第三，是一些民俗、节庆、礼仪活动。像春节等很多民间的节日等，还有很多的礼仪和节庆活动。第四，是有关自然界和宇宙的民间知识及其实践。如二十四节气，就是农民耕种离不开的关于自然界的知识。第五，是我们民间传统的手工艺技术和技能，比如民间的剪纸、年画、雕刻；像民间传统的造纸技术等等，这是比较多的。同时还有一个，就是与这些内容、与上述五个方面相关的文化空间。如庙会，就是在一个特定时间（这个时间一般是固定的）和在特定的地点（就是举行庙会的这个地点），举行的有关民族民间传统的文化活动，这就是文化空间。我们今天说非物质文化遗产时，大体是包含了这么多范畴的。

但非物质文化遗产作为一个概念来描述的时候，我们可以这样来认识它：非物质文化遗产是人类通过口传心授、世代相传的无形的、活态流变的文化遗产。所谓"口传心授"，如民间的一些文学，是通过长者或者是长辈、老师等亲近的人讲给我们听的，有一些民间的技艺和技能，是通过别人手把手来教给我们的。所谓"世代相传"的，就不是我们现在刚刚创造的，它是我们的上一辈或者再上一辈，是我们的祖先创造的并世代相传给我们的。如二十四节气，今天立春了，立春应该干什么了、民间是怎么来庆祝的，又如过春节应该是怎么过、除夕怎么过、初一怎么过……这是家里的老人教给我们的，这些不是首先从书本上看到的。所谓"无形的"，指它看不见，摸不着。像古琴艺术，很多时候我们只看到了古琴、演员、琴谱，但是古琴艺术作为非物质文化遗产所具有的人与音乐、人与自然、人与人的情感交融等精神性作用及其独特的文化价值，我们却看不见、摸不着，所以说非物质文化遗产是"无形的"。所谓的"活态流变"，比如一个民间剪纸艺人，她20岁的剪纸和70岁的剪纸，在审美趋向上、在形态上是有不小的变化的，它不可能一点不变，因此它是活动的、慢慢在流动变化的。

当然，非物质文化遗产更多地表现为精神性和智慧性的呈现形态，它是跟我们的精神、情感和思维相联系的。另外，我们细细考察时还可以看到，它有一个明显的特征，当它作为物质形态出现的时候，它表现为人们的生活方式和生产方式。我们过春节，是我们的生活方式，我们看演出，是我们的生活方式，我们的很多手工艺是我们的生产方式，所以非物质文化遗产与我们每一个人是密切联系的，它就在我们身边，跟我们联系在一起。它表达着我们民族文化的独特性和世界文化的多样性，所以，我们必须把它保护好。

非物质文化遗产的传承和延续，从人类开始创造历史之后，就在传承，但是因为它常常是不自觉地、有时是无意识地来进行的，所以往往不被人们所重视。特别是当我们身处其中时，反而对自己文化的价值视而不见，体会不到它存在的意义，忽略有意识地去传承的重要性。到了今天，由于时代的发展，现代化和全球经济一体化进程日益加快，我们身边的许许多多非物质文化遗产也在迅速消失；人们在满足了他们一定的生活条件、具备了一定的经济基础之后，就开始关注精神的需要和文化的需要，我们就会发现，我们所需要的很多东西，随着物质生活水平的提高，它已经消失了，人们才感到保护非物质文化遗产非常迫切、非常重要！所以就开始关注非物质文化遗产的保护了。

应该说，在世界范围内，对物质文化遗产的保护，即历史、文物、包括自然遗产的保护很早就提出来了，但对非物质文化遗产保护的提出，也就是最近20年左右的时间，特别是最近十几年来，联合国教科文组织开始重视这个问题。从2001年以来，联合国教科文组织陆续公布世界范围内的"人类口头和非物质遗产代表作"，中国的昆曲艺术、古琴艺术、新疆维吾尔木卡姆艺术和蒙古族长调民歌名列其中。2001年联合国教科文组织公布"代表作"的时候，它还不叫"非物质文化遗产"，它叫"人类口头和非物质遗产"。那时，虽然在世界范围内，大家都认识到保护非物质文化遗产的重要性，但对这个词还不熟悉，对它的明确界定还没有形成。直到几年前，联合国教科文组织提出《保护非物质文化遗产公约》时，才正式提出了"非物质文化遗产"这个词。在20世纪50年代初，日本和韩国就提出了保护非物质文化遗产，但他们没有用"非物质文化遗产"这个词。他们用的词是"无形文化遗产""无形文化财产"等，所以人们对非物质文化遗产的认识和保护的重要性、特别是对它价值的肯定，是在现代化进程的加快、很多非物质文化遗产快速消失这么一个背景之下，才认识到它的重要性的。我们可以想象，我们身边的这许多文化传统都不存在的时候，我们的生活会变得多么单调，我们的精神、我们的情感，无疑也会变得非常虚渺了，那样的话对一个人方方面面的生活，包括建设和谐社会、人的内心和外部世界的平衡，我想，都是有很大的欠缺的，所以在今天，我们提出了保护非物质文化遗产，这确实有它的时代和历史的必然性，也是我们目前现实的迫切需要和长远发展的要求。

非物质文化遗产保护的现状

非物质文化遗产的分类，是现在学术界正在研究的一个问题，比如去年国务院批准公布的中国第一批国家级非物质文化遗产名录，其中共有518项，是按10个门类来分类、来公布的，即民间文学（也就是口头文学类）、传统音乐、民间舞蹈、传统戏剧、曲艺、杂技与竞技、民间美术、传统手工技艺、传统医药、民俗。

最近五六年，特别是最近两三年，我们国家对非物质文化遗产的保护进程正在加快。我国非物质文化遗产保护现状有一个很重要的特点：我们已经从以前的单项的、项目性的保护走上了整体性的、全面性的系统保护这么一个阶段。为什么这样说？我们可以看到，新中国成立以后，我们国家对非物质文化遗产的保护是非常重视的，像对中医中药的保护，对民间工艺技术和技能的保护，像对很多工艺美术的保护，对少数民族的文化资源的普查和保护，像十部《中国民族民间文艺集成志书》的编纂和出版……这一切都说明了我们党和国家对非物质文化遗产的保护是非常重视的，但是，它都是单个的一个一个项目的保护，我们今天的保护已经走向全面的、整体性的保护阶段，我们可以看到国务院批准公布的第一批518项名录,这10个门类已基本涵盖了非物质文化遗产的方方面面。

与此同时,我们也在经历着对非物质文化遗产不断深化认识的演变过程。几十年前,对于现在的许多非物质文化遗产中的许多项目,我们给它以负面的价值判断,或者是认为它有封建迷信的因素,或者认为它是落后的。当我们对事物不能作出正确评价的时候,就谈不上对它的保护。特别是在"文革"时期,我们对于很多今天看来是属于文化瑰宝和珍宝的东西进行了破坏。当我们今天对非物质文化遗产有一个科学的和比较准确的评价,当我们认识和看到了它的珍贵性,我们就实施了全面的、整体性的保护,这是从认识走向深化的一个具体表现。

我们做了哪些工作呢?首先,我们国家非常重视并积极参与国际间的合作,因为非物质文化遗产不仅是一个国家、一个民族的文化财富,而且是全人类共同的文化财富,所以我们这种保护应该是国际间合作的一种保护。如正在举办的"中国成都国际非物质文化遗产节",实际上就表达了我们这样的一种思考和理念,我想这种思考和理念付诸行动,更能具体地表明我们对于非物质文化遗产保护的前瞻性眼光。我国积极向联合国教科文组织申报世界非物质文化遗产代表作名录。另外,经全国人大批准,我国加入联合国教科文组织的《保护非物质文化遗产公约》,这些都表达了我们中国重视国际间合作的态度。

其次,我们做了一些很具体的工作,就是采取各种形式的保护措施,如全面的普查、科学的认定;建立国家、省、市、县四级名录体系;还有对传承人的保护,我们现在正在评选、确认传承人,可能根据项目的不同情况进行分类和有时间前后的公布;同时,我们国家也重视立法保护,虽然现在还没有一部经全国人大通过的法律来保护非物质文化遗产,但全国人大正在考虑将非物质文化遗产的保护列入人大的立法规划之内,他们正在做调研。2005年3月和12月,国务院办公厅和国务院分别下发了关于保护非物质文化遗产的文件。这两个文件里面,对非物质文化遗产保护的指导思想、工作原则、实施步骤等都作出了规定,文件对非物质文化遗产的保护起到了重大的推动作用，在文件中提出了"保护为主、抢救第一、合理利用、传承发展"的指导方针。这样保护工作就有了依据，保护就不再是盲目的，而是科学的、规范的、有针对性的，保护的措施就能落实。

最后，我们强调政府主导、社会参与，形成党委、政府、社会的有关机构、团体，包括民间组织和个人来参与，共同来保护的体系。世界上很多国家都是如此，政府主导，才有更大的推动力量，但是仅仅政府重视还是不行的，依靠社会的机构和团体、特别是依靠公民普遍的积极的参与是做好保护最根本的方面，只有老百姓都来参与保护并都认识到保护的重要性时，我们的保护才能真正做好。

探寻非物质文化遗产保护规律

研究和了解非物质文化遗产保护规律，特别是非物质文化遗产的传承规律，是做好保护工作的基础。

第一，要正确认识非物质文化遗产的传承规律。要对非物质文化遗产的传承规律进行总体把握，它的最根本的规律是什么呢？就是它的恒定性和活态流变性。我前面已经做过一些介绍，由于非物质文化遗产是人类智慧、情感和劳动创造积淀形成的生产方式、生活方式及情感表达方式，它成为非个体的人的一种集体（群体）活动，形成人们共同遵守的或践行的一些规则，这些规则具有集体维持的恒定性，不是一个个体可以随意改变的，但个体的创造性变化，聚集到一定的量时，就会使这些规则产生渐变，也就是其活态流变性。非物质文化遗产既具有恒定性，同时它在发展过程中又不是凝固不变的，必须尊重它的活态流变性的规律。既然它是发展变化的，保护时又强调保护它的原生态、强调本真性的原则，那究竟怎么来把握呢？我想，最重要的就是对它的自然演变过程不能人为地去干扰它和中断它。举一个例子来说，剪纸艺术就不能用电脑程序来设计后许多人照搬一种图案，或用机器来大批量复制，因为这样做了以后，就把图形固定了，今天与二十年以后就没有差别了，不能把传承人的智慧的创造和审美趋向的变化以及创作当时的情绪融合在里面，这就是人为地中断它的自然演变进程，就是对它的破坏。对非物质文化遗产实施保护，不是要把它僵化、凝固地固定下来，这既不符合它自身的演变发展规律，也不符合科学地保护的原则，并且实际上不可能把它保存下来。要尊重它演变的规律，既不要人为地去凝固它，也不要人为地去使它突变。

第二，对非物质文化遗产项目的认定要坚持科学性。在普查的基础上，坚持科学认定是非常重要的。举一个例子，韩国第一次向联合国教科文组织申报的代表作"宫廷宗庙祭祀礼乐"，其申报书特别提到它是从中国孔庙的祭祀音乐中加以发展、演变而成的，这就表明韩国的非物质文化遗产保护工作在认定非物质文化遗产时的一种科学性。它的申报材料客观地表明了一种文化表现形式（文化空间）客观存在的源流关系。韩国第二批入选的代表作是"江陵端午祭"，它是作为一种祭祀活动申报和入选的。虽然"江陵端午祭"已和我国的端午节有很大的不同，但他们还是在申报材料中特别强调和说明了"江陵端午祭"是从中国的端午节传过去的历史渊源和事实，这就说明韩国非物质文化遗产保护工作者所秉持的一种科学的态度。我们国家个别地方在申报名录时，却往往对项目的自然发展和演变，以及传承人加以人为地改造、改变，从而试图提升本地项目的重要性或其价值，这样就违背了非物质文化遗产认证的科学性，所以，我们在申报名录或代表作时，要说明它产生的渊源、演变的历史过程，包括它的传承人、它的现状，现状是有困境还是发展得比较好等，都要科学地历史地加以说明，这样对它以后的发展和演进，才能提出一些具体的和符合科学规律的措施。在非物质文化遗产认定的过程中，我们一方面要反对"泛文化遗产论"，就是不管是什么项目，我都认为它是文化遗产，而不管它是否有自己独立存在的价值，这样是不科学的；另一方面，我们在项目认定时，要持一种宽容和包容的态度，因为我们在对非物质文化遗产认定时，不能说没有历史和时代的局限性。

在第一批公布的国家级名录项目中，就没有单列民间信仰，而是把它放到民俗中，如"妈祖祭典"就列入民俗活动中，这就说明我们回避了一个问题，对民间信仰的一些项目，一些人还是认为它有封建迷信的因素。如果仅以此来全盘否定它的文化价值，其丰富的内涵，以及对于人们精神、情感的正面作用等重要价值也会被否定，所以，对这样一些项目，我们如不能对它的价值给以正确的评价，就会给我们今天的保护带来很大的损失。

第三，非物质文化遗产保护的基本方式与原则。一是建立保护名录制度，即在普查和认定的基础上建立名录制度，国家级的、省级的、市级的、县级的都要建立起来，建立起来后，我们保护才有对象。在名录基础上，确立传承人，传承人是非物质文化遗产传承的核心，没有传承人，这个项目就不能延续。二是将它转变为有形的方式，对于一些濒临灭绝的项目，如民间音乐等，我们通过录音、录像和文字的记载把它记录下来，这是非常重要的。《二泉映月》就是典型的例子，从民间采录下来，就保存下来了。三是在它产生和成长的原始氛围中保持它的活力。像一些民族地区的一些仪式、一些属于文化空间的活动，我们还是应该尊重它生长和生存的那个环境，让它在那个环境中继续保持活力。如我们一些地区搞旅游开发，把少数民族的歌舞搬到舞台上来表演，我们要尽可能地保持它在原生态中的那些民族的东西，而不要人为地加以时尚的改造。四是要把一些项目转化为经济资源，体现为经济效益。如产业性的开发，就是广泛的普及，有了资金，可以持久保护。有一些项目是可以把它看成经济资源的，如茶叶制作的技艺、中药的炮制、剪纸、石雕、玉雕、民间歌舞的演出等，但这有一个前提，不能人为地中断它按自身的规律自然演变的进程。五是要保护传承人。我前面已经讲到了，这是非常重要的保护内容。六是实施文化生态区的保护，也就是文化环境的保护。我还要特别强调立法对于非物质文化遗产保护的必要性，没有立法，我前面讲到的几个方面是可做可不做的，仅仅是强调了重要性，只有我们思想认识提高了，大家才会去自觉保护，但立法后，不管你愿不愿意去做，你都必须要做。立法保护是保护的根本和基础。非物质文化遗产的呈现形态的多样性，决定了保护的方式也应该是多样的，实际上保护的方式不止我前面提到的那几种保护方式，这需要我们在保护的实践中去发现、创造和总结。

保护的原则与方式是密不可分的。非物质文化遗产的不可再生性和脆弱性，决定了我们必须把抢救和保护放在第一位。通过旅游和产业开发来发展，要注意不要对非物质文化遗产的保护产生妨害。还要坚持创造整体性的保护环境来保护。任何民族和社区、地域群体的非物质文化遗产的遗存都不会是单一的，因此，从保护方式和形成保护生态两个方面来创造整体性的保护环境十分重要，只有这样，众多的非物质文化遗产项目才会在交互的影响中，得到更好的延续和发展。

成都建设的非物质文化遗产公园，是具有比较好的基础设施的。据我了解，虽然全国各地许多地方都在筹划、设想修建这样的公园或这样的村，但如何以符合非物质文化遗产保护的规律来把握，仍是一个需要探索的课题。成都的非物质文化遗产公园提升了成都的社会形象和影响，这个提升具有世界性，很多国家的代表来看以后惊叹道："哦，成都还有一个非物质文化遗产公园！"我认为还可以此为开端，通过这个非物质文化遗产公园，逐渐建立起立体的、多形态的保护环境，既展示、保护，又产生经济效益，那么，成都市的经验对全国一些地方建立这一类的非物质文化遗产公园会是一个很好的借鉴，这是我所期望的。

（原载《文化认同与国际合作：中国成都国际非物质文化遗产节·非物质文化遗产保护国际论坛论文集》，浙江人民出版社2009年版）

守护人类共同的精神家园＊
——中国的非物质文化遗产保护

非常高兴在这个美丽的春天,在这里向大家介绍中国丰富的非物质文化遗产和保护的情况,并一起探讨有关非物质文化遗产保护的问题。下面,我将就中国的非物质文化遗产保护问题与各位进行探讨和交流。

在社会发展和历史进步的过程中,人类创造了宝贵而又丰富的文化遗产。这些文化遗产既包括各种有形的物质文化遗产,如文物、建筑群和遗址,也包括各种无形的非物质文化遗产。非物质文化遗产所包括的口头文学及其语言载体、传统表演艺术、民俗礼仪与节庆、有关自然界和宇宙的民间知识与实践、传统手工艺技能,及其相关的文化空间等等,以其精神性与智慧性的形态方式和活态传承的特殊品格,对推动人类社会的文明进程和生产生活实践的演进,具有重要的意义。非物质文化遗产,是人类通过口传心授,世代相传的无形的、活态流变的文化遗产。这种非物质文化遗产鲜活地扎根、生存于民族民间,主要表现为人们的生活方式和生产方式,是一个民族的生命记忆和活态的文化基因,是人类创造力、想象力、智慧、情感和劳动的结晶,是人类文化多样性的生动展示。中国和世界各国各民族创造的丰富多彩的非物质文化遗产

＊ 本文为作者2007年4月24日上午在美国国会图书馆演讲的演讲稿。

是全人类共同的精神财富，担负着保持民族文化独特性和维护世界文化多样性的多重职责，需要全人类共同珍惜和保护。中国是一个具有五千年历史的文明古国，又是由56个民族构成的多民族的国家。在其历史长河中，中国各族人民以自己的智慧和想象力创造了极其丰富的非物质文化遗产。

一、中国丰富的非物质文化遗产

下面，我主要分10个类型来介绍中国的非物质文化遗产。

（一）民间文学

民间文学是中国非物质文化遗产中最基本的、也是最主要的门类和领域之一，是民众口传心授、世代相传、集体创作、集体享用的口头语言艺术。中国是一个多元一体的多民族国家，各种文化元素构成的中国民间文学也是国家民族凝聚的巨大精神力量。每一个中国人几乎是从摇篮时代起，就从父母或相近的人那里受到民间文学的熏陶和滋养，从而认识社会、了解人生、增长知识、形成初步的人生态度。拥有2000多年历史的民间文学，也是中华民族生生不息民族精神的写照。

以"梁祝"传说为例。梁山伯与祝英台的爱情传说是中国人人皆知的故事，此传说自1600年以前的晋代即已形成。祝英台女扮男装与梁山伯共同就读于私塾，日久天长产生了曲折动人的忠贞爱情，但受到祝父的压制和反对，梁山伯抑郁而死。祝英台得知后，赶到梁山伯墓前以头碰碑而殉情。结果墓开，两人双双化作蝴蝶飞去。梁祝以抗争而求得忠贞不渝的爱情，千百年来一直鼓舞着追求爱情自由的青年人。

民间传说构成的民间文学是非常丰富的，仅列入中国国家级非物质文化遗产名录的就有31项，其他如孟姜女传说等都可以说家喻户晓。

（二）传统音乐

传统音乐是中国非物质文化遗产各门类中，最能体现普通百姓心声的部分。以民歌和器乐为代表的民间音乐，是体现各民族文化多样性和确立各民族文化身份的重要标志之一。经过数千年的传承，56个民族积累了丰富的音乐品种，它们是塑造民族精神的重要方面，具有深厚的文化底蕴和极为重要的学术研究价值。中国艺术研究院收集保存了7000多个小时的中国民族民间音乐录音，因此而被联合国教科文组织列入"世界记忆名录"。因民族民间音乐的易失性，加强非物质文化遗产项目中民间音乐部分的保护，就显得尤为急迫。目前，联合国教科文组织已宣布的"人类口头和非物质遗产代表作"中，中国的古琴艺术、新疆维吾尔木卡姆艺术、蒙古族长调民歌、侗族大歌名列其中。在这里，我首先介绍一下侗族大歌。

侗族大歌主要流行在中国贵州省的黎平县、从江县和广西壮族自治区的柳州市、三江侗族自治县，是侗族民间歌队演唱的一种合唱音乐。侗族大歌，侗族称为"嘎老"。"嘎"即歌，"老"既含有大之意，也含有人多声多和古老之意，它的演唱在宋代即趋完整，通常是男女歌队节日里在鼓楼或火塘边进行对唱，以此讲述人生哲理、传授生产生活知识、表达爱情等等。侗族大歌以其独特的演唱方式和特殊的组织形式传承侗族的历史和文化，它不仅是一种音乐艺术，而且是侗族社会结构、婚恋关系、文化传承和精神生活的重要组成部分，是维系侗族社会生存的精神支柱。

（三）民间舞蹈

流行于中国各民族群众中的民间舞蹈，与中国广大人民的生产、生活息息相关，是人民精神生活的重要组成部分。民族民间舞蹈既形象生动地反映出中国人民长期形成的民族精神、哲学思想、道德观念、审美情趣和愿望追求；又以它异彩纷呈的艺术表现形式，体现了各地区、各民族人民独特的文化传统和民情风俗；在中国社会生活中，民间舞蹈对联结乡谊、沟通心灵、促进和睦、表达情感起到重要作用。

中国各民族民间舞蹈源远流长、成因繁奥，大量舞蹈品种，以及典型形象的表现内容，给我们留下有关迁徙、奋斗、发展的历史，是一批弥足珍贵的"活化石"，对民族学、移民学、社会学、民俗学、宗教学，以及对戏曲、音乐、美术、舞蹈、武术、工艺美术等的学术研究，具有极其宝贵的学术价值。

（四）传统戏剧

传统戏剧是中国非物质文化遗产中的一个重要部分。据20世纪50年代调查，中国共有367个戏曲剧种，但由于现代化进程的加快，社会结构和人们生活环境的改变，以方言为重要特征的地方戏曲剧种出现前所未有的生存危机，30多年中已消亡了100余种。

中国传统戏剧历史悠久。尤其是中国戏曲，在各剧种中积淀了深厚的民族、民间文化，它综合了文学、音乐、舞蹈、美术，可以说是中华文化的集大成者。它以虚拟和程式化的表演创造了区别于世界其他任何戏剧的独特的表演体系；它表达的道德、思想和价值观，给中国人以深刻的影响；它的音乐和表演的形式之美，令人叹为观止。昆曲艺术是中国戏曲最具代表性的剧种，于2001年入选联合国教科文组织公布的"人类口头和非物质遗产代表作"名录。昆曲又称昆腔、昆剧，至今有六百多年的历史，是元末明初南戏发展到苏州附近的昆山一带，与当地的音乐、舞蹈、语言结合而成的声腔剧种。明代天启初年到清代康熙末年，是昆曲的兴盛时期，代表作有《琵琶记》《牡丹亭》《长生殿》等。之后逐渐呈衰落之势，至清代中叶以后，昆曲主要以折子戏形式演出。昆曲唱腔委婉细腻、流丽悠长，生、旦、净、丑各行脚色齐全，表演高度程式化。现在中国尚有六个专业昆曲剧院，演出活动主要集中在北京、上海、江苏、浙江、湖南等地。昆曲之外，京剧、藏戏、梨园戏、莆仙戏、汉剧、徽剧、秦腔等，大都有二三百年以上的历史。目前有广泛影响的历史较短的剧种有黄梅戏、越剧等。

中国在20世纪五六十年代和八九十年代，曾对戏曲做过较大规模的抢救、整理工作。中国艺术研究院设有中国唯一的专门研究戏曲艺术的研究所，保存有280多个剧种的音像资料，收藏有40000多张戏曲唱片和15000多个小时的戏曲录音及2000多个小时的戏曲录像，戏曲剧种音像数据库也正在建立之中。

（五）曲艺

曲艺是中国重要的非物质文化遗产类别之一，至少已有2000年左右的历史。据不完全统计，中国各地、各民族的曲艺品种，总数约在500个以上，但近年来品种数量急剧减少，目前能演出的品种有300种左右。千百年来，曲艺以它口头"说唱"的表演特质，通过"说书""唱曲"和"谐谑"的方式，不仅滋育着中国广大民众的心灵和精神，而且孕育了诸如章回体长篇小说等文学样式和众多地方戏曲剧种。相声、评书、苏州评弹、京韵大鼓、山东快书、二人转、河南坠子、粤曲、乌力格尔、柯尔克孜达斯坦等曲种，至今依然具有较强的艺术生命力，在当代民众的文化生活中发挥着重要作用。

二人转艺术主要以两位演员表演和说唱、载歌载舞的形式演出，在中国的东北三省（黑龙江、吉林、辽宁）和内蒙古自治区的东部有广泛的观众基础，看的人很多，民间形容说"万人围着二人转""宁舍一顿饭，不舍二人转"。二人转语言风趣幽默，具有生动的民间性，内容多是夸张的日常生活故事，表演以东北民间大秧歌舞蹈为主，并吸收其他地区民间舞蹈和武打动作，还表演一些杂技性的"绝活"，舞台效果热闹火爆。

（六）杂技与竞技

杂技和体育竞技类文化，是各民族大众的重要娱乐、健身活动方式，俗称"玩耍"。其历史悠久，社会基础广泛。其中有两大类：一类是游戏类，它的特点是社会性强，参与人多，一般不用专门训练，由社会传承，如各种儿戏、秋千、跳板、赛龙舟、民间赛马等；另一类是在前一类基础上产生的，它要求有较高的技巧，由少数人传授，如武术、杂技等，它们虽已不再是群众性文化活动，但却在民众中有着深远的影响。

杂技和体育竞技类内容十分庞杂，大体划分包括：1.民间游戏，如儿歌、踢毽、风车、蹴鞠、七巧板、九连环、鲁班锁等；2.体育竞技，如举石锁、角力、拔河、顶竿、赛马、秋千；3.武术；4.杂技；5.技巧类，如风筝、抖空竹、斗禽、斗虫、斗兽等。杂技和竞技类非物质文化遗产大都为民众所喜闻乐见，有广泛的群众基础和不同的呈现形态；它们在广大农村地区仍然常见，但在大城市尤其现代化城市的活动空间明显缩小。

（七）民间美术

中国民间美术，是人们在长期生产生活实践中，创造和延续的重要非物质文化遗产。它不仅具有造型艺术的一般属性和意义，更具有体现中华民族精神的独特美学品质和表现形式。中国民间美术与民间社会生活关系密切，通常都是民俗活动的有机组成。其传承赓续的视觉形式或程式，蕴含了丰富而珍贵的文明文化历史信息，反映了民族的人文追求和精神风貌，表达了民众或族群的社会认识、道德观念、实践经验、人生理想和审美情趣。民间美术始终保持着功利价值和审美价值的统一性，至今仍有认知、教化、记志、表意、抒情、娱乐等多重的社会意义。

年画在中国是很有代表性的民间美术之一。它是民间辞旧迎新、庆贺春节张贴的民间美术品，其题材内容丰富，表现历史故事、祈求幸福吉祥、驱避凶险邪恶、勾画美好理想、褒扬传统美德……堪称中国民间社会生活的"百科全书"。它用木版刻印，有的间以笔绘，大都构图饱满，线条细腻，色彩鲜艳。中国年画以创作印制地域的不同，而呈现不同的艺术特点，著名的有天津的杨柳青木版年画、山东的杨家埠木版年画、河北的武强木版年画、江苏的桃花坞木版年画、陕西凤翔木版年画等。

除年画之外，藏族唐卡、剪纸、寿山石雕、泥塑、木偶雕刻等都是著名的传统美术品种。

（八）传统手工技艺

丝绸织染、生铁冶铸、制瓷、造纸、印刷、火药、指南针、深井开凿等重大发明创造，在中华民族发展史和世界文明史上都占有重要地位。迄今，举凡青瓷、紫砂、织锦、蜡染、宣纸、徽墨、湖笔、端砚、制药、酿酒、金箔、银饰等传统工艺，依然在中国民众社会生产和日常生活中广泛应用。所有这些传统手工技艺，都是人们智慧和创造力的结晶。在中国国务院批准公布的首批518项国家级非物质文化遗产代表作中，传统手工技艺占有89项，约占总数的六分之一。

在中国古代丝织物中，"锦"是代表最高技术水平的织物。中国南京云锦是中国古代三大名锦之一，距今有千年的历史。云锦以其织造的精美，而成为旧时代宫廷帝王、后妃和大臣的专用品。现南京云锦艺术研究所仍然保留和传承着云锦织造技艺。其技艺是用传统的大花楼木织机、由拽花工和织手两人相互配合，通过手工操作织造。主要品种有织金、库锦、库缎和妆花四大类，其中妆花的"挖花盘织""逐花异色"至今仍只能用手工完成。

茶，在中国人的生活中是不可或缺的饮料，茶叶的炮制技艺是中国传统工艺技术中有代表性的一种技艺。茶分绿茶、红茶、花茶、黑茶、白茶等，都有不同的制作技艺。中国非常有名的武夷岩茶的传统制作流程有十道工序。武夷岩茶制作可追溯到汉代，至清初岩茶制作技艺趋于完善，十道工序中对茶质起关键作用的是"复式萎凋""看天做青，看青做青""走水返阳"等环节。

（九）传统医学药学

传统医学药学是中国非物质文化遗产保护的重要内容之一。中国传统医学药学具有极高的科学价值，这不仅包括汉族的医学药学，也包括藏、蒙古、苗、瑶、彝等少数民族的传统医学药学。医学药学蕴含了中华民族特有的哲学思想、思维方式和对生命的认知理念。传统中医在长期的发展中，形成了自己独特的医学体系，其基本特点为治疗的整体观念和辨证施治。中医理论是由中医师丰富的个体经验支撑的理论体系。中医治疗经验的个体性，决定了其传承的复杂性。中药学是中医学的重要内容，中药学对中药的采集、炮制，对药性、药量、配方、服用的分析，都建立在对植物学的深入认识上，具有很高的科学性。同仁堂的中医药文化是传统中医学药学的代表性象征，它也是中国列入国家级非物质文化遗产的保护项目。北京同仁堂始建于1669年，其医药文化集中体现为"同修仁德，济世养生"的价值观，"炮炙虽繁必不敢省人工，品味虽贵必不敢减物力"的质量观和"讲信义，重人和"的经营理念，"童叟无欺，一视同仁"的职业道德等方面，是中医药学精神的整体体现。

（十）民俗

中国是一个多民族国家，各个民族都有自己独特、灿烂的民族文化。民俗和民间信仰是不同民族文化的重要组成部分，体现着特定民族或群体的生活形态、审美个性和文化精神，其独特性是其他依附现代工业社会所产生的文化所不能取代的。民俗和民间信仰内容丰富，有岁时节日、生产商贸、衣食住行、礼仪仪式等。其共同特征是：1.它们都是有一定历史传承的活态文化；2.都具有综合性的文化特质；3.都以人本身的活动作为重要载体；4.呈现为生活形态却与人们的情感和精神有紧密的联系。

春节是中国民间传统节日，是中国农历的正月初一，是一年中最隆重的节日。汉、壮、布依、侗、朝鲜、仡佬、瑶、畲、达斡尔等许多民族都过这个节日。春节历史悠久，起源于殷商时期年头岁尾的祭神活动。在中国历史上，自汉武帝改用农历以来，中国历代都以二十四节气中的立春日为春节，至中华民国成立，才改农历正月初一为春节。春节在古代中国是迎神祭祖、占卜气候、祈求丰收的节日。现在春节成为综合性的民俗文化节日，相关民俗活动持续一个月。主要有：腊月初八喝腊八粥；二十三祭灶，吃关东糖和糖粥；除夕夜全家包饺子、包汤圆、做年糕、吃团圆饭守岁，另外还有贴春联、年画、剪纸、放爆竹；正月初一迎神、拜年；初五开小市；十五元宵节开大市、迎财神、吃元宵、游灯会、猜灯谜等。

二、中国保护非物质文化遗产的现状

中国的非物质文化遗产，很多都是世界文化的精粹，不仅受到中国人民的珍爱，而且也受到世界各地越来越多人民的喜爱。今天，中国人民已经充分认识到，我们有责任、有义务，努力保护好我们的祖先千百年来共同创造的这些宝贵文化财富，不能让它们从我们这一代人的手中流失。假如我们没有做好保护工作，不仅对不起自己的祖先，同时也会对这些属于整个人类的文化财富造成无法挽回的损失。那样的话，我们就会犯历史的错误，这种错误是不可挽回的。

近五六年来，中国的非物质文化遗产保护得到了国家的高度重视，全国的保护工作开始走向整体性、系统性的保护阶段。

（一）重视参与国际间的合作

非物质文化遗产保护是一个国际性的课题，是全人类共同的责任。中国积极参与了联合国教科文组织非物质文化遗产代表作的申报，中国的昆曲艺术、古琴艺术、新疆维吾尔木卡姆艺术，以及与蒙古国联合申报的蒙古族长调民歌，先后入选了联合国教科文组织公布的"代表作"名单。在2004年8月，中国十届全国人大常委会第十一次会议通过批准中国加入联合国《保护非物质文化遗产公约》，中国成为较早加入该公约的国家之一。中国重视参与国际间非物质文化遗产保护的合作，有力地推动了本国保护工作的广泛开展。

(二）加强对非物质文化遗产保护的法规建设

2004年4月，中国文化部、财政部公布《关于实施中国民族民间文化保护工程的通知》，提出的总体目标是，到2020年，使中国珍贵、濒危并具有历史、文化和科学价值的民族民间文化得到有效保护。

2003年11月，中国全国人大教科文委员会组织起草了《中华人民共和国民族民间传统文化保护法（草案）》，2004年8月，全国人大把法律草案的名称改为《中华人民共和国非物质文化遗产保护法》，并做相应的内容修订，正在广泛征求意见和修改。这部法律草案已列入全国人大立法规划。

2005年3月，中国国务院办公厅颁发了《国务院办公厅关于加强我国非物质文化遗产保护工作的意见》，同年12月，国务院颁发了《国务院关于加强文化遗产保护的通知》，其中对包括非物质文化遗产在内的文化遗产的保护工作，提出了系列规定。这是国家最高行政机关首次就中国非物质文化遗产保护工作发布权威指导意见。

（三）具体实施形式多样的保护措施

1. 目前中国正从以下方面开展非物质文化遗产保护工作：开展普查；制定规划；建立国家和省、市、县四级非物质文化遗产名录体系；保护传承人；加强少数民族文化遗产和文化生态区的保护。

2. 2006年5月，国务院公布了第一批国家级非物质文化遗产名录，其中有民间文学、传统手工技艺、民俗等10个门类的518个项目。

3. 国务院确定从2006年起，每年6月的第二个星期六为中国的"文化遗产日"。开展文化遗产日的活动，旨在唤起社会公众自觉参与非物质文化遗产保护的文化自觉。

4. 政府主导，社会团体和机构积极参与非物质文化遗产保护。

在这里我要特别介绍中国非物质文化遗产保护中心，它是经国家批准成立的担负实施全国保护工作的规划、指导、咨询、教育及推进全国普查、名录申报、项目管理等工作职能的专门机构，下设政策研究室、项目申报与管理部、大型活动与培训部及《中国非物质文化遗产》丛刊部。该机构成立以来，在政府主导之外，从规划及指导和组织实施等方面，为中国的非物质文化遗产保护做了大量有效的工作。

与此同时，中国各有关学术研究机构、社会团体、大专院校等方面社会力量也在非物质文化遗产保护工作中发挥了不可替代的作用。我本人所在的中国艺术研究院，已有56年的历史，它不仅从事艺术学科各专业的学术研究和艺术创作及艺术教育，从收集、保存、研究等方面对传统文化遗产进行保护，也是这个机构的一项重要职能。几十年来，中国艺术研究院收集、保存了大量重要的非物质文化遗产文献和音像资料。近年来，我院在非物质文化遗产的理论研究和保护实践方面做了大量工作，如去年2月中国元宵节期间在北京举办了首届"中国非物质文化遗产保护成果展"，不到一个月的时间，有35万人次参观，引起很大的社会反响。我院还组织力量，以三年的时间，对中国西部省、区的人文资源进行普查，现已取得初步的成果；2006年，开通了"中国非物质文化遗产网"，这是中国非物质文化遗产保护方面首个国家级门户网站。

三、保护工作面临的主要问题

就世界范围而言，非物质文化遗产保护面临的主要问题是，随着当今世界的全球一体化，不计其数的文化遗产形式正面临着消失的危险，并受到文化标准化、武力冲突、旅游业、工业化、农业区缩减、移民和环境恶化的影响。全球经济一体化和现代化进程对非物质文化遗产冲击和消解的问题越来越突出。

目前中国非物质文化遗产保护面临的问题和困难主要是：

第一，一些依靠口传心授方式加以承传的文化遗产正在不断消失；许多传统技艺濒临消亡；大量有历史、文化价值的珍贵实物与资料得不到有效保护；随意滥用、过度开发非物质文化遗产的现象经常可见。

第二，法律法规建设的进程仍不能与非物质文化遗产保护的紧迫性相适应。保护标准和目标管理，以及收集、整理、调查、记录、建档、展示、利用、人员培训工作相对薄弱，保护管理资金和人员不足的困难普遍存在。

第三，一些地方保护意识淡薄，重申报、重开发、轻保护、轻管理的现象比较普遍。少数地区进行超负荷利用和破坏性开发，存在商业化、人工化和城镇化倾向，甚至借继承创新之名随意篡改民俗艺术，损害了非物质文化遗产的原真性。

第四，适合中国保护工作实际、整体性有效性的工作机制尚未建立，在不少地区政府主导的有效性难以体现。另外，在保护工作存在的问题中，有两种倾向尤其应引起我们的注意。一种是建设性破坏，一种是保护性破坏。

四、非物质文化遗产传承规律的总体把握及科学保护

（一）正确认识非物质文化遗产的传承规律

非物质文化遗产是一种独特的文化现象，它是一个世代绵延的文化传承过程。如果站在人类历史发展的高度来看非物质文化遗产现象，就会发现它的活态流变性是其传承的一个重要规律。

非物质文化遗产活态流变性的基本特性，使它在时间的长河中，往往会不断丢失被人们忽略或淡忘了的文化记忆。而失去这些记忆，我们就不会懂得人类文化整体的内涵与意义，那么我们失去的就不仅是某一种文化形态，更重要的是失去了寄寓在非物质文化遗产中的宝贵的人类智慧和精神血脉，这种损失是难以挽回的。

非物质文化遗产活态流变性的基本特性，也决定了我们今天的保护不应是静止的凝固的保护，而是为了发展的保护。没有保护，难以发展；而没有发展，保护也就失去了重要意义。

（二）对非物质文化遗产项目认定要坚持科学性

准确科学地认定非物质文化遗产项目，是进行正确、有效保护的基础。根据国际公约文件和我国政府的文件制定的标准，我认为认定标准大体可归纳为如下几项：1.具有杰出价值的民间传统文化表现形式或文化空间；2.具有见证现存文化传统的独特价值；3.具有鲜明独特的民族、群体或地方文化特征；4.具有促进民族文化认同或社区文化传承的作用；5.具有精粹的技术性；6.符合人性，具有影响人们思想情感的精神价值；7.其生存呈现某种程度的濒危性。

在认定非物质文化遗产项目时，正确科学地坚持认定标准，才会知道"我们要保护什么"。非物质文化遗产项目认定中存在的两个方面的问题需要加以注意。一方面是方法的问题。要反对从民俗旅游开发的角度认定保护项目；同时，要正确把握文化空间项目的认定，避免割裂完整统一的文化空间形态。

另一方面是思想观念的问题。第一，"泛文化遗产论"，即认为凡是传统文化现象，不问其价值，不管是否有赖以独立存在的本质特性，甚至对模仿形态项目，也都认定为非物质文化遗产加以保护。第二，简单化对待某些非物质文化遗产项目，特别是一些表现为民间信仰的项目。由于非物质文化遗产的活态流变性，人们对它的评价标准，往往受到特定社会、时代、环境、审美的影响。同一个项目，在不同的时期、不同的社会环境中，人们对其往往会有完全相反的价值判断，因此，今天我们在认定项目时，要持一种特别慎重的态度。过去多少年来不少我们认为是愚昧落后的东西，今天来看，却蕴含了许多珍贵的价值。今天我们的判断，仍要受时间的检验。对待非物质文化遗产项目，认定上既反对泛文化遗产论，又要坚持保护、保存、保留面要宽的原则。比如民间信仰的项目，即便表达一种唯心主义的愿望理想，也不妨作为记录先人认识事物的一种方式保留下来，就是作为文化现象研究，也是有益的。何况寄寓人类思想、情感的形式是复杂的，作为亿万个体的人的思想情感构成的精神世界，应该是异彩纷呈。我们认定更多地呈现为人的生存方式、生活方式、生产方式、思维方式、情感方式……的非物质文化遗产项目的时候，坚持以人的全面发展为原则，或许更具包容性。这种包容性，对非物质文化遗产的传承是十分重要的。

（三）非物质文化遗产保护的基本方式与原则

以什么样的方式和原则来保护，是面对非物质文化遗产的一个核心问题。我们要以正确的方式和原则，从实际出发，科学、全面、系统地抢救和保护现存的非物质文化遗产。

中国保护非物质文化遗产的基本方式，主要有如下几项：第一，建立保护名录制度。国家和省、市、县四级非物质文化遗产名录体系的建立是保护工作的基础，既是抢救保存的前提，也是传承、弘扬的依据。第二，将非物质文化遗产转变为有形的形式。通过搜集、记录、分类，建立档案，用文字、录音、录像、数字化媒体等手段，对保护对象进行全面、真实、系统的记录，并积极搜集有关实物资料，予以妥善保存。第三，在它产生、生长的原始氛围中保持其活力。如一些礼仪、仪式。第四，转化为经济效益和经济资源，以生产性方式保护。比如剪纸、年画，以及其他很多手工艺制作项目，都可以作为艺人生产、生活方式延续传承，从而使这些项目得到弘扬和传播。第五，保护传承人。非物质文化遗产作为活态文化，其精粹是与该项目代表性的传承人联结在一起的。对项目传承人的保护应该是保护工作的重点。要以传承人为核心主体，传授、培训，以及宣传，使非物质文化遗产项目得到传承，传承人的地位得到尊重。第六，实施文化生态区保护。这是保持文化多样性、文化生态空间完整性、文化资源丰富性的重要方式之一。

非物质文化遗产内涵的丰富性，以及它体现的民族性、独特性、多样性，决定了保护方式也是多样的。以上列举的几种保护方式，实施的基础是立法保护。立法保护是根本性的保护，只有健全的立法保护，才会使行政保护、财政支持、知识产权保护等得到保证。

保护非物质文化遗产应坚持的原则与保护方式是密不可分的。第一，无形文化遗产的不可再生性和脆弱性,决定了我们必须把抢救和保护放在第一位。第二,坚持积极保护的原则。非物质文化遗产活态流变性的特点,决定了我们要尽可能避免以静止、凝固的方式去保护。在不改变其按内在规律自然衍变的生长过程、不影响其未来发展方向的前提下,尽可能寻找生产性保护的方式及与旅游开发等的和谐结合。第三,坚持创造整体性社会保护的环境。任何民族、社区或地域群体,非物质文化遗产的遗存都不会是单一的,因此,从保护方式和形成保护生态两方面创造整体性保护的环境十分重要。只有如此,众多非物质文化遗产项目才会在交互的影响中得到更好的延续和发展。保护非物质文化遗产,维护世界文化的多样性,守护人类共同的精神家园,是我们所有人的责任。让我们携手,为创造一个更加有利于可持续发展的和谐世界而共同努力。

附:美国国会图书馆关注中国非遗保护

中国非物质文化遗产有着哪些丰富的形态?如何进行全面保护?遇到的挑战与困难是什么?美国华盛顿当地时间4月24日上午,应美国国会图书馆的邀请,中国艺术研究院院长、中国非物质文化遗产保护中心主任王文章以"守护人类共同的精神家园——中国的非物质文化遗产保护"为题,在美国国会图书馆做了精彩演讲,全面介绍了中国非物质文化遗产保护工作,引起了强烈反响。

王文章在演讲中首先介绍了中国灿烂多姿的非物质文化遗产。无论是流传千年的梁祝传说,还是多声部演唱的侗族大歌,或是以虚拟和程式化表演展示音乐与表演形式之美的中国戏曲,都令听众着迷;而中国丰富的民间美术、手工技艺、民俗节庆、医学药学,都引起了听众的由衷赞叹。随后,王文章介绍了中国非物质文化遗产保护开始走向整体性、系统性的保护阶段,普查工作全面开展,国家名录,以及各级名录正在建立,指出保护工作面临的主要问题是破坏性开发仍然严重,立法及整体有效的科学保护体系仍待健全。他提出了对非物质文化遗产传承规律的总体把握和科学保护的必要性与重要性，并介绍了非物质文化遗产保护的基本方式与原则。

美国国会图书馆亚洲分部部长李华伟博士、美国国家民俗中心主任佩姬博士在演讲开始前分别致辞。中国驻美国大使馆文化参赞苏晓，美国国会图书馆、美国国家民俗中心和数所大学的专家学者，以及美国国务院、联邦教育部的15位官员，新闻媒体记者等共同出席了演讲会。他们对于中国丰富多彩的非物质文化遗产表现出极大兴趣，特别是对中国正在进行的保护工作表示由衷的赞赏。

演讲结束后，美国国会图书馆、美国国家民俗中心举行了中国《第一批国家级非物质文化遗产名录图典》大型画册的收藏仪式。当天下午，美国国家民俗中心劳拉博士对王文章进行了近三个小时的专访，对中国非物质文化遗产的概况和保护工作的现状、进展，以及面临的挑战等问题进行了深入的探讨。有关专访的影像与录音已全部存入美国国家民俗中心，作为永久资料保存。

此前，王文章应邀在美国国家民俗中心与中心主任佩姬博士及各部门负责人进行了座谈，就非物质文化遗产保护的合作与研究做了充分的探讨。在随后几天里，王文章还赴美国马里兰大学、美国亚洲文化学院等，就中国非物质文化遗产保护进行了专题演讲与座谈，并与专家学者就非物质文化遗产保护进行了多方面的学术探讨。

（记者：赵晓明，原载《中国文化报》2007年5月9日）

正确认识和把握非物质文化遗产的传承规律 *

今天我主要针对普查和申报的一些总体性的问题，谈些个人的想法，和大家讨论。

我主要讲两个方面的问题。第一是正确认识非物质文化遗产；第二是对非物质文化遗产传承规律的总体把握。首先是怎样来认识非物质文化遗产。非物质文化遗产的保护是近几年的事情，过去提的是民族民间文化保护。新中国成立以后，国家很快就部署了这项工作。新中国成立以前，非物质文化遗产是作为民间的文化遗产来保护的，其中包括民国在内的近现代时期的保护。今天，我们已经能看到这些工作所取得的成绩。中华民族历来就有保护文化遗产的传统，中国历史上的《诗经》对民间歌谣进行了搜集、整理和保护，《诗经》也包含了雅乐、宫廷古乐的歌词。在那个时代，宫廷、上层文人的诗或歌能记载下来，比较合乎情理，但是能把民间歌谣搜集、整理下来是有了不起的眼光的。中国近代到中华人民共和国成立以后，我们对民族民间文化遗产的保护取得了很大成绩，但是中华人民共和国成立以后，为什么用"民族民间文化保护"或"文化遗产保护"，而没有提出"非物质文化遗产"这样的概念或别的名词来概括我们的保护呢？我主编的《非物质文化遗产概论》中也谈到，

---

* 本文由作者在文化部举办的非物质文化遗产保护培训班上的讲稿整理而成。

非物质文化遗产概念的演变反映出人们对事物的认识有一个不断深化的过程。中华人民共和国成立以后"民族民间文化保护"概念的出现，有它当时时代的局限性。新中国刚刚成立，很多封建主义或是有封建思想残余的东西都要扫除，所以"民族民间"的提法就把当时一些宫廷的或不是存在于劳动人民之间的那些遗产排除在外。这样的局限，当然也会有很大的损失。

2003年，我们开始实施"中国民族民间文化保护工程"。当时就采用什么名称称谓进行过讨论，后来确定为"民族民间文化保护工程"，实际上还是沿用了解放时的叫法，但在今天，谓之"非物质文化遗产"，实际上涵盖的范围非常广了。我国在联合国教科文组织签署的《保护非物质文化遗产公约》和2005年国务院办公厅发布的《国务院办公厅关于加强我国非物质文化遗产保护工作的意见》、国务院发布的《国务院关于加强文化遗产保护的通知》这三个文件里都指出，非物质文化遗产主要有五项或六项内容：1. 口头传统和表现形式，包括作为非物质文化遗产媒介的语言；2. 表演艺术；3. 社会实践、仪式、节庆活动；4. 有关自然界和宇宙的知识和实践；5. 传统手工艺。此外，一些文件，包括我们制定的关于普查的指导意见，增加了"与以上表现形式相关的文化空间"。"文化空间"的构成不仅仅是文化场所，在这个文化场所内，还必须有一个时间，一个事件，是一个时空的概念。如果一个场所没有在一定时间里进行的传统文化活动，就不能叫"文化空间"。这个词是借用的翻译过来的词，目前还存在争议。有些人认为"文化场所"比"文化空间"能更明确、更清晰地表达特定内涵，但是实际上两者有很大区别，"文化空间"作为非物质文化遗产动态的表现过程，比"文化场所"更能概括特定的非物质文化遗产现象。非物质文化遗产包含的内容是不断丰富的，随着实践中的普查、保护和对它的规律研究的深化会不断有所补充。我们在这几年的实践中认识到，非物质文化遗产更多地表现为人们的生产方式和生活方式。生产方式的涵盖面很宽，而生活方式的涵盖面更宽，情感方式、思维方式都可列入生活方式中。非物质文化遗产很多时候以物化的形态呈现，不断运动着的活态存在才是它的本质特征，它主要依靠传承人口传心授的方式来传承。比如昆曲艺术，很多表演程式、基本规则都是通过老艺人来传承。

现在，中国传统戏曲的延续存在很大的危机。在一次座谈会上，一位戏曲评论家说："中国戏曲目前到了最危险的时候。"确实是这样，为什么危险呢？因为它的传承靠的是口传心授。现在的院校教学不能采用口传心授的方式，许多老艺人独特的表演技巧不能流传下来。戏曲传承面临危机，过去梅兰芳能上演200多出剧目，周信芳演过500多出，现在著名的中年演员能演20多出剧目就不错了，青年演员能演五六出就不错了，有的只能演几出折子戏。中国戏曲博大精深，独树一帜，但是在传承问题上没有按照规律把握，在这个环节上存在很大问题，当然，其中还有别的原因，如体制的原因，还有当代艺术多样化的冲击等。

除了相对的恒定性以外，活态流变性是非物质文化遗产最基本的特征，因此对非物质文化遗产的保护不可能是原封不动的凝固的保护。我们的保护和普查必须符合它的内在规律。物质文化遗产的保护与非物质文化遗产的保护是不同的。物质文化遗产是固化、凝定的，非物质文化遗产呈现的形态则是活态的、不断变化的。如果我们把非物质文化遗产称为"活态文化遗产"，物质文化遗产称为"固态文化遗产"可能更符合它们的本质规律和存在形态，但是现在，由于在官方文件和工作实践中我们都称"非物质文化遗产"，就不可能加以随意改变。我们只能对"非物质文化遗产"这个概念赋予明确的内涵，这样便于我们在工作和在研究中以清晰的界定来使用这一名称。

我们院的美术理论家吕品田同志去埃及考察，回来后对我说了一件事。在考察中，一位画家陪同他去参观金字塔。他向那位画家问道："为什么从你的画中看不到埃及的历史文化传统？"这位画家回答说："这些历史传统跟我们没有关系，跟我也没有关系。"他说这样的话，意思是古埃及的历史传统和他的艺术创作没有联系。我们的中国画就不同，它跟历史传统不是没有联系，而是这种联系是深入到它的艺术形式本身的。

这是因为，我们不仅流传下来很多的国画作品，而且国画的作画技法和它所蕴含的文化内涵通过活态的传承传到了每一个现代画家的笔下，所以它能跟这种历史的基因或者说历史的元素联系起来，这是非常重要的。

现在，我们看待非物质文化遗产跟前几年已经不一样了。前几年，大家对非物质文化遗产的价值还不是很明确，认为保护非物质文化遗产没有多大意义。今天看来，绝大多数人不会认为保护非物质文化遗产没有意义了，但仅仅这样是不行的。我们还必须看到，非物质文化遗产随着时间和历史的绵延很容易被湮没，甚至消失。它不同于文物等物质文化遗产，尽管物质文化遗产也会被毁坏，但我们还可以按照它的形态进行修复。然而，非物质文化遗产一旦遭到毁坏就很难再接续。例如我在北京看到的一种皮影，十年前还有20多个艺人，现在这些老艺人都去世了。没有了传承人，这种艺术形式也就无法再复原，所以，在这种情况下，我们要看到保护非物质文化遗产的紧迫性。

从2001年联合国教科文组织公布世界范围内第一批"人类口头和非物质遗产代表作"开始，到现在有五六年时间了。这个时间很短，但是我们对非物质文化遗产的认识有了巨大的飞跃。以前大多数人认为非物质文化遗产价值不大，对保护非物质文化遗产的意义心存疑问，但今天，绝大多数人已经没有这样的疑问了，只有个别人对此提出异议。如，之前有位大学教授写文章质疑保护非物质文化遗产的意义。这是个例外。现在，社会公众一般都不会这样认为了，这是一个很大的认识上的飞跃。有了这样认识上的飞跃，全民的保护意识才会增强。这种公众意识增强之后，我们的非物质文化遗产保护工作才会进入文化的自觉。这种文化的自觉是非常重要的。大家在国外经常看到这种情景：一个不大的房子，上面挂着这样的牌子——某某历史名人曾在此居住。房屋保留他们居住时的原貌，即使现在居住在里面的人与它原来的主人没有什么关系，但也会很自觉地保护它们原来的面貌，不会贪图舒适而随意改变。他们很坚定地信守保持历史原貌的信念，以便给后人留下联想的空间。这就是文化的自觉。这种文化自觉、公众的保护意识对于我们的非物质文化遗产保护非常重要，所以，我想我们的非物质文化遗产的保护工作还是应该继续将提高公众的参与意识、公众自觉的保护意识作为一个方面去加强，这是一项长期的工作。2006年举办的"中国非物质文化遗产保护成果展"对于增强全民的保护意识起到很大的作用。我们从事非物质文化遗产保护工作的人还是应该在宣传上做大量的工作。以上是对非物质文化遗产的认识。

下面讲第二个问题，非物质文化遗产传承规律的总体把握。总体把握应该遵循什么样的原则？非物质文化遗产是一个世代绵延的文化传承过程，站在人类历史发展的高度来看非物质文化遗产的现象，就会发现，它的活态流变性是其传承的基本规律。一个非物质文化遗产的项目，它的传承过程是非常缓慢的。我曾在越南观看过"水上木偶"表演。开始，我以为水上木偶源自中国中原地区，后来从一名常驻越南的大使馆工作人员处得知，"水上木偶"是越南本土的一种艺术，有一千多年的历史。在我国的典籍记载中，表明在宋代，这种"水上木偶"在宫廷有很多的表演。现在我们不去讨论这种"水上木偶"究竟在何处传承最早，但这种已有悠久历史的艺术形态在今天看来变化不大。可见，它的传承过程是非常慢的，并且历经千年而没有改变水上表演的主要特征，这是它的一种恒定性。尽管如此，我们在考察的过程中发现，他们今天的表演还是具有时代气息的，或者说具有时代元素、生活元素的融入，所以说，尽管它的传承过程缓慢，但不会不受当代的影响，但是，如果有很大的改变的话，它就不是历史的形态了。历史的元素就好比人的基因，必须有所保留，否则就会变成另外一种形态了。反之，我们现在看非物质文化遗产，也不可能将它们恢复到历史原来的面貌，所以说，我们要尊重非物质文化遗产演变的规律，也就是它的活态流变性。

非物质文化遗产跟当代是有交互的作用的，这种交互作用不妨害它们保持了历史传承下来的基因，具有独特的特征，同时又受到当代的影响。也就是说非物质文化遗产，它不是静止的，而是与时代、社会的发展相并行的，这种变化是绝对的，但它所显现的文明，以及这种文明成长的过程是不会中断的。如果一些本质的东西被我们抛弃了，它就不再是"非物质文化遗产"了。它自身的价值与当代文明之间保持了双向的影响，时代的发展会赋予它时代的气息，但它文化的根源这些传统的要素是不会改变的。有些非物质文化遗产，作为生产方式，如一些手工艺技术，随着人类科技文明的发展，已经不再作为我们主要的生产方式存在了，但是它们作为最基本的、原始的技术，承载人类聪明才智的载体，对于我们今天的技术创新、文化创意仍具有启发作用。非物质文化遗产的保护方式很多，其中一种就是将它们作为经济资源加以开发。这种开发是在保持非物质文化项目本身的存在形态和历史演变的基因的前提之下，作为一种文化资源来开发。这种开发是非常必要的，一些被开发的文化遗产实际上是我们今天文化产业、文化创意产业发展最丰富的资源。何谓"文化产业""文化创意产业"？也就是将文化做成品牌，并把它推销出去。事实上，很多有影响的文化品牌和文化创意都是从传统的非物质文化遗产资源中取得的。可见，我们保护非物质文化遗产的手段是多样的，其中将它们看作一种可以开发的经济资源也是很重要的方式，但前提是不改变它具有的非物质文化遗产的本质特征。

　　非物质文化遗产的恒定性与活态流变性是它的一个基本规律或基本特征，这决定了保护是为了发展，没有发展也就失去了保护的意义。当然，将非物质文化遗产仅作为人类精神上的财富加以保护也是有价值的，但是更多的还是为了发展，所以非物质文化遗产传承规律的总体把握中，第一点就是科学界定"非物质文化遗产"的概念及内涵的原则，也就是正确把握非物质文化遗产存在形态的复杂性。非物质文化遗产存在形式非常复杂，第一批国家级非物质文化遗产名录公布的是十个方面，《非物质文化遗产概论》中分了13类。这13类中，将"语言"作为一个独立的门类。尽管联合国教科文组织没有谈到语言的保护，但语言的保护十分重要，人类很多的生活方式和文化财富都是在语言中传承下来的，所以，保护语言是保护人类文化遗产的重要方面之一。语言的保护极其复杂，尤其是在经济一体化进程加快和计算机技术普及的背景下，语言消失得非常快,这样就增加了语言保护的难度,因此,将"语言"作为非物质文化遗产保护下来不太切合实际,这可能也就是联合国教科文组织没有将语言列入保护范围的一个原因。我们现在将"语言"作为非物质文化遗产的一类列出来,但实际上在保护实践中,"语言"的保护可能不太现实,但并不能因此不重视语言的保护、抢救或以音像等有形方式加以保护。这说明非物质文化遗产的形态及保护方式是非常复杂的。

这种形态的复杂性就决定了我们在界定非物质文化遗产的概念和内涵时,要坚持实践性。非物质文化遗产的六个方面,不纯是理论的阐述,而是从实践中总结出来的。同时还有经验性,以前人们没有认识到非物质文化遗产的价值以及它作为独立的文化遗产存在的必要性。随时间的检验,人们认识到它的重要性,这体现了人们的经验性。另外还有可操作性,如非物质文化遗产的分类,我们是从公布遗产名录的角度来区分的,具有可操作性。同时我们还可以看到非物质文化遗产概念和内涵的界定有一个演变的过程,不仅演变的内容丰富,还包括名词的界定,这说明它的界定具有开放性和延伸性。我之所以提到非物质文化遗产概念和内涵界定的复杂性、实践性、经验性、可操作性、开放性和延伸性这些原则和特点,是因为我们在对非物质文化遗产的普查和认识中有一个不断深化的过程。我们界定非物质文化遗产的概念和内涵有很多的依据,但是我们还是要从保护工作的实际出发来加深对非物质文化遗产的认识。这种认识深化之后,我想我们对非物质文化遗产的概念、内涵、保护的措施、办法等等这一切就会有不同的感悟,这一点非常重要,我们不要过度受到这些概念内涵的约束,更不能采用僵化的方式面对实践。

对非物质文化遗产总体把握的第二点就是对项目要坚持科学认定,这一点也很重要。非物质文化遗产项目的标准,主要有以下几个方面:1.具有杰出价值的民间传统文化表现形式或者文化空间;2.具有见证现存文化传统的独特价值;3.具有鲜明独特的民族、群体或者地方文化特性;4.具有促进民族文化认同或者社区文化传承的作用;5.具有精粹的技术性,很多民间的传统工艺技术,都具有精粹的技术性;6.具有影响人民思想情感的精神价值；7.其生存呈现出某种程度的濒危性。非物质文化遗产与当代社会的迅速发展产生一定矛盾，从而出现不同程度的濒危性，这是一种普遍存在的现象。有人说非物质文化遗产存在的状态岌岌可危，或者说受到很多限制，这都是正常的现象，所以，对非物质文化遗产项目的认定坚持科学性，这是非常重要的。当然，这个标准也不是一成不变的，我们可以根据实际情况来增加或调整。

在普查中对非物质文化遗产项目的科学认定需要正本清源，加以科学考察。正本清源非常重要，我举一个例子。韩国的一个项目在申报联合国教科文组织"人类口头和非物质遗产代表作"时，是以"宫廷宗庙祭祀礼乐"名称入选的。在阐述项目依据时，有这么一句话："礼仪是以中国古典文献的记载为基础，由皇帝的后代于每年五月的第一个星期天组织举行。祈求祖先灵魂永远平安。"其中明确指出这个礼仪是依据中国的古典文献记载为基础。韩国民众的民族自尊心是很强的，但是他们的这种表述，丝毫不会损害民族的尊严，这是一种科学的态度，所以，我们在普查中要正本清源，要坚持一种科学的态度来认定这些项目。现在，我们在自己国内的申报项目中有些还不能真正弄清楚这个项目的生成、生长的过程。这样就不能保证该项目真正的价值，因而我觉得正本清源是相当重要的。

我们在项目认定的过程中，有一个方法问题。比如说，哪个项目对现在旅游开发有好处，我们就把它认定为"非物质文化遗产"。这个从方法上来说就不对。另外，在认定非物质文化遗产的时候，要消除认识上的限制。在我们的名录中，传统的表演艺术方面比较多，但是现在的分类更为全面，医药包括凉茶的配制方法也可以入选。非物质文化遗产与人民的生活方式、生产方式息息相关，它广泛地存在于我们当代的生活空间之中，所以认定的时候，不能局限于艺术的表演形式，而要把认识上的限制逐渐消除。还有一个问题是文化空间项目的认定问题。在认定的时候有一个思想观念方面的问题，应该特别加以强调。一种是"泛文化遗产论"。前面讲了科学认定、正本清源非常重要，把什么都看作非物质文化遗产是不行的。另一种就是在普查中再造项目。比如说有一些戏曲的唱腔，或者声腔已经不作为独立的声腔来演出了，它被很多戏曲剧种吸收运用于舞台表演，但是我们为了挖掘非物质文化遗产而重新把它独立出来，建立一个剧团。我觉得，一般来说没有这个必要。我们除了要反对"泛文化遗产论"之外，还要坚持在普查认定中拓宽保护、保存、保留的面，不要太窄，这个关系要把握好。现在，在我国第一批国家级非物质文化遗产名录中，我们很少能够看到民间祭祀的仪式和表达民间信仰的项目，这说明我们对这些项目的认识和价值判定还不太清晰。在普查工作中，我们要对此特别加以重视。有一些仪式或民间的信仰，虽然是唯心主义的，但这是我们的先辈认识世界、认识自然、认识社会的方式，它对人的精神、情感的丰富，对人的内心世界的健全，起到了好的作用，保存下来，对于我们的研究也是有好处的。当然，随着科学的进步，有些唯心主义的东西我们要剔除。对于这类项目，弘扬要慎重，但先保护下来很重要，所以，对于民间信仰、民间仪式，我们在普查中要加以特别重视，不要遗漏。

非物质文化遗产的保护是以人的全面发展为原则来进行的，否则我们没有必要保护。从以人为主体的全面发展来考虑问题的时候，人的精神、情感都需要有丰富性。以人的全面发展为原则，是对人的尊重，所以，从这个意义上说，我们对非物质文化遗产的保护，既要全面又要审慎，但前提是科学认定，在普查工作中我们一定要把保护、保存、保留的面拓宽。

对非物质文化遗产总体把握的第三点是保护的基本方式和原则。保护的基本方式有以下几种：

1.建立国家、省、地市及县的四级保护名录体系。传承人的保护和生态保护区的建立对我国非物质文化遗产的保护有着重大的促进作用。把保护传承人视为非物质文化遗产保护工作的核心，这也是专家和一线工作人员的共识，但是，只有在建立名录制度之后，我们才能进一步做好保护传承人、生态保护区等一系列的工作。因而，建立完整的非物质文化遗产四级名录体系非常重要。

2.把一些非物质文化遗产转变为有形的形式加以保存。非物质文化遗产具有活态流变性，我们要运用记录、整理、录像等技术手段将非物质文化遗产保存下来。如《二泉映月》的保存，就是把非物质文化遗产，通过录音这种有形的形式保留下来，使它成为当今民族音乐的经典。

3.在其生成、生长的原始生态中保存它的活力。这主要是指礼仪、节庆活动、民间信仰等。这虽然不能全部做到，但是有的是可以做到的。

4.转化为经济效益、经济资源，以生产性方式来进行保护。现在很多项目可以转化为经济资源和经济效益进行生产性保护。社会和公众的需要可以促进生产的发展，比如不少民间手工艺制品等等，所以进行生产性保护是保护非物质文化遗产最根本的方式，当然不是所有的项目都可以这样来做。

5.保护传承人。保护传承人是非常重要的。国外对非物质文化遗产的保护，是把传承人作为核心主体来进行保护的。把保护的措施落实到传承人身上，这是一个有效的保护方式。比如说日本茶道的传承，实际上就是按照传承人的保护来延续茶道传承，效果就很好。

我认为，非物质文化遗产保护主要从以上五个方面来进行保护，但这些方式需要有一个根本的基础，就是立法保护，只有立法保护才能使这些方式得到根本性的法律认同。我们坚持的原则就是强调保护放在第一位。我还要强调几点：

第一，要坚持积极保护的原则，而不是消极保护。如建立生态区的保护就是积极的保护。

第二，要坚持整体性保护的原则。在一些文化空间或者某些非物质文化遗产项目的保护中，我们不能把它割裂开来，而是尽可能地创造一个整体性保护的空间、环境或氛围。另外，保护的基本原则还要强调本真性原则。本真性就是真实的而非虚假的、本原的而非复制的、神圣的而非亵渎的。现在，在非物质文化遗产保护中，无论在中国还是国外，有的为了一些利益，在记录和传承时把这些非常神圣的项目做得非常肤浅或是非常时尚，把神圣的东西庸俗化，使得它的内在价值和内涵不能传承下来。

第三，要坚持可解读性的原则。我们既要把项目保护下来，同时也要认真地、科学地思考和研究它内在的精神内涵，从中寻找与我们今天的生活方式、思维方式以及情感相联系的对今天还有重要延续价值和作用的元素。

第四，要坚持可持续性发展的原则。可持续性的发展观是人类20世纪对自身发展反思后确定的新的发展观，它来源于1987年以挪威前首相布伦特兰夫人为核心的世界环境与发展委员会公布的著名的报告——《我们共同的未来》。这个报告中有一句话："可持续性发展的战略思想应该是既满足当代人的需要，又不对后代人满足其需要的能力构成危害的发展。"这个思想虽然是根据环境问题提出来的，但也适合于用它来认识非物质文化遗产的保护。如果坚持可持续性发展的原则，我们的保护工作的长期性和延续性就可以得到保证。我们在工作中提到的"有效保护、合理利用"这个理念，实际上也是一种可持续性发展的原则。这个原则我们也要好好把握。

2006年11月6日

可持续发展离不开对无形文化遗产抢救与保护

2001年5月18日，中国昆曲艺术被联合国教科文组织公布为世界首批"人类口头和非物质遗产代表作"。据悉，今年8月前后，将公布第二批代表作名单，中国申报的古琴艺术将名列其中。

联合国教科文组织创立"人类口头和非物质遗产代表作"这一国际荣誉，旨在引起政府、教育机构、非政府组织和地方社区对无形文化遗产的关注，以推动对其科学认定、研究和保护的工作。这一国际荣誉的创立，标志着在世界范围内对人类口头和非物质遗产的抢救与保护已引起高度重视。这对于创造适宜的社会、经济环境来保护和承续优秀的人类文化传统，对于人类社会可持续发展的演进，都有重要的意义。在时代快速发展的今天，由于人类口头和非物质遗产本身存在形态的限制，其社会存在的基础有日渐狭窄的趋向，其生存遇到了前所未有的危机，有的已濒临消亡，但是，一个民族乃至整个人类文化传统作为有机整体，是由各种不同存在形态的文化相互关联而构成的，其中，无形文化遗产是重要的内容。

正因如此，我们应该加倍重视无形文化遗产的挖掘、抢救与保护，以及对其中优秀因素和项目的承续。昆曲艺术已有六百多年的历史，是中华民族传统艺术中的珍品，是中国戏曲艺术的高峰，它对中国戏曲的文学、表演、音乐、舞蹈等方面都产生过很大的影响，甚至像京剧、川剧等积淀深厚的剧种，在形成和发展的过程中，也都不同程度地得到昆曲的滋养。古琴艺术也是中国传统艺术的重要象征。古琴又称琴、七弦琴。古琴艺术主要表现为一种平置弹弦乐器的独奏形式，也表现为包括唱、弹兼顾的"琴歌"和琴、箫等室内乐合奏形式。有关古琴的文献记载可追溯到三千年前。琴、棋、书、画是自古以来中国文人兼具的重要素质及能力。古琴艺术追求神韵的音乐风格对中国传统音乐影响极大，从精神上，"琴道"者，体现的是以"和"为宗旨的人生修养，它是建立在中国古代文化传统之上，并深刻反映了文人的文化观念、哲学观念的传统艺术。历史上，古琴艺术是以中国社会尤其是汉民族中最为特殊的文人士大夫阶层为流播群落的。因为社会的剧烈变革，古琴艺术逐步丧失了其所依托的具备文史与艺术多种修养的琴人，它的"口传心授"的传承方式，也加速了它的式微，但是，古琴艺术的天籁神韵，使当代的许多琴人、琴社，甚至少年儿童正执着地去认识它、承续它。

中国作为历史悠久的多民族的国家，创造了丰富的无形文化遗产，它们有的是具有突出价值的人类创造的天才代表作，有的是在历史、艺术、宗教、人类学、社会学、语言学、文学或手工艺方面具有突出价值并曾广为流传的传统文化的代表形式，这些遗产中有不少是世界文化的精粹。昆曲艺术和古琴艺术只是其中的代表。中国众多具有独特价值的无形文化遗产能列入世界"代表作"名单的，只会是极少一部分，像昆曲、古琴艺术这样迫切需要抢救和保护的"代表作"还有一大批。中国的人类口头和非物质遗产是全人类共同的文化财富，但首先还是属于我们中华民族的。我们不仅要保护好有形的历史文化遗产，而且要根据自己的实际情况，建立切实可行的等级标准认证体系，科学、全面、系统地抢救和保护好祖先留给我们的现存人类口头和非物质遗产。

中国艺术研究院在文化部的领导下，承担我国向联合国教科文组织申报世界"人类口头和非物质遗产代表作"的工作，继成功申报昆曲艺术为"代表作"之后，又组织评审申报了古琴艺术为第二批世界"人类口头和非物质遗产代表作"。中国的申报工作得到了联合国教科文组织有关机构的充分肯定。抢救、保护和研究中国的文化艺术遗产，一直是中国艺术研究院的工作重点之一，例如《二泉映月》等一大批优秀艺术遗产就是由于中国艺术研究院专家的抢救，才得以流传于世。中国艺术研究院是被联合国教科文组织列为世界性保护和研究传统与民间表演艺术的主要机构之一。中国艺术研究院音乐音响资料收藏，也以其丰富性和民族性被联合国教科文组织列入"世界记忆名录"。目前，中国艺术研究院已经启动了中国人类口头和非物质遗产认证、抢救、保护、研究工程，正在参照国际性标准，建立我国的人类口头和非物质遗产鉴定及评价体系，准备用五年左右的时间，组织本院与院外有关专家学者参与，与全国有关部门、单位协作，分阶段在全国开展无形文化遗产资源的全面普查，并编纂出版《中国人类口头和非物质遗产代表作名录》，建立中国人类口头和非物质遗产资料馆、中国人类口头和非物质遗产资源数据库，并研究利用高科技手段对艺术遗产进行永久性保护。

（原载《文明》2003年第8期）

保护传统艺术　　弘扬优秀文化
——在抢救和保护中国人类口头和非物质遗产座谈会上的讲话

在中国昆曲艺术 2001 年 5 月 18 日被联合国教科文组织宣布为世界首批"人类口头和非物质遗产代表作"一周年之际，中国艺术研究院邀请各位著名专家学者和有关负责同志莅临中国艺术研究院新院址，研究讨论抢救和保护中国人类口头和非物质遗产，是一件令人欣喜的事情。这标志着我院重大学术课题"抢救和保护中国人类口头和非物质遗产工程"今天正式启动。

人类口头和非物质遗产与人类历史遗迹、遗址和其他人文景观一样，都是人类伟大文明的结晶，属于全人类的共同财富，备受全世界的关注和重视。随着现代化进程的加快和经济的不断发展，以及受全球化的影响，人类口头和非物质遗产正在受到越来越多的损害和破坏，有的已经濒临消亡。这种情况，近二十年来尤为严重，抢救和保护人类口头和非物质遗产的工作已经迫在眉睫。1997 年联合国教科文组织第 29 届大会通过了建立"人类口头和非物质遗产代表作"的决议，并于 1998 年宣布了《人类口头和非物质遗产代表作条例》。2001 年 5 月 18 日，又公布了世界首批"人类口头和非物质遗产代表作"名单，19 个项目中中国的昆曲艺术名列其中，并成为 4 个全票通过的项目之一。

昆曲有六百多年的历史，是中华民族传统艺术中的珍品，它的剧本文辞典雅、演唱音律严谨,是我国戏曲艺术的高峰,也是中国传统艺术的重要象征。昆曲艺术对中国的戏曲文学、表演、音乐、舞蹈等方面都产生过很大的影响。甚至像京剧、川剧等积淀深厚的剧种,在形成和发展的过程中,也都不同程度地受到昆曲的重要影响。

中国是一个多民族的国家,具有悠久的文明史,而且中华文明是世界上唯一不曾间断过的人类文明,有着非常丰富的人类口头和非物质遗产,它们有的是具有突出价值的人类创作的天才代表作,有的是从历史、艺术、人种学、社会学、语言学或文学角度看具有突出价值并曾广为流传的传统文化的代表形式,这些遗产都是世界文化的精粹,但是,按照联合国教科文组织制定的"代表作"申报原则,每个国家每两年只允许有一个项目入选。中国能列入世界"人类口头和非物质遗产代表作"名单的,只是我国众多口头和非物质遗产中的极少部分,像昆曲艺术这样迫切需要加以抢救和保护的还有一大批。新中国成立以来,特别是改革开放新时期以来,我国对昆曲艺术的保护和发展做了大量卓有成效的工作,使之不断地向着继承、创新的良好趋势发展,但由于种种原因,在今天仍然面临着发展的困境。去年昆曲艺术被列入世界"人类口头和非物质遗产代表作"名录后,我国对昆曲的保护、振兴提出了新的措施,并正在组织实施之中。中国的口头和非物质遗产是全人类共同的文化财富,但首先还是属于我们中华民族的。我们不仅要保护好有形的历史文化遗产,而且要根据自己的实际情况,建立切实可行的等级标准和认证体系,科学、全面、系统地抢救和保护好祖先留给我们的现存口头和非物质遗产,这是一个艰巨而急迫的任务,我们有义务做好这项工作。

在去年6月文化部召开的"保护和振兴昆曲艺术座谈会"上,文化部提出了保护振兴昆曲艺术的八项措施。会议指出,昆曲艺术的保护和振兴不能急功近利,要立足长远,要做长期艰苦工作,并要求把握好保护、继承、创新、发展的辩证关系。这是我们保护和振兴昆曲艺术应遵循的方针,也是我们在抢救、保护中国的口头和非物质遗产工作中应该遵循的基本原则。

抢救、保护和研究中国的文化艺术遗产，一直是中国艺术研究院的工作重点之一，在挖掘、抢救、保存民族优秀艺术遗产和文化传播方面，我院也取得了很有价值的成果。例如，经典民族乐曲《二泉映月》等一大批优秀艺术遗产就是由于我院专家的抢救，才得以流传于世。我院是被联合国教科文组织列为世界性保护和研究传统与民间表演艺术的主要机构之一。1999年，由亚太各国参与完成的"亚太地区传统与民间表演艺术数据库"所公布的中国首批五家文化艺术遗产研究保护机构，全都是中国艺术研究院所属机构；此前的1997年，中国艺术研究院音乐研究所的音响资料收藏，也以其丰富性和民族性被联合国教科文组织列入"世界记忆名录"。

　　中国艺术研究院在文化部的领导下，承担我国向联合国教科文组织申报"人类口头和非物质遗产代表作"的工作，继去年成功申报中国昆曲艺术为"人类口头和非物质遗产代表作"之后，今年又在积极组织专家论证，准备为中国古琴艺术申报第二批"人类口头和非物质遗产代表作"。

　　江泽民总书记在庆祝中国共产党成立80周年大会上的讲话中指出："我国几千年历史留下了丰富的文化遗产，我们应该取其精华、去其糟粕，结合时代精神加以继承和发展，做到古为今用。"抢救和保护中国的人类口头和非物质遗产，是弘扬民族优秀文化、促进社会主义精神文明建设的重要措施，是实践江泽民同志"三个代表"重要思想的具体体现。对民族艺术遗产进行抢救、保护和研究，为弘扬民族优秀文化进行学术建设已成为我院科研工作的重心，被排在优先的位置。现在，我院经过积极筹备，已正式启动中国人类口头和非物质遗产的认证、抢救、保护、研究工程，这是一项对中国的人类口头和非物质遗产进行全面认证、抢救、保护以及进行全方位国际文化合作和交流的重大工程。要做好这一工作，第一是参照联合国教科文组织规定的标准，建立我国的人类口头和非物质遗产的鉴定和评价体系，使我们的抢救和保护工作符合国际规范，这是我们工作的基础和前提。我们准备用五年的时间，在文化部领导下，组织本院各学科专家和院外有关专家学者参与，与全国各地有关部门、单位协作，分阶段在全国开展全面普查，进行一系列的抢救和保护工作。我们将建立和逐步完善"中国人类口头和非物质遗产等级认证体系"，编纂出版《中国人类口头和非物质遗产代表作名录》《中国人类口头和非物质遗产代表作图典》《中国人类口头和非物质遗产代表作简明提要》《中国宗教艺术遗产集成》《中国少数民族艺术遗产集成》《中国建筑艺术遗产集成》《中国现存文化及生活、生产方式环境综录》《中国民间民俗文化遗产集成》《中国人类口头和非物质遗产文化现象研究》《中国人类口头和非物质遗产田野考察报告集》《中国人类口头和非物质遗产未来文化走向研究》等研究成果，建立中国人类口头和非物质遗产资料馆、中国人类口头和非物质遗产资源数据库，以及亚太人类口头和非物质遗产中国信息网站，并研究利用高科技手段对艺术遗产进行永久性保护。这些工作，为我国对文化艺术资源的保护及科学合理的利用提供决策依据。

同志们，今天我们大家聚集一堂，为抢救和保护中国人类口头和非物质遗产献计献策。我相信，通过我们的努力，一定能实现我们提出的工作目标。这一目标的实现，必将对弘扬中华民族的优秀文化，促进国际间的相互交流，推动我国艺术与学术的发展和我国文化艺术事业的全面繁荣产生积极而深远的影响。

2002 年 5 月 16 日
（原载《文艺研究》2002 年第 4 期）

珍视和保护少数民族文化艺术遗产是
多元文化协调并存的重要基础[*]

各国专家学者和少数民族地区的代表会聚一堂，共同总结探讨少数民族艺术遗产保护及当代艺术发展问题，对于充分认识民族文化多样性的重要价值，以促进全社会不断采取更全面的措施，保持和维护在人类社会的现代化进程中多元文化协调并存的良好形态，具有重要的意义。因为，在人类历史文化长河中，各民族创造的丰厚的文化艺术遗产，是人类创造力、想象力、智慧和劳动的结晶，沉积着民族特有的思维方式、心理结构，综合体现为一个民族物质文明和精神文明的总和。它们成为人类推动文化创新与持续发展的不竭源泉。可以说，重视和保护少数民族文化艺术遗产，以及努力促进少数民族文化艺术在当代的承续发展，是保持世界多元文化形态的重要基础。

中国是一个多民族的国家，作为中华民族大家庭中的各个少数民族，在各自的历史上都创造了丰富、灿烂的人类文明。各个民族的优秀文化艺术遗产，是人类精神创造的天才代表作，也是世界文化的精粹。多年来，我国政府和各个民族对文化艺术遗产的保护做了大量卓有成效的工

---

[*] 本文是作者 2003 年 12 月 8 日在"中国少数民族艺术遗产保护及当代艺术发展国际学术研讨会"上的发言。

作，特别是我国改革开放新时期以来，少数民族文化艺术遗产的保护不断得到加强，取得了重要的成绩和经验。我国当代各个民族文化艺术具有多元形态、鲜明民族特色的发展，就是建立在对文化艺术遗产抢救、保护、承续的基础之上，同时，又以进取和开放的精神，坚持民族化、现代化、多样化相结合，取得的新的文化艺术创造的成果。我们应该充分看到，整个人类文化传统作为有机整体，是由各种不同存在形态的文化相互关联而构成的，其中，包括各个少数民族的文化艺术遗产。绚丽多彩的人类文化的当代呈现，同样离不开各个少数民族独具色彩的文化创造构成，因此，珍视少数民族的文化艺术遗产，重视他们当代的文化艺术创造，并且促进各民族之间相互学习，相互交流，相互补充，保持特色，共同发展，是我们不可忘记的责任，也是我们要以实际行动去体现的努力。这是我们举办此次"中国少数民族艺术遗产保护及当代艺术发展国际学术研讨会"的重要原因。

在世界经济一体化和现代化进程快速发展的今天，各个民族，特别是少数民族丰富多彩的文化艺术遗产的保护和当代艺术的发展，如何保持其独特性和个性，以及如何与社会的发展进程协调并存，已成为人们共同关注的全球性议题。特别是在今天，现代化发展推动的社会快速变迁，引发的文化失调现象举目可见，不仅存在着现代化建设本身的冲击，或商品化及旅游产业化对民族文化内涵的消解，而且更具危机的是，文化变迁中经常可见到抛弃传统、追求时尚的现象。这种情况所带来的文化传统的消失，比外力的冲击更具摧毁性。在这种情况下，如何解决少数民族艺术遗产的保护，以及保护其民族性的问题，就更显得急迫。今年初，中国文化部启动了"中国民族民间文化保护工程"，标志着中国民族民间文化保护的工作已由项目的实施，进入完善文化政策、加大财政投入、项目保护全面实施的阶段。全国各地特别是少数民族地区对艺术遗产的抢救、保护及对当代艺术发展的扶植，都有很多新的措施。中国艺术研究院是我国国家级综合性艺术研究和艺术教育机构，其重要职能之一就是抢救、保护和研究民族艺术遗产。我院受文化部委托成立的向联合国教科文组织推荐、申报"人类口头和非物质遗产代表作"评审委员会及中国民族民间文化保护工程国家中心，对于少数民族艺术遗产的保护和研究，也都将给予特别的关注。

2003年9月，我院与西藏自治区文化厅在拉萨联合主办的"全国藏戏发展学术研讨会"产生了重要的学术影响。目前，我院正在组织进行的课题，如"中国少数民族乐器征集和收藏""西北人文资源环境基础数据库""中国少数民族艺术遗产集成"等，都将为少数民族艺术遗产保护作出努力。

我相信，这次国际学术研讨会的召开，必将为交流各国在少数民族艺术遗产保护和当代艺术发展方面的经验、探讨面临的问题，提供一个交流的平台，对促进和推动这一工作更好地开展起到重要的作用。

（原载《文艺研究》2004年第1期）

非物质文化遗产传承在文化生态保护区建设中的要义解析
——以闽南传统戏曲艺术为例

设立文化生态保护区作为我国的一项文化发展战略，国务院文件作了规定，也列入了《国家"十一五"时期文化发展规划纲要》。今天，我们在厦门参加闽南文化生态保护工作研讨会，就文化生态保护区的设立做深入的探讨，这标志着国务院公布我国第一批国家级非物质文化遗产名录（518项）之后，我国的非物质文化遗产保护走上全面的、整体性保护阶段。设立文化生态保护区，从人、文化与环境的关系着眼，研究传统文化与其当代呈现形态，固态文化遗产（文物）与活态文化遗产（非物质文化遗产）共存共生，地理环境、文化传承与人们的生活方式、精神养成的互动因素，从而对立体地保护、传承文化遗产特别是非物质文化遗产，有着十分重要的意义。

非物质文化遗产是构成文化生态保护区的重要基础。文化生态学的创始人、美国人类学家斯图尔德（Julian Steward）将不同地域的特殊文化特征和文化类型的研究定义为文化生态学。文化生态学的方法最重要的贡献在于提出环境和文化并不是两个不同的方面，而是辩证地相互作用，是相互的因果关系。今天我们在文化生态保护区的实践中借鉴这一概念，但不是照搬。应当从特定地域的文化生成、流播、涵养的因素及其与当代人们关系的实际出发，保持或创造具有多样性的文化形态（其中很多表现为人们的生活方式和生产方式）和按照自身内在规律自然衍变的生态环境。这些文化表现样式凝结了深厚的传统文化因素。通过这样一种文化生态环境的创造，才能使延续至今的优秀文化为沟通人们的情感、丰富人们的精神、创造人们和谐诗意的栖居环境发挥无可替代的作用。

当前将"文化"与"生态"建立联系，终极目的正是在充分尊重文化群体对文化进行传承、发展的前提下，将人的生活与自然环境、社会环境相互协调起来，以建立文化自信、文化自适、文化自觉的可持续发展的和谐结构。"文化生态"概念的张扬，充分地尊重了基层社会在历史的时空经纬中所创造的文化遗产和传承智慧，充分尊重了民众对于不同文化进行融合、创造的能力和传统，这正是中华民族优秀传统文化在今天仍被尊重的重要原因。从汉代以来，不断南来的北方民族和中原文化，进入福建、影响福建，直到唐宋时期，开始大规模地开发福建。也在此时期，外来的种族文明、宗教信仰等等泛海而来，停留并深深地融化到此地的民众生活中，因此宋明以来，这个文化相对稳定的区域形成了独特的文化面貌。其表现为多种文化形态，相谐于此、相融于此，并多元共生，而又共同具有鲜明的中华民族特色。

闽南区域的文化形态是绚丽多彩的，其中传统的戏曲艺术尤为引人瞩目。传统戏曲艺术作为闽南文化形态中很鲜明的一个文化现象，阐释着非物质文化遗产以活态文化遗产形态延续至今的意义。在闽南充满活力的文化生态中，戏曲艺术作为一个相对独立的文化形态，与生长于斯的人及其社会环境紧密联系在一起，一直浮现在民众生活的最表层，是承载着民众情感的艺术表达，折射出社会生活形态的历史风采。

自唐代以来，来自中原地区的歌舞鼓乐、百戏伎艺、木偶皮影，随着福建的不断开发，在此日益繁盛，并且与民众的信仰生活、生产劳作、生命礼仪密切联系起来，成为地域艺术不断生发的母体。作为中国戏曲原初形态——南戏的孕育地之一，福建保留了类如莆仙戏、梨园戏等从早期南戏发展而来的戏曲剧种。在莆仙戏和梨园戏中，保留了许多南戏早期的剧目，如《张协状元》《活捉王魁》《朱文走鬼》等；在音乐中还保留了【太子游四门】等唐宋大曲的曲牌和演奏方式，如梨园戏的"压脚鼓"演奏法就保留了唐代梨园戏中的击鼓技巧。除古老的南戏形态外，闽南还保留了目连戏、傀儡戏、打城戏等与宗教信仰相配合演出的戏剧形态；同时，广泛接纳并延续了元明清以来众多的戏曲艺术，弋阳腔、昆山腔、四平腔、乱弹、皮黄等一系列声腔系统在福建生根，并衍生出具有地域特征的戏曲剧种和演剧模式。可以毫不夸张地说，福建戏曲艺术的多元化生态正是中国戏曲史在特定地域的浓缩结晶，也是福建文化生态的最佳代表。

在福建丰富的戏曲文化生态中，闽南戏曲文化生态又是其中最具特征的一支。在以泉州、漳州、厦门为中心的闽南地区，戏曲艺术与民间歌舞、曲艺、音乐、雕刻、服饰、灯彩，与民间宗教、信仰、庆典、礼俗、节日等，相融共生，并臻精致，一起成为不可分割的文化整体，也成为闽南人在地缘认同的同时，进行文化认同的形式表征。特别是建立在闽南地区语言基础上的各种戏曲艺术已成为闽南人精神世界不可缺少的食粮。有一年，我在泉州，晚上看到广场上的高甲戏演出，有四五百名观众，他们看得十分痴迷。文化局的同志告诉我，那一晚泉州市内有十一台戏在演出，市属县境内也有五六十场戏同时在演。传统戏曲在闽南地区与人民大众生活的密切关系，由此可见一斑。

如同梨园戏的发展过程一样，在闽南地区流行的车鼓弄、乱弹、竹马戏、四平戏、高甲戏、提线木偶、布袋木偶、歌仔戏等，都附带着浓郁的乡情乡韵，并随着闽南人的迁移而传播。历史上，特别是清代以来，福建的大量移民进入台湾，在半数以上人口使用闽南语的台湾，上述戏曲艺术也为台湾同胞所喜闻乐见，当然也成为两岸文化交流的重要内容。上千年的文化渊源造就了闽台地区同根同祖、同脉同流的族群分布和文化格局，闽台地区文化趋向同一的特征也使戏曲艺术成为文化联结的纽带。特别值得一提的是，歌仔戏这一剧种正是人文同脉的闽台两地共同孕育出来的艺术之花。明末清初在闽南流行的锦歌、车鼓弄等民间艺术，进入台湾宜兰等地之后，与当地民歌小调结合，逐渐发展成为歌仔戏。20世纪上半叶，歌仔戏在闽南的厦门、漳州一带遍地生花，繁荣兴盛起来，经过以邵江海为首的戏曲改革家的创作改良，用新的"改良调"代替了台湾的"歌仔调"，从此风靡闽台。

透过这些戏曲剧种在闽台的发展与交融，可以发现，闽台地区文化生态的良性互动，不但促进了闽南戏曲的兴旺发展，而且满足了台湾民众戏曲欣赏的要求，维持了闽台文化生态的一致性。这种文化生态的一致性，维系了两岸同胞的亲情。作为集大成的地域文化艺术，闽南戏曲一直在这片文化土壤中保持着较为旺盛的活力，但是，如同中国传统艺术在当代社会的尴尬处境一样，闽南戏曲也同样面临着困境，诸如国有剧团负担重、人才流失断层，一些在全国有影响的剧团没有剧场、排练场等等，都在妨碍着这些戏曲样式的生存与维系。值得欣慰的是，闽南戏曲始终在这片文化生态中，将各自不同的艺术发展定位到传统与现代、全国与地方、闽南与海外、信仰与心灵等诸多关系中，持续着自身的传承，因此，直到现在，闽南戏曲生态依旧依存在闽南语系的广大地域中，呈现出鲜活的生命力。

设立闽南文化生态保护区，对立体地保护文化遗产特别是活态的非物质文化遗产，对于创造和谐适宜的生活发展环境，对于沟通人们的情感和丰富人们的精神世界，以及文化资源的合理利用，对于加强祖国大陆与台湾地区的文化和情感联系，都会起到重要作用，但有三点需要加以注意：第一，我们要特别注意维护各种文化表现形式的自然形态，不人为地改变其按自身规律自然衍变的进程，这是保护的最高境界，人为地拔高或改变，就会只保护了形式，而丢掉了内涵。第二，设立闽南文化生态保护区，要立足于保护区本身的内涵，以其独具特色的强大的文化魅力，营造保护区特色文化的主体性，并继续保持其呈现形态的多样性。闽南文化生态保护区的建设，并非只着眼于统战，否则就会偏离着力点。第三,从科学保护入手,制定文化生态保护区保护条例,立法保护是保护工作的基础,应通过立法提高保护的科学性。

(原载《中国非物质文化遗产》2007年第2辑,文化艺术出版社2007年版)

人类社会发展的重要课题：保护和传承非物质文化遗产
——在"中国非物质文化遗产保护论坛"上的发言

在我国第一个"文化遗产日"之际，来自全国各地从事非物质文化遗产研究和保护实践的同行们汇集北京，参加"中国非物质文化遗产保护论坛"，为我国的非物质文化遗产保护献言献策，这无疑对推动我国在新的发展形势下进一步加强非物质文化遗产保护具有重要意义。

近年来，随着我国社会经济的持续快速发展，文化生态发生着巨大的变化。一方面，文化的创造空间获得了前所未有的拓展；另一方面，随着现代化和城市化进程的加快，文化遗产特别是非物质文化遗产的保护受到越来越严峻的挑战。在全球经济一体化的时代，文化认同已经成为一个民族最基本的文化需求。非物质文化遗产作为文化遗产中的活态部分，凝结、保留和传递着一个民族的历史记忆、情感、经验和智慧，成为民族文化认同的基础。我们已经认识到，在一个国家文化凝聚力的形成过程中，非物质文化遗产发挥着不可替代的作用。同时，非物质文化遗产作为民族的精神财富和心理、情感积淀，是构成民族精神家园不可或缺的一个重要源泉。维护民族的精神家园，对于当前建设社会主义和谐社会，落实科学发展观，实现社会经济的可持续发展，也具有重要的现实意义。人类社会需要全面的、可持续性的发展，那么留住记忆，保护和传承非物质文化遗产，已成为人类社会发展的重要课题之一。

目前，我国非物质文化遗产保护已进入全面的、整体性的发展阶段，国家"文化遗产日"的确立，标志着我国非物质文化遗产保护已取得重要的进展和多方面的成果，同时也说明我国的非物质文化遗产保护将迈进广泛而深入的发展时期。2001年以来，我国的昆曲艺术、古琴艺术、新疆维吾尔木卡姆艺术和蒙古族长调民歌连续成功地入选联合国"人类口头和非物质遗产代表作"；"中国民族民间文化保护工程"启动并实施；经全国人大常委会批准，我国正式加入了联合国教科文组织《保护非物质文化遗产公约》；《国务院办公厅关于加强我国非物质文化遗产保护工作的意见》和《国务院关于加强文化遗产保护的通知》，明确了保护工作的目标、指导方针和基本原则；由文化部等九部委共同主办、中国艺术研究院承办了首届"中国非物质文化遗产保护成果展"，全面反映了我国非物质文化遗产保护工作的成绩；日前，第一批国家级非物质文化遗产名录518个项目正式公布。在非物质文化遗产保护研究方面，几年来连续举办的国际性、全国性的学术论坛，引起社会反响；一系列学术成果出版，一批重要的学术论文引起学界注目。这些学术研究的成果，为保护实践提供了重要的借鉴和指导。

非物质文化遗产保护工作已经上升为国家文化发展战略，在这样的背景下，我们会聚北京，共同分析非物质文化遗产保护的现状与发展，探讨非物质文化遗产保护的重要意义，深入认识它的概念与内涵和独特价值，研究非物质文化遗产保护的基本方式与原则，尽可能从原理上阐述对非物质文化遗产的基本认识及其传承规律，为非物质文化遗产保护寻求深层次的理论支持；尽可能科学总结非物质文化遗产保护的各种具体实践问题，以对非物质文化遗产的保护给予理性的指导。参加论坛的各位专家学者和从事保护工作组织管理的政府部门的有关负责同志，都对非物质文化遗产的理论研究和保护实践有深入的思考与体会，我相信，这次论坛一定会以具有学术品格和对保护实践具有指导意义的理论成果产生重要的影响。

最后，祝愿中国的非物质文化遗产保护事业取得新的更大的进展。

（原载《文艺理论与批评》2006年第4期）

非遗保护，问题何在？

就世界范围而言，非物质文化遗产保护面临的主要问题是：随着当今世界的全球经济一体化，不计其数的文化遗产形式正面临着消失的危险，并受到文化标准化、武力冲突、旅游业、工业化、农业区缩减、移民和环境恶化的影响。（参见联合国教科文组织《人类口头和非物质遗产代表作申报指南》）全球经济一体化和现代化进程对非物质文化遗产冲击和消解的问题越来越突出。目前中国非物质文化遗产保护面临的问题和困难主要是：

第一，一些依靠口传心授方式加以承传的文化遗产正在不断消失；许多传统技艺濒临消亡；大量有历史、文化价值的珍贵实物与资料遭到毁弃或流失；随意滥用、过度开发非物质文化遗产的现象经常可见。

第二，法律法规建设的进程不能与非物质文化遗产保护的紧迫性相适应。由于保护工作仍未能纳入国民经济和社会发展整体规划，因此与保护相关的一系列问题不能得到系统性解决。保护标准和目标管理，以及收集、整理、调查、记录、建档、展示、利用、人员培训等工作相对薄弱，保护管理资金和人员不足的困难普遍存在。

第三，一些地方保护意识淡薄，重申报、重开发、轻保护、轻管理的现象比较普遍。少数地区进行超负荷利用和破坏性开发，受到商业化、人工化和城镇化倾向的影响，甚至借继承创新之名随意篡改民俗艺术，损害了非物质文化遗产的原真性。

第四，适合中国保护工作实际，整体性有效性的工作机制尚未建立，在不少地区，政府主导的有效性难以体现。

在保护工作存在的问题中，有两种倾向尤其应该引起我们的注意。一种是建设性破坏，一种是保护性破坏。非物质文化遗产的保护正在全社会范围内引起人们广泛参与的兴趣，由于认识不正确，或出于良好愿望或出于经济目的，建设性破坏和保护性破坏，常常是在加强保护和开发利用的名义下进行，更具有危害性。现在，中国新农村建设正在全国农村展开，对农村进行新的建设，这本身是件好事，但是由于非物质文化遗产大部分都保存在农村地区，如果建设不当，很容易对其造成不可挽回的损失。拆旧村建新村，不对蕴含历史文化内容的有形遗存加以认真保护，承载这个村庄历史文化记忆的载体也就荡然无存。过去几十年来，这一方面已经造成了很大的损失。

保护性破坏的危害也很明显。一些项目被确定为保护对象后，一些人片面地去开发它的经济价值，如对古老村落的过度旅游开发和一些手工艺项目的大量机械复制，使这些项目显现的某种人类文明，以及这种文明成长的过程，因我们的"保护"而中断。在服务于旅游开发的目的下，原生态的歌舞，按照当代肤浅时尚的审美趣味加以改造；传统的民间手工艺制作大量机械复制；古老村落成了喧嚣的闹市。从表面上看，似乎是被保护项目的繁荣，实际上是对非物质文化遗产的一种本质性伤害。

以上从存在问题的角度指出非物质文化遗产保护面临的不容忽视的状况，可以使我们在实施保护工作中更明确地有针对性地加以避免和调整。

非物质文化遗产作为活态文化，因为受人类社会结构和环境改变的影响，以及其本身存在形态的限制，必然带来它的社会存在基础日渐狭窄的发展趋向，所以它的生存也遇到了前所未有的危机，有不少甚至已经消失或面临消失的危险。这一方面是社会发展必然性的影响。另一方面，不能不看到，这种影响的后果是传统文化、弱势文化的加速消亡，它体现的特定民族或群体的文化精神和人类情感、特有的思维方式、传统价值观念和审美理想，将为现代工业社会所产生的不稳定的文化观念所消解或代替。一个民族深层文化基因的改变，必然带来民族个性的变异和扭曲，以及民族特征的弱化甚至消亡；特定地域、群体中凝聚其文化传统的那些难以用外在尺度衡量的文化表现形式的消解，也必然带来价值观念的混乱。

可以说，抢救和保护那些处于生存困境中的非物质文化遗产，已成为时代赋予我们的非常紧迫的历史使命。

（注：在"中国成都国际非物质文化遗产节"举办期间，中国艺术研究院院长王文章曾在成都市图书馆就中国的非物质文化遗产保护情况以及非遗保护的诸多问题发表精彩演讲，深受听众欢迎。其中体现出来的问题意识对于今天的保护工作来说尤为可贵。我们特经王文章先生允许，将他精彩演讲的第二部分编发，与海内外读者共勉）

（整理：曹静，原载《人民日报海外版》2007年6月5日）

非遗传承需奋力

面对不断加快的现代化进程，以前所未有的紧迫感和清醒的文化自觉，努力推进我国的非物质文化遗产保护，是时代赋予我们的责任，但是，我们应该看到，已经取得的进展与建立起科学、规范、持久、具有完整体系的保护制度距离尚远。其中，立法滞后，对非物质文化遗产价值和传承规律缺乏了解，保护方式欠科学，是非物质文化遗产保护工作必须予以解决的问题。

就非物质文化遗产的整体性保护而言，立法保护是根本性的保护。保护非物质文化遗产是"持久战"，需要一代一代的人来做，仅靠调动积极性和应急性措施是不够的，必须有坚实的法律和政策的规约和保障。非物质文化遗产概念的提出只有几年的时间，它的形态、构成、价值、意义、本质、规律，都仍然在科学阐释和界定的过程中，这给立法保护带来一定的困难，但我国五十多年来对传统文化遗产和民族民间文化遗产保护的经验，以及国外非物质文化遗产保护、特别是我国近几年来保护工作的实践，都为立法提供了基础。立法涉及的一些难点，如语言的保护、民间信仰项目的保护等，也是可以通过深入调研，在总结实践经验及借鉴国外立法的基础上予以科学把握的。2005年《国务院办公厅关于加强我国非物质文化遗产保护工作的意见》《国务院关于加强文化遗产保护的通知》相继公布，非物质文化遗产保护的工作目标、指导方针、工作原则等从政府规章的角度被明确提出，对我国非物质文化遗产保护工作起到了重要推动作用。2004年8月，经全国人大常委会批准，我国还正式加入了联合国教科文组织《保护非物质文化遗产公约》。在目前我国保护工作取得全面进展，而又面临许多新情况新问题的背景下，"非物质文化遗产保护法"列入全国人大的立法进程，已是十分紧迫的事情。除此，各省、自治区、直辖市也应将非物质文化遗产的法律保护纳入立法议程。法律制度的完善，以及相应保护机制的健全，将是我国非物质文化遗产保护工作持续稳定发展的有力保证。

着眼于保护，除了经费投入等物质层面的保障以外，在保护方式上，注重保护的整体性、活态性，强调活态的立体性保护十分重要。非物质文化遗产项目都要靠传承人通过一定的器具及具体的生产（表演）过程呈现出来，非物质文化遗产保护要重视这些物质层面的载体和呈现形式，但不能忽视蕴藏在这些物化形式背后的精湛的技艺、独到的思维方式、丰富的精神蕴涵等非物质形态的内容。这些非物质形态的内容主要靠传承人承载和传承，所以保护工作不要见物不见人。

同时，非物质文化遗产大多表现为人们的生产方式和生活方式，保护它，就要让它在一定的族群、地域的人们中间活态存在，使它与人们的日常生活联系起来，让它在人们现实的活动中传承，让鱼在水里游，才会水欢鱼跃。要让它按照自身发展演变的内在规律去演变，不要人为地去改变这种自然衍变的进程。传承人有责任把前辈的传统和技艺传授给下一辈，并在传承过程中把自己新的创造赋予其中。只有尊重和把握好非物质文化遗产原来的自然传承规律，才会让它在发展的社会进程中，以形神兼备的状态传之久远。

（原载《人民日报》2008年4月25日）

在保护中稳步发展　在发展中积极保护
——在"中国传统工艺美术保护与发展研讨会"上的发言

今天，由中国艺术研究院主办、中国工艺美术馆承办的"中国传统工艺美术保护与发展研讨会"在香山饭店隆重开幕。来自文化部和国家发改委的领导，包括清华大学和各地的工艺美术机构、团体，特别是来自各地的工艺美术大师，在这里会聚一堂，应该说这是我国工艺美术界的一件盛事。

工艺美术界，特别是传统工艺美术界，很应该召开一次会议，大家共同来讨论传统工艺美术的保护和发展问题。中国艺术研究院非常竭诚地与工艺美术界有关机构和工艺美术大师、专家学者来携手，共同推动中国传统工艺美术的保护和发展事业。中国艺术研究院是全国唯一一所集艺术科研、艺术教育和艺术创作为一体的国家级综合性学术机构。以前对于传统工艺美术的研究，占一部分，但不是主要的部分，从中国工艺美术馆划归中国艺术研究院管理之后，中国艺术研究院就有可能跟在座的各位共同紧密地来协作，共同推动这项事业的发展，所以，这里我给大家把中国艺术研究院介绍一下。中国艺术研究院建于 1951 年，我院会集了一大批在各学科领域卓有建树的著名学者和艺术家，他们以自己的学术影响在国内外享有极高的声誉。在 21 世纪新的发展时期，中国艺术研究院以落实科学发展观的改革举措实施战略调整，形成了以艺术科研为中心，以人才队伍建设为基础，艺术科研、艺术教育和艺术创作三足鼎立的崭新发展格局。面向未来，我们有信心把中国艺术研究院建设成全国一流、世界知名的艺术科研中心、艺术教育中心和国际艺术交流中心，以期为中国特色的社会主义先进文化建设，为中华民族文化的伟大复兴作出积极的贡献。

今天在这里举行中国传统工艺美术保护与发展研讨会，无论对中国工艺美术事业，还是对文化建设事业及非物质文化遗产保护事业，都将呈现一种特别的历史意义，也将产生重要的社会影响。2006年11月，经中编办批准，中国工艺美术馆正式划转中国艺术研究院管理。中国工艺美术馆作为收藏、陈列中国工艺美术珍品的国家级博物馆，它的行政划转意味着国家对传统工艺美术文化性质的认定，也标志着国家将传统工艺美术事业作为文化事业纳入国家文化建设轨道的启端。随着行政划转后的一系列举措的实施，包括筹建中国工艺美术博物馆新馆和今后陆续展开的传统工艺美术技艺和传承人的保护、扶植、传承，对全国传统工艺美术项目的普查，对珍品展览、国家收藏，以及传统工艺美术队伍建设和学术研究、体制创新系列工作的开展，乃至对中国传统工艺美术事业的发展都将会带来根本性的转变，必然形成传统工艺美术"在保护中稳步发展，在发展中积极保护"的崭新格局。此次会议就是在这样的背景下举行的，而寄托于它的使命或期许，也可以从这样的背景中得到肯綮之解。今天会议的主题，明确地提示了我们今天和明天所要承担的责任与任务，这就是保护与发展中国传统工艺美术。

首先是保护问题。在长期的历史发展过程中，勤劳智慧的中华民族以各种自然材料和手工技艺创造了品类丰富、工艺精湛、境界独到、风范高雅、魅力永恒的传统工艺美术，它们是中华传统文化的重要组成部分。传统工艺美术所蕴含的中华文化精神和审美意识，所呈现的中华文化品格和文明气质，所凝聚的中华技术思想和造物经验，所关联的中华百工技艺和工艺知识，都充分展现了中华民族卓越的创造力和雅致的生活情趣。作为弥足珍贵的文化财富，传统工艺美术对中华文明和中华民族的过去、现在和未来都有着无法估量的重要意义,也通过国际性经济贸易和文化交流而对世界文化产生影响。随着经济全球化趋势的加强和现代化进程的加快,我国社会生活和文化生态发生很大变化,以致一些依靠口传心授方式加以承传的手工技艺面临失传;大量珍贵的工艺作品和相关资料流失境外或遭到丢弃;过度的商业开发和破坏性开发造成技艺水平走低、原料稀缺或枯竭;依仗现代科技的仿制工艺和仿制品,以抛弃传统技艺实质的低成本优势和欺骗性的形貌构成市场的抢夺……所有这些都对传统工艺美术造成剧烈的冲击和破坏,因此亟待采取有效措施予之以全面的保护。国内艺术大师,包括传统工艺美术的一些传承人,都是保护的主体,所以保护传承人,支持和扶持他们传承而获得发展,这一点非常重要。

其次是发展问题。就地取材、就地加工,能耗低、污染少,附加值高、收益多的特点,使传统工艺美术具有作为经济和社会发展新的增长点的产业价值。传统工艺美术生产主要靠人工和技艺,对生产场所和生产条件要求不高,具有适合家庭生产或副业的就业价值。传统工艺美术一直是出口创汇的重要行业,随着人民群众生活水平的提高,国内市场会对传统工艺品有日益扩大的需求,传统工艺美术的市场价值依然很大,丰厚的人文蕴涵、鲜明的民族特色和以材料、技艺、样式、风格的独特性、精巧性构成的手工品格,使传统工艺美术具有一般工业产品难以比拟的文化艺术价值,以及作为文化艺术产业资源的丰厚底蕴。这些价值,预示了传统工艺美术的广阔发展前景。当然,也只有不断地发展,传统工艺美术才真正显示出生命的活力。为推动和引导这种发展,需要在新的历史条件下深入思考和解答一系列涉及传统工艺美术发展方式、途径、原则和取向的基本问题,譬如继承与创新、挖掘和提高、古典与现代、技艺与艺术、质量与数量、品质与规模等等。

研讨会会期三天,将根据大会议程展开有关议题的研讨。希望大家解放思想、畅所欲言,为中国传统工艺美术的保护与发展建言献策,提供宝贵的意见。我想中国传统工艺美术的发展,离不开在座的各位以及全国各地有关的机构和传承人、各位艺术大师各个方面的协作。我们中国艺术研究院，包括中国工艺美术馆，以开阔的一种思路，在国家发改委和文化部的领导、指导和支持下，团结协调各个方面的力量，共同携手来促进和推动传统工艺美术事业的发展。我相信，本次研讨会一定能够取得思想理论、实践对策方面的积极成果，本次研讨会也将以在座各位之经验和智慧所凝结的成果，贡献于中国传统工艺美术事业和社会主义文化建设事业。

2008年4月26日

（原载《中国传统工艺美术保护与发展研讨会论文集》，文化艺术出版社2009年版）

创造非遗整体性保护的社会环境

非物质文化遗产是一种独特的文化现象，它是一个世代绵延的文化传承过程。如果站在人类历史发展的高度来看非物质文化遗产现象，就会发现它的活态流变性是其传承的一个重要规律。它的传承过程好像极其缓慢，缓慢得让人似乎察觉不到它的十分细微的变化，但它的传承过程不是静止的，而是在永不停息的衍变中与人类社会发展相并行。另一方面，我们还要看到，非物质文化遗产作为一种特定的文化积淀，呈现为人们的精神、情感或生产、生活形态，成为一种传统。就一种传统而言，它又是相对恒定的，所以，非物质文化遗产的变化是绝对的，但它显现的某种人类文明，却像人类基因一样在不断变化中留存。温家宝总理在2007年6月9日参观"中国非物质文化遗产专题展"时说，非物质文化遗产之所以千古不绝，"就在于有灵魂，有精神。一脉文心传万代，千古不绝是真魂"。非物质文化遗产以其自身价值与人们之间发挥着双向的影响，人类社会的发展给它以时代的气息，而它的存在，给人们以传统文明最深根源的滋养，给人们的情感、精神世界、价值观念以最圣洁的抚慰。

非物质文化遗产活态流变性的基本特性，决定了我们今天的保护不应是静止的凝固的保护，而是为了发展的保护。没有保护，难以发展；而没有发展，保护也就失去了重要意义。保护非物质文化遗产应坚持的原则与保护方式是密不可分的。无形文化遗产的不可再生性和脆弱性，决定了我们必须把抢救和保护放在第一位。要坚持积极保护的原则，在不改变其按内在规律自然衍变的生长过程、不影响其未来发展方向的前提下，尽可能寻找生产性保护的方式及与旅游开发等的和谐结合。要坚持创造整体性社会保护的环境，任何民族、社区或地域群体，非物质文化遗产的遗存都不会是单一的，因此，从保护方式和形成保护生态两方面创造整体性保护的环境十分重要。只有如此，众多非物质文化遗产项目才会在交互的影响中，得到更好的延续和发展。

我国的非物质文化遗产保护工作，像世界上的很多国家一样，都是以政府主导发挥着重要的推动作用，但同样重要和不可忽视的是，在保护工作中不断提高社会公众的参与意识，形成社会公众主动参与保护和承担保护职责的文化自觉，特别是重视发挥好传承主体与保护主体的作用，才是实现保护工作目标，持久做好保护工作的根本。

形成社会公众自觉参与非物质文化遗产保护的文化自觉，首先要重视调动非物质文化遗产传承主体的积极性。非物质文化遗产是植根于民族民间文化土壤的活态文化，是发展着的传统的行为方式和生活方式，它不能脱离传承主体而独立存在。它的延续与发展永远处在活态传承与活态保护之中。尊重传承人，调动和发挥传承人的积极性和聪明智慧，使他们自觉地、主动地承担传承的责任，依靠他们的传承使非物质文化遗产得以延续，这是做好保护工作的基础。目前不少非物质文化遗产项目特别是传统工艺技术项目，后继乏人的现象相当严重。比如以艺术性极高的上海松江顾绣为例，绣的时候要先将一根蚕丝分成24份，用1/24细的蚕丝绣出一幅作品要耗时几个月甚至几年，学好这门技艺的难度和成本，使年轻人望之却步。再如江苏无锡技艺精湛的精微绣，绣出一幅不大的图案，也同样要几个月甚至几年的时间，目前传承人仅有一位。联合国教科文组织《关于建立"人类活珍宝"制度的指导性意见》中曾指出："尽管生产工艺品的技术乃至烹调技艺都可以写下来，但是创造行为实际上是没有物质形式的。表演与创造行为是无形的，其技巧、技艺仅仅存在于从事它们的人身上。"承载着非物质文化遗产技艺、技术或知识的优秀传承人是非物质文化遗产延续的决定性的因素。只有他们努力把自己所持有的技艺、技术传承给后人、贡献给社会，并在传承的同时，有所发展与创新，非物质文化遗产才能生生不息，永续发展。

形成社会公众自觉参与非物质文化遗产保护的文化自觉，就要充分发挥非物质文化遗产保护主体的作用。非物质文化遗产保护主体与传承主体都是保护工作的核心因素。非物质文化遗产保护主体指负有保护责任、从事保护工作的国际组织、各国政府相关机构、团体和社会有关部门及个人。各类不同的保护主体承担不尽相同的保护职责，但形成社会公众自觉参与保护工作的良好氛围，是各类不同的保护主体行使保护职责的基础。同时，各种非物质文化遗产是在基层社区、群体、公众生活中衍变和发展的，它也是人们生活或生产方式的重要组成部分。联合国教科文组织《保护非物质文化遗产公约》指出："承认各社区、尤其是原住民、各群体，有时是个人，在非物质文化遗产的生产、保护、延续和再创造方面发挥着重要作用，从而为丰富文化多样性和人类的创造性作出贡献。"这就要求各个国家"在开展保护非物质文化遗产活动时，应努力确保创造、延续和传承这种遗产的社区、群体，有时是个人最大限度地参与，并吸收他们积极地参与有关的管理"。这是因为，非物质文化遗产就在我们身边，保护可以从我做起。广大民众既是非物质文化遗产的保护者，也是它的享有者。相辅相成，非物质文化遗产的延续和发展也才有了深厚的土壤。公众参与非物质文化遗产保护，要体现以人为本的原则，要反对人为地、被动地让人们参与，"非遗"保护要使人乐在其中，而不是苦在其中。

社会公众参与保护的程度，从根本上决定着非物质文化遗产的未来命运。世界上一些自觉实施非物质文化遗产保护时间较长的国家，都把唤起民众的广泛参与，作为实施保护的一项重要内容。比如韩国，众多的民俗博物馆不仅有实物展示，还有实际的演示，而各种形式的传统民族文化遗产学习班也遍布各地。韩国一年四季都举办着各种各样的节庆活动，其中一种是民间代代相传的乡俗，另一种是各种民俗节或民俗文化节，它们构成了韩国民众精神生活的重要内容。

非物质文化遗产在民众土壤上呈现的旺盛的生命状态，是保护的最高境界。公众的广泛参与，很多以传统民俗节日为载体。在我国，春节、元宵、清明、端午、重阳、中秋等，以及少数民族的节日，都作为历史文化记忆的标志，向后人传递着传统文明的信息。我国已把春节、清明等重要的传统民俗节日纳入国家法定节假日体系，既是满足人们今天社会生活的需要，也是延续中华民族宝贵的非物质文化遗产的需要，所以，这已成为今天人们关注的一个问题。做好非物质文化遗产的保护工作，在具体实践中，应当是传承主体和保护主体综合作用的结果，我们要充分重视和全面发挥这两种核心因素的作用。

保护非物质文化遗产，既是守护我们的精神家园，也是为了在文化传统的传承中为新的文化创造提供不竭的源泉。保护非物质文化遗产不是为了留住历史，也不是为了回到过去。我们要以高度的社会责任感，继承优秀传统，加强文化自觉，促进文化创新，努力创造更加有利于可持续发展的和谐社会。

（原载《中国文化报》2008 年 6 月 18 日）

文化符号传递多彩信息

中国非物质文化遗产作为中华民族标志性的文化符号，不仅以艺术表演的形态出现在奥运会开幕式的表演中，也以展演和展览的方式在剧场和展览馆亮相。北京民族文化宫展览馆的"中国非物质文化遗产传承技艺展演"，民族文化宫剧场的传统戏剧、传统音乐、传统舞蹈和曲艺演出，奥运村的"祥云小屋"等对非物质文化遗产项目的展示，用"观者如云"形容观众的踊跃恰如其分，而其中来参加奥运会活动的外国观众也占了不少的数量，他们兴致勃勃的劲头一点也不亚于中国观众。非物质文化遗产展演作为"人文奥运"系列活动的组成部分，为中国观众加深了解和热爱自己民族的优秀传统文化，为外国人了解中国起到了很好的作用。

作为非物质文化遗产载体的实物，如古琴、织绣品、龙档、首饰龙、风筝、泥塑、剪纸、年画……以及大量的图片，从整体上表现了我国近年来非物质文化遗产保护工作取得的重大成就。在展演现场的剪纸、年画刻印、紫砂陶、石雕、竹刻、木雕、漆线雕、羌绣、精微绣、泥塑、内画壶、唐卡、徽墨、歙砚、南京云锦、内联升布鞋的传统制作技艺展示，使人们大开眼界。特别是外国观众，既看又问，传承人现场的耐心讲解，使他们觉得亲切又感动。在民族文化宫展览馆，一位小姑娘走到剪纸工艺美术大师刘静兰的演示展位，观看着剪纸作品。刘老师问："小姑娘，属什么呀？""小老鼠，今年是我的本命年。"刘老师说："我就给你剪一个祝福吧。"一会儿工夫，一张由 28 只小老鼠围抱而成的"福"字翩然而出。小姑娘兴奋不已："这是我收到的最珍贵的生肖礼物，我一定要把它珍藏起来。"

现在，在大城市里，传统手工技艺已很难见到，作为曾经与人们密切相联系的生活方式和生产方式的诸多非物质文化遗产项目，特别是传统手工技艺类的项目，在展演中更容易引起人们的兴趣。人们不仅为传承人精湛的技艺啧啧赞叹，也往往会沉浸在情感和精神层面的联想之中。在内联升千层底布鞋制作台前，一位母亲教活泼可爱的小孩背诵"慈母手中线，游子身上衣。临行密密缝，意恐迟迟归"。这个情景与刘静兰为小姑娘剪纸的画面，很多观众看在眼里，都会引起内心的共鸣。确实，现场泥塑艺人吹起的"泥咕咕"的鸣叫，会勾起观众成长的记忆；茶艺表演展示的茶韵的幽远，也会唤起人们的种种思绪……观众的热情，既是源自非物质文化遗产本身的精粹性、丰富性，也是源自它们与人们精神、情感的内在联系。非物质文化遗产的魅力，是文化多样性的魅力，是其蕴含的精神、情感与人们内心契合的吸引力。很多中外观众边看展演边议论："太了不起了！太珍贵了！"确实，保护好这些存在于民众之中，与我们的生产方式、生活方式有着如此紧密联系的非物质文化遗产，既是中华民族持续发展的需要，也是保护世界文化多样性的需要。展演活动引起的反响，超出了活动形式本身呈现的内容。只有唤起更多人对非物质文化遗产的关注，才能唤起全社会主动参与保护非物质文化遗产的意识和行动。

（原载《人民日报》2008 年 8 月 29 日）

非遗保护走向文化自觉

改革开放三十年来，在我国文化领域，非物质文化遗产的保护和传承成为一大亮点。它不仅说明了我国当代对保护人类文化多样性和优秀民族文化传统的重视，也标志着我们今天对民族传统文化价值认知的根本性变化。非物质文化遗产在当代开始逐步得到良好的保护和传承，从根本上说，是贯彻落实以人为本的科学发展观的必然要求。

新时期以来，我国非物质文化遗产保护取得了不少重要成果。进入新世纪，随着非物质文化遗产保护在国际范围内不断得到重视，我国的非物质文化遗产保护也开始由以往单个的项目性保护，走上全国整体性、系统性的保护阶段。它的重要意义在于，我们开始对与物质文化遗产一道，共同延续五千年中华文明的现存文化的记忆——非物质文化遗产的价值进行全面的重新认识。我们审视人类自身及社会整体发展目标时，不能不认识到非物质文化遗产对于我们的重要意义。随着认识的不断深化，全社会参与保护的意识也在不断加强，我国的保护工作正在逐步体现出"文化自觉"的特征。

近五六年来，我国非物质文化遗产保护工作的进展主要体现在：重视参与国际间的合作；加强对非物质文化遗产保护的法规建设，推动立法进程；具体实施形式多样的保护措施。保护措施主要是：开展全国普查，制定保护规划，建立国家和省、市、县四级名录保护体系，保护传承人，加强少数民族非物质文化遗产和文化生态保护区的保护。国务院还确定从2006年起，每年6月的第二个星期六为中国的"文化遗产日"，对于提高公众自觉参与保护的意识起到了极大的推动作用。我国政府主导，社会团体、机构和公众参与非物质文化遗产保护工作的机制正在形成。

我国非物质文化遗产保护工作的进展，得到社会公众的认同和国际社会的高度评价，但是不能不看到，保护工作面临的形势仍然是严峻的。首先是全球经济一体化和现代化进程加快对非物质文化遗产的冲击和消解；其次是仍然存在重申报、重开发、轻保护、轻管理的问题，缺乏保护规划与措施，甚至不惜损害非物质文化遗产的本真性而超负荷利用和破坏性开发的现象也时常可见。

科学保护非物质文化遗产，是我国今后保护工作的重要课题。第一，要在正确认识非物质文化遗产传承规律的前提下保护。非物质文化遗产作为一种特定的文化积淀，呈现为人们的精神、情感或生产、生活形态，成为一种传统。作为传统而言，它是相对恒定的，但它活态传承的方式，决定了其传承的活态流变性，保护非物质文化遗产，就是要保护它按照自身发展演变的内在规律去演变，而不是人为地去改变这种自然演变的进程。凝固它或"组装"它，都是不妥当的。保护非物质文化遗产，要科学处理好"生产、保护、延续和再创造"的关系。

第二，要重视形成全社会参与保护的文化自觉。既要尊重、调动和依靠传承人作为传承主体在保护中发挥重要作用，又要充分发挥负有保护责任、从事保护工作的国际组织、政府相关机构、团体和社会有关部门及个人作为保护主体，参与保护的重要作用。只有在政府主导下，传承主体和保护主体，以及社会公众共同积极参与保护，我国的非物质文化遗产保护才会不断开创新的发展局面，为创造一个更加有利于可持续发展的和谐社会作出贡献。

（原载《人民日报》2008年10月31日）

保护的灵魂是传承

　　成都电视台新闻部拍摄的36集系列报道《传承》，以开阔的视野和具有深度的探访表现了成都地区非物质文化遗产的生存现状。现在以图书的形式出版这一内容，邀我为《传承》作序。我看过书稿之后便有一种欣慰：除了电视台拍摄的影像，原来这写在纸上的文字也同样是令人感动的清晰的影像！从书中描写的一幕幕传承人有喜有悲的生活中，我们可以寻找到他们人生与技艺艰难交融的足迹，寻找到人类文化精神和情感传递的轨迹，这便是《传承》这本书首要的价值。

　　作为中国非物质文化遗产的"富矿区"，成都拥有数量庞大、形式多样的非物质文化遗产。那些传统民间工艺、古老的传说及皮影戏、金钱板等艺术，无不展示着成都地域文化的DNA。这些非物质文化遗产或深藏山野，或不见经传，但它们都有醇厚的韵味：历史的味，民间的味，传统的味，还有点坚守的劲道。

　　无论是拍摄还是编撰，《传承》记录的主旨就是张扬一种文化精神，一种对本土文化的认同，一种文化情怀。这些大量珍贵的材料，以讲故事和生活写真的方式对非物质文化遗产的现状进行了讲述，如金钱板大师邹忠新92岁仍在表演，最后的邛窑大师何平扬变卖家当维持制陶……《传承》文字中传递的那种刻骨铭心的感受，是只有真心参与其中并真心热爱它的人才会有的一种痛彻感。《传承》的记者、编者们对历史有情，对民间文化有义，能在阡陌巷尾中找到这些忘我坚守的传承者，以真切的文字揭示出非遗传承面临的种种困境，并力求用大众传媒的力量帮助这些传人寻找走出困境的方法。

如果说记录首先是为了让后来的人不要忘记历史，那么对民间文化的系统整理和抢救更是为了让我们民族最珍贵的文化传续下去。在严峻的现实中抢救我们的文化遗产，需要坚韧的精神和饱满的激情。2003年，中国民族民间文化遗产抢救工程正式启动，如今五年已过，尽管国务院公布了两批一千多项国家级非物质文化遗产名录项目，但未来的保护工作依然艰巨。对于非物质文化遗产而言，很多处于濒危状态的项目如地方剧种，我们现在的抢救速度已赶不上它消失的速度。

非物质文化遗产的保护主要是活态保护，而活态保护的关键是传承人的传承。传承人的保护也很紧迫。这些民间传人——老艺人、手工匠、画师、乐师、舞者、歌手、故事家、民俗传人、民间中医等多数并不为人知，也没有记载。一旦他们人走他乡或者辞世而去，便会带走一份珍贵的文化遗产。这种现象不仅在四川，在全国也普遍存在。每一分钟，文化遗产都可能在消亡，这就是我们要面对的现实。冯骥才先生曾说过：民间文化需要拨打120（急救电话）。从这个角度上说，《传承》是为传承人立传，为抢救和保护非物质文化遗产疾呼。保护的灵魂是继承和发扬，是传承人的技艺作为生活方式和生产方式活在人们身边。"传承"二字，也是本书想达到的目标吧！

一个民族深层文化基因的改变，必然带来民族个性的变异和扭曲，民族特征的弱化甚至消亡；特定地域、群体中凝聚其文化传统的那些难以用外在尺度衡量的文化表现形式的消解，也必然带来价值观念的混乱。当代中国人面临的最大挑战，就是如何看待传统。这些年，中国传统文化丢得太多，现在中国孩子与美国的同龄孩子，在同一天看NBA篮球比赛，穿阿迪达斯鞋，吃麦当劳，听美国歌星的歌……如果这样将成为我国时尚生活的定式，那么我们曾引以为豪的、有着数千年历史的中华文明将光芒不再。开放的文化胸襟只有在葆有自身文化主体精神的时候才显得坚实和开阔。保护中国非物质文化遗产，就是在民族文化面临被边缘化时，守护民族赖以传续的精神家园，坚守民族文化的根，这样中华民族新文化的创造才会有深厚的基础。目前，"政府主导，社会参与"的文化遗产保护体系在我国已初见端倪，但是对文化遗产的珍视与保护不只是政府与专家学者的任务，也是民众的责任——民众是文化创造者和享有者，是文化的主人，只有唤起社会公众参与非物质文化遗产保护的自觉性，保护工作才可能达到应有的境界。我相信，很多读者包括更年轻的读者会静下心来读一读《传承》，我也相信《传承》会唤起读者心底的一种感动。

2008年10月20日于北京

（原载"成视·视界"丛书《传承》，四川人民出版社2008年版）

让更多观众享受博物馆

博物馆、纪念馆向全社会免费开放是党中央、国务院为满足人民群众日益增长的文化需求,更好地保障人民基本文化权益,提高公共文化服务能力作出的一项重大决策。

2008年1月,中宣部、财政部、文化部和国家文物局印发了《关于全国博物馆、纪念馆免费开放的通知》。两年来,在各地各部门的共同努力下,全国博物馆、纪念馆免费开放工作呈现出安全、平稳、有序进展的良好态势,为广大人民群众共享文化成果和促进文化大发展大繁荣发挥了积极的作用。

截至2009年底,文化文物系统1440多个公共博物馆、纪念馆、全国爱国主义教育示范基地向社会免费开放,约占文化文物部门归口管理的博物馆、纪念馆和全国爱国主义教育示范基地总数的77%。博物馆、纪念馆免费开放两年来,共计接待观众8.2亿人次,平均每馆接待观众量比免费开放前增长了50%。目前,大多数免费开放的博物馆、纪念馆已经度过了免费开放之初的爆棚井喷期,观众人数逐渐趋于常量。一般大型馆基本保持在日均3000人次,中型馆约500到600人次,小型馆约200人次。免费开放后,观众结构呈现多元化趋势,其中未成年人、低收入群体、农民工、村镇居民、老人和儿童的参观人数较免费开放前有了大幅度增加。

博物馆、纪念馆免费开放是公共文化服务的创新之举，是公共文化设施惠及民众的系统工程。各博物馆、纪念馆依托各自藏品资源的特色和优势，一方面充分发掘藏品内涵，充分吸收考古新发现和学术新成果，及时调整、更新、完善基本陈列；另一方面加强馆际交流合作，大力举办各类专题陈列和展览，努力吸引观众、留住观众。同时积极策划选题，以开发博物馆文化产品，送展览进校园、进乡村，创办数字博物馆等多种形式，拓展文化遗产的传播途径，更好地满足广大群众的文化需求。

免费开放也是对博物馆服务水平和运行效率的深刻考验。许多博物馆面对免费开放带来的机遇和挑战，探索机制创新。比如，充分发挥志愿者的作用，缓解免费开放后各类服务人员的短缺。借鉴市场运作机制，通过馆际之间合作或与文化公司合作等形式，研发营销多种文化产品，收到了良好的社会效益和经济效益。

免费开放引起了新闻媒体和社会舆论的高度关注。根据国家文物局在北京、上海、广州、西安四城市开展的调查显示，在各地文化遗产保护与利用工作中，博物馆、纪念馆免费开放的关注度排名第一。实践证明，免费开放加快了博物馆、纪念馆融入公众生活的步伐，极大地调动了公众参观的积极性，更加充分地发挥了博物馆、纪念馆服务社会的公共文化职能。

当前，我国文化事业正逐步发展，走向繁荣，作为公益性文化事业重要组成部分的博物馆事业迎来了新的发展机遇。一方面，党中央、国务院从深入贯彻落实科学发展观、促进经济社会协调发展和人的全面发展出发，高度重视公共文化服务体系建设。财政投入力度不断加大，鼓励社会力量积极参与，着力提高公共文化产品供给能力，努力保障人民群众的基本文化权益。各地按照中央要求，纷纷加大投入力度，新建、改扩建博物馆，不断改善文物藏品保护、陈列展览和社会服务的条件。另一方面，随着经济发展和社会进步，人民群众对精神文化生活需求越来越迫切。人们越来越多地走进博物馆，渴望在这里得到文化享受和精神愉悦，对博物馆事业的发展寄予更多的期望。

两年来，各地博物馆、纪念馆有计划地向社会免费开放，收到了良好的社会反响，产生了广泛的社会效益，体现了博物馆的公益性质和政府建设博物馆的宗旨和方向，标志着博物馆事业发展已经站在一个崭新的平台和基础之上。与此同时，我们也应清醒地认识到，从总体情况来看，我国博物馆的社会服务意识和能力还有待增强，与时代的要求和人民群众的期盼还有很大的差距，与博物馆建设的先进理念还有很大的差距。如何使展览和服务更加具有针对性、更富有特色，是博物馆长期面对和必须解决的突出难题。广大博物馆工作人员务必要清醒地认识到这一点。要深入研究、努力适应社会公众的精神文化需求，不断创新博物馆陈列展览的内容和形式，把专业性和知识性、趣味性，以及科学性和观赏性有机结合起来。要积极学习和借鉴国外有关博物馆管理及运行的先进理念和实践经验，使公众能够真正感受博物馆和享受博物馆。同时要有选择地引进其他国家和地区的文物艺术品展览，不断扩展广大观众的视野，为促进社会主义文化大发展大繁荣、为建设和谐社会作出更大的贡献！

（原载《经济日报》2010年3月28日）

同享月华的光辉与祝福

今晚，当圆圆的月亮将清辉洒满人间，世界各地的人们都会与中国人民一道，同品月饼的甘醇与回味，共享月华的光辉与祝福，这是我们融入全球化的一个象征性标志。

在中华民族的历史发展进程中，传统节日深深融入人们的生活和精神、情感世界，激发着民族的生命力、创造力和凝聚力，推动着中华文化历久弥新、不断延续发展，因此，大力弘扬传统节日文化，推动传统节日在与新的发展着的时代的融合中呈现旺盛的生命活力，是传承中华民族优秀文化传统和当代文化创新的必然要求，也是维护和保障中华民族文化与生活方式多样化的必然选择。

近年来，春节、清明节、端午节、中秋节、重阳节、雪顿节、傣族泼水节等各民族的49个传统节日先后被列入国家级非物质文化遗产名录保护项目。传统节日在增进民族文化认同、增强国家凝聚力、促进人民群众共享文化成果和维护人类文化多样性中的积极作用，已被越来越广泛地认同。在传统节日这个社会和民众的共同节点，人们通过历史的记忆和现实具有丰富内涵的节日呈现形式，加强与自身的文化及社会和国家的认同。这对于全民正确认识传统节日宝贵的文化价值、积极参与节日活动、努力保护节日文化传统、注重节日文化资源的运用与创新，都具有深远影响。

今天我们重视传统节日的当代延续和弘扬传统节日文化，一方面，是由于时代的发展和进步，我们国家正在生发着一种建立在文化自信基础上的传承优秀文化传统的文化自觉；另一方面，是由于工业化和城市化迅速推进，信息化与全球化传播途径疾速发展，传统节日赖以存在的社会环境日渐狭窄，外来文化的影响和人们追赶时尚的文化趋向，使得传统节日的影响和吸引力日渐弱化，特别是越来越多身处城市化进程中的年轻人更热衷于过"洋节"，而对民族的传统节日日益淡漠乃至陌生。此外还有一个重要的原因，是在过去的一个世纪里，在现代性、现代化的总体历史语境中，包括中国传统节日在内的中国传统文化，遭到我们有意无意的轻忽与冷遇。

进入新世纪，弘扬传统节日文化，延续传统节日并赋予其当代的生命活力，是全社会的责任。这是一个系统工程，应从多方面来促进。我认为，其中一个重要的基础性的方面是要充分挖掘传统节日的文化内涵，吸引人们特别是青少年充分了解它并参与其中。另一方面，是要努力将传统节日的文化资源转化为当代人的生活方式或生活的实用产品。如浙江嘉兴市的人们普遍热情参与赛龙舟、插艾草、吃粽子、纪念伍子胥等内容的端午活动，真正把具有丰富而独特文化内涵的端午节当成自己充实的节日。与此相联系，那里是全国最大的粽子产地，年产粽子2.5亿个，占全国年产量的一半以上。

我们通过努力挖掘传统节日的文化内涵，开发传统节日的文化资源（比如年画、剪纸等等），就会从文化影响力和日常生活两个方面吸引人们欢欢乐乐过传统节日。只有当人们主动地、自发性地成为传统节日的主人，传统节日才会因人们对历史和文化记忆的共享及人们带给它的当代性而具有生机和活力。

（原载《人民日报海外版》2010年9月22日）

中国传统节日的文化内涵[*]

中华民族历史悠久,源远流长。在漫长的历史发展进程中,不仅形成了博大精深的民族文化,而且孕育出了丰富多彩的民族节日——春节、元宵节、清明节、端午节、七夕节、中秋节、重阳节,等等。这些节日久经沧桑,凝聚着历代劳动人民的智慧和情感,以群众喜闻乐见的形式传延不衰,以丰富多彩的民俗文化令华夏子孙世代陶醉和向往,以约定俗成的民间礼仪陶冶和锤炼着中华民族的品格和个性,以欢乐祥和的氛围弘扬着中华民族的美德和精神。其传承民族血脉、提升民族精神的价值,强化民族文化记忆、心理认同的价值,维系民族团结、社会和谐、家庭和睦的价值,激发与释放情感、协调人与自然关系的价值,是任何文化形式都难以替代的。中华传统文化是我们民族的生存之根、立世之魂、传承之本。我国历代劳动人民创造和传承的传统节日文化,可谓是最具活力和影响力、最具民族特色和个性的文化,它集中体现了中华传统文化的核心价值,生动展示了广大民众的精神世界。"中国传统节日,凝结着中华民族的民族精神和民族情感,承载着中华民族的文化血脉和思想精华,是维系国家统一、民族团结和社会和谐的重要精神纽带,

---

* 本文与中国艺术研究院马克思主义文艺理论研究所研究员李荣启合作。

是建设社会主义先进文化的宝贵资源。"[①] 今天，我们要利用传统节日弘扬中国传统文化，不仅要倡导文明、和谐、喜庆、节俭的过节理念，充实和丰富传统节日的内容和形式，更重要的是要深入挖掘传统节日的文化内涵，让广大民众了解传统节日的源流及其所蕴含的文化精神，唤起国人参与节庆活动的热情，并形成守护精神家园的文化自觉，使中国传统节日成为展示和传播优秀民族文化的重要阵地，成为弘扬和培育伟大民族精神的重要载体，成为满足人民群众精神文化生活需要的重要渠道。中国传统节日的文化内涵是厚重而多彩的，主要体现在如下几个方面。

一、中国传统节日是农业文明的缩影，是先人追求天人和谐的产物

中国传统节日植根于农业社会的土壤中，是农业文明的伴生物，即节日日期的选择与设定是古人依据天候、物候和气候的周期性转换而约定俗成的，对应着特定的节气和农时。中国是世界上最早步入农业文明的古国之一。早在先秦时期，人们就已经有了"国之大事在农"的观念，并在长期的农耕生活中认识到：人类要生存、庄稼要收成，就必须观察和掌握天象（日月星辰的变化）、物象（动植物随季节而生的变化）和气象（寒暑雨雪的变化）及其规律，顺应天地运行的节奏和气候变化的秩序，来合理地计划和安排农业生产及日常生活。为了准确地反映四季气温、降水、物候等诸方面的变化情况，用以指导人们的生产生活，古人依据太阳在黄道的不同位置，确定了"二十四节气"。岁时节令一经确立，一些特别的日期就凸显出来，它们作为农耕周期中的关节点，备受先民的重视，每当特定的节气来临之时，都要举行与这个节气相应的仪式和庆典活动，这样，农耕周期便也成了庆典周期。"'节'正是对岁时的分节，把岁时的渐变分成像竹节一样的间距，把两节气相交接之日

[①] 中央宣传部、中央文明办、教育部、民政部、文化部：《关于运用传统节日弘扬民族文化的优秀传统的意见》（中央文明办〔2005〕11号）。

时定为交节，由此转意为节日。"[1] 以自然节气的规律性变化为依托的中国传统节日，充分体现了人们尊重自然节律，顺应自然时序，感悟天、地、人"三才"的贯通一气，追求和升华"天人合一"的观念。中国传统节日从时序安排上宛如一条由自然节气生成而贯穿春夏秋冬的"文化链"，"四时节庆，纷至沓来"。春天，大地回暖，万物复苏，春节、元宵节、中和节、清明节等节日接踵而至。人们在新的一年到来之际，阖家团聚、拜年庆贺、舞龙观灯，尽情欢庆新春的到来；还要祭奠先祖、尽孝寻根、踏青赏春、娱乐健身，在慎终追远中享受新春的赐福，准备以饱满的热情投入农耕播种。炎炎夏日，端午节又如约而至。人们佩艾采药、驱邪避毒、凭吊屈原、裹粽竞渡、斗草送扇、归省探亲，以期安度酷夏、消除邪恶。时至秋季，秋高气爽、丹桂飘香，七夕节、中元节、中秋节、重阳节等纷至沓来。沉浸在丰收喜悦中的人们，乞灵巧、放河灯、赏秋月、玩秋菊、登高辞青，以多种方式庆贺丰收、祭奠亡灵、祈福纳祥。严冬降临，瑞雪飘飞，腊八节、小年、除夕是对它最好的迎候。人们忘记了寒冷，扫洒除疫、送灶祭祖、社火游街、欢欢乐乐地团圆守岁，品味着"田增五谷人增岁"的喜悦。四时吉庆的和谐有序、错落有致，集中体现了人与自然的融洽互动。中国传统节日的设置还体现了农闲农忙安排有别的特点。从节日在一年四季的分布上看，农闲的冬春两季，安排的节日较多，节庆活动内容丰富，且持续的时间也相对长一些；而农忙的夏秋两季，则安排的节日相对要少，节庆的内容和时间也相对要稍短一些。如中华民族最盛大的传统节日——春节，这个一年中规模最大、持续时间最长、活动内容最丰富的年节，即安排在冬春之际的农闲时节。这样的安排，无疑是农耕社会使然。只有在冬尽春回的农闲之际，辛苦劳作了一年的人们才得以休息娱乐，并有充裕的时间祭神祀祖、阖家团聚。四季佳节的娱乐庆典和烹饪饮食，也是适时合令、因时而设、应季而生的。如春节的燃放鞭炮、扭秧歌、跑旱船、耍社火、转九曲、

---

[1] 乌丙安：《中国民俗学》，辽宁大学出版社1985年版，第292—293页。

逛庙会，确能给寒冬里的人们增添不少激情和欢乐的气氛；清明节踏青郊游、荡秋千、放风筝，是因为大地回春，万物复苏，满目葱翠，一派生机，正是人们投身大自然、享受明媚春色的好时光；端午节赛龙舟，恰是江南水乡汛期未到，而气温已高，宜于水中嬉戏的良辰吉时；中秋节家人团聚，祭月、拜月、赏月，时及湿气已去，沙尘未起，空气清新，碧空如洗，圆月如盘，可谓"花好月圆人团聚"的最佳时日；重阳节登高望远、赏菊宴饮，正值晚秋，秋风渐劲，寒意渐浓，霜染枝头，云淡山青，适宜人们登高秋游、活动筋骨、陶冶性情，尽享盎然秋意。此外，烹饪食物的多样性也体现了春夏秋冬、朝夕晦明等不同特点。夏秋之时，正是各种水果成熟的季节，于是此时的节日，如中秋节、重阳节等，人们的餐桌上，蜜桃、苹果、石榴、葡萄等各色水果便成了主角；冬春之际，猪羊壮鸡鸭肥，于是春节、元宵节等节日里，各种丰盛的肉食成了人们的最爱；端午时节，粽叶飘香，自然清香诱人的粽子就成了餐桌上的"当家花旦"；中秋时节，"秋风响，蟹脚痒"，于是螃蟹便成了最受青睐的中秋美食。可见，传统节日的娱乐饮食等诸多节庆民俗，都与自然保持着一种和谐、协调的关系。

"如果说，有些民族的节日体系是以宗教纪念日作为核心的话，那么我们的民族传统节日和其他某些民族的传统节日有很大的区别，我们民族传统节日的重要特征在于，这些节日是以协调我们和自然的关系为核心而建立的。"[①] 中国传统节日表达了我国各族人民应时而作、张弛有度的自然生活节律和独特的审美心理定势，反映了先秦以来历代人民在社会生活实践中，不断认识和改造自然，追求"天人合一"的理想境界。

---

① 刘魁立主编：《中国节典：四大传统节日》"序言"，安徽教育出版社2008年版，第5页。

二、中国传统节日是中华文化的重要载体，体现着中华文化的丰富性和多样性

从远古走来的中国传统节日，是"感自然节律而成，蕴人文精神而丰"。岁月的推移和中华文明的发展，使传统节日不断被多种社会文化因素润泽渗透，有民间传说的嵌入，有宗教活动的影响，有历史人文的大量积淀，有民族智慧、情感、生活习性的融合等，节庆内容不断得到充实和丰富。如介子推居功不受赏的传说之于寒食节，爱国诗人屈原、忠臣伍子胥、孝女曹娥的传说之于端午节，牛郎织女鹊桥相会的爱情传说之于七夕节等。又如，源于远古"腊祭"的春节，腊月初八先民用五谷杂粮做腊八粥敬祖祭神，是古代"腊祭"的开始。后来，佛教传入中国，各大寺庙纪念释迦牟尼成道日做腊八粥与古代"腊祭"的行事相融合，形成了民间食腊八粥的习俗。中国传统节日以博大的包容性，不断地融汇、积淀、丰富、发展，使之成为蕴含丰厚、多姿多彩的文化形态，成为一面最能反映民族文化的"多棱镜"，它能折射出中华民族独特的风俗礼仪、民间信仰、伦理道德、人文诉求、审美情趣、文学艺术、饮食服饰……由此我们可知，中国传统节日是源自人们生活中的共同需要而通过积淀形成的，并以传统礼仪、仪式、游艺等为重要内容和方式，在特定时空关系中利用相应的物质载体表达思想、信仰、道德、理想等的民众群体活动的日子。中国传统节日的文化艺术形态是多元多样的。若依据传统节庆的性质和内容对其进行分类，可以将中国传统节日分为：生产类节日、祭祀类节日、纪念类节日、庆贺类节日、社交娱乐类节日、驱邪祛病类节日等类型。虽然各类节日均是围绕着特有的主题而展开，但在传承发展过程中，又不断渗入新的内容和形式，一个节日中常常包含了多种性质的民俗活动。所以，中国的传统节日春节、清明节、端午节、重阳节等大多具有了综合性，通常由多个节日主题、多项民俗活动所构成，其丰富的内容也使这些节日承载着更为丰厚的文化内涵。

中国传统节日文化是一个内容丰富、体系完整的系统，主要包括精

神文化层面、行为文化层面和物质文化层面。它们交互作用、彼此依托，构成了中国节庆文化博大精深的独特魅力。

（一）精神文化层面

中国传统节日浓缩着我国数千年文明进程的丰富内涵，集中体现了中华民族优秀的精神风貌，寄托着古往今来中国人的理想情怀，蕴含着人们对美好生活的不懈追求、对大自然的感恩与敬畏、对家庭团圆与世间和谐永恒的企望。每个传统节日都有其特定的文化内涵与价值：春节是由原始农业社会庆贺丰收的"腊祭"演变而来，祭神敬祖，表达对大自然和祖先的感恩之情，辞旧迎新、阖家团圆是一年一度的春节的主题。春节的一系列仪式礼仪，不仅使民众的生活绚丽多彩，而且显示了以人为本、人与大自然的和谐相处，反映出可贵的自尊、自爱、自信、自强的民族精神，凸现着团圆、祥和、平安、欢乐的精神追求。清明节，人们通过扫墓祭祖、缅怀英烈先贤，送上一份哀思和敬意，体现了中国人慎终追远、敬祖报本、热爱亲情和友情的道德情怀，并包孕着对祖先的感恩、对血脉责任的认同；郊游踏青则体现了中国人哀而不伤、乐而不淫的豁达心态和回归自然、热爱生活，追求天人合一的理想人生境界。端午节，人们纪念屈原，体现了传统价值观中对于爱国忧民、清高自守、卓尔不群理想人格的追求；悬挂艾叶菖蒲、采药制药，在驱邪避毒中感悟祖先遵从自然令律应对灾疫的生活智慧，传达出民众对生命健康、家庭幸福、国运昌盛的渴望；龙舟竞渡反映着团结协作、奋勇争先的精神。中秋节，家人团聚，共食月饼，共赏明月，共享天伦，体现了中国人追求家庭团聚、生活祥和、未来美满。

（二）行为文化层面

中国传统节日是各种民俗活动和民间艺术集中展示的平台，这个平台荟萃着祭奠、礼仪、表演、技艺、艺术、体育、游戏等丰富多彩的行为文化，构成了一道亮丽的风景线。春节作为中华民族的第一大节，就是各种民俗活动的集大成者，自古以来祭祀和庆典仪式就十分丰富。就祭祀而言，春节祭祀活动很早就形成了两大祭祀文化传统：一是感念大自然的恩赐而举行的祭祀，如祭祀灶神，是对灶火烧食之功的感念；祭祀土地神，是对大地母亲繁衍万物的回报；祭祀井神、河神，是对生命之水的感恩；对牛、马、鸡等各种家畜的善待和祭祀，则表达了对帮助人类生存发展的动物们的酬谢；等等。这些祭祀，是中国人一年一度与大自然沟通、对话的方式和渠道，是虔诚地追求与自然和谐统一的写照。二是敬仰古圣先贤和宗族祖先而举行的祭祀。慎终追远的尊祖情怀是中华文明的一条重要根脉，在春节这个普天同庆的日子里，家家户户隆重地举行祭祖活动，宗族家长们率领着儿孙虔诚祭拜列祖列宗，感念祖先的恩德，祈祷其"在天之灵庇佑儿孙"，并倾诉出儿孙们的承诺和告慰。这充分体现了中华民族饮水思源、永不忘本的传统精神。春节期间的社交娱乐活动更是丰富多样：团聚、守岁、贴春联、剪窗花、挂年画、放鞭炮、拜长辈、访亲友、逛庙会、观花灯、闹元宵等。人们在释放内心情感、满足心理诉求、体味人间温情、享受年节欢乐中，演绎着、传承着、创造着中华民族的节日文化，并净化和提升着亲情、友情。春节也是民间艺术、技艺的大展演。在中华民族漫长的年节史中，历代先民发明和创造了数以千计的游戏、艺术、体育的形式和品种，其中既有讲、唱、演，又有游戏、竞技、杂耍等。在春节期间常见的有：社火、戏剧、舞蹈、秧歌、高跷、旱船、舞龙、耍狮、耍猴、杂技、武术、跳绳、打秋千、放焰火、走灯阵、讲故事、说书等，这些多姿多彩的活动，不仅极大地丰富了春节的文化内容和品位，而且使春节的喜庆氛围高潮迭起，让每个人都能尽享这份愉悦身心的欢乐，并得到精神上极大的放松。恰如有的学者所说："普天同庆的春节的确是日常平淡生活的一种超越，是中华民族集体的生日，也是最具东方色彩的狂欢节。"[1] 此外，围绕年节

---

[1] 柯扬：《简论春节的内涵与价值》，载陈竟主编《民心雕龙：黄河黄土高原年俗文化研究》，江苏美术出版社 2009 年版，第 82 页。

文化而产生的那些神话传说和民间故事，历代文人墨客创作的诗文佳句，以及流传于民间的有关年节的歌谣和俗语等，也都蕴含着深厚的文化内涵和丰富的民族精神。

（三）物质文化层面

在传统节日文化系统中，外显的、有形的物质文化也十分丰富，既有四季飘香的节令佳肴，更有纷繁多样的装饰品、吉祥物，还有大自然赐予的植物、花卉等，这些物质载体，通常具有多种功能，不仅能满足佳节时民众的某种生理需求、社交需求、审美需求、点缀需求等，而且以其特有的象征性和富含的文化意蕴，满足人们避瘟驱邪、祈福纳祥、生活圆满、健康平安等各种美好的心理企盼和精神欲求。传统节日中的许多美食佳肴，都有着一定的象征寓意：除夕子夜与新年交替之时吃饺子，又称"更岁交子"，饺子取"交子"的谐音，有"辞旧迎新"与"喜庆团圆"之意；饺子又形似元宝，故又有"招财进宝"之意。春节吃年糕，由于年糕与"年高"谐音，寓意"万事如意年年高"。年节餐桌上的美味佳肴也多有讲究，炒青菜是家家必备的盘中餐，表示"亲亲热热"；吃豆芽菜，因豆芽形同"如意"，意味着"如意吉祥"；餐桌上必有鱼，但切忌一次吃光，表示"富贵有余"；等等。此外，元宵节吃元宵、汤圆，象征家人团圆、和睦幸福；端午节吃粽子以纪念爱国诗人屈原；中秋节赏月、吃月饼，取"天上月圆，人间团圆"、共享天伦之意；重阳节吃重阳糕，有百事俱高的含义。美味的节庆食品饱含着美好的寓意，体现着华夏子孙朴素且高尚的精神追求。

在传统节庆用品诸如字画饰物、植物花卉中，大多也是物与情脉脉相通，人们以物寄情，巧妙地利用各种物质符号，传递着丰富的文化信息和复杂的心理情感。如新春佳节，民间有在门窗上贴"福"字的习俗，"福"字含有"幸福""福气""福运"等寓意，寄托着人们对幸福生活的向往、对美好未来的追求。民间为了更充分地体现这种向往和追求，许多地方干脆将"福"字倒过来贴，借"'福'字倒了"的谐音表示"福气到了"的寓意。由桃符发展而来的春联，言简意深、对仗工整、平仄协调，以汉字和中国书法完美结合的艺术形式，表达着人们对生活、对生命的所有赞美和祝愿。由门神画演化而来的年画，含有历史故事、神话小说、民间故事、民俗生活等多方面题材，可谓"画中有戏，百看不腻"，在《鲤鱼跳龙门》《六合同春》《五福临门》《五谷丰登》等年画中，蕴含着对人生的种种美好企望。即使是自然界中的一些植物、花卉，在传统节日的特定情境中，也有着品不尽的精神内涵和文化韵味。春节，人们以高洁脱俗的水仙花，象征新一年的福运；以迎冬绽放的梅花，象征新春的吉祥，旧时曾有"梅花开五福，竹声报三多"的春联。清明节，人们插柳戴柳；端午节，人们悬挂艾蒿、菖蒲，这些特定的植物成了为民众避瘟驱邪、保佑平安的使者。重阳节，纷繁盛开的菊花令人陶醉，并以其傲霜斗寒的品格抒情言志。

三、中国传统节日是民族精神的写照，蕴含着中华传统美德

伴随着农业文明产生、演进的中国传统节日，在协调人与自然的关系中，充分体现了"天人合一"的文化精神。同时，传统节日在长期的流行和发展中，由于内含着历代民众共同的理想和精神追求，又不断吸收和融入儒、释、道等多种有益的文化元素。所以，在中国传统节庆中，凝结着中华民族的民族精神和思想精华，蕴含着值得弘扬的中华传统美德，主要有以下几点。

（一）热爱生命、追求健康的人本精神

天地之间人为贵，以人为中心，人是主导，人追求与万物的和谐，这是我国传统文化以人为本的精神和基调。在年复一年、周而复始、代代相传的传统节日之中，人始终是节日的主体。节庆活动的内容主要是以满足人的需要、和谐天人关系、展示人的才艺、进行人际交往为主。人们在节日中，或阖家团聚、欢庆交流，或探亲访友、男女相会，或祭

祀祖先、追念先贤，或结伴出游、踏青赏月，或尊老爱幼、扶贫济困……在普天同庆、融融之乐中，追求着人与自然、人与人的和谐。人最可贵的是生命，中国每一个传统节日都体现了对生命的热爱，对健康的追求。几乎每个节日都有群众性的文体活动：春节，舞龙舞狮、踩高跷扭秧歌；清明节，踏青赏春、荡秋千放风筝；端午节，龙舟竞渡、户外秋游；重阳节，登高啸咏、骑射竞射；等等。许多节日还有避邪驱瘟、追求健康的内容，如除夕前的除尘送灶，清明节的插柳戴柳，端午节的悬艾蒲、饮雄黄酒，重阳节佩插茱萸、饮菊花酒等。人们在尽情享受节日的欢娱中，在"平安吉祥""健康快乐"的美好祝福中，谱写着一曲曲对生命的颂歌。

（二）敬祖孝先、尊老爱幼的传统美德

中华民族对自己的祖先历来有着异常浓厚的感情，《礼记》称："亲亲故尊祖，尊祖故敬宗。""仁义"与"孝悌"是中华民族传统道德的核心，孝悌的基本内容则是父慈子孝、兄友弟恭，并由此推及尊老爱幼等。慎终追远的情怀成为中华文明的一条重要根脉，每逢佳节都要虔诚地祭祀祖先，以表达对祖先的孝思和怀念。春节、清明节、中元节等，都有祭祖的仪式和内容，在祭奠与追思中，孕育着后人的感恩之心和责任意识。节庆活动中还处处体现着对长者的尊敬和对幼儿的宠爱，春节给长者拜年，为长辈们送上可心的礼物，节日宴席上对长者座次的优先考虑，为长辈们敬酒祝福；以祈福求寿为重要内容的重阳节，自1989年便成为国家法定的"老人节"，尊老爱老已成为节日的新主题。孩童幼儿更是节日的宠儿，春节长辈要给"压岁钱"，屠苏酒要从年幼者喝起；端午节要给儿童涂雄黄、佩香囊、带艾虎；中秋节有儿童喜爱的"兔儿爷""流星香球"等，这些习俗寄托着人们对后代的祝福与期望。

（三）勤劳勇敢、刚健有为的自强精神

中华民族是一个勤劳勇敢的民族，具有刚健有为、自强不息的进取精神，这种民族特性和民族精神一直是中华民族奋发向上、蓬勃发展的动力，它体现在人们生活的各个方面，在节庆文化中也有突出的显现。中国传统节日是人们展示勤劳智慧、聪明才艺的最佳时机。"元宵节的灯会展示着各种奇思妙想和精湛的手艺。庙会上百戏杂陈、百艺斗胜，使人目不暇接。文人可以联句咏诗，村女也可以当场对歌，刘三姐不输于酸秀才。灯谜竞猜，让人绞尽脑汁。窗花剪纸，生动传神。小女儿斗草，比的是植物知识。秋千起伏，风筝入云，孔明灯升天，荷花灯入水，各有胜场。七夕的乞巧，更是以成为巧手姑娘为美。"[1] 这些多姿多彩的节庆民俗事项，充分反映了华夏子孙刚健有为、自尊自强的进取精神，正是这种精神使中华民族不屈不挠、开拓进取、勇往直前。

（四）弘扬正义、忧国忧民的爱国情怀

中华民族是个重理智的民族，在漫长的历史发展中，形成了坚持正义的民族气节和忧国忧民的博大情怀。中国传统节日中，有不少节日是与民族气节和爱国传统相关联的，尤以清明节和端午节为代表。清明节中融入的寒食节，其起源是为了纪念传说中的晋国忠臣介子推。介子推居功不取，隐居绵山，宁被烧死，用自己的生命为代价，为民请命，谏言君王自修自省，勤政清明。人们把介子推蒙难的日子定为寒食节，每年此日禁忌烟火，只吃寒食，以示纪念。过寒食节的同时，人们也世世代代赞美与弘扬着介子推的刚正气节。端午节是为了纪念伟大的爱国诗人屈原。他上下求索，为的是精忠报国。他屡遭陷害，含冤而死。民间为了凭吊屈原，于是形成了端午节赛龙舟、吃粽子的节俗。屈原忧国忧民的爱国精神通过端午节这一载体，在年复一年、周而复始的节庆活动中，不断得以发扬光大。

---

[1] 徐惟诚：《挖掘传统节日深厚的文化内涵》，《人民论坛》2008年第8期。

（五）贵和尚美、团结和睦及平安吉祥的心理追求

"和"即和谐、统一，"美"即美好、团圆，贵和尚美、团结和睦是我国传统文化的基本精神之一。中国传统节日蕴含着丰富的和谐理念，节日的源起便是先人将自然时间进程与社会生活节律有机结合的产物，体现着"天人合一"的理念；节日中的各项娱乐活动、人际交往、饮食安排等都体现着人与自然的和谐、人与社会的和谐、人与人的和谐。除夕之夜，阖家团圆，一家人聚在一起和面包饺子，和面的"和"与"合"谐音，而圆圆的饺子皮则象征着团圆。春节里的"拜年"活动，使亲朋邻里之间消除了隔阂，增进了团结，可谓"一声恭喜，互泯恩仇"。元宵节，全家围坐在一起吃汤圆，又表达了人们希望生活团团圆圆、和谐美满的愿望。七夕节，牛郎织女的凄美传说将中国人天长地久的爱情演绎得如此唯美和浪漫。中秋节，团圆团聚、家国和谐，是中华民族永恒的憧憬与追求。九九重阳，登高吃糕，寄托着人们健康长寿、实现人生境界步步高的美好愿望。

四、中国传统节日是民族情感的凝结，是增强民族文化认同、维系国家统一、民族团结和社会和谐的重要精神纽带

中国传统节日不仅蕴含着优秀的民族精神，而且凝结着丰富的民族感情，是民众精神情感的重要寄托方式。广大民众有着追求丰收富裕、平安和顺、生活美满、欢乐吉祥、健康长寿等共同的理想和愿望，这些心理诉求，不断通过欢度传统节日的方式，通过节庆的礼仪习俗得以表达和释放。民众最美好的向往是人间的亲近与和谐，最希望享受到的是和睦亲情的温暖，而传统节日作为文化生活的节点，是民众表达和抒发内心情感的最佳时机。节庆活动中蕴含的情感极为丰富，既有对自然万物的感恩，也有对祖先的答谢；既有对先烈圣贤的缅怀，也有对故土家乡的依恋；既有对父母与长者的敬爱之情，也有兄妹手足间的牵连之情；既有街坊邻里间的互助之情，也有朋友同事间的友爱之情。通过祭祖、

拜年、访亲、联欢等多种节日仪式，传递着这些美好的情愫，使传统节日超越时空界限，始终发挥着凝聚民族情感、融洽人际关系、促进社会和谐的功能。由于传统节日具有周期性、民族性、群众性、综合性等特点，又使这种功能不断地得以强化。中国传统节日是对民族文化和民族记忆的一种全民性强化，是延续民族品性、增强民族认同的链条。传统节日的风俗在几千年的历史长河中传承、发展、融合，形成了独特的民族特性。这些节日超越了地域、阶级、种族乃至时代的界限，无论是官方还是民间，无论是达官显贵还是庶民百姓，无不同日而庆、同日而乐。俗话说："有钱没钱，回家过年。"每逢春节前，中国人返乡的景象如同候鸟回迁，大多数人不论身在何处，都要踏上归乡之路，回家团聚，共度除夕。即使身处海外的华人华侨，每逢传统节日，也都会想到自己是中华儿女，在庆贺佳节之时，无限向往祖国。遍布世界各地的数千万华人，以及越来越多走出国门的实业家和留学生，他们落居在哪里就把"过大年"的习俗带到哪里，并在"过大年"时，将思乡、思亲、思归、祈盼团圆之情，以及人与人、民族与民族之间的亲善之情抒发到了极致。在浓郁的传统节庆文化的氛围里，民族认同感自会不期而至、不约而同。海外侨胞对清明祭祀也十分重视，每逢清明节都有大批海外华侨归国祭祀祖先，也祭祀本民族的始祖。他们在庄严肃穆的气氛中，在追忆先祖的仪式中，接受着民族文化的熏陶和人文精神的陶冶，保持着中华儿女的血脉相连、心心相印。传统节日使民族传统文化的因子渗透到每个人的心中，彰显到社会生活的各个领域，整个民族在周而复始的中华节庆文化的洗礼中，凝聚和维系着民族情感，锤炼和固化着民族个性，培育和弘扬着民族精神，壮大和张扬着民族形象。中国传统节日又是维系国家统一、巩固民族团结、促进各民族文化交流与融合的重要精神纽带。我国是一个由56个民族组成的国家，各民族都有自己的传统节日，但汉族的一些较大的传统节日，也是许多少数民族共同享有的节日。如满族、朝鲜族、黎族、纳西族、侗族、毛南族、达斡尔族、拉祜族、锡伯族、白族等少数民族，大都与汉族一样，将春节、端午节、中秋节、重阳节列为自己民族的节日。尤其是春节，如今已差不多成为我国各个民族的共同节日。各少数民族都以自己的庆贺方式欢度传统佳节，这也恰好反映了中华文化"和而不同"的优良传统。各民族人民在共同欢度传统节日中，有力地促进了民族文化的交流与融合，巩固了民族的大团结，增强了中华民族的向心力和凝聚力。中国传统节日的文化内涵博大精深，其深厚的文化底蕴已经深深融入历代人的日常生活中，滋养着民族的生命力、创造力、凝聚力，推动着中华文化的历久弥新，也促进着当代和谐社会的建设。但是，由于历史的局限，传统节日既蕴含着优良的文化因子和宝贵的民族精神，也包含着一些应该剔除的封建因素和迷信糟粕。今天，我们在运用传统节日弘扬民族文化时，应该坚持"扬其精华，去其糟粕"的原则，应该贴近实际、贴近生活、贴近群众，根据时代的发展和国情民意，在继承传统节日文化精髓、保持固有文化底蕴和功能的同时，应该与时俱进地发展传统节日文化，并赋予其新的时代内涵和生命活力，将传统节日熔铸得更加生机盎然、灿烂辉煌，成为当代民众由衷喜爱、自觉参与、乐在其中的精神家园。

（原载《艺术百家》2012年第3期）

扬弃传统文化　阐发儒学精神 *

以中国古代伟大的思想家、教育家孔子为代表的先贤所创立的儒家学派博大精深、源远流长，它包括了政治、哲学、伦理、教育、艺术等方面的思想主张和行为方式，构成了中华民族传统文化的一个核心内容，对于中华文明的演进和发展起到了不可替代的作用。同时，儒家思想对于人类文明的进步也做出了重要的贡献，在世界上产生了超越时代、超越国界的深远影响。尽管儒学在中国历史上曾经历了来自方方面面的冲击，至今对儒学也存在着这样或那样的争论，但在2000多年的历史长河中，孔子继往圣开来学创立的儒学，既为中国传统文化奠定了坚实的基础，又为世界文明做出了重要贡献。其历史的光辉和现实的价值都不会使人们停止对儒学的探讨，反而会更加激发我们对儒学的深入研究。特别是当代中国现代化发展进程的加快，更加迫切地需要对传统文化做出更全面、科学、系统的梳理与扬弃。

正是基于这样的现实需要，2007年我们在这里举行世界儒学大会发起会议的时候，就是希望通过中华人民共和国文化部和山东省人民政府的合作，通过山东省文化厅、孔子研究院、济宁市政府和中国艺术研究院等机构共同努力，联手搭建起一个探讨儒家思想文化的高端性、国际

---

* 本文由作者在第五届世界儒学大会开幕式上的主旨发言整理而成。

性学术平台，聚集世界范围内儒学研究的学术力量，在平等开放的氛围中各抒己见，在学术自由的环境里畅所欲言，共同为21世纪人类社会的进步发掘重要的思想资源，为世界和平发展寻找文化动力，并将世界儒学大会办成引领海内外儒学研究发展的年度盛会。

今天，这个具有国际性、战略性的文化目标正在实现。我们共同展开对儒家思想精华的深入阐发和弘扬，见证着中国儒学走向世界的进程，推动着对中国传统文化的现代性阐释。儒家著名的思想家荀子曾说："彼求之而后得，为之而后成，积之而后高，尽之而后圣。"（《荀子·儒效》）荀子强调人只有努力追求然后才能获取，坚持实践然后才能成功，不断积累然后才能提高，奋力攀登然后才能达到高峰。自2007年世界儒学大会发起国际会议及2008年第一届世界儒学大会的成功举办，再到今天第五届世界儒学大会的胜利召开，在有关各方的共同努力下，在国内外与会专家的积极参与下，世界儒学大会一步一个脚印，推动着国际性儒学研究的不断深入开展，并不断推出重要的学术成果，产生了越来越大的文化影响力。

在这六年间，特别值得铭记的是，我们在世界儒学大会发起国际会议上一致通过了《世界儒学大会发起宣言》和《世界儒学大会章程》这两个重要文件，将世界儒学大会确立为世界范围内儒学研究的一个高端学术交流平台。在这个平台上，我们不是阐发某一家、某一派的学术思想，而是将各家各派的儒学研究成果汇聚一堂，真正做到"百花齐放，百家争鸣"。同时，为了促进儒学研究的发展，主办方决定从第二届儒学大会开始设立"孔子文化奖"，表彰从事孔子文化研究并有重大学术成果和在儒学文化交流、传播、普及方面有重大成就的个人、机构和非政府组织。这一奖项自设立以来，经过公平、公开、公正的评选，先后评选出杜维明、庞朴、汤一介、汤恩佳和中国孔子基金会、国际儒学联合会等个人和机构，这充分表现出主办方对儒学研究和传播的积极推动作用。从首届世界儒学大会举办以来，已有来自世界各地20多个国家和地区的专家累计提交了500余篇论文。在历次会议上，发言者纵横捭阖、直陈已见。通过认真的讨论，大家的思想得到深入交流，儒家思想得到深入阐发。为了使世界儒学大会的研究成果能够充分发挥其社会意义和体现其学术价值，历届大会的优秀论文都已结集出版，为世界儒学研究留下了一份宝贵的学术历史文献。

在文化部和山东省人民政府的指导、支持下，在各承办单位的通力合作下，世界儒学大会如今已成为儒学研究的国际品牌，成为国际儒学研究的年度盛会。当今世界，思想文化交流、交融、交锋呈现出全新的特点。深入研究以儒家思想为重要内容的中国传统文化，有利于东西方文明的理解和会通，更有利于当今世界传统与现代的对话和交流。不同民族文化之间没有高低贵贱之分，从精神意义上讲，各种文化都是平等的，只有在相互尊重的基础上扩展交流，方能"美美与共"。希望与会嘉宾、学者在儒学研究中能够继往开来、承前启后，放眼世界与未来，以对历史、文化的当代性认知，去科学地把握儒学的精神文化价值，科学阐发其丰富内涵，为21世纪人类社会的和谐进步发掘重要的思想文化资源，为世界了解中华文明和儒家思想的当代价值做出努力。

（原载《中国文化报》2012年10月12日）

挖掘文化遗产的"寻根之旅"*

前几日，上海文广新闻传媒集团《非常有戏》节目总导演汪灏盛情邀请我参加"重新种植中华文明的记忆——《非常有戏·寻根之旅》专家研讨会"，但因公务在身，无法前往上海参加会议。只能通过书面的方式，在这样一个平台和大家交流。

今年春节，《非常有戏》即将推出第二季节目"寻根之旅"之前，总导演汪灏曾就这个节目如何做与我联系，征询我的意见。他对挖掘文化遗产的热情和如何做好传播的独特视角给我以深刻的印象，他的这种工作热情令我感动。

《非常有戏·寻根之旅》的触角既深入，又广泛，它关注到了更多散落在民间的、多半是濒临失传但具有深厚文化人类学、文艺学价值的剧种、曲种和各种形态的非物质文化遗产项目。

"寻根"这两个字，我觉得非常好。无根之树，焉得茂盛；无源之水，难免干涸。一个重现历史文化传承的民族，才是一个未来充满希望的民族。然而，在全球化、现代化背景下，这种对于传统的回顾，对于历史文化资源的整理，时常有被摒弃在视线外之虞。这当然是有种种原

---

* 本文为 2008 年 4 月 13 日于上海"重新种植中华文明的记忆——《非常有戏·寻根之旅》专家研讨会"上的发言。

因的。正因此，回首是必需的。问题是，谁会以一种文化自觉来承担这样一种责任？

在这一点上，上海文广新闻传媒集团能主动承担一种使命，承担起一个主流媒体的责任，是难能可贵的，这是需要一种气魄的。毋庸讳言，在当今，媒体的兴衰在很大程度上也是和经济效益相联系的。在很多时候，收视率、广告收入和媒体责任、社会公信度在媒体人的心中难以左右取舍。快餐式的文化、缺乏深度的节目充斥荧屏，是社会趋利性的必然反映。在这样一种背景下，《非常有戏·寻根之旅》将那些不为广大群众，甚至是不为一般专业人士所知的非物质文化遗产作为节目宣传的主要内容，体现的是一种社会责任，它选择的立足点，首先不是收视率和广告收入。

这一点，相信导演组在策划之初就有很清醒的认识，所以这样做，我想，是因为《非常有戏》同人具有强烈的传承优秀民族文化遗产的自觉参与意识。在信息爆炸的今天，媒体所独有的迅捷、无远弗届的特征，对于弘扬那些传播受到地域局限的非物质文化遗产具有不可替代的作用。在这一点上，我觉得《非常有戏·寻根之旅》的意义就不仅仅在于一个节目了，6期的节目容量毕竟是有限的，但是这样一种意识——弘扬传承非物质文化遗产的文化自觉；这样一种责任——当代媒体人对于保护非物质文化遗产的担当，它的明确标举，对于引导社会公众树立自觉参与非物质文化遗产保护的意识，具有重要的意义。

同样，他们付出的努力也是巨大的。当时他们第一次通过电子邮件传给我的前期策划与资料中，整理出拟具体介绍的非物质文化遗产目录达到50余种，前期文字整理有近4万字，而在节目具体制作过程中，这个目录还在不断扩大，到6期结束，整个节目涉及的文化遗产及自然遗产数近200种，其中有很大比重是非物质文化遗产。如此巨大的工作量，《非常有戏》却以一个文化传媒集团的力量很有独创性地完成了。在此，谨对他们这几个月来付出的辛勤工作和取得的热烈的观众反响，表示由衷的祝贺。在唤起全社会，尤其是媒体更全面地参与非物质文化遗产保护的意识的同时，《非常有戏·寻根之旅》的另一个重要的贡献可能是寻找到了一种方式，即深厚的文化内涵与吸引观众热切参与相结合的文化传播方式。长久以来，在荧屏的文化宣传方面，我们一直没有找到一个很好的方式。结果不外乎两种，一是文化被泛娱乐化，从而变质、异化，变得面目全非；二是娱乐在文化面前变得诚惶诚恐，不知所措，教条式地讲述文化，令人生厌，但是，《非常有戏·寻根之旅》却以一种文化与娱乐交融的方式——多种电视手段交互利用，聚焦于挖掘节目的文化内涵，以节目的文化独特性显示其趣味性、可看性，因此，节目收视率并不低。

我们的媒体常常抱怨观众欣赏层次低，但我们应该同时反思自己：我们拿给观众的节目，是否具有文化品格？在很大程度上是我们低估了观众，我们拿给他们的那些眼花缭乱、喧闹浮躁的东西不见得符合多数观众的要求。我们所处的是一个文化多样性的时代，我们的电视节目应该尽可能满足不同层次、不同趣味观众的需要，但其中文化的含量和品格是应该尽力追求的。娱乐性节目尽可能赋予文化品格，文化节目也要尽可能富于知识性、趣味性。我想，《非常有戏·寻根之旅》给了我们有益的启示。

最后，我还想提出的是，作为一个媒体，上海文广新闻传媒集团主动承担传承和保护非物质文化遗产的责任，我们对此应给予高度评价。这些年来我国非遗保护成绩巨大，媒体宣传功不可没。现在，全国各级非物质文化遗产保护中心是非物质文化遗产保护的专职机构，全国各大高校的专业研究团队，以及很多社会机构，都在参与非物质文化遗产保护。我们的资源是否可以整合起来，政府之力、学术之力、媒体之力、社会之力汇聚一起，共同努力把这种传承与弘扬的行为转变为一种长效机制。

2008 年 4 月 13 日

建设队伍　继承创新　推动发展
——在"中国当代工艺美术双年展学术论坛"的发言

首届中国当代工艺美术双年展4月16日在国家博物馆开幕，引起观众的热烈关注。出席开幕式的观众有一千多人，说明大家对工艺美术作品的喜爱，也说明人们关心当代工艺美术创作的发展。

工艺美术的发展包括两个方面，一个是现代工艺美术的发展，一个是传统工艺美术的发展。前者主要表现在新材料、新工艺的运用，以及设计创意的时代性。后者当然主要指运用传统的材料进行的手工艺创造。尽管材料和工具都会有或多或少的改变和提高，但以手工为主的技艺呈现仍是其核心。今天我讲的工艺美术主要指的是传统的工艺美术。

工艺美术的发展，与我们国家现代化进程中市场对作品的需求、需要有关系，广大公众对于传统工艺美术产品的市场需求很大。这种需求从根本上推动工艺美术的发展。我为什么这么讲呢？就是因为我们工艺美术的发展离不开时代的需要，离不开公众的需要，我们工艺美术的发展就是为了适应这个时代的需要；同时在适应公众和社会需求基础上创造具有时代性、代表性的精品，这是我们工艺美术界的一个责任。

当代工艺美术的发展，首先要建设和壮大一支优秀的艺术家队伍。应该说，当代工艺美术发展人才辈出。只有建立起一支好的人才队伍，当代工艺美术的发展才有深厚的基础，所以我们要重视队伍建设。队伍建设首先就要尊重工艺美术大师，以及非物质文化遗产传承人，还有那些没有称号但具有很高创造技艺的艺术家。队伍建设要尊重这些艺术家，要充分发挥他们"传帮带"的作用。队伍建设就是要建设起跟当代的工艺美术发展和社会公众需求相适应的一支很好的队伍。他们要有扎实深厚的传统工艺的技艺功底，要有创新的探索精神，要有静下心坐得住的工作态度。建设队伍还有一个有关部门要为这支队伍和当代工艺美术的发展提供和营造一个更好的发展环境的问题。现在从文化部角度来讲，就是在重视非物质文化遗产保护的基础上来推进中国工艺美术的发展。现在中国工艺美术馆新馆正在筹建之中，今天在座的常沙娜先生等工艺美术界德高望重的专家、学者、艺术家参与了中国工艺美术馆新馆的筹建工作，现在已进入了建筑设计方案评审阶段。新馆的建设，将为我国当代工艺美术的发展奠定坚实的基础。新馆的设计要充分体现"民族性""当代性"和"实用性"，这三者应该在具体的设计中和谐统一地体现出来。在设计建设阶段，中国工艺美术馆要抓紧收集优秀作品、培训员工、筹划展陈方案等一系列准备工作。

当代工艺美术创造，不管是侧重于实用性还是艺术性的作品，都越来越重视实用性和审美性的结合，其艺术、文化内涵都得到更大的重视，因此，文化部门参与主导推动我国当代工艺美术的发展是势所必然的。各级文化主管部门都应从推动文化发展和非物质文化遗产保护的角度，重视为工艺美术的发展创造良好的环境。去年6月1日实施的《中华人民共和国非物质文化遗产法》，其中就有对传统工艺美术保护的内容，我想，《中华人民共和国非物质文化遗产法》的颁布也会为工艺美术的发展创造和营造一个好的环境。当然从政策方面来讲还需要制定很多的细则，包括知识产权的保护，包括对工艺美术家传承的扶持措施等等。总之，推进中国工艺美术发展的基础是加强队伍建设，我们要从多方面重视这一问题。

第二个方面，我认为当代工艺美术的发展要把握好继承和创新的关系。工艺美术传统技艺，如果没有了传统，那就是"无源之水、无本之木"，不可能很好地发展。我听杨坚平先生讲，常沙娜设计的苏绣花卉，秀美鲜活，栩栩如生，绣的针法很好，丝线的光泽表达出了光影和质感，丝线作为材料，会因绣法的高下不同而具有不同的表现效果。同样的材料，技艺不高绣出来就黯淡平板，没有鲜活的立体效果。所以，继承传统技法十分重要，一些细微的技艺实际上构成了工艺美术非常丰富的内涵，是那些技艺精湛、令人叹为观止的优秀作品不可或缺的要素。

现在在市场经济背景之下，我们的产品要盈利当然是很重要的，刚才我讲市场需求，就是强调它的经济效益，不能排弃它的商品属性，但我们从传承方面讲，不能被商品属性所左右、所主导。如果说被商品属性所主导，那我们就本末倒置。作为我们艺术家来讲，首先要把握的就是在传承方面怎么样体现艺术创造最本质的文化内涵、艺术内涵，这要靠传统技艺表现出来。传统技艺就靠掌握技艺的大师的传承，只有不断传承，继承传统，年轻人才能在传统的基础上进行新的创造。所以有两个方面，一个是继承的问题，一个是创新的问题，这二者都要重视，不可偏废。继承就是在传统土壤上扎根，创新是在传统土壤上开新花结新果。每一个时代都在发展，时代发展带来了人们审美趋向的变化，我们看今天的工艺美术品，它跟古代、跟近代是不一样的，人们审美眼光有时代的差异。当然很好的东西它有恒久的生命力，但是我们今天仍需要新的创造，对经典的仿制、仿作也需要，我们不能全部去仿制。所以我们就要研究，每一个时代都有代表那个时代最经典的作品，要思考我们这个时代能够创造什么样的作品代表这个时代？我想，一方面，我们个体的艺术家要展开想象的翅膀，在艺术创造的星空里遨游，以自己最擅长的技艺创造时代的精品；另一方面，有关部门和机构，包括一些传习所，一些研究所和其他一些部门要组织专家、艺术家进行攻关和创造。我们历史上产生的很多工艺美术的杰作与当时宫廷的组织有关系，把关也把得很严。今天有关部门从经费投入，条件保证方面做一些工作，艺术家放手创造，力求创造代表我们这个时代最高水平的，体现这个时代审美趋向的杰作，让后代人看到今天我们这个时代的人创造的最好成果。

这不是很急的事情，大家有这个意识，我想就会水到渠成。只要我们努力，就会为后人创造代表我们这个时代的最好的工艺美术品，这是我们的责任。

除了前面我主要谈的具有高超技艺的工艺美术门类，还有很多民间类型的工艺美术，像剪纸等。民间的这些技艺类型也代表了我们民族的最基础的，可以说最基层的民间智慧的一种创造结晶，这种创造精神闪耀着我们民族创造智慧的火花。如果忽视了这一部分，当代工艺美术的发展也会失去了"根"和"本"。工艺美术类型很丰富，我们要重视每一个门类，民间的这些东西永远不能忘记。特别是在今天的现代化进程中，我们更应该去珍视民间的艺术。

当代工艺美术的发展，需要协调各方面的力量去推动，我们要共同携手，努力推动我国当代工艺美术的繁荣发展。

2012年4月17日

（原载《中华文化画报》2012年第5期）

重视提高非遗保护能力

现代化和全球经济一体化带来经济发展和生活方式变化的同时，也使世界各国和各民族世代传承的、生动丰富的非物质文化遗产面临边缘化和同质化的困境，世界文化的多样性面临严重的挑战与冲击。如何合理借用全球化联动效应，提升国际社会对非物质文化遗产的关注程度和保护力度，提高各国民众对非物质文化遗产的保护能力，是当前世界各国共同的关注方向。

联合国教科文组织2003年通过的《保护非物质文化遗产公约》，从维护世界文化多样性和确保人类社会可持续发展的战略高度强调保护非物质文化遗产的重要性，在唤起国际社会和各国民众对保护人类共同遗产的普遍关注和自觉行动方面发挥了重要的作用。然而，从全球非物质文化遗产保护事业的整体状况来看，各国仍然面临着许多亟待解决的问题：一是很多国家在实践中存在对非遗价值和保护意义认识不足、对《保护非物质文化遗产公约》缺乏正确的理解甚至存在误区的问题，以及"重申报，轻保护"的状况，个别缔约国甚至存在着履约措施不当的情况；二是从实际效果看，各国保护状况严重不平衡，以亚太地区为例，截至2011年底，联合国教科文组织在亚太地区的48个会员国中仍有19个非缔约国，亚太地区虽有32个国家的近百项非物质文化遗产列入两个名录和一个名册，但仍有16个国家尚无一项列入名录或名册。

加强非遗保护，要在意义认识和能力建设上下功夫，也要在平衡地区进展、开展地区合作上下功夫。为此，联合国教科文组织拟在今后几年内向 30 个国家提供政策支持，在 50 个国家开展能力建设活动，并已在全球设立了若干个非遗领域的国际机构，旨在通过这些机构所构成的全球性工作网络，为各国非遗保护工作提供技术援助，并通过开展培训、研究、网络建设、知识分享和信息交流等活动加强缔约国的履约能力。这当然是非遗保护进程中一项具有重大战略眼光的计划。

日前在中国艺术研究院正式启动的联合国教科文组织亚太地区非物质文化遗产国际培训中心（下称亚太中心），就是联合国教科文组织提供支持，以中国政府作为东道主，旨在培训和能力建设的一个国际机构。根据中国政府与联合国教科文组织签署的协议和中国、日本、韩国三国文化部长签署的谅解备忘录，亚太中心将与日本、韩国的两个中心，以及其他国际机构加强合作与协调，既全面推进非遗保护工作，又突出自身主要职能，即主要通过组织联合国教科文组织认可的国际培训专家，采用科学规范的培训教材，为亚太地区培养保护非遗的专业人才，并为提高缔约国在履行《公约》义务、非遗清单制定、名录申报工作等方面的能力提供咨询服务，进而为促进非遗领域的区域性和国际性交流与合作提供良好的平台。

这样一个在全球和区域层面上运作的合作性机构在中国得以成立并运行，是国际社会携手共同应对全球性文化危机的集中体现，它传达了中国为亚太地区非遗保护事业可持续发展做出贡献的良好意愿，也体现了国际社会对中国非遗保护工作成绩和取得经验的充分肯定。

中国是非遗资源大国，保护工作近年来虽然取得了一些经验和成就，但与非遗急速消逝的危机局面相比，依然存在着观念认识、能力建设、人才培养等等方面的不足。依托亚太中心，尽快尽可能多地为非遗保护培养人才，这是全球更是中国社会的当务之急。

（原载《人民日报》2012 年 3 月 30 日）

非遗生产性保护需减税护航

近 10 多年来，在党中央、国务院的高度重视下，在社会各界的广泛参与和大力支持下，我国的非物质文化遗产保护工作取得了令人瞩目的成绩，全社会的非物质文化遗产保护意识逐渐增强，已经初步建立起符合我国国情的科学有效的保护体系。特别是 2011 年 6 月 1 日，《中华人民共和国非物质文化遗产法》正式施行，标志着我国的非物质文化遗产保护工作进入了全面依法保护的新阶段。

在非物质文化遗产保护工作实践中，根据非物质文化遗产自身特点和内在规律而实施的抢救性保护、整体性保护、生产性保护等多种保护方式，已取得了显著的成效。其中，生产性保护更是受到广泛肯定。所谓非物质文化遗产生产性保护，主要是指传统手工技艺及传统美术、传统医药等类项目，在具有生产性质的实践过程中，以保持非物质文化遗产的真实性、整体性和传承性为核心，以有效传承非物质文化遗产技艺为前提，借助传承、生产、营销等手段，将非物质文化遗产资源转化为文化产品的保护方式。

目前，非物质文化遗产生产性保护主要适用于传统技艺、传统美术和传统医药药物炮制类项目。随着社会的发展和现代生活方式的演变，经济全球化、工业化和现代化程度越来越高，社会转型、文化变迁的速度和力度超越以往任何时代。传统技艺、传统美术等非物质文化遗产生产性保护项目的生存土壤、生态环境都受到了严重冲击，许多项目濒临停产、萎缩和濒危的境地。作为传统手工技艺类非物质文化遗产项目，其文化内涵和技艺价值要靠人的手工创造来体现和发挥，而其保护与传承也只有在生产实践中才能真正地实现。目前，大多数非物质文化遗产生产性保护项目面临着利润低、税负重、信贷难等困难。例如土族盘绣，是土族独有的一种绣法，技艺精湛，做工精细，针法复杂巧妙，蕴含着古老土族文化的深刻内涵和鲜明的民族风格，一幅小件的盘绣作品需要艺人工作两周才能完成，但市场价格只有300元至500元，除去应缴纳的相关税收后，利润所剩无几，类似的项目还有苗绣、瑶族刺绣、水族马尾绣、侗族织锦技艺、黎族传统纺染织绣技艺、柳编、竹刻等。再加上许多传统技艺和传统美术等非物质文化遗产生产性保护项目原属轻工行业，长期以来一直按轻工产品缴纳17%的增值税。由于许多非物质文化遗产产品原材料来自农村，购买原材料时一般是直接支付现金，无法开具发票用以抵消增值税。如衡水内画项目使用的天然水晶、琥珀，古法造纸使用的稻草，木雕、石雕等雕刻使用的原材料，传统制醋使用的粮食等等都是这种情况。由于税收负担沉重，利润微薄，许多年轻人觉得从事这个行业赚不到钱而不愿意学习该项技艺，影响了非物质文化遗产的保护和传承。

  除了税收负担外，许多非物质文化遗产生产性项目还面临资金问题。由于非物质文化遗产生产性保护项目主体多为个体、家庭作坊和微、小企业，其中国家级传承人中60岁以上、年老体弱的约占85%。作为现代社会转型中的边缘弱势群体，他们大多生存困难、缺乏资金，在信贷质押苛刻的商业银行很难得到贷款融资，从而错失了许多传艺带徒、扩大市场、做大做强的机会。如苗族银饰锻造技艺，一副银凤冠即重达2公斤多，一副银排圈也有2公斤，按白银市场价6.5元每克计算，制作一副银凤冠与一副银排圈所需的白银原料成本就高达2.6万元，由于原材料贵重，采购需要大量资金，传承人只好以重复加工已有的银器为主，难以进一步开拓市场，一定程度上影响了该项传统技艺的发展和传承。

因此，建议国家税收等相关部门加强对非物质文化遗产生产性保护的税收、融资扶持，进一步推动中华民族优秀传统文化的传承和弘扬，促进相关产业发展，为非物质文化遗产可持续保护奠定持久、坚实的基础。同时，推动非物质文化遗产生产性保护，也会对扩大就业、富裕农民起到重要作用。

建议国家相关部门出台非物质文化遗产生产性保护的税收优惠政策，区别生产单位不同情况，减免非物质文化遗产生产性项目企业及相关行业17%的增值税；建议国家相关部门出台非物质文化遗产生产性保护的融资优惠政策，放宽非物质文化遗产生产性项目企业及传承人的信贷质押条件，并简化审批手续。

（原载《中国艺术报》2012年3月14日）

中华老字号：在继承与创新中演变

促进中华老字号核心技艺的传承与发展，应把握好恒定性与活态流变性的传承规律，把品牌产品品质的提升作为衡量创新取向的标准，坚守根本，不断创新

中华老字号以深厚的文化积淀和精湛、独特的技艺，以及以诚信为本的服务理念和追求高品质的专业精神，在持续的发展中，不仅展现着商业文化追求的精髓，也成为中华民族优秀文化物化象征的标志之一。中华老字号的传承发展，不仅是增强国家经济竞争力、加强当代商业企业建设的现实需要，也是承续、弘扬中华民族优秀传统文化，增强文化自信的必然要求。关注、研究、推动中华老字号的当代发展，不仅是相关行业的责任，也是社会的共同责任。

构成中华老字号延续发展的要素很多，如诚信、品质、创新所涉及的价值取向、产品塑造、商业目标、经营模式、体制机制等诸多方面。中华老字号之所以有品牌、有市场、有信誉，最核心的支撑是其拥有的独特技艺。今天中华老字号的传承发展，仍然需要把其核心技艺的传承、发展放在最重要的位置。

核心技艺的传承、发展，首先是继承，这样才会有历史的延续性，这是根本，否则只能是无源之水、无木之本。老字号核心技艺一般来讲都具有原创性、独特性，这是它区别于其他企业、产品的"独家秘诀"。只有原原本本地学习、掌握，也就是把握好"原真性"，才有其立足的根本点。老字号核心技艺的传承，不仅是技术部分，也应包括文化传承。比如同仁堂"同修仁德，济世养生"的企业精神，"修合无人见，存心有天知"的自律意识，"以义为上，义利共生"的经营哲学，"同心同德、仁术仁风"的经营理念，"炮制虽繁必不敢省人工，品味虽贵必不敢减物力"的质量观等；再比如胡庆余堂的"是乃仁术""真不二价""戒欺"等为原则的职业道德和质量要求，也都形成了其核心技艺赖以扎根的深厚土壤。核心技艺脱离了这样的文化土壤，就不可能保证它的产品的独特品质。品质、技艺决定着品牌的纯度和高度。核心技艺的传承，需与文化的传承、企业精神的传承融而为一。

传统核心技艺的传承是基础，同样不可忽视的，是核心技艺的创新。不少中华老字号企业解体，也有不少企业难以为继，其中原因是多方面的，但最重要的一个，是思想因循、观念陈旧、故步自封，对今天人们审美趋向的演变、生活方式的变迁、衣食住行从内容到形式的变化，视而不见，要人们来适应自己的产品，而不是通过创新发展去适应市场，满足当代人们已变化的多方面需求。材料的变化、工具的改进，甚至环境的变化，以及传承人自身文化、科技素养的提高，都要求或带来核心技艺的演变，而最根本的，当属服务对象的需求导致的市场变化，必然要影响到传统产品的调整。这种调整对传统核心技艺的创新也提出必然的要求。

继承和创新是中华老字号核心技艺持续传承的两个支柱，核心技艺正是在对立统一中演变。正像我国众多的非物质文化遗产项目一样，中华老字号核心技艺的传承，也同样遵循恒定性和活态流变性的规律。恒定性是指人类智慧、思想、情感和劳动创造积淀形成的生产、生活方式和思想、情感表达方式，它成为个体的人的一种"群体"活动，形成一定群体人们共同遵守践行的一些规则，这些规则世代相传，有集体维持的恒定性，不是一个个人可以随意改变的。随着时代、环境、生产生活条件、审美趋向等的变化，整个传承链条上的传承者，都会把自己的独特体验融入其中，所以整个传承的历史过程又不是凝固不变的，这就是它的恒定性和活态流变性，它是在继承和创造的统一性中发展的。中华老字号能持续百年以上，就是因为它在发展过程中，既能保持自己的基因，又能以不断的创新产生与时俱进的活力。

促进中华老字号核心技艺的传承与发展，应把握好恒定性与活态流变性的传承规律，把品牌产品品质的提升作为衡量创新取向的标准，坚守根本，不断创新。同时重视体制机制创新、技术创新、产品创新、经营模式创新，使中华老字号在新的历史时期不断迎来更壮阔的发展。

（原载《人民政协报》2017年1月12日）

非遗理论建设的可贵探索
——写在《非物质文化遗产概论（修订版）》出版之际

21世纪以来，我国的非物质文化遗产保护工作卓有成效地全面展开，取得了令世人瞩目的成绩。短短十几年来，我国的非物质文化遗产保护工作，经历了由以往的单项选择性的项目保护阶段，走上全国整体性、系统性的全面保护阶段、科学保护阶段和以2011年2月25日十一届全国人大常委会第十九次会议审议通过《中华人民共和国非物质文化遗产法》为标志的依法保护阶段。这一方面是因为非物质文化遗产保护工作在国际范围内普遍得到重视；另一个更重要的方面，是近些年来我国对文化的认知，特别是对历史文化遗产的认知，更具包容性的眼光。人类文化的深厚性，是与人整体发展的要求相适应的。以人为本的社会，必然尊重文化的多样性。而对非物质文化遗产的保护，正是适应了这样一种必然的要求。

人们对非物质文化遗产保护的认识，有一个逐步深化的过程。20世纪六七十年代，由于大兴水利工程和旅游业的兴起，在世界范围内因此而毁掉的古迹要远多于两次世界大战对古迹的破坏。埃及在尼罗河上游修建了阿斯旺水坝，致使两座千年神庙毁于一旦，就是一个突出的例子。为了保护人类文化与自然遗产，使之免于毁灭，1972年11月16日，联合国教科文组织在巴黎通过了《保护世界文化和自然遗产公约》。该公约规定保护的对象是自然遗产和文化遗产。公约中提到的"文化遗产"只包括"文物""建筑群"和"遗址"三类，显然它并不包括非物质文化遗产。非物质文化遗产，是人类通过口传心授而世代相传的无形的、活态流变的文化遗产。由于这种无形的、活态流变的文化遗产深藏于民族民间，是一个民族古老的生命记忆和活态的文化基因，因此它体现着一个民族的智慧和精神。人类这一伟大的精神创造，其内容和内涵要比物质遗产更为丰富多彩，更加博大深厚。2003年10月17日，联合国教科文组织第32届大会通过了《保护非物质文化遗产公约》，该公约详细地界定了非物质文化遗产的概念以及它所包括的内容。在世界范围内开展抢救和保护非物质文化遗产工作，这是人类为保护自己的精神家园而开展的一项极其伟大的文化传承工程。

中国幅员辽阔、历史悠久、民族众多，所拥有的非物质文化遗产确实是绚丽多姿、异彩纷呈。中国的非物质文化遗产来源于中华五千年文明，深深植根于民族民间，是中华民族身份的象征，是培育中华民族认同感的宝贵资源，是促进民族团结、保持国家统一的坚实基础，是凝聚全国各族人民的重要力量。保护好、利用好中国的非物质文化遗产，对于民族精神的凝聚和延续，对于当代文化创新，对于实现中华民族的伟大复兴，都具有不可估量的重大作用。

中国自古就有保护非物质文化遗产的传统，我国文学史上第一部诗歌总集《诗经》，对民间歌谣进行记录整理，就是一个很好的例证。这些土风歌谣与其中的正声雅乐及宗庙祭祀的舞曲歌词汇集为一，汉代以后竟逐渐成为士子无不研读之"经"。它在收集、整理和保护传承民族民间文化方面所形成的传统，对中华文化的发展有着深远的影响。新中国成立以后，特别是改革开放以来，以10套《中国民族民间文艺集成志书》等为代表性成果的非物质文化遗产抢救工作取得了重要的成绩。但真正意义上的非物质文化遗产保护工作的深入开展，还是21世纪以来的事情。以2001年我国的昆曲艺术被联合国教科文组织公布为"人类口头和非物质遗产代表作"为开端，以2003年文化部、财政部、国家民委和中国文联联合启动实施的为期17年的"中国民族民间文化保护工程"为标志，我国的非物质文化遗产保护工作逐步走上全面的、整体性的保护阶段。

2005年3月，国务院办公厅印发了《国务院办公厅关于加强我国非物质文化遗产保护工作的意见》。同年12月，国务院颁发了《国务院关于加强文化遗产保护的通知》。这两个文件的颁发，对于唤起全民族对祖先留下的宝贵非物质文化遗产的保护意识，增强中华民族文化的认同感和自豪感，起到了重要的作用。2006年元宵节，由文化部等国家九个部委联合主办、中国艺术研究院和中国国家博物馆承办的"中国非物质文化遗产保护成果展"在中国国家博物馆成功举办，社会反响热烈。紧接着，在2006年6月10日，我国迎来了第一个"文化遗产日"，引起了全社会的广泛响应。2011年2月25日，十一届全国人大常委会第十九次会议审议通过了《中华人民共和国非物质文化遗产法》。在今天，依法保护非物质文化遗产的意识已日益深入人心，并具有了广泛的社会基础。

在全社会普遍重视非物质文化遗产的保护并取得重要成绩的情况下，我们应清醒地看到，现代工业的迅速发展、现代交通的拓展和延伸、计算机网络的密集化、全球经济一体化的趋向、农村人口不断向城市迁徙和结集、旅游业发展的持续高涨等，使我国非物质文化遗产保护出现了更多的困难，保护工作的形势十分严峻。人们在创造新的文化的同时，也在消解着珍贵的传统文化遗产。为了进一步增强全社会保护非物质文化遗产的自觉性，提高人们对于非物质文化遗产及其保护工作意义的认识，让非物质文化遗产的保护工作真正走上科学化、规范化、法制化、合理化的轨道，我们有必要重视和加强对于非物质文化遗产基本理论问题的研究，加强对于非物质文化遗产保护工作中出现的各种理论与实践问题的思考和总结。什么是非物质文化遗产？它到底有什么样的价值？今天我们下这么大的力气来保护它究竟有什么意义？怎样区分非物质文化遗产与物质文化遗产以及自然遗产、文化景观遗产、自然与文化双重遗产等多种遗产类型？非物质文化遗产本身如何进行科学的分类？中国和国外保护非物质文化遗产的历史与现状如何？应该怎样对我国丰富多彩的非物质文化遗产进行科学、合理的保护，而不是盲目的、非科学的甚至是破坏性的保护？等等。这些问题是目前非物质文化遗产保护工作中迫切需要从理论上进行回答的问题。

抢救和保护非物质文化遗产是一个十分浩大的、极其复杂的文化传承工程，其难度确实是非常之大。实施保护工作，首先要对全国非物质文化遗产项目进行普查，其次是在普查和科学认定的基础上，建立起国家、省、市、县四级非物质文化遗产名录体系，按照"保护为主、抢救第一、合理利用、传承发展"的保护工作方针和"政府主导、社会参与，明确职责、形成合力；长远规划、分步实施，点面结合、讲求实效"的工作原则，以非物质文化遗产项目和传承人为核心，最终建立起科学有效的非物质文化遗产保护和传承机制。像这样一个长期而复杂的文化系统工程的实施，离不开切实的科学理论的指导。同时，非物质文化遗产保护的理论建设，也应是整个保护工程中一个不可或缺的组成部分。

正是在这样的背景下，《非物质文化遗产概论》由中国艺术研究院的学者历经两年的时间编撰完成，并由文化艺术出版社于2006年10月出版，这在非物质文化遗产基础理论研究领域，无疑具有开拓性的意义。2008年，为适应高等院校教学的需要，该书按教材体例进行了调整，由教育科学出版社作为教材出版。鉴于2011年《中华人民共和国非物质文化遗产法》的颁布，以及近几年来，随着非物质文化遗产保护工作实践的深化，有更多的实践经验需要进行更深入的理论概括，该书的作者根据非物质文化遗产保护工作新的发展和启示，再次对全书做了认真的修订，仍由教育科学出版社出版。

该书站在历史与文化的总体高度，从国际国内两个视角，全方位地、系统而深入地回答了人们面对非物质文化遗产保护所关心的一系列问题，而且还切实地为非物质文化遗产抢救和保护工作提供了宏观的解决问题的思路。可以说，这样系统的概论性著作的问世，对于非物质文化遗产学乃至文化遗产学这样一些应时而兴、急切需要、很有前途的新兴学科的创立和发展,做出了积极的尝试和有益的探索。

尽管这种尝试和探索没有止境,但迈出第一步,总是重要的。

(原载《文艺报》2014 年 2 月 21 日)

以文化人　以德润心
——《记住乡愁》观后

由中共中央宣传部等部门指导、中央电视台拍摄的百集系列纪录片《记住乡愁》，开始在中央电视台播出。它以开阔的视野、深入的触角，多角度、多方位地展现我国具有典型性的传统村落风貌，挖掘积淀其中的深厚传统文明基因，以文化人，以德润心，以亲切而真实可见的方式，表现生活于传统村落的当代人的生活方式、生产方式、人际关系，在历史性与当代性的联系中，形象地表达了"立足中华优秀传统文化，培育和弘扬社会主义核心价值观"的重要意义。《记住乡愁》以抒情诗般的记叙，流淌在观众的心中，给人以情感的感染和心灵的震动，它把中华优秀传统美德的一粒粒珍珠，串连成一条熠熠闪光的项链，闪耀在观众的心中。《记住乡愁》给我的深刻印象是，一个重视重现历史文化传承和时代创新的民族，必将是一个未来充满无限希望的民族。

百集系列纪录片《记住乡愁》中的百村，从物质存在形态上讲，百村百貌，村落布局、建筑样式、自然环境，形态各异。无疑，这些传统古村落历史悠久，传统文化积淀深厚。这些在今天被视作"非物质文化遗产"的优秀传统文化，以活态的方式在生活其间的当代人身上传承下来、体现出来。

《记住乡愁》系列片的制作者正是将固态性村落与活态性文化传承相

统一，将历史性与当代性相统一，将中华传统美德与当代社会主义核心价值观建设相衔接，将镜头对准在传统古村落中生活的当代人，表现他们对历史文明的活态传承，而这些活态传承则大都是以平凡而又不平凡的、饶有兴味的讲故事的方式叙述出来，使观众感同身受，如临其境，不知不觉沉浸其中，深受感染。这些生活在传统村落里的当代人们，在祖辈的文化传承中传递着中华优秀传统文化和优秀传统价值理念。专题片的制作者们显然是做了深入的挖掘和思考提炼，从强调百村在文化传承方面各不相同的特点出发，更加突出和鲜明地表现百村在优秀传统文化传承上的不同特点或不同侧重点，所以会使各集看起来各不雷同，但又会在整体上构成中华优秀传统文化传播的相对完整性。在生活在传统古村落中的当代人身上体现的传统文化，让我们看到传统文化与社会主义核心价值观建设的紧密联系。这启发我们应该十分重视立足于中华优秀传统文化，挖掘优秀传统文化资源，弘扬和培育社会主义核心价值观。

习近平总书记在2013年12月召开的中央城镇化工作会议上指出："让居民望得见山、看得见水、记得住乡愁；要融入现代化元素，更要保护和弘扬传统优秀文化……要注意保留村庄原始风貌，慎砍树、不填湖、少拆房，尽可能在原有村庄形态上改善居民生活条件。"习近平总书记以高远的人文情怀深刻指出，我国城镇化建设，不仅仅在于改善人居环境，更在于延续传统文化精髓的美丽乡愁。我们应该以一种时代的担当和文化自觉来承担这样一种责任。《记住乡愁》百集系列纪录片的制作，从文化的角度，以一种时代的担当和强烈的文化自觉，把有历史记忆的环境——传统古村落记录下来，把活态地洋溢其间的人们的情感、思维方式、精神向往也形象地记录下来，我相信，它不仅对于弘扬中华民族优秀传统文化、对物质和非物质文化遗产的保护具有重要的价值，而且对于我国的城镇化建设也会有重要的启示意义。

由《记住乡愁》百集系列纪录片也想到我国的城镇化建设。我理解，乡愁不仅要留存在传统古村落生活的人们中间，农村城镇化建设，还应包括城乡一体化建设，也要让人们记得住乡愁。"乡愁"既要延续人们的历史情怀，也要满足时代发展中人们新的文化诉求（现代元素）。因此，城镇化进程不能只关注人们生活的物理空间的改善，还不能忘记文化空间的建构、精神家园的稳固，以及人们记忆的延续和创造力的激发。德国哲学家海德格尔曾提出"诗意的栖居"，这对我们应有借鉴意义。我十多年前去新加坡，新加坡建设的总规划师刘太格，当时也是新加坡城市重建局局长，与我谈起该国的建设规划时，他告诉我，新加坡看起来高楼林立，其实规划过程中非常用心地保留了许多让原住民能保留文化记忆的环境空间。他还告诉我有一处靠近大海的海滩，往前走是一个村庄，住地的居民世代在海滩上结网、晒鱼，孩子们在这里嬉戏。原规划在村庄与海滩之间要建设现代化的酒店，但这就必然消弭原住民的历史文化记忆。后来他们改变了规划，至今仍保留了原来的空间环境。我想，水泥森林于划一的单调中是不可能寻找到诗意和乡愁的。当然，乡愁也不仅是诗意的流淌，它还有人生的艰辛与坚持，还有人生的奋斗与创造。期待《记住乡愁》会陆续让人们有更全面的感受。

最后，我想说的是，非物质文化遗产保护工作在城镇化建设中大有用武之地。非遗保护领域的学者要在把握非物质文化遗产演变的恒定性规律的同时，还要基于非物质文化遗产"在适应周围环境，以及与自然和历史的互动中被不断再创造"的活态流变性，不断探索符合非遗自身规律的各种保护实践方法，使我们的非物质文化遗产保护成果更好地应用于城镇化建设，使我们的"乡愁"既要保留和延续，还要使它的内涵在顺应时代发展、实现中华民族伟大复兴中国梦的历史进程中不断地得到再丰富。我想，这也是《记住乡愁》百集系列纪录片给我们的联想之一。

（原载《中国文化报》2015年3月10日）

坚守手艺
——王亚雄与传统技艺

日新月异的现代化进程,迅猛发展的现代科技,推动人们的生产方式和生活方式发生着根本性的改变。在喧嚣、趋利的市场经济社会,从农业社会传递而来的传统手工技艺,还有生存的空间吗?它存在的价值在哪里?还会有人以执着坚守的信念和辛苦的劳作去从事这些手艺吗?中国艺术研究院研究员王亚雄以自己不懈的实践,对这些问题做了十分肯定的回答。

王亚雄以手工制作家具、文房用具、茶具酒具和其他陈设器具,并从事学术和书籍装帧等工作。他曾留学日本多年,归国后居住在现代化的大都市北京,竟能一以贯之、毫不动摇地从事手工技艺创造,在我的印象中,他信念的坚定,对技艺追求的一丝不苟,似乎没有过一丝的游移。为什么坚守?王亚雄告诉我,传统的手工技艺是宝贝,不能在我们这一代丢失。他还说,"日用即道"。这既是他作为手工技艺的传承者所秉持的技艺创造的宗旨,也从生活方式的层面说明了当代社会人们对传统手工技艺产品的生活需要。这样的认识,或许是王亚雄乐此不疲的思想基础吧。

王亚雄的每一件作品,大至家具,小至可握掌心的葫芦砚,都是难得的艺术品。他的作品,首先,是形制创造上构思精妙,品格雅致。还有一些陈设制作，不事雕琢，自然质朴，也同样透射出古朴脱俗的品格。从这些作品中，可以看到其中寄寓的传统文人的审美理想，也可以看到现代人崇尚自然之美的一种时尚品位。以传统手工技艺从事生产性创造，做出品格，显出雅致，洗去雕琢的俗气和不陷于粗陋，是我看王亚雄作品的第一印象。其次，是其作品品质的纯真。他的作品的材料，有不少来源于葫芦、灵芝、石头、砖瓦、竹木等等，不管经济价值高低，他都一丝不苟地精选。他的作品有不少是与漆艺结合在一起的，包括漆艺在内的各个生产程序，他都完全使用自然材料，绝不因材料的难得和工序的繁杂而稍有改变。我们看到当代一些传统工艺美术品质量的降低，一方面是制作技艺不到位，另一方面也是因为材料品质的粗劣所致，而王亚雄的作品，从地道的手工技艺和高品质材料两方面的结合，达到了耐人品味的艺术境界。再次，王亚雄的创作追求艺术境界、文化品格和审美理想的显现，但每一件作品又都是生活实用品。传统工艺美术的很多类型，大都是从生活实用品的制作演变而来，从生活实用品到追求审美表现，不少类型发展为单纯的艺术品。在当代，传统工艺美术品的功能，主要分为实用制品和艺术制品两类。生活实用品当然也追求审美表现，但这两种类型追求的主要方向是不同的。王亚雄却是把便于实用与艺术个性融为一体，在他的作品中这两者结合得完美，使人难以评判哪一件是实用品或艺术品。"日用即道"的"道"，非常道，既是要坚持充分体现手工制品"用"的本质特性，又要追求作为手工，同时也是作为精神创作物的文化内涵、情感内涵。王亚雄的作品受到人们的喜爱和行家的肯定，他数十年如一日不变初衷的追求，也同样是值得年轻的传统手工技艺传承者学习的一种精神。最后，特别值得一提的是，王亚雄作为黄苗子先生的学生，其成绩的取得，除了自身的努力，离不开郁风、黄苗子两位艺术家的教诲。郁风先生已经离我们而去，年届九十八的黄苗子先生身体尚健，面色红润，思维清晰，言语清朗，仍握笔有力，写出的字仍有鸿朗高畅之风。王亚雄多年在两位老人身旁，耳濡目染，润物无声，得益良多。黄老的书法作品，王亚雄多有刻制；王亚雄制作的砖瓦砚和竹刻上，也都有黄老的题铭。这些合作的作品，更以独具的品格耐人审视。现代化进程中的中国，必将以科学发展而崛起，文化建设成为现代化建设的重要组成部分，包括传统手工技艺在内的非物质文化遗产的保护，也成为国家的文化发展战略。当今时代，保护非物质文化遗产，守护人类共同的精神家园，是我们每一个人的责任。王亚雄以对传统手工技艺的坚守，为我们做出了榜样。

（原载《人民日报》2011年2月13日）

知行合一的追梦人

魏立中的十竹斋以传统木版水印技艺的传承而闻名全国，而五六年前，我国北方地区这一领域的人们还不太知晓魏立中和他的十竹斋。今天说到传统木版水印技艺，北京荣宝斋、上海朵云轩、杭州十竹斋已是三家齐名。而魏立中以这几年连续的传承成果，以十竹斋的作品积累，以不断举办的展览和传承教学的影响，更显示出一种非物质文化遗产传承实践的新锐之气。

十竹斋木版水印技艺已有近400年的历史，其创造和传承的过程中，积累了丰富深厚的文化遗产和传统手工技艺，但到20世纪80年代末，十竹斋木版水印技艺却走入了濒临失传的境地。也正在此时，年轻的魏立中却以人们难以理解的虔诚和痴迷，投身于十竹斋传统木版水印技艺的研究与传承。2001年，魏立中成立杭州十竹斋艺术馆，决心全面恢复并发展十竹斋传统木版水印技艺。

在继承、发展十竹斋传统木版水印技艺的探索中，魏立中下的是实功夫。对传统的挖掘、学习执着认真，对刻印制作全过程的每道工序一丝不苟。十竹斋木版刻印复制的《富春山居图》《五牛图》《雷峰塔藏经卷》，唐咸通九年（868）王玠刻本《金刚般若波罗蜜经》《十竹斋笺谱》，及水印版画《二十四节气》《西湖十景水印笺》《杭州西湖全景图》等，这些作品从刻印刀法、线条、结构、色彩、套印，以及材料等方面都体现着地道的传统手工技艺的匠心独运,洋溢着优秀传统文化积淀的深厚气息。这些作品有的是魏立中独立刻印,有的是他领衔刻版,但制作的每一个环节,都有他洒下的汗水。《周礼·考工记》云:"天有时,地有气,材有美,工有巧,合此四者,然后可以为良。"顺应天时,适应地气,巧用材料,工艺精巧,在魏立中的心中,古今同理,人不欺天,方有超越的造化。在魏立中的手中,即便是刻印复制传统的作品,也绝不是拿来便刻,从题材的选择开始,搜集文献资料、实地考察调研、拜访专家学者、研究论证方案,到各个环节的设计筹划,都下了无数诗外功夫。魏立中刻板技艺的深厚扎实,从他刻画的一百多幅近现代人物头像可见一斑。木、石之上,方寸之间,笔意刀法讲究,技随心到,人物形象形神毕肖。造型、刻画能力如魏立中者,中青年艺术家中实不多见。每次见到魏立中,看他总是风尘仆仆,或考察,或参访,或参展,或讲学……忙碌的汗水,总浸在他的额头。看魏立中刻印的《唐玄奘西行图》,我的脑海中总浮起魏立中的形象,心无旁骛,筚路蓝缕,孜孜以求,在传统木版水印技艺的继承创新中坚守前行。术业在勤,功庸弗息,在坚守与奋进中,魏立中以令人瞩目的成就,不仅显示了木版水印技艺在新时代的生命力,也为它的传承赋予新的希望。

  魏立中对于传统木版水印技艺传承的虔诚,首先来源于他对祖先留给我们的这份珍贵文化遗产的喜爱。魏立中1990年入中国美术学院学习绘画和版画,从前辈艺术家那里认识了木版水印技艺,他的学习,从制作这门技艺的使用工具做起,到选题、勾描、分色、刻版、水印……提刷吊耙一干就几个小时。学院教育与传统手工技艺结合的学习,使魏立中从艺术视野、绘画基本功到实用技艺的掌握,都得到全面的训练。而从不同艺术的比较和对十竹斋传统木版水印技艺的深入了解中,他也真正认识了传统木版水印技艺的价值,刻刀下线条虚实变幻的玄妙,水印呈现的中华优秀文化的斑斓,吸引魏立中这位可以在广告设计职场上生活优裕的年轻人以信仰般的虔诚投身于它。在十多年的传承探索中,这个时代的趋利性和浮躁的心态对艺术家的冲击,都与他无缘,魏立中似乎以世外心境埋头前行。由对传统木版水印技艺的喜爱而到对这份宝贵文化遗产传承的自觉,使魏立中的胸襟更高远,脚步更踏实。今年5月中旬,我到杭州时专门去中山北路237号十竹斋艺术馆参观。300余平方米的场地,有展品,但学员的工作台似乎占了主要的空间,国内外的学员正在精心地勾描、刻版。还有一个空间,正有一队小学生在饶有趣味地听讲解并学习印刷,各自拿着自己印出的作品品评。我的印象是艺术馆很小,但空间布置丰富、充实,洋溢着欣欣向荣的生气。

参观之后,我问魏立中馆长他的办公室在哪里。魏立中带我们走下地下室。在十来平方米的空间里,不见自然光,一张长条桌,创作、办公兼招待来访客人喝茶,都在这长条桌上。除了出差,魏立中一天中总有几个小时甚至十几个小时都坐在这里,特别是人们都下班之后,他以盒饭打发用餐,手握刻刀,很快进入忘我的创作境界。魏立中说:"做这一行其实非常辛苦,在湿冷到骨头的江南冬天,雕版时手也一点不能抖。心要定,一刀下去就是一条线,刻错一条就坏了一块版,哪怕是到了最后一条线都要重来。"我问他,在这么封闭狭小的空间中,会否束缚创作。他告诉我,一是艺术馆面积不大,要尽可能腾出空间用于展览及传承,二是正可以此磨炼自己。这使我想到刘勰《文心雕龙·神思》所讲"寂然凝虑,思接千载""眉睫之前,卷舒风云之色",正可谓此也。陶钧文思,贵在虚静,疏瀹五藏,澡雪精神,正是以此,魏立中以自己的境界,在物与欲、技与艺、文与质、用与美的自我修养与创作审美的把握中,不仅以高品质的作品,也以美的情怀,为包括传统手工技艺在内的非物质文化遗产的传承树立了榜样。

近五六年来,魏立中应邀在中国国家图书馆及美、德、法、瑞士、西班牙等国家举办木版水印技艺的展览和展示,在北京大学附属中学、北京联合大学、中国国家图书馆、杭州长江实验小学举办讲座和技艺展示并成立教学体验馆,都引起热烈反响。魏立中把很大一部分精力和时间及经营收益都用在公益性非遗保护的宣传普及工作中,并捐资在中国艺术研究院设立了专门资助学习木版水印技艺学生的奖学金。这些工作给十竹斋的运营带来很大经济压力和困难，但魏立中乐此不疲，在他的心中一切都可舍弃，只为了木版水印技艺的弘扬与传承。魏立中说："十竹斋就像一个孩子，突然来到我的身边，我只是抚养他长大，再目送他远去。"他决心以传承发展的努力，让十竹斋传统木版水印技艺一代代接续下去。他的梦想是将来有一天，能在西湖边上建起一座"杭州十竹斋木版水印技艺博物馆"，让更多的人认知中华民族这份优秀的非物质文化遗产。接近梦想的希望，总在坚持不懈的努力之中。魏立中是一位知行合一的追梦人。其行其达，可嘉可期！

魏立中编撰的《饾版风华：中国十竹斋木版水印技艺》出版之际，他嘱我为之作序。序者，序其篇章之所由作。魏立中对传统木版水印技艺的总结，独到而精辟，我不想赘述，而对其传承中华优秀文化的自觉与执着的印象作了一些记叙，以表达我对这位纯粹的非物质文化遗产传承人的钦敬。

是为序。

2015年8月29日

（原载郑欣淼主编，赵前、魏立中著《饾版风华：中国十竹斋木版水印技艺》，浙江摄影出版社2016年版）

谭元寿、李世济最看重啥名头

　　京剧谭派表演艺术家谭元寿、程派表演艺术家李世济都说，一生得过很多奖项和荣誉称号，但自己最看重的，是被公布为国家级非物质文化遗产代表性项目京剧代表性传承人。

　　这番话对于非物质文化遗产保护，有着深刻的启迪意义。我们应该思考他们为什么最看重这个称号，要以责任和担当全面推动开展非物质文化遗产保护。

　　我国的非物质文化遗产保护工作，在政府主导、全社会广泛参与的推动下，已进入全面的、整体性的保护阶段，保护工作在短短的几年内取得了显著的成绩。

　　但我们也必须看到，已经取得的进展与建立起科学、规范、具有完整体系的保护制度距离尚远：对于非遗保护工作，各地重视程度不一，进展不平衡，有的地区保护目的不正确，保护方式欠科学。在现代化进程加快的今天，如果保护工作较长时间地处于盲目状态，很多非物质文化遗产项目就会永远消失。

　　目前的保护工作，我认为有以下几个问题需要重视：

　　第一，要按非物质文化遗产自然演变的规律进行保护，不要揠苗助长，也不要让它凝固静止，而是要保护它按照自身发展规律去自然地演变，因为很多时候非物质文化遗产生存于人们生产方式、生活方式的形态中间，并与人们的生产方式、生活方式形成了密切的关系。保护这些非物质文化遗产表现形式，就是要让它在原本的生存状态中传承，要让鱼在水里游，不要让鱼在岸上跳。在岸上跳的鱼看似鲜活，但其生命不会长久。一些地方或出于促进旅游、或出于盲目发展等目的，而仅将非物质文化遗产项目以表演的方式进行展示，还视这一行为为保护，就是一种本末倒置。

第二，要重视传承人的保护，不要见物不见人。非物质文化遗产与文物不同，后者的主要载体是物，核心是保护；前者的主要载体是人（传承人），核心是传承。传承做好了，非物质文化遗产也就保护好了。最近，文化部公布了第二批国家级非物质文化遗产代表性项目代表性传承人名单，连同第一批传承人名单在内，共有776人成为国家级非物质文化遗产代表性项目代表性传承人。

第三，要加快立法保护进程，依法保护，而不要仅靠调动积极性。非物质文化遗产呈现形态的多样性和其本身结构的复杂性，这决定了采取多种方式妥善保护的必然性。但就非物质文化遗产的整体性保护而言，最根本的是立法保护。在近年的保护工作中，国务院一系列文件相继印发，对保护工作产生了重要的推动作用。随着形势的发展，《中华人民共和国非物质文化遗产法》列入全国人大的立法进程，已是十分迫切的事情。

［原载《人民日报海外版》2008年3月11日，原题为《谭元寿最看重啥名头（两会走笔）》］

珍视梅兰芳的艺术和精神遗产

　　京剧艺术大师梅兰芳120周年诞辰之际，我们缅怀大师，总结他的表演艺术体系，继承弘扬他的精神，对京剧和整个中国戏曲艺术的创新发展，具有重要的意义。

　　梅兰芳作为创立完整表演艺术体系的一代京剧艺术大师，在艺术上深入继承传统，并勇于改革创新，发展提高了京剧旦角乃至京剧艺术的整体水平，形成了具有标志性、代表性的梅派京剧艺术。梅兰芳的表演呈现了戏曲的总体特征，更体现了他自身立足传统与现代之间，广泛吸纳京剧和其他艺术之长而进行的艺术创造与个性追求。他出身梨园世家，从小经过严格的戏曲艺术基础训练，11岁登台演出，20岁左右即在舞台艺术方面形成轰动性的影响。但这时也是他进行艺术革新尝试、创演时装新戏的开始。梅兰芳一生对京剧舞台表演及其相关艺术元素都做了前所未有的艺术革新。正是在继承传统又发展传统、在不断超越前人和超越自己的过程中，梅兰芳把京剧旦角艺术带到前所未有的艺术高峰。虽然他的表演呈现形式是京剧梅派旦角艺术，但他的表演体系则是由京剧艺术的整体内容构成。

　　梅兰芳的表演艺术紧紧围绕着京剧艺术本体，千变万化而不离其宗，在深入继承的基础上创新，移步不换形。他呈现的京剧艺术面貌，既是源自传统文化的，也是符合时代审美的。如很多人讲到梅派的唱腔时，常常称之为"无腔不新，又无腔不似旧"。作为"美的创造者"（欧阳予倩语），梅兰芳先生的创造鲜明地展示出中国传统文化对"新"与"旧","有形"与"无形"，"形式美"与"韵味""意境"的高度统一和辩证思考。应该说，梅兰芳先生的艺术理想是京剧乃至中国戏曲表演体系的至高旨趣。

梅兰芳能成为具有广泛群众影响的一代京剧艺术大师，不仅是因为他精湛的表演艺术，更是因为他品德高尚，一生始终展现着德艺双馨的人格魅力。他把为观众演好戏放在心中至高无上的地位；他扶危济困，提携同人和后学，待人诚恳，仁爱宽善。正是他对广大观众的无私奉献，才赢得观众的竭诚拥戴。

梅兰芳成为享誉世界的京剧艺术大师，还因为他建立在对京剧艺术深入理解基础上的文化自信。他抱着极大的热忱，筚路蓝缕，在世界艺术舞台上努力传播京剧艺术。梅兰芳于1919年、1924年、1956年三次去日本，1930年去美国，1935年去苏联访问演出，其精湛的表演，引起巨大轰动。这些演出，特别是1930年的访美演出，梅兰芳和他的剧团做了细致的筹备，个中艰辛，外人难以体会。梅兰芳以自己的表演，真正让世界了解了中国戏曲的独特魅力，打破了当时欧美戏剧界把写实主义戏剧视作唯一正统舞台艺术的格局，增强了中国人对以京剧为代表的中国戏曲艺术的自信力和自豪感，加强了中西文化艺术的交流。

梅兰芳能成为中国人爱戴并引以为豪的京剧艺术大师，还因为他在民族危亡之际，将个人安危置之度外，蓄须明志，不为敌伪演出，以大义凛然的爱国情怀，彪炳青史，为人景仰。梅兰芳先生正是以这样的气节，表现了一位艺术家对祖国和人民的真挚情怀。京剧诞生以来，多少代艺术家吸收融汇，创造积累了丰富的表演程式和手段。梅兰芳正是在学习继承前人和借鉴同代人艺术创造经验的基础上，吸收创新而发展出完整的表演体系。梅兰芳的表演艺术体系不是平地起高楼，而是更上一层楼。梅兰芳的表演体系，代表了京剧的表演体系，因此，研究梅兰芳表演体系，必须与研究京剧表演体系相结合。同时，一代大师的舞台艺术，并非单一的表演技巧，而是与他的思想情操、道德修为相统一的整体，因此，研究梅兰芳表演体系，也应与研究他整个人生的奋斗实践相统一。

梅兰芳大师为我们留下了珍贵的艺术遗产和精神遗产。在今天，我们按照习近平总书记提出的立足中华优秀传统文化，培育和弘扬社会主义核心价值观而努力之时，梅兰芳大师的艺术遗产和精神遗产尤其值得我们珍视。梅兰芳曾是中国艺术研究院前身之一的中国戏曲研究院首任院长，这使我们作为今天中国艺术研究院的一员，更对梅兰芳大师怀有一种特殊的感情。在他120周年诞辰之际，我们学习和总结梅兰芳京剧表演艺术体系，继承和弘扬他的高尚精神，正是表达对他留下的这份丰富戏曲遗产的珍视，以及对他艺术实践和思想精神的研究、继承和弘扬。

（原载《中国艺术报》2014年12月17日）

第二部分 序评·建言

《绝世清音》序

吴钊先生是著名的古琴演奏家，也是古琴研究学者。他的新著《绝世清音》，从琴器、琴谱、琴曲、琴论、琴人入手，对古琴衍变的历史沿革、现状和古琴艺术的整体面貌，做了简明而又系统的阐述。以平实流畅的文字，介绍古意盎然且专业性很强的古琴艺术，让读者读来获得清晰、全面的印象，这有赖于作者几十年来潜心古琴演奏与学术研究的积累和思考。

古琴艺术于 2003 年 11 月 7 日被联合国教科文组织公布为第二批世界"人类口头和非物质遗产代表作"，其独特价值更为世人所瞩目，但是，古琴艺术的"知音"，在今日已是十分稀少，很多人甚至不知古琴为何物。吴钊先生的这部《绝世清音》，对于人们了解古琴艺术的丰厚文化内涵，认识其独特价值，吸取其文化精神，同时唤起和加强保护非物质文化遗产的自觉性，都有重要的现实意义。

联合国教科文组织于 2001 年 5 月 18 日公布首批"人类口头和非物质遗产代表作"名单，这标志着在世界范围内对无形文化遗产的抢救和保护已引起高度重视。联合国教科文组织在《人类口头和非物质遗产代表作条例》中特别指出，代表作评审的首要标准，即是否具有成为人类创造的天才代表作的突出价值。《绝世清音》的阐述，使人们相信，古琴艺术无疑具有这样的独特价值。它是一种"仅存的、可使独特文化特征得以保存的人类集体记忆的积累"。只有重视和加强对这些重要的非物质文化遗产项目的保护和抢救，才有可能创造一个适宜的社会、经济环境来珍视和承续优秀的人类文化传统，以保证人类社会可持续发展的演进。

在世界经济一体化和现代化进程日益加快的今天，像古琴这类非物质文化遗产，由于其本身存在形态的限制，其社会存在基础呈现日渐狭窄的趋向，其延续也出现前所未有的危机。这些处于生存困境中的非物质文化遗产，更需要人们重视它的抢救与保护。从历史的角度看，非物质文化遗产包含了丰富的随时代迁延与变革而往往被人们忽略或忘却了的文化记忆，而我们只有在保护和重新唤醒这些记忆的基础上，才有可能真正懂得人类文化整体的内涵与意义。否则，我们的损失不仅是失去了一种文化形态，更重要的是失去了寄寓在非物质文化遗产中的宝贵的人类智慧和精神血脉，而且这种损失随着大批非物质文化遗产项目消失的加快而难以挽回。中国是一个多民族的国家，在其悠久的历史进程中创造了丰富的非物质文化遗产，它们有的是具有突出价值的人类创造的天才代表作，有的是在历史、艺术、宗教、人类学、社会学、语言学或手工艺方面具有突出价值并曾广为流传的传统文化的代表形式，这些遗产有的是世界文化的精粹，像昆曲艺术、古琴艺术等就是其中杰出的代表。介绍和宣传这些优秀的非物质文化遗产项目，使社会公众认识和了解它们的价值，认识接续它们所承载的人类社会持续发展演进的信息，对于抢救和保护非物质文化遗产是有积极作用的。我想，《绝世清音》在带给读者知识的同时，也一定会给读者带来这样一种思考。

（原载《艺术评论》2006年第9期）

《中国古版年画珍本》：极其珍贵的中国民间社会生活图像志
——《中国古版年画珍本》总序

历经 8 年艰苦、细致的搜集、甄别、编纂工作，《中国古版年画珍本》即将正式出版。此时此刻，让我回想起 2006 年 6 月初，正当我国非物质文化遗产保护工作迎来第一个中国文化遗产日的前夕，我接到中国艺术研究院研究员、中国著名民间美术学者王树村先生抱病写给我的一封信。信中，先生谈到他看到我国非遗保护工作的进展既高兴又焦虑的心情。他指出，申遗热潮中，书市上有多种年画出版物系新翻刻，却号称"珍藏本"或"即将消失的民艺"等，冒充文化遗产。他说："如何解决这一问题？莫如由我院中国非物质文化遗产保护中心策划、出版一套《中国古版年画宝鉴》，集中将我院图书馆所收藏的年画及我等私人藏品，编印出来，以此作为样板来对照，辨别真假年画，使假李逵让位，让真正的文化遗产面世。"他提出争取尽快编纂出版丛书，还附了一份编纂方案给我，说他愿意为此事贡献余生。王树村先生多年来致力于中国年画的收藏和研究，其收藏之丰富，在全国无出其右者；其研究之成果，得到了学术界的普遍肯定。一位八旬老人，重病在身，治疗已使他的身体很是衰弱，但他念兹在兹的仍是以实际的努力，保护和弘扬中华民族的优秀传统文化。读了他的信和编纂方案，我十分感动。

此后，在先生的指导下，由他的学生、著名民间美术理论家王海霞研究员具体承担起这一工作。王树村先生2009年仙逝，但这套丛书的编纂工作一直没有停止。在经费十分有限、工作条件十分困难的情况下，王海霞研究员带领编纂人员心无旁骛，埋头工作。至2009年底，丛书中年画的搜集、甄别、整理和图片的拍摄工作完成了大半；2010年，这套年画丛书由北京工艺美术出版社申报立项，成为北京市重点图书选题；2011年，该项目又由湖北美术出版社和北京工艺美术出版社联合申报国家"十二五"重点出版规划；2012年，又成功列选国家出版基金资助项目，并更名为《中国古本年画珍本》，丰富内容，重新编纂，由湖北美术出版社和北京工艺美术出版社联合出版。出版单位组织了精干的编辑力量，为出好丛书做了卓有成效的工作。这套丛书的正式出版，不仅是中国年画出版工作的大事，也是非物质文化遗产保护工作的一项重要成果。我想，以此也可告慰王树村先生在天之灵了。

这套《中国古版年画珍本》丛书，专家学者们通过对所选作品反复比对，精心遴选，收录了中国艺术研究院、中国国家图书馆、上海图书馆、重庆中国三峡博物馆等相关文化机构和中国民间年画研究家、收藏家王树村先生等多位国内外著名年画藏家的3000余幅作品。其中，中国艺术研究院倾其丰富的收藏提供了选编基础。十分可贵的是，中国国家图书馆提供了珍藏几十年的5000余张古版年画，编纂者从中选取了500张，收录到这套丛书中。该丛书收录的许多珍贵的年画作品都是首次出版。

古版印制的木版年画和明清、民国时期手绘年画的珍贵原作，是这套丛书的主体内容。全书首先突出体现的就是"珍本"的理念，选择的作品都是具有历史价值、文化价值和艺术价值的原作珍品。同时，全书还突出要求编纂的艺术规范，丛书的每卷本都有严谨的学术研究综述，各分卷主编对每一幅作品也都做了详尽的标注和图说，以期让读者对作品的内容、历史背景和文化内涵以及审美价值有准确的解读，从而对中国传统年画有准确而全面的认知。可以说，该丛书不仅是传统年画真正遗产的整体性呈现，也将作为传统年画的"标准件"，为年画艺术的鉴定、恢复和新创作提供十分有价值的参考。

我国非物质文化遗产保护工作全面开展以来，全国已有20多个传统年画产地的年画艺术被列入国家级非物质文化遗产代表性项目名录中，可见国家对被称为"中国民间社会生活图像志"的传统年画遗产的高度重视。随着非遗保护工作的不断深入，一些埋没民间的老画雕版重新被挖掘出来，一些被收藏在民间的古版年画和近代早期年画原作也被陆续发现。如近几年发现的数百件山东高密扑灰年画，不少是高密年画历史盛期艺术水准最高的作品。在丛书编纂过程中，还发掘出2000余张北京、天津、河北各地的神像和纸马，印制精美，色彩鲜艳。这些传统年画原件蕴含着丰富的历史价值、文化价值并体现出很高的艺术水准，难得而又珍贵。

这套丛书的编纂队伍，有年逾八旬的著名学者，也有三十来岁的年轻学者。像著名学者薄松年、张红渊等诸位先生，都以权威研究者的深厚造诣，对丛书的编纂做出了重要贡献。参加丛书编纂的工作人员，都是从事民间美术和民间年画研究的专业工作者，他们不辞辛苦，奔赴全国各地实地采访、搜集、甄别、拍摄，获得了大量的第一手资料。至于那些新发掘、发现的作品，则邀请了国内外著名学者逐件鉴定，对其中难以判定的内容，则实事求是，不加妄论，坚持以科学的态度、严谨的学风来客观地呈现这些祖先留下的年画珍本。

我相信，这套《中国古版年画珍本》一定会惠及当代并留存于我国传统文化宝库，真正为中国传统年画及中国非物质文化遗产的保护和传承发挥有益的作用。

（原载《中国古版年画珍本》，长江出版传媒湖北美术出版社、北京工艺美术出版社联合出版2015年版）

《非物质文化遗产概论（第四版）》前言

以 2001 年 5 月 18 日昆曲被联合国教科文组织公布为首批"人类口头和非物质遗产代表作"为标志，中国现代意义上的非物质文化遗产保护已走过 20 年的历程。随着对保护实践认识的深化，2008 年 11 月 4 日，联合国教科文组织公布第四批代表作名录时，将原用的"人类口头和非物质遗产"这一名称，改为"人类非物质文化遗产"。由一开始人们觉得这两个名称念起来拗口、不适应，到今天"非物质文化遗产"这一称谓家喻户晓、人人皆知，充分说明当今社会对非物质文化遗产保护已有了广泛认知。不仅如此，人们还逐渐比较普遍地把"非物质文化遗产"一词简称为"非遗"。"非遗"和"非遗保护'实际上都已成为专业名词。这充分说明在我国的现代化进程中，人们对优秀传统文化的珍视和以一种文化自信自觉参与保护的热忱。

正是在这种背景下，首版于 2006 年 10 月的《非物质文化遗产概论》，经过两次修订、多次重印，到今天仍然为很多读者，特别是高等院校相关专业的学生和从事非遗保护工作的同志所欢迎。2017 年，这本书获得北京市人民政府颁发的北京市高等院校教育教学成果奖一等奖。从 2013 年 5 月本书第二次修订后的第三版面世，到今天已是 6 年多时间，非遗保护实践不断发展，人们对非遗及其保护的认知也不断深化，不少新的经验和问题需要从理论上加以总结、概括。因此，我们将经第三次修订的第四版《非物质文化遗产概论》奉献给广大读者。

什么是非物质文化遗产？今天大家对其概念的认识已越来越清晰，但却也仍常见一些人仅把物质的、可见的呈现形态当作非遗项目的全部。比如我们看到的广告中常有"中国非物质文化遗产××酒"等此类的表述。这样的说法往往会使我们忽视了非遗的实质内涵。实际上，酒的酿造技艺才是非遗的核心。而这样的现象，并非个例。因此，非遗保护要坚持科学保护的原则，今天仍然需要从它的基本概念、呈现形态、传承规律、保护原则与方式以及怎样认知非遗的价值、保护的意义等方面来正确认知非遗与非遗保护。只有如此，我们的保护工作才能有的放矢，收到实效。否则，就会事倍功半，甚至对非遗造成损害。好在今天的非遗保护实践已经提供了比较丰富的科学保护的经验。除了理论工作者要总结这些经验以外，各级非遗传承人也应结合自己的传承历程，总结、阐发传承的经验、思考，他们的体会最具实践性，最鲜活，也最具说服力。非遗传承人是非遗保护的核心，尊重传承人的传承主体地位，尊重传承人在继承基础上的创新，是非遗保护和理论研究最重要的命题之一。只有如此，我们的非遗保护才可能健康、持续，我们的理论研究才比较符合实际。这是《非物质文化遗产概论》十多年来几次修订一直坚持的重要原则。

非遗保护是在科技的迅猛发展和社会现代化演进带来人们生活方式、生产方式快速改变的背景下实施的。它的要义是要着力于传统文化资源的集聚，保护为主，抢救第一，合理利用，传承发展。任何时代，文化创新是社会发展的精神引领，非遗保护既是保护人类的精神家园，也为文化创新提供丰厚资源。但非遗保护既被世人谓之"保护"，说明它与文艺创作、文化市场、文化产业发展的指向和发展的目的不同，它既不可能也不应该搞成产业。同时，非遗的非物质特性决定了它的核心主体——技艺只能通过持有者（传承人）本人日积月累学习和生产实践习得，不会像商品一样通过买卖取得。即便知识产权转移，技艺持有者的技艺本身也不会随之发生转移。技艺的转移，仍然需要通过学习和实践，这决定了非遗本身不能作为商品进入市场。非遗项目不是商品，但非遗项目的作品（产品）可以进入市场。非遗的作品（产品）一旦作为商品进入市场，它便与非遗的技艺脱离了联系，不再是非遗的构成部分，就不能称作是非遗了。就像各种酒，当它脱离了酿造技艺，就不能单独称作非物质文化遗产。但非遗作品（产品）的商品性，决定了非遗保护完全可以以生产性保护等方式充分体现其经济价值，使传承人获得自身生活和可持续传承的经济保障。在此基础上，生产性保护也可以为地方经济发展带来助力。

同时，文艺创作、文化产业、文化创意产业的发展要充分利用非遗资源。非遗保护为文化创新提供宝贵资源，也是非遗保护的初心之一。文化产业要借助非遗资源大力发展，但文化创意不能侵害非遗传承，文化创意产业不属于非遗保护的范畴，不能以文化创意发展作为非遗传承的路径。非遗保护要防止文化创意化的倾向，要防止创意性的变异。否则，我们可能会以保护的名义加速失去我们本应珍视和保护的东西。非物质文化遗产的活态性，就表现在它是我们生活的组成部分，它的价值也表现在日常和传承中。这是我们应关注和保护的中心。当然，在现代社会的背景下，应通过各种方式宣传非遗，这是为了让更多的人特别是年轻人珍视和认知它，但传承本身是在生活中，而不是在表演中。非遗保护要重视非遗自身作为人们的生活方式和生产方式体现的日常价值，它伴随着人类社会发展进程，会使人类文化传统的纽带更结实，人们的精神、情感更丰富、更健康，人们的精神家园更美好。

珍视非遗，不断地在保护实践中认知非遗，从而更好地保护非遗，是我们当代人的责任。《非物质文化遗产概论》课题组将不断关注我国非遗保护的实践，深化非遗保护理论研究，以期以后继续将我们的思考与读者交流。

[载《非物质文化遗产概论（第四版）》，即将由高等教育出版社出版]

《活的记忆 —— 中国戏曲在当代》序

中国戏曲是一种神奇的艺术。它从单一元素的歌舞表演发展到今天，成为融汇文学、音乐、舞蹈、美术、雕塑及建筑艺术为一体的综合性舞台艺术，在不断吸收融合中壮大着更新变革的能力，经历千百年，不仅没有间断，而且今天还呈现为包含了300多个剧种的，既有共同的演剧体系又有不同剧种个性的绚丽形态。

考察今天的戏曲形态，中国古代戏曲发展史上出现的原始歌舞、楚优表演、汉代百戏、隋唐参军戏、宋金元时期的诸宫调、杂剧、院本及明清传奇，它们的印记都可以在当代的戏曲舞台表演中看到。人类文化传递的信息作为记忆的积淀，以活的文化形态呈现在人们面前，这大概是不少当代观众观看戏曲时觉得耐人寻味，并往往为它的独特审美魅力折服的一个原因。活的文化记忆是当代中国戏曲作为人类非物质文化遗产传承延续的重要价值所在。著名川剧表演艺术家、导演田蔓莎女士和柏林世界文化中心的汉尼斯-奥顿塔尔博士主编的《活的记忆——中国戏曲在当代》，以寓意深刻的命题，准确揭示了中国戏曲的这种内在价值。

中国戏曲体系是不同于欧洲传统写实主义戏剧体系和布莱希特"史诗戏剧"体系的一种自由时空的体系。它的自由时空结构原则，形成了区别于其他舞台艺术的虚拟和程式化的独特表演艺术。但演员非自然生活形态的表演绝不是动作的简单模拟，而是注重以丰富的内心情感体验、运用高超的技巧来表达剧中人物情感和塑造人物个性。京剧表演艺术大师梅兰芳的表演，是"有规律的自由动作"。有造诣的演员既遵守艺术规则又自由运用，随心所欲不逾矩。戏曲表演要求形似，但更强调超乎形真，贵在神似。戏曲舞台上的人物个性是鲜明的，而表演呈现的独特的形式美，对于构成戏曲表演审美魅力而言，与人物塑造的鲜明性同等重要。这可以说是戏曲作为戏剧样式，区别于其他戏剧的一个独特的方面。

具有独特审美魅力的中国戏曲，在新的社会发展时期，是否如天边的夕阳即将衰落？这是不少当代中国人的疑虑。古老的中国戏曲在当代到底处在一种什么样的生存状态？这也是不少外国人关心的一个话题。《活的记忆——中国戏曲在当代》以中国戏曲中九大剧种的发展简史和对当代代表性艺术家艺术创造的描述，以及对中国戏曲与外国戏剧联系的介绍，不仅具体而又形象地回答了人们的疑虑和关注，而且对于人们全面、准确地了解中国戏曲，会有很切实的帮助。尤其该书由德国柏林世界文化中心和现代出版社以德文和英文出版，对于在世界范围内介绍中国戏曲具有重要的意义。中国戏曲是中华民族想象力和智慧的创造结晶，也是全人类的共同文化财富。对于该书编者和出版者弘扬和传播中国戏曲的立意和付出的辛劳，是应该表达敬意的。

中国戏曲不乏新时代的知音。但是，现代社会的高度技术化和商业化，使人们对效率、速度的追求达到了前所未有的程度，现代生活方式决定了人们特别是年轻人很难坐下来品味古老的戏剧样式，他们更容易接受零距离感知的艺术方式，戏曲的观众当然会日趋减少。同时，当代多样性艺术方式的冲击，也在消解着戏曲艺术规则的自身建构。《活的记忆——中国戏曲在当代》既向读者介绍了中国戏曲的发展简史，又展现出中国戏曲在当代的生存状态及呈现的蓬勃活力。我相信，这本书在国外、在中国都会有知音。

2005 年 9 月 1 日

（原载《活的记忆——中国戏曲在当代》，德国现代出版社 2005 年版）

《非物质文化遗产保护与田野工作方法》序

短短几年间,我国非物质文化遗产的保护工作取得了很大进展,从全国范围来看,已由单个的项目性保护走上了全面的整体性保护阶段。各级政府部门、社会机构,以及学者和社会公众对非物质文化遗产及其保护工作的重视程度都在不断加强。为从理论认识方面进一步推动这项保护工作的科学化、规范化进行,我院学者编撰了《非物质文化遗产概论》一书,由文化艺术出版社于2006年底正式出版。该书在概论层面对非物质文化遗产概念的提出、遗产价值、保护原则、现状与方法等问题做了系统梳理与探讨,被学术界评价为非物质文化遗产保护工作开展以来的基础理论拓荒之作。

《非物质文化遗产保护与田野工作方法》则从保护方法的操作性角度,对非物质文化遗产的保护做了多视角的总结和探讨。大规模的非物质文化遗产保护工作,首先要进行科学的普查。为有效促进这项普查乃至研究、保护工作的顺利进行,方法显得尤其重要。2007年6月初,中国艺术研究院和台湾东吴大学在北京共同主办了一次"非物质文化遗产保护中的田野考察工作方法研讨会",来自海峡两岸的乌丙安、宋兆麟、刘锡诚、刘魁立、王秋桂、石计生、郝苏民、何翠萍、高丙中、周星、王建民、方李莉、林鹤宜、马盛德、吴文科等不同学术领域的三十余名学者围绕这一中心议题,积极献出自己的学术智慧,展开了全面深入的讨论；不仅对我国大陆及台湾地区非物质文化遗产保护的概况做了回顾，还介绍了此项工作的日本经验。专家们指出，21世纪开始的这次"非物质文化"概念下的调查工作，应该在前人相关工作的基础上做好追踪调查并有所突破，继往开来。在这一视野下，学者们的发言，对民俗文化、传统音乐和舞蹈、工艺美术、戏曲、曲艺等细目各有所重，深入梳理。在重视学术理念的同时，学者们还强调工具的重要性，并注意将科技新成果运用到非物质文化遗产保护中。比如田野考察中对影视技术的借用，来自台湾的几位学者甚至将长期以来为自然科学界所独享的GIS地理信息系统运用于人文社会科学领域，并展示了他们的成果。这些都为传统的田野考察等工作提供了新工具和新思路。专家们强烈呼吁，在整个非物质文化遗产保护工作中，一定要关注文化的生态环境，所谓"活鱼要在水中看"。为达此目的，一定要田野考察先行。专家们的讨论阐发，不仅论及方法，还明晰了非物质文化遗产保护工作中"为什么保护""保护什么"和"如何保护"等问题。这本论著是在这次会议研讨的基础上结集而成，是各位专家就非物质文化遗产保护中田野考察工作方法问题呈现出的智慧结晶。分享他们奉献的思想财富，不仅是我们从事这项保护工作的人的荣幸，也是广大读者的荣幸，为此，我深深感谢他们的热情参与和积极建言。同样需要感谢的还有这次会议的承办方中国艺术研究院艺术人类学研究中心和中国艺术人类学学会，其负责人方李莉研究员带领属下所有的人力，积极筹措准备，做了大量会务工作，并于会后继续努力，及时编辑此书，其中杨秀博士对论文的后期整理做了大量的工作，他们的无声付出，是召开这次研讨会及出版该论文集必不可少的环节和保障。

众人拾柴火焰高。有了社会各界人士的关心支持，我们有理由相信，我国的非物质文化遗产保护工作也将越做越好。

（原载《非物质文化遗产保护与田野工作方法》，文化艺术出版社2008年版）

《吴风物语——无锡非物质文化遗产图鉴》序

  位于太湖之滨的无锡，是古代吴文化的发源地、近代民族工商业发祥地和当代经济、文化、社会的发达地区。无锡保留着大量的吴文化、民族工商业文化的遗存，这些都印证着无锡辉煌的历史和深厚的文化底蕴。非物质文化遗产作为活态的文化形态，以人们的生活方式或生产方式作为载体，丰富而又充满活力地生长在无锡的文化沃土上。如吴语地区劳动群众在生产和生活中迸发智慧和艺术才能创造的吴歌，唱腔清丽婉转如行云流水的锡剧，取自稻田深处的黑泥捏制的形态可掬的惠山泥人，最显民间审美趣味的彩塑，源于宋元、盛于明清至今为人珍视的紫砂陶艺，极具观赏价值而闻名于世的锡绣，眉目清晰传神的无锡精微绣，还有深受江南民间音乐影响而有鲜明世俗性和地域风格的无锡道教音乐等等，这些非物质文化遗产的呈现形式本身，特别是蕴含其中的精湛的技艺、独到的思维方式、丰富的精神内涵等，共同构成人们赖以寄托思想、感情的精神家园。今天，处于现代化进程中的人们的精神世界更加丰富，更需要从链接世世代代精神、文化传承的非物质文化遗产中吸取思想、精神、情感的滋养。同时，今天也是一个文化创新的时代，非物质文化遗产作为文化创新的资源，也仍然值得人们来珍视。

  正是基于此，近些年来，在世界范围内非物质文化遗产的保护正在越来越受到人们的重视。我国的非物质文化遗产保护也取得了前所未有的重大进展。全国性的普查基本完成；国家、省、地（市）、县四级名录保护体系正在形成；传承人和传承团体作为传承主体，其重要作用正得以发挥。无锡市的非物质文化遗产保护，同全国不少地方一样，得到了当地党委、政府的高度重视，已正式公布了56项市级非物质文化遗产保护项目，并对紫砂工艺等进行立法保护。全市已有和在建的非物质文化遗产专题博物馆、民俗馆13家，并扶持"锡绣场""梁锡竹友"等开展民家传承活动，政府还建立专项资金支持实施惠山泥人、锡剧的教学和传承计划。政府的主导和重视，社会各界的参与，传承主体作用的发挥，使无锡的非物质文化遗产保护逐步走上符合其传承规律的科学发展阶段。

无锡市文化广电新闻出版局编辑出版的《吴风物语——无锡非物质文化遗产图鉴》，正是对无锡非物质文化遗产当下状态的形象记录。我相信《图鉴》的出版，不仅会让读者更深入地认知这些珍贵的非物质文化遗产，也会激发读者参与保护的文化自觉。

非物质文化遗产是根植于民族民间土壤的活态文化，是发展着的传统行为方式和生活方式，它永远处在活体传承与活态保护之中，保护的核心是传承，而当代文化生态的变化，使许多非物质文化遗产项目正逐渐失去赖以生存和发展的环境基础。

在这样的情况下，许多项目的传承面临困难，保护工作显得更为急迫。做好保护工作，首先要让人们认识和了解非物质文化遗产及其蕴含的价值，这本《图鉴》的出版，无疑会起到这样的作用。

同时，要让人们认识和了解怎样对非物质文化遗产进行科学的保护。首先，非物质文化遗产的保护，不是对其进行静止的凝固的保护。同任何事物一样，它也处在渐进的自然衍变的进程之中，科学保护就应当是避免以揠苗助长的方式或僵化凝固的方式，去中断它按照自身衍变的规律而自然衍变的进程。在继承和保持其赖以独立存在的特质的同时，传承人应当以智慧的创造不断赋予其时代的元素，这一点我们从当代的刺绣、泥塑等工艺品的形态，都可以看到传承人受时代审美趋向的变化而赋予其作品的新意。其次，非物质文化遗产的保护工作要重视立法和制度层面的建设，要重视在抢救和继承的科学保护前提下的合理开发利用，比如无锡等全国不少地方对传统工艺、民间美术等类型非物质文化遗产项目的生产性保护，以及对某些项目作为文化创意产业资源的开发利用，都为根据不同情况实行多种方式的有效保护提供了启示。再次，要重视在实施保护工作中调动社会公众积极参与保护，社会公众特别是传承人自觉参与科学保护的程度，从根本上决定着保护工作的成效。

《吴风物语——无锡非物质文化遗产图鉴》内容丰富，它的出版，对非物质文化遗产保护的诸多方面，都会产生积极的作用，我期待着它早日与广大读者见面。

2009 年 4 月 10 日

（原载《吴风物语——无锡非物质文化遗产图鉴》，凤凰出版社 2009 年版）

《中国民间艺术传承人口述史》丛书总序

21世纪初，社会公众对中国非物质文化遗产保护的关注度、参与保护的热情，以及中国非物质文化遗产保护工作的有力推进，成为中国文化界乃至中国社会的重要事件。从大多数人对"非物质文化遗产"一词的内涵不知所云，到"非物质文化遗产"成为家喻户晓的词汇，人们普遍对它的具象呈现形态有了一定的认知，并支持或主动参与保护工作，说明人们在现代化进程的背景下，已经看到，由于生活水平的提升和生活方式的变化，作为传统社会生存环境下人们生活方式和生产方式的非物质文化遗产正在急剧消失的现实，而这种现实，一定会对人类社会可持续发展的前景带来不可挽回的损失，因之，全面保护非物质文化遗产已经成为全社会的共识。

但是，保护非物质文化遗产这个时代性的课题应当怎样正确解答，人们的答案并不一致。这种不一致的根源，主要是推动经济发展与非物质文化遗产保护之间的矛盾。把非物质文化遗产看成单纯的经济资源，在保护的名义下扭曲其本质特性过度开发，如把民族民间的原生态歌舞改变为肤浅时尚的刻板表演服务于旅游场所，或把传统手工技艺视作不具经济潜力的项目而任其式微等等。近年来，我们还常见的一种现象是在城市或者农村建设中，以新的建筑或新的环境形态将承载某个特定区域人们世代相传文化技艺的物质载体（如某些文化空间）彻底改变。这种不能正确把握和处理社会发展与非物质文化遗产保护关系的情况，已经并还在对非物质文化遗产的保护带来伤害。我们应该正视并改变这种现象。

毫无疑问，非物质文化遗产保护是一个动态的过程。正确的保护不是使它凝固和停止发展。2003年10月17日联合国教科文组织通过的《保护非物质文化遗产公约》指出："这种非物质文化遗产世代相传，在各社区和群体适应周围环境，以及与自然和历史的互动中，被不断地再创造，为这些社区和群体提供认同感和持续感，从而增强对文化多样性和人类创造力的尊重。"非物质文化遗产的有效保护，从根本上说，就是要保证其按照自身内在规律去自然衍变，在自然的衍变中与人类社会的持续发展相并行，我们既不要人为地去中断它自然衍变的进程，也不要人为地去使它突变。我想，这应是保护工作最根本的意义，也是保护工作最艰难、最核心的用力点。

非物质文化遗产在自然衍变发展中呈现的形态是丰富多样的，这决定了我们采取的保护方式也应是多样的。对于传统手工技艺类的项目，采取生产性保护的方式应当是一种恰当的方式。这种方式，可以使非物质文化遗产项目的传承人、这些技艺的持有者将自己本身的技艺作为一种生产和生活的手段，既可以因此而获得劳动的报酬，也可以因此而使技艺传承，并在自己的作品与使用者的对应中，使技艺的继承与创新具有激发创造智慧的基础。这套《中国民间艺术传承人口述史》丛书，记录了这些传承人技艺传承的历程，他们的技艺如何精湛，以及他们对技艺的思考；展现了他们如何以生产性保护的方式，使这些不同的技艺在传统的浸润中也融入了新的艺术元素，并得到人们的喜爱，而他们也因此具有了持续传承的经济基础。在人类社会现代化进程不断加快、科技快速发展和全球经济一体化的时代，越来越多的民族、地区和人口被纳入世界变化的总体格局之中。保持人类文化的多样性，是与人类社会的可持续发展紧密相连的，而保护各个民族具有独特创造个性和蓬勃生命活力的民间艺术，是避免人类文化多样性形态成为博物馆化和标本式存在表象，而永具生生不息生命力的重要保证。我想，读者会从《中国民间艺术传承人口述史》丛书中体会到这些。

（原载《中国民间艺术传承人口述史》丛书，中央编译出版社2010年版）

从书中看中国的世遗文化风采
——《中国世界文化和自然遗产历史文献丛书》序

世界文化和自然遗产是人类文明和大自然演化的历史遗存，是大自然和祖先赐予我们的珍贵财富。它承载着厚重的历史，展现着自然造化的奇观，前者是人类文明的载体，后者是大自然演化进程的见证。对于我们多数人而言，面对世界文化和自然遗产地，亲临其境只能是心向往之，在现实中是难以实现的一种美好愿望。了解世界文化和自然遗产地形成的历史，认识它的独特的艺术、科学、技艺及人类学、社会学、文学、宗教等的价值，自觉地爱护、保护这些人类创造和自然演化的不可替代的宝贵财富，应是每一个人的责任。对于从事专业研究或实际保护工作的人们来说，这更应是一种自觉的意识和自觉的承担。摆在我们面前的《中国世界文化和自然遗产历史文献丛书》，就是为了让人们翻开中国的世界文化和自然遗产名录时，也能够从有关历史文献的阅读中，看到它们的历史和今天的面貌；从遗产地的历史渊源和它们与社会、文化等的联系中的时代变迁，深入了解它们的历史地位、价值，并从这些历史记载与今天现状的比照中，去体会保护的意义和思考科学保护的途径。

我们知道，联合国教科文组织 1972 年在巴黎通过了《保护世界文化和自然遗产公约》。这一公约的通过，标志着世界范围内对保护文化与自然遗产严峻形势和急迫性的充分关切。该公约从价值判断的角度明确了

"自然遗产"和"文化遗产"的界定范围及判定的标准。1987年，中国的泰山申报世界文化遗产名录，联合国教科文组织在考察泰山后，认为泰山是将文化与自然融合为一体、具有独特的自然和文化双重价值的遗产。泰山引起联合国教科文组织重新认识和评价自然与文化延续的关系，因此，在该年的世界遗产申报评审中，中国的泰山以世界文化与自然双重遗产的身份被列入世界遗产名录。从此开始，联合国教科文组织在世界文化和自然遗产的评审中，增加了"文化与自然双重遗产"这一新的种类，但它不是文化和自然遗产的并列，而是象征着人类文明的创造与自然遗产的和谐相融。到1992年，世界文化和自然遗产的评审又扩展到"由人类有意设计和建筑的景观"等具有重要保护价值的遗产范围，这一由联合国教科文组织第十六届世界遗产大会提出来的概念，也成为世界文化与自然遗产名录涵盖的一个方面。从以上的情况可以看出，当代人类社会对保护自身所处环境和自身文明创造成果重要性认识的不断深化。到2003年联合国教科文组织第三十二届大会通过《保护非物质文化遗产公约》，更说明世界范围内对人类物质和非物质文化遗产保护的全面认知，也说明当代社会对这些珍贵遗产的保护，已经走上了一个比较自觉的阶段。

我国对物质和非物质文化遗产的保护历来十分重视，并且在两方面都取得了显著的成绩。就保护文化和自然遗产而言，1985年，第六届全国人大常委会第十三次会议批准了联合国教科文组织1972年通过的《保护世界文化和自然遗产公约》，中国正式成为世界遗产公约的缔约国，显示了我国积极加强国际合作，珍视和保护本国文化、自然遗产的态度。在中央、省、市各级政府相关部门的努力下，我国积极申报世界文化和自然遗产。至2010年为止，我国列入世界文化和自然遗产40处，其中包括文化遗产26处，自然遗产8处，文化与自然双重遗产4处，文化景观2处。在拥有世界文化和自然遗产的国家中，我国名列前茅。同时我国还是拥有世界遗产类型最齐全和文化与自然双重遗产数量最多的国家之一，真正是名副其实的世界文化和自然遗产大国。仅北京一地就拥有周口店、长城、故宫、天坛、颐和园和十三陵6处世界文化遗产,其数量在全世界历史文化名城中位居前列。

在积极申报世界文化和自然遗产的同时,我国在保护方面的工作也不遗余力。中国的世界文化和自然遗产作为人类文明创造的结晶和人类认识大自然演化的历史见证,首先是属于自己的国家和民族的,但它们也是人类共同的精神文化财富,具有永恒和无法估量的价值。我们的首要任务就是要很好地保护这些遗产的真实性和完整性,这是实现当代人与子孙后代共享遗产资源的唯一正确的选择,也是人类社会可持续发展的基础保证。为了更好地保护我国的世界文化和自然遗产,我们就要以具有国际视野的眼光,借鉴国外一切有益的经验,进一步完善我国法律、法规和相关制度建设,积极探寻适合中国国情的遗产保护和管理制度,采取一系列切实措施,提高保护和管理水平,正确处理好保护、继承、弘扬与合理利用的关系,使我国的世界文化和自然遗产得以世代保护,永续传承。

要更好地保护我国的文化和自然遗产,有必要全面、深入地了解各历史时期遗产所在地人文与自然环境的变化情况。这些内容往往在相关历史文献中有比较详细的记载,但长期以来人们关注的重点是对世界文化和自然遗产地近现代人文和自然资源,以及当代文化景观的保护和利用,而对遗产地历史文献的全面深入研究未能得到足够的重视。对文化和自然遗产历史演进和变化的深入、系统研究的疏略和缺失,不能不说是一个遗憾。其中的一个原因就是遗产地相关历史文献分散,不易翻检查寻,使得搜集、整理这些历史文献有一定的难度,这就不能不从客观上影响和制约了我国世界文化和自然遗产的进一步研究和保护工作的开展。有鉴于此,四川大学、北京大学等高校相关学者以数年之力,编纂了《中国世界文化和自然遗产历史文献丛书》。这是我国第一次对已经列入世界文化和自然遗产名录的遗产地相关历史文献进行的一次全面、系统的整理,同时也是世界各缔约国中第一次将本国世界文化和自然遗产地相关历史文献进行的全面、系统的整理。《丛书》体例严谨,内容丰富，收录了不少珍稀文献，这为人们更好地了解，以及研究和保护我国世界文化和自然遗产，构建了一个内容丰富的文献资源库，因此，该《丛书》的出版，必将有力地推动我国世界文化和自然遗产研究、保护和合理利用工作的深入开展。

今天，当我们面对自然遗产的时候，美国著名生态学家蕾切尔·卡逊在1962年揭露批判现代工业文明引起的严重环境污染时讲的那句警醒世人的话，"万物复苏繁茂生长的春天走向寂静"，仍在我们耳边回响。今天，人类中心主义思想影响正在逐渐消退，人与自然和谐相处的生态文明成为人们的追求和向往。保护好自然遗产不仅为人们认识大自然的演化提供见证，而且也是我们坚持可持续发展战略和科学发展观的不可推卸的责任。文化遗产作为中华文明创造的结晶，我们面对它们的时候，不仅会为之骄傲和自豪，更会对创造民族文化更加灿烂辉煌的未来充满信心。我们的祖先创造了独树一帜的古代人类文明，今天在保护好它们的同时，人们在思考如何创造与新的变革时代相称的具有代表性标志性的文化杰作。新的时代已经具备了这样的基础条件，当代文化杰作的诞生已经成为国家和民族的期待。我想，《中国世界文化和自然遗产历史文献丛书》除了它自身的文献价值之外，也会带给我们对今天生态文明建设与文化创新的重要思考。

是为序。

（原载《中国世界文化和自然遗产历史文献丛书》，上海交通大学出版社2011年版）

《中国传统节日》前言

  现在,当新年元旦的钟声敲响,中国人民都会与世界各国人民一道,欢庆这个一年一度、辞旧迎新的盛大节日。这是我们融入全球化的一个象征性标志。不过,作为中国人,人们还在心底迎接着另一个属于我们自己的"年"——春节,即旧历年或叫农历年、阴历年。本来,在古代中国,"年"就是指阴历的"除夕"即腊月三十;"元旦"(又称"元日")则是指阴历的正月初一。在进入近代社会之前的中国传统社会,"除夕"与"元日"这两个紧相连接的重要节日,才是一年一度旧岁与新岁的交接盛典,才是人们辞旧迎新的隆重节日。"一夜连双岁,五更分二年""爆竹一声除旧,桃符万户更新"。这两副广为流传的对联,对于"除夕"与"元日"节日功能的概括可谓确切。在清王朝的统治被推翻后,中华民国政府公布公历一月一日为"元旦",而将阴历正月初一改称为"春节",但在中国人的意识中仍葆有一个心结,就是农历的除夕与春节,才是属于自己的"大年"。特别是在广大农村地区,只有欢度除夕与春节,才算是真正"过年"。这表明,起源于农业社会的许多传统节日,历经千百年岁月积淀,既作为传统文化的基因,也作为人们对传统文化的记忆,在人们的精神和情感层面刻下了深深的印痕。置身于工业文明和信息时代的今天,人们既要跟进全球现代化的演进,也更需要与呈现文化多样性的传统节日的精神、情感和生活方式保持联系。

节日是相对于平日而言的。节日本指节气时令中两节气的交接之日。起源于古代农业社会的不少传统节日同民俗活动与节气时令的结合有关。中国传统节日是源自人们生活中的共同需要而通过积淀形成的传统礼仪、仪式、游艺等为重要内容的各种方式，在特定时空关系中利用相应的物质载体表达思想、信仰、道德、理想等的群体活动的日子。同时，这些表达多是以人们乐见的风俗和艺术的方式来进行的。传统节日呈现的形态，构成了其周期性、民族性、群众性、地域性及综合性民俗文化事项的基本特征。

中国的传统节日，形式多样，内容丰富，是中华灿烂文化的重要组成部分，是我国无比丰富的非物质文化遗产宝库中的瑰宝，它作为中华民族传统文化的重要表现形态，凝结着中华民族的智慧，寄托着中华民族的感情，积淀着中华民族的历史，蕴含着中华民族的精神与文化，是维系国家统一、民族团结、家庭和社会和谐的重要精神纽带，也应是发挥当代社会主义先进文化影响力的重要载体。在中华民族的历史发展进程中，传统节日深深融入人们的生活和精神、情感世界，激发着民族的生命力、创造力和凝聚力，推动着中华文化历久弥新、不断延续发展，因此，大力弘扬传统节日文化，推动传统节日在与发展着的时代融合中呈现旺盛的生命活力，是传承中华民族优秀文化传统和当代文化创新的必然要求，也是维护和保障中华民族文化与生活方式多样化的必然选择。

随着我国非物质文化遗产保护工作的推进，春节、清明节、端午节、中秋节、重阳节、雪顿节、傣族泼水节等各民族的49个传统节日及节庆活动被分别列入第一批、第二批国家级非物质文化遗产名录保护项目。传统节日在增进民族文化认同、增强国家凝聚力、人民群众共享文化成果和维护人类文化多样性中的积极作用，已被越来越广泛地认同。特别是2007年12月，经国务院常务会议通过，国务院公布《国务院关于修改〈全国年节及纪念日放假办法〉的决定》，并自2008年1月1日起施行。该决定将清明、端午、中秋三个传统节日增设为国家法定假日；原春节放假三天不变，但放假时间由原来的正月初一至初三改为除夕至正月初二。实际上除夕也就同时列入了假日。把传统的民族节日确定为国家法定假日，对于整个国家的社会生活和广大民众的生活方式来说意义非凡。社会和民众有了一个生活节点，人们通过历史的记忆和现实具有丰富内涵的节日呈现形式，加强与自身的文化及社会和国家的认同。这对于全民正确认识传统节日宝贵的文化价值、积极参与节日活动、努力保护节日文化传统、注重节日文化资源的运用与创新，都具有深远影响。

今天我们重视传统节日的当代延续和弘扬传统节日文化，一方面，是由于时代的发展和进步，我们的国家正在生发着一种建立在文化自信基础上的传承优秀文化传统的文化自觉；另一方面，是由于一个不能不正视的社会背景，即工业化和城市化迅速推进，信息化与全球化传播途径疾速发展，传统节日赖以存在的社会环境日渐狭窄，外来文化的影响和人们追赶时尚的文化趋向，使得传统节日的影响和吸引力日渐弱化，特别是越来越多身处城市化进程中的年轻人更热衷于过"洋节"，而对民族的传统节日日益淡漠乃至陌生。即使是过着传统节日，也往往流于表面化的形式，或只注意少量的节日文化符号，而不再顾及蕴含于这些节日之中的深厚的文化内涵和凝重的精神情感。

传统节日弱化的境况，除了当代社会现代化进程的原因之外，还有一个重要的原因是在过去的一个世纪里，在现代性、现代化的总体历史语境中，包括中国传统节日在内的中国传统文化，遭到我们有意无意的轻忽与冷遇。进入新世纪，我们的国家和整个中华民族日益走向文化传承和文化创新的自信与自觉，对我们的国家和民族的文化发展、对我们的社会和谐和人的全面发展有益的东西都应传承下来，已成为一种共识。弘扬传统节日文化，延续传统节日并赋予其当代的生命活力，是全社会的责任。这是一个系统工程，应从多方面来促进。我认为其中一个重要的基础性的方面是要充分挖掘传统节日的文化内涵，并让人们特别是青少年充分了解它。同时，也只有在挖掘其文化内涵的基础上，才能使传统节日在当代社会发展的进程中更好地体现历史记忆的价值，才能以文化记忆的魅力及具有准确象征意义的标志性符号，吸引人们特别是青少年参与其中。弘扬和延续以至发展传统节日的另一个重要方面，是要努力将传统节日的文化资源转化为当代人的生活方式或生活的实用产品。如浙江嘉兴市的人们普遍热情参与赛龙舟、插艾草、吃粽子、纪念伍子胥等内容的端午活动，真正把具有丰富而独特文化内涵的端午节当成自己充实的节日。与此相联系，这里是全国最大的粽子产地，年产粽子2.5亿个，占全国年产量的一半以上。我想我们通过努力挖掘传统节日的文化内涵，开发传统节日的文化资源（比如年画、剪纸等等），就会从文化影响力和日常生活两个方面吸引人们欢欢乐乐过传统节日。只有当人们主动地、自发性地成为传统节日的主人，传统节日才会因人们对历史和文化记忆的共享及人们带给它的当代性而具有生机和活力。

最近，一个偶然的机会，我读到了中国人民大学附属中学2009届高三年级的同学们就"节日文化"这一话题写出的一组作文。从这些作文中，我看到了这些中学生对于"节日文化"的充满灵性的感悟和不乏智慧的沉思。其中一篇作文说，单纯的假期并不能让传统文化走回每个国人心中，对于传统文化而言，最坏的结局不是在时空中散落，而是我们的后人宣称着传统，却没有人真正了解文化的内涵——传统文化终成为形式主义下的一个牺牲者。还有一篇作文说，靠谁来拯救这些传统节日？绝不应仅仅依靠法定节假日来救，应该去拯救这些宝贵的节日的，是我们自己。

这些年轻的中学生充满热情和文化关切的思考，使人深感欣慰。可以看出，中国传统节日在总体趋向淡化演变的境况下，近年来，经过全社会各方面的持续不懈的推动，对于包括传统节日在内的优秀传统文化的传承与保护意识已越来越深入人心，整个社会包括青年人在内文化传承的自觉意识得到加强，是否应该传承、保护，以及怎样传承、保护这些珍贵的传统节日和传统节日文化的问题，已引起越来越多的人的关注，很多人也有了越来越深入、全面的思考。

在这样的背景下，我认为我们的学者们一方面要通过考察中国传统节日历史渊源、类型与演变，来阐释传统节日的社会文化功能和价值；

从继承性、民族性、时代性的统一来研究传统节日的延续与发展；从传统节日的呈现形态入手，来思考基于其文化内涵的立体性、整体性保护原则，以及如何从移风易俗的渐变入手，在扬弃中传承传统节日文化的精髓。另一方面，我们的学者们要应时之需，以具有知识性、趣味性、可读性的文字，向社会大众特别是年轻人提供有关传统节日文化的系统的、可信的知识，让他们更多地了解传统节日特别是传统节日的文化内涵。正是基于这样的考虑，我们组织编写了这本《中国传统节日》。

丰富多彩的中国传统节日绝不是一个春节可以代表，也不只被新增为国家法定假日的清明节、端午节与中秋节，本书从众多的中国传统节日中选取了11个具有全国性影响的重要节日，即春节、元宵节（上元节）、清明节、端午节、七夕节、中元节、中秋节、重阳节、腊八节、小年、除夕加以介绍。需要说明的是，本书所介绍的春节，是狭义上的春节，特指大年初一即农历的"元旦"（元日）至元宵节（上元节）前这一段时间，而把腊八、小年、除夕、元宵（上元）节分别作为独立的节日来叙述，以便对其历史文化内涵有一个完整的概括。关于我国各少数民族那些影响深远、内涵丰厚、形态多样的重要传统节日，我们准备另编一本书来做专门的介绍。

本书对于11个重要传统节日的介绍，最大的特点，是把这些传统节日放在今日非物质文化遗产及其保护的视野中进行。此外，清晰梳理这些节日产生与演化的过程，全面概括这些节日的主要仪式、习俗，深入探寻这些节日蕴藏的文化内涵，也是本书追求的目标。假如本书的编写能够有助于广大读者了解、熟悉这些传统节日，使广大读者由衷地喜爱并热心参与这些真正属于大众自己的节日，在这些节日中感受中国优秀传统文化的魅力，享受节日带给我们的发自心灵深处、真切而又自然的快乐，作为本书的编著者，我们会感到荣幸之至。

2010年元旦

（原载王文章主编《中国传统节日》，中央编译出版社2010年版）

《中国少数民族戏曲剧种发展史》再版前言

《中国少数民族戏曲剧种发展史》自2007年出版以来，在学术界产生了较大影响。这首先是因为这是第一本全面研究我国少数民族戏曲剧种发展史的专著。由于中国少数民族地理分布区域的不同，各民族文化传统、文化艺术呈现形态的独特性，各少数民族戏曲剧种的生成、发展与流变，以及艺术呈现的面貌，便存在许多差异。从戏曲艺术的基本创作原则来讲，同汉族戏曲剧种一样，"以歌舞演故事"是少数民族戏曲剧种的基本特征。在它们的生成与发展过程中，有的少数民族戏曲剧种之间互有借鉴，但更多的是它们共同的对汉族不同戏曲剧种的吸收、借鉴，特别是中华人民共和国成立以来新兴的少数民族戏曲剧种。正是在这种影响、吸收、借鉴的过程中，不少少数民族在各自民族文化传统的基础上，融合本民族的语言（有的是汉语）、音乐、歌舞和其他民族艺术元素，形成了以演员表演为中心的综合艺术形式，即各自的戏曲剧种。他们同汉族的诸多戏曲剧种，共同构成了中华民族戏曲百花园璀璨夺目、异彩纷呈的美丽景观。

如上所述，虽然少数民族戏曲剧种在生成、发展的过程中，与汉族不同戏曲剧种，以及少数民族戏曲剧种之间有不同程度的相互吸收与借鉴，并形成基本的共性，但由于各少数民族地理分布区域的不同和其他艺术传统的独特性，以及其戏曲剧种形成和发展的时间差异，各少数民族戏曲剧种在表演形式、萌生渊源、艺术体制、程式化程度等方面有所不同。其民族情感、愿望、理想，民间信仰在戏曲形式中的表达方式，以及本民族群众对戏曲价值的认知等，都显示出明显的特殊性与复杂性。因此，对少数民族戏曲剧种的研究，特别是对某一剧种独特性的研究，也就相对比较困难。这也是多年来很难从整体上对我国少数民族戏曲剧种做出系统性研究的一个重要原因。鉴于少数民族戏曲剧种生成和呈现形态的复杂性，本书从不同的少数民族戏曲剧种入手，做纵向的系统理论阐发，以不同剧种的发展史构成少数民族戏曲剧种的整体面貌。

少数民族戏曲剧种的发展，在中华民族多元一体文化格局中占有重要的地位。深入研究其形成的历史和当代发展趋势，总结其学术价值和文化价值，对推动少数民族戏曲的当代传承与发展，以及保护非物质文化遗产、维护我国当代艺术的多样性，具有重要的意义。我们希望在本书的基础上，不断有更多深入研究我国少数民族戏曲艺术发展的成果出现。

本书第二版由肖宜悦校对通读，刘文峰、李悦对全书图片做了删减和核定，王文章对全书文字做了重新修订。

希望读者能对本书提出宝贵意见，以便将来进一步修订。

（原载《中国少数民族戏曲剧种发展史》，学苑出版社 2013 年版）

《南京云锦图典》序言

　　《南京云锦图典》在南京云锦研究所建所60周年前夕出版。全书系统地展示了南京云锦在各个历史时期的珍贵代表作品，收录了表现云锦图案、纹样、色彩的400多幅图片，并配以简要的文字说明，形象地反映了南京云锦技艺1600年来的演变发展脉络。全书内容丰富、资料翔实，且许多资料是首次面市，令人眼前一新。这既是一部记录和展示南京云锦作为中国传统文化艺术精粹的巨著，也是研究我国丝织工艺不可多得的史料。同时，这部图典对文化遗产保护、文物鉴赏、艺术设计等，也都有重要的参考价值。

　　在我国古代的丝织物中，"锦"是代表最高技术水平的织物，有着悠久的历史。南京云锦图案精美，富丽典雅，天章云锦，绚丽多彩，它浓缩了中国丝织技艺的精华，以美如天上云霞而得名。公元417年东晋时期在建康设立了专门管理织锦的官署——锦署，这被看作南京云锦正式诞生的标志。南京云锦传统工艺独特，它用提花木机织造，必须由提花工和织造工两人配合工作，织造材料由金线、银线、铜线和蚕丝、绢丝、各种鸟兽羽毛等构成。如果要织78厘米宽的锦缎，它的织面上就需有1.4万根丝线，所有图案就要在这1.4万根线的穿梭间组成。从确立丝线的经纬到最后织造，整个过程的复杂性至今仍无法用现代化机器来替代。

　　作为非物质文化遗产的传统手工技艺，南京云锦木机妆花手工织造技艺具有典型的代表性。因此，南京云锦木机妆花手工织造技艺于2006年被列入中国首批国家级非物质文化遗产代表性项目名录，南京云锦织造技艺也于2009年入选联合国教科文组织人类非物质文化遗产代表作名录。对一般人而言，可见的是南京云锦的富丽多彩，而对其令人难以想象的传统手工织造技艺的珍贵性，却并不了解。记得在2004年由中国艺术研究院主办的非物质文化遗产保护国际学术研讨会上，南京市政府和南京云锦研究所的同志在发言中向代表们展示携去的云锦织品，有的代表即对南京云锦织造技艺作为非物质文化遗产的价值提出疑问。从那以后，中国艺术研究院中国非物质文化遗产保护中心主办或承办的历次非物质文化遗产保护成果展或传统手工技艺展上，都会看到南京云锦研究所当时的所长王宝林带领该所的传承人，在那由1924个机件组成，长5.6米、宽1.4米、高4米的传统大花楼木织机上操作织造的现场表演。这样的展示和现场讲解，甚至也出现在文化部主办、中国艺术研究院中国非物质文化遗产保护中心承办的法国巴黎中国非物质文化遗产艺术节上。正是南京云锦研究所不辞辛苦的展示，让国内外人士形象地看到了南京云锦织造技艺的独特性、复杂性、珍贵性，唤起人们从心底生发出的对中华民族传统手工技艺的珍视。

中华人民共和国成立以后，党和国家非常重视南京云锦的传承发展。1954年，南京市成立了"云锦研究工作组"。我国著名工艺美术专家陈之佛教授担任研究工作组组长。1956年10月，周恩来总理指示：一定要南京的同志把云锦工艺继承下来，发扬光大。1957年，经江苏省政府批准，南京云锦研究所正式成立了。近60年来，特别是近十几年来，以南京云锦研究所为主体，带动南京云锦行业传承发展，使解放初期濒临消亡的南京云锦织造工艺逐渐恢复并创新发展，在继承传统技艺的同时，还恢复了失传的"双面锦""凹凸锦""妆花纱"等工艺，复制了汉代"素纱禅衣"、宋代"童子戏桃绫"、明代"妆花纱龙袍"等珍贵文物，搜集整理大量云锦图案和画稿，并征集了900多件云锦实物资料。南京云锦研究所在继承中保护，在保护中发展。通过生产日用的云锦高档服装面料、少数民族服饰及人们的日用工艺品，南京云锦在生产性保护的路子上越走越远。今天，南京云锦研究所不仅使生产出精美绝伦的古代织锦传统手工技艺得以延续，还通过探索创新，以更多的技艺技法，织造出符合当今时代人们审美趋向的织品，满足人们生活和收藏需求。

近十多年中，王宝林所长和他的同事们为南京云锦传统手工技艺的传承、保护和创新发展做了大量的工作。我想，这些工作卓有成效，与他们始终坚持科学保护的原则和正确遵循非物质文化遗产的传承规律是分不开的。科学地保护非物质文化遗产，既不是随意改变它按照自身规律展开的自然演变进程，也不是使之静止、凝固、不再发展，而是保护它按照自身发展规律去自然演变。南京云锦的保护正因为是建立在尊重客观规律的基础之上，才能够一直保持稳健而持久的健康发展态势。

全面落实《中华人民共和国非物质文化遗产法》，做好非遗保护工作，重在建立健全非物质文化遗产的传承机制。要以传承人为核心，以持续传承为重点，开展扎实的保护工作。像南京云锦研究所做的那样，非物质文化遗产保护不仅是为了留住历史，更是要传承技艺，并要在着眼继承优秀文化传统的基础上，进行文化创新。

南京云锦织造传统手工技艺的保护，为我们提供了非物质文化遗产保护的宝贵经验。《南京云锦图典》的出版发行，不仅可以让我们形象地了解中华传统手工技艺创造的绚烂奇葩，而且可以从中学习、借鉴非物质文化遗产保护的有益经验，这是一件值得非物质文化遗产保护工作者高兴的事情。

相信南京云锦研究所在新的发展阶段，会继续努力探索，为南京云锦的继承、保护、创新、发展做出新的贡献。

祝南京云锦不断锦上添花！

2014 年 10 月 19 日

（原载《南京云锦图典》，南京出版社 2014 年版）

《捡起金叶》序

在今天，非物质文化遗产保护已经是一个世界性的话题，并且也已经是一个具有普遍性的实践课题。近十年来，我国的非物质文化遗产保护取得了令世人瞩目的成绩，起步较晚，但进展快，成效大：全国性的普查已基本完成，摸清了家底，知道了保护的对象；在普查的基础上，国务院公布了第一、二批国家级非物质文化遗产名录，现已建立起国家、省、市、县四级非物质文化遗产名录保护体系。并以项目和传承人为核心，开始形成科学的非物质文化遗产保护和传承的机制；按照保护对象的不同性质，探索实施包括整体性、生产性和文化生态保护区等方式在内的多种有效保护方式；加强国际间的合作，加入联合国教科文组织《保护非物质文化遗产公约》，并积极申报联合国教科文组织公布的世界非物质文化遗产名录，中国已成为入选该名录项目最多的国家；加强立法保护，不少省、市、自治区已公布了非物质文化遗产保护的地方法规，全国人大也正在推进国家立法进程。除此之外，或许更重要的一点是全社会参与非物质文化遗产保护的意识普遍增强，加强非物质文化遗产保护，已成为社会公众的共识。

我国非物质文化遗产保护取得的成绩，可以说是新世纪开端的十年中，我国文化事业发展中被全社会广泛认同的一项重要成绩。这项成绩的取得，与党中央、国务院的重视是分不开的。胡锦涛总书记在党的十七大报告中提出重视非物质文化遗产保护；温家宝总理 2007 年 6 月 9 日到中华世纪坛参观非物质文化遗产保护专题展，指出保护非物质文化遗产，就是传承民族文化的文脉。这些都对我国科学有效地保护非物质文化遗产起到了重要的推动作用。同时，社会公众热情参与保护，特别是作为非物质文化遗产传承主体的传承人、传承团体和作为保护主体的政府相关机构、各级各类非物质文化遗产保护机构及与保护相关的社区和民众的积极参与，在推动我国非物质文化遗产保护中发挥了主体性作用。其中，一大批专家学者的参与，对我国非物质文化遗产保护工作的科学有序推进，起到了重要的保证作用。田青就是这批专家学者中有突出贡献的一位。最近，他把自己发表的有关非物质文化遗产保护的文章结集，将交文化艺术出版社出版。他把这些文字送我翻阅并要我作序。翻阅这些文字，看到很多都是他在研讨会讲过的，或在报刊上发表过的，再读当然感到亲切。读这些文字，不由想起往事中的一些镜头。

2002 年我国向联合国教科文组织申报古琴艺术为第二批"人类口头和非物质遗产代表作"时，申报文本及音像资料上报后，联合国教科文组织秘书处反馈回需修改和补充的意见，要求三天后即要重新报回。接到意见后的当天晚上，我召集中国艺术研究院内外的有关专家研究修改方案，到凌晨一点多才确定下来。当时联系制作音像资料的机房，只有中央电视台的机房设备能达到工作要求，但电视台的机房只有晚上十二点以后到早上九点的时间段可以借用。机房不能人多，考虑田青既是音乐方面的专家，又会音像制作，便提出可否由他及英语翻译等当晚去电视台继续"作战"，完成工作任务。当时，大家已经从下午连续工作到深夜，劳累程度可想而知。让一位著名的学者去做这么具体的事情，我有些顾虑，可田青非常坚决爽快地答应立即去电视台加班。七八年过去了，当时的情景却历历在目。还有一件事情，2006 年元宵节之前在中国国家博物馆筹备"中国非物质文化遗产保护成果展"。春节放假后筹展却要在元宵节开幕展出，筹展时间只有十来天。做这样大型的展览，也就只能加班夜以继日布展。一天下午我到现场，看到田青在指挥布展，有气无力的样子十分疲惫。一问才知他从前一天晚上一直干到当天下午，就没有离开现场……

读田青的文字，脑海中却浮现起这些真实的影像。田青将文集命名为"捡起金叶"，大概是希望人们珍视非物质文化遗产。这一个"捡"字，我也把它看作田青自己珍视和推动非物质文化遗产传承具体工作的记录。他说："能够把已经被边缘化的民间音乐、民间歌手推到主流媒体，让我们祖先传给我们的艺术瑰宝'重见天日'……比我自己写一篇'科学''准确'的文章更有意义。"读他充满智慧和有独特发现眼光的文字，想起他的知与行，他举荐盲人民间音乐家和牧羊歌手，组织非遗展演兼做主持人，及做田野考察，还有去做那一件件具体而微的事情，都是为了把非遗的"金叶"捧给社会和大众。田青是一位学者，也是一位非遗保护的实践者。文集中的一篇篇文字，大都是作者在从事保护实践中思考的总结，从不同的角度写出，集合在一起，却可以让读者体会到非遗的面貌，探寻到非遗的某些本体性的特质。也正因为作者的不少文字是应时而写，有感而发，因而在工作实践中产生了良好的社会反响。如因作者的强调而在音乐界纷纭一时的"原生态"一词，作者赋予了其匡正民族唱法走入雷同模式的针对性而为人称道，并在一定程度上推动了民族唱法发展方向的调整。我读这些文字，深切感受到田青的智慧及他观察事物的独特眼光和对非遗保护的热情与激情。

我国的非物质文化遗产保护，已进入整体性的全面保护阶段，科学保护任重道远。守护人类共同的精神家园，是我们每一个人的责任。应当看到，我们处在一个追求人类物质生活现代化的时代，"文化的现代化"也已成为不少学者关注和研究的一个课题。文化的与时俱进是一个规律。我们可以从政治文化、经济文化、社会文化、生态文化、国际文化领域及个人文化领域等明显地看到文化生活、文化内容、文化制度、文化观念及文化形态的许多变化，但文化发展不是线性的变迁，也不完全是由低向高的演进。在社会的现代化进程中，人们更需要精神文化生活的丰富性，因而文化的变迁是多元、多途径和多样性的。在文化现代化的进程中，文化选择对社会的持续发展和全面发展具有决定性的意义。具有悠久文明历史的中国的现代化，从文化方面而言，绝不会是单一的，因此非物质文化遗产的保护和传承，对于处于现代化进程中的中国更为重要。文化现代化的核心是文化创新。文化创新可以从非物质文化遗产中汲取营养，而非物质文化遗产作为优秀传统文化绚丽多彩的呈现形态，其本身也给人们的精神以无尽的滋养。有人预言，"在未来的100年里，文化变迁将改变全球"。无疑，在现代化的进展中，文化的变迁与发展将会超过任何历史阶段。文化创新会为人类的文化宝库增添更多的珍宝，而非物质文化遗产保护，也会为人们的精神家园保持良好的生态。我们每一个人都应该以一种文化自觉参与非物质文化遗产保护，田青为我们作出了榜样。

2010年4月27日

（原载《捡起金叶》，文化艺术出版社2010年版）

在工作实践中产生的理论思考
——《风生水起——浙江省非物质文化遗产保护的生动实践》序言

近十多年来，我国的非物质文化遗产保护取得了重大进展，成绩显著。一方面，非物质文化遗产项目传承人作为保护工作的主体无疑作出了重要贡献。另一方面，在党中央、国务院的重视下，政府主导，社会参与，社会各个方面齐心协力，以高度的文化自觉，共同支持、加强非物质文化遗产保护工作，这也是我们取得显著成就的重要原因。在各级政府文化部门和非物质文化遗产保护机构中，有一批承担保护工作的管理干部和专家、学者，在保护工作的规划、制定政策法规、建立保护机制、落实保护措施和动员、宣传等方面，都发挥了重要作用。可以说，没有这支队伍的努力和付出，我们的非物质文化遗产保护工作很难有今天这样的成就。

浙江省文化厅非物质文化遗产处的王淼同志，就是这支优秀的队伍中的一员。王淼同志是最早参与非物质文化遗产保护工作的管理干部。我在北京和外地的不少非物质文化遗产保护研讨会和工作会议上，都会看到王淼同志的身影。浙江省委、省政府对非物质文化遗产保护工作高度重视，省文化厅思路开阔，工作主动，浙江的非物质文化遗产保护工作走在全国的前列，文化部曾在浙江象山召开全国非物质遗产普查工作现场经验交流会，在宁波召开全国非物质文化遗产保护工作会议，总结和推广浙江保护工作经验。在这些会上及在基层的调研中，更看到王淼同志组织会议和安排工作忙碌的情形。几次会上会下听王淼同志介绍保护工作经验和保护工作思路，以及他对我国非物质文化遗产保护工作的理论思考，都觉得言之有物，使我很受启发。

最近，接到王淼同志整理的他2006年以来有关非物质文化遗产保护工作的文稿合集，名为《风生水起：浙江省非物质文化遗产保护的生动实践》，要我为之作序。文稿有理论文章、学习《中华人民共和国非物质文化遗产法》的辅导报告等，但多是他出席本省非物质文化遗产保护工作会议和到市、县调研及指导工作的讲话稿。从这些文稿可以看到，王淼是以高度的责任感和敬业精神，以全部的热情，投入到了浙江的非物质文化遗产保护工作进程。这些文稿的价值不在学术性，而在它对实际保护工作的指导和推动。这些文稿谓之"讲话"，还不如说是"对话"更恰当。王淼的讲话不是泛泛而谈的空论，而是很实际、很有针对性的，是一位站在保护工作第一线的实践者的有感而发，这些内容对具体保护工作的指导性不言而喻，我相信与他对座听讲的人一定会有同感并会受到启发。像王淼同志这样处在非物质文化遗产保护工作第一线的管理者，与保护工作实践有最紧密的联系。保护工作中创造的新鲜经验和出现的各种问题，他们都会最早也最直接地感受和发现。总结这些经验并找出解决问题的思路和措施，也就成了这些管理者的一种工作责任。看王淼同志的这些文字，大都是在这样的基础上产生的。这些文字的价值也正体现在对实际工作的指导意义。同时，当我国的非物质文化遗产保护工作走过十多个年头的时候，从这些文字中，也可以看到我们对非物质文化遗产本身及其保护工作认识的不断深化。对事物的认识没有止境，非物质文化遗产的科学保护仍然需要在保护实践中不断探索。王淼同志的这些文字，从这一方面也会给我们以启示。

与王淼同志相识已有多年，他的工作热情、敬业精神和踏实、刻苦的工作态度，以及很强的专业能力，都给我很深的印象。全国各省、自治区、直辖市文化厅局和非物质文化遗产保护中心都有一批有很强专业能力的处级干部，他们十几年甚至二三十年任职于专业性很强的业务处室，工作兢兢业业，学习刻苦勤奋，对文化艺术规律有深入的把握。应当说，这是从事文化艺术管理工作必备的基础。这种基础就来自深入实际的调查研究和经验总结。"水过地皮湿"式的工作方式是不会在认识事物规律方面有所收获的。我国十多年来非物质文化遗产保护工作没有走歪路，就是首先在保护工作实践的基础上总结出非物质文化遗产的基本特性，即它的演变的相对恒定性和活态流变性，并在尊重其特性的基础上提出抢救性保护、整体性保护和生产性保护的基本保护原则与方式。同时，总结和提出了"保护为主、抢救第一、合理利用、传承发展"的保护方针。可以说，在实践的基础上，不断总结和坚持非物质文化遗产保护工作的科学规律，是我国非物质文化遗产保护工作推进卓有成效的一个重要原因。因此，我希望从事非物质文化遗产保护管理工作的同志们要像王淼同志一样，从自己的角度，以自己的方式，在深入实践中对非物质文化遗产保护工作进行总结，在把握科学规律的基础上对保护工作进行更有力的指导，推动非物质文化遗产保护工作不断取得新成绩。

2012年8月16日

（原载《风生水起——浙江省非物质文化遗产保护的生动实践》，浙江大学出版社2012年版）

《中国非物质文化遗产代表作丛书》总序

伴随着新世纪的开始，我国的非物质文化遗产保护工作已走过了十几个年头。短短的十几年时间，中国的非物质文化遗产保护取得了令世人瞩目的成就，总体上呈现出持续健康发展的良好局面。

一是符合我国国情的非物质文化遗产保护体系初步建立，非物质文化遗产保护理念逐渐深入人心。在党中央、国务院的高度重视下，在各级党委政府的大力支持和社会的广泛参与下，在各级文化部门的共同努力下，我国的非物质文化遗产保护体制、机制从无到有，逐步建立起来，并已发展为比较健全的四级名录保护体系和传承人保护制度。在进行全国非物质文化遗产资源普查的基础上，国务院已公布了三批共1219项国家级非物质文化遗产名录，文化部公布了三批1486名国家级非物质文化遗产项目代表性传承人。各省、自治区、直辖市也公布了省级保护名录项目8566项，代表性传承人9564名。我国的非物质文化遗产保护，已从十多年前单个的、项目性的保护，走上了整体性保护、科学保护和依法保护阶段。非物质文化遗产的重要价值和保护的意义越来越被人们所普遍认知和理解，人们越来越珍视优秀传统文化，全社会对非物质文化遗产保护工作的关注程度、参与热情越来越高，全社会已经逐步形成保护非物质文化遗产的文化自觉。

二是《中华人民共和国非物质文化遗产法》的颁布实施，为非物质文化遗产保护提供了坚实的法律保障。围绕着贯彻落实《中华人民共和国非物质文化遗产法》，非物质文化遗产保护的法制建设、规章制度建设得到了进一步加强。现在，全国已有十多个省、自治区、直辖市出台了地方非物质文化遗产保护条例。

三是非物质文化遗产保护方式方法和方针、原则逐步完善和确立。在总结保护工作实践经验的基础上，我们逐渐认识到非物质文化遗产所具有的恒定性和活态流变性的基本衍变规律。并在此基础上，认识到对于非物质文化遗产的科学保护，既不是使它凝固不变，也不是人为地使之突变，而是要让它按照自身的规律去自然衍变。非物质文化遗产保护要遵循其本体规律。近些年来，我们提出的抢救性保护、整体性保护、生产性保护等多种针对不同类型项目实施的保护原则与方法，在保护实践中取得明显成效。同时，在准确认识、总结和把握非物质文化遗产本质特征的基础上，确立了保护工作的十六字方针："保护为主、抢救第一、合理利用、传承发展。"确立了保护工作的原则："政府主导、社会参与，明确职责、形成合力；长远规划、分步实施，点面结合、讲求实效。"保护工作方针和原则的确立，对非物质文化遗产保护工作的健康发展起到了重要的指导作用。

四是资金投入进一步加大，机构队伍基本建立。截至 2011 年，不包括地方财政资金投入，仅中央财政已累计投入非物质文化遗产保护经费 14.3876 亿元；2012 年，中央财政转移地方非物质文化遗产保护经费增长至 6.2298 亿元。全国 31 个省、自治区、直辖市均成立了省级非物质文化遗产保护中心，16 个省、自治区、直辖市文化厅（局）成立了非物质文化遗产处（室）。非物质文化遗产保护工作机构和队伍基本建立。

五是非物质文化遗产宣传展示活动丰富多彩。近十年来，北京和全国各地陆续举办了一系列非物质文化遗产项目展演及保护成果展，对于社会公众认知非物质文化遗产及其保护的意义起到了重要的促进作用。近两三年来，主要的展演活动如 2009 年文化部在北京农展馆举办的"中国非物质文化遗产传统技艺大展"，2010 年在北京展览馆举办的"巧夺天工——中国非物质文化遗产百名工艺美术大师技艺大展",2011年在中华世纪坛举办的"薪火相传——中国非物质文化遗产传承人师徒同台展演",2012年初文化部等部门在北京农展馆举办的"中国非物质文化遗产生产性保护成果大展"等都引起轰动,增强了公众对非物质文化遗产保护的关注和参与意识。

六是国际合作和交流不断加强。2004年,经全国人大常委会批准,我国加入了联合国教科文组织《保护非物质文化遗产公约》,是第一批加入该公约的国家。我国在四川成都成功举办了三届国际非物质文化遗产节。截至2011年11月底,我国入选联合国教科文组织非物质文化遗产名录项目总数达36项,成为世界上入选项目最多的国家。2012年初,联合国教科文组织亚太地区非物质文化遗产保护国际培训中心在中国北京正式成立,这表明了国际社会对我国非物质文化遗产保护工作的充分肯定。

在充分肯定我国非物质文化遗产保护工作成绩的同时,也必须看到,非物质文化遗产保护工作仍然存在不少困难和问题:一些非物质文化遗产项目后继乏人、生存濒危的境况还没有得到根本解决,仍存在传承人年老体弱,人走歌息、人亡艺绝的现象;在保护工作中,重开发、轻保护、轻传承的问题仍不同程度地存在,过度开发、盲目开发非物质文化遗产资源的现象仍有发生;一些地方对保护工作认识不到位,保护工作不落实的情况依然存在,因此,我们应该头脑清醒,思想明确,进一步增强非物质文化遗产保护工作的紧迫感和责任感,认真研究解决保护工作中存在的突出问题,真抓实干,从而推动非物质文化遗产保护工作持续、扎实、深入地开展。

最近,文化部主要从国家级非物质文化遗产代表性项目保护规划的实施及保护措施落实情况,国家级代表性传承人传承情况,以及保护专项资金使用情况三个方面,对非物质文化遗产保护工作中存在的问题进行督促检查,以便找准问题,有针对性地采取有效措施加以调整。我相信,只要我们坚持求真务实的态度,把各项保护措施落到实处,我国的非物质文化遗产保护工作就会越做越好。

在概要回顾总结近年来我国非物质文化遗产保护工作的基本情况和经验的同时，我们也在思考一个问题，那就是我们保护工作的基础，或者说我们科学把握非物质文化遗产保护工作的规律，不断取得保护工作成绩的基础是什么，我想，首要的就是对非物质文化遗产项目的科学认知。今天，我们在非物质文化遗产得到全面整体性保护的情况下，更需要继续对具有代表性的项目进行认真、科学的梳理和分析，进一步探究它的文化渊源，揭示它的价值，总结它的存在形态和演变历程，以及研究如何在把握本质规律的基础上对其进行科学保护。这样的调查、分析和梳理，可以充分展示非物质文化遗产的独特魅力，让更多的人了解、认识非物质文化遗产的精粹性及其杰出的文化、艺术、历史和科学价值，由此引导人们正确认识非物质文化遗产及其保护工作，逐步形成非物质文化遗产保护的文化自觉，关注、重视或主动参与到非物质文化遗产保护工作中来。正是基于此，我们组织专家学者或从事非物质文化遗产保护的实践者编撰出版了这套《中国非物质文化遗产代表作丛书》。

2005年，浙江人民出版社也曾邀我主持编撰一套《非物质文化遗产丛书》，迄今已出版二十多本。这次经作者重新修订后纳入现在这套丛书，由文化艺术出版社出版，其项（书）目的选择，则是根据国务院公布的国家级非物质文化遗产代表作名录确定，每个项目独立成书，分批出版。第一辑收录中国非物质文化遗产代表作20项，内容涉及传统音乐、传统戏曲、传统工艺、传统技艺等多个领域。它们形式各异，但都以其厚重的历史、鲜明的特征在中华文明的深厚积淀中留下了鲜明的烙印，并长久地影响着中华民族文化基因、精神特质乃至生活方式；如同一朵朵奇葩，千姿百态、绚丽斑斓，与其他文化遗产共同构成中华文化的悠久博大、辉煌壮丽。

这套丛书的作者来自全国各地，都是该项目研究的专家学者或项目的传承人，其中不少作者是项目相关领域的权威学者。他们根据自己多年的实地调查和深入研究，本着严谨的态度和专业精神，详尽梳理每一个项目的历史渊源和沿革流变、分布区域和存续状况，细致描述它们的呈现形态，包括风格流派、技艺特征及其代表性传承人和代表性作品，并对其历史、文化、艺术、科学等价值进行深入的阐发。这套丛书力图以学术的权威性、叙述的准确性和可读性成为广大读者全面了解中国非物质文化遗产的优秀读物。它的出版不仅有助于中国读者认识和了解祖国优秀的文化遗产，也为世界人民认识和了解中国文化打开一扇窗。

是为序。

2012年5月6日

（原载《中国非物质文化遗产代表作丛书》，文化艺术出版社2012年版）

赓续薪传　久久为功
——《2019非遗薪传奖图录》序言

中华文化浩瀚深厚，源远流长。作为中华文明绵延不绝最为生动的见证，非物质文化遗产以其丰富多彩的表现形式体现着中华民族非凡的智慧和伟大的创造力，彰显着中华民族独特的文化品格和精神气质。非遗作为传统社会人们的生产方式和生活方式，在今天仍然与我们有着紧密的联系，它是中华优秀传统文化通过人们耳濡目染、潜移默化世代传递的日常载体。

同时，非遗资源既是当代文化创新的重要基础和源泉，其在自身继承基础上的创造也可以成为本领域当代艺术发展高峰的标志。中国的非物质文化遗产，是先人留给我们的珍贵精神文化财富，珍视、保护、传承非物质文化遗产，应是我们中华民族子孙勇于积极承担的责任。

中国现代意义上的非物质文化遗产保护已经走过近20年的时间。20年来，我国的非遗保护逐步深入人心，保护认知家喻户晓，保护绩效日益显现，保护理念和保护实践为国际社会广泛肯定。这是党和国家重视、支持，各级地方党委、政府支持、扶持，各级文化部门、非遗保护机构和广大非遗保护工作者积极努力，各门类的非遗传承人着力传承，社会各界广泛参与的结果。

其中，尤其要指出的是作为传承主体的非遗传承人在保护中发挥的核心作用。目前，我国的非遗保护已走上依法保护的阶段，实践中探索的有效保护方式，如抢救性保护、整体性保护、生产性保护、活态性保护及文化生态保护实验区等，都在保护工作中得到肯定和有效实施。这些保护的原则和方式，很多都是从传承人的保护实践中总结出来的。

世界上其他国家在非遗保护方面也有共同和各自不同的方式和经验，也同样是在非遗传承人的实践与创造的基础上总结出来的。联合国教科文组织公布的非遗保护的重要文件，也还是在总结非遗传承人保护实践的基础上制定的，有的则是围绕发挥和促进传承人作用而实施的。传承人是非遗保护的核心要素，其作用由此可见一斑。非遗性质的独特性决定了传承人与非遗项目的合一性，所以人们常说人在艺存。

从我们国家目前非遗保护、传承呈现的状态来说，那些生态良好、生机盎然的区域或社会认知度广泛、具有品牌性影响的项目，都与那些卓有影响力的传承人密切联系在一起。传承人掌握并承载着非物质文化遗产的知识和精湛技艺，是非物质文化遗产的继承者、再创造者和传递者，是确保非物质文化遗产生生不息、代代相传的最为重要的载体。而代表性传承人则又不同于一般的传承人，代表性传承人不仅肩负着延续非遗文脉的使命，也彰显着非遗当代实践能力的最高水平。

就非遗保护而言，政府相关部门、社会机构、热心人士等作为保护主体和非遗传承人作为传承主体的参与都是重要的。保护主体的责任是为保护创造环境和条件，传承主体则直接承载着项目本身接续、再创造、再传递的职能。就两者的关系而言，前者既不应该也做不到越俎代庖。尊重传承人在非遗保护中的创造精神和主体性，同时发挥好保护主体的保障作用，是确保非物质文化遗产保护以内在动力的持久生发而保持持续、科学发展的基础。

习近平总书记 2019 年 8 月 19 日在敦煌研究院座谈时的讲话中指出，"要加强对国粹传承和非物质文化遗产保护的支持和扶持"。他在全国各地的调研中，还多次接见非物质文化遗产代表性传承人，给予亲切肯定和鼓励。这对于坚定文化自信，激励传承人更好地发挥自身作用，为社会各方面持续努力深入做好非遗保护具有重要指导意义。在非物质文化遗产保护的实践中，浙江省一直走在全国的前列，为全国的非遗保护开展提供了不少新的经验。

近几年来，浙江省贯彻落实《中华人民共和国非物质文化遗产法》，站在加强文化自信的高度，继续以不断的探索推动非遗保护的深化。例如，地方戏曲的传承保护、代表性传承人的传承、文化生态保护和省内各地区保护经验的案例总结等都创造了很好的经验。

由浙江省文化和旅游厅主办设立的"薪传奖"，就是为了进一步推动非遗保护的开展，从鼓励传承人的积极性、创造性出发，表彰杰出非遗代表性传承人，尊重和肯定传承人的地位和价值，让更多的人了解他（她）们传承的成绩，学习他（她）们传承的经验。荣获国家级非遗代表性传承人薪传奖和传统工艺大展薪传奖的获奖者，是非遗代表性传承人的杰出代表。这个奖项充分体现了对传承人的尊重。相信获奖传承人一定会再接再厉，把自身的技艺保护好、传承好，多带传人、带好传人，使非物质文化遗产薪火相传、发扬光大。

非物质文化遗产保护任务长期艰巨、任重道远。在今天我们国家强调坚定文化自信之时，非遗保护更有了深厚的思想基础。我们既为中华民族拥有源远流长、丰富灿烂、世代赓续且葆有坚韧生命力的非物质文化遗产而自豪，更为保护、延续和发展这份珍贵遗产而深感责任重大。政府主导，社会参与，各尽其责，各尽其力。绵绵用力，久久为功。我们每一位公民、非遗保护工作者和非遗传承人应以时代的责任感和使命感自觉参与其中，携手共筑文化长城，携手共建我们美好的精神家园。

是为序。

（原载《中国文化报》2020 年 7 月 3 日）

《江宁非物质文化遗产资源集萃》序

中国五千年文明发展史创造了灿烂辉煌、丰富深厚的文化遗产。这些文化遗产既包括物质文化遗产，也包括非物质文化遗产。非物质文化遗产作为人类创造力、想象力、智慧和劳动的结晶，以其独特性成为中华民族身份的象征，是培育中华民族文化认同感的宝贵资源，是促进民族团结、维护国家统一的坚实基础。保护好、利用好中国的非物质文化遗产，对于民族精神的凝聚和延续，对于当代文化创新，对于实现中华民族的伟大复兴，对于构建人类命运共同体，都有重要的意义。

自古以来，我国就有保护非物质文化遗产的传统。可以说，这是中华文明世代绵延、薪火相传的一个重要原因。中国古代对非物质文化遗产的保护，除了劳动群众在生活和劳动过程中的创造活动这一主体性传承之外，还有来自两个方面的努力，一是古代官方采取的文化保护措施和主持的文化典籍整理；二是文人、学者进行的搜集、保护工作。前者如早在西周时期官方即建立了采诗观风的制度。《汉书·艺文志》记载："古有采诗之官，王者所以观风俗，知得失，自考正也。"我国文学史上最早的诗歌总集《诗经》中，"国风""小雅"的一部分就记录、整理了不少民间歌谣。《诗经》在收集、整理和保护传承民族民间文化方面所形成的传统，世代相传，一直延续到今天。这种传统积累的非物质文化遗产保护成果与民众活态传承的各类非物质文化遗产形态相辅相成、相映生辉。

　　中华人民共和国成立以后，特别是改革开放以来，我国非物质文化遗产抢救保护工作取得了十分重要的成绩。而现代意义上的非物质文化遗产保护工作的开展，则是以2001年5月18日我国的昆曲被联合国教科文组织公布为"人类口头和非物质遗产代表作"为标志。人们开始思考非物质文化遗产保护的现代意义，即在世界范围内维护文化多样性的背景下，我国的保护工作如何与社会的现代化进程相适应，并在新的社会发展阶段创建我国非物质文化遗产保护的长效机制，以期建立起比较完备的、有中国特色的非物质文化遗产保护体系，实现我国非物质文化遗产保护工作的科学化、规范化和法制化。

　　从这一思路出发，2003年11月，全国人大教科文卫委员会即协同文化部等部门着手起草我国的非物质文化遗产保护法草案，推动立法进程。2004年8月，十届全国人大常委会第十一次会议批准我国加入联合国教科文组织《保护非物质文化遗产公约》。2005年3月，国务院办公厅印发了《国务院办公厅关于加强我国非物质文化遗产保护工作的意见》。2005年12月，国务院又颁发了《国务院关于加强文化遗产保护的通知》。2011年2月25日，十一届全国人大常委会第十九次会议审议通过了《中华人民共和国非物质文化遗产法》，标志着我国的非物质文化遗产保护工作正式走上全面依法保护的阶段，为我国非物质文化遗产的全面保护提供了根本保障。正是在这样的基础上，2006年5月20日，国务院批准向社会公布了我国首批国家级非物质文化遗产代表性项目518项。2007年6月5日，文化部发布通知，公布第一批国家级非物质文化遗产项目代表性传承人226名。此后，国家级非物质文化遗产代表性项目名录制度和代表性传承人公布制度确立，一直延续下来。同时，我国也积极参与联合国教科文组织世界非物质文化遗产名录申报，成为入选名录项目最多的国家。我国非物质文化遗产保护的项目普查、科学认定、整体性保护、以传承人为核心的传承体系建设等保护实践，已被证明为符合中国实际的有效保护方式。

党的十八大以来，以习近平同志为核心的党中央强调加强文化自信，进一步重视传承和弘扬中华优秀传统文化。习近平同志在近年来的考察、调研和参观中，多次与全国各地的非物质文化遗产传承人亲切交谈，热情肯定赫哲族伊玛堪、惠安石雕、徐州香包、唐昌布鞋制作技艺、格萨（斯）尔等非物质文化遗产项目的传承。他在敦煌与有关专家、学者和文化单位代表座谈时，还曾指出："要加强对国粹传承和非物质文化遗产保护的支持和扶持。"这对我们从理论上和实践上更明确地理解非物质文化遗产保护的深刻意义，以更明确的指导思想和科学有效的方式做好非物质文化遗产保护具有重要意义。

21世纪以来，短短二十余年，我国的非物质文化遗产保护意识深入人心，保护理念、保护实践、保护成果为国际社会普遍肯定。这些成绩的取得，是党和国家重视、支持，各级地方党委、政府推动、扶持，各级相关部门、非物质文化遗产保护机构和广大非物质文化遗产保护工作者积极努力，特别是作为传承主体的传承人着力传承，及社会各界广泛参与保护的结果。同时，就时代发展的趋势而言，非物质文化遗产保护在国际范围内日益得到重视。在我国，这得益于近些年来公众对文化，特别是历史文化遗产的认知，以及人民具有了更强烈的文化自信、更包容性的眼光。人类文化的深厚性，是与人的整体发展的要求相适应的。而我国致力于构建以人为本可持续发展的社会，必然尊重文化的丰富性和多样性。而对非物质文化遗产的保护，正是适应了这样一种必然的要求。

在我国非物质文化遗产保护工作持续发展的过程中，我们必须清醒地看到，现代工业的迅速发展、现代交通的拓展和延伸、人工智能的快速演进、人们生产生活方式的不断改变，以及西方文化霸权主义的扩张，都是非物质文化遗产传承、发展的挑战。人类社会的现代化进程与非物质文化遗产保护永远处在矛盾之中，人们在创造新的文化的同时，也在消解着珍贵的传统文化遗产。但也要看到，处于科技发展和社会现代化进程中的人们，也比以往任何时候都更迫切地寻求精神家园的寄托，更迫切地希望从对传统的回顾和对传统资源的开发中，寻求更具丰富性、本真性的生活方式。人们也期待从文化的多样性并存中，实现国家、民族、社区、群体和人与人之间"美人之美，美美与共"的和谐，以及人类社会的可持续发展。因此，处于当代社会中的非物质文化遗产，更需要我们的热爱、守望与坚持，更需要我们的珍视、保护与传承。这应是我们中华民族子孙应勇于积极承担的责任。

正是基于这样的责任感，多年以来，南京市江宁区委、区政府站在加强文化自信的高度，对非物质文化遗产保护、传承高度重视，按照国家要求的"政府主导、社会参与，明确职责、形成合力；长远规划、分步实施，点面结合、讲求实效"的非物质文化遗产保护工作原则，从普查、名录体系建设、创造保护环境和条件等多方面推进非物质文化遗产保护，取得了令人瞩目的成绩。2009年，在普查获得的580项非物质文化遗产资源项目的基础上，整理出版了《南京市江宁区非物质文化遗产荟萃》（南京市江宁区文化局编，南京出版社出版）、《江苏省非物质文化遗产普查：南京市江宁区资料汇编》（上、下，内部资料）。自2020年初开始，江宁区政协协调各方面力量，进一步组织开展江宁区域范围非物质文化遗产资源的全面调查和挖掘，并委托以南京师范大学王志高教授为首的专家团队主持其事。这一工程的实施以近两年的努力，使江宁区范围的非物质文化遗产项目谱系更加清晰，江宁非物质文化遗产的产生、演变历史和现实生存状况尽在眼前。人们可以从这些资源中总结各种形态项目传承的规律，体察项目核心技艺的精妙，体味不同项目蕴含的精神品格和文化意味，更可以通过考察其传承发展的现状，有针对性地采取不同方式的有效扶持措施。这些由调查取得的丰厚资源会助益于非物质文化遗产的保护自身。同时，作为可以产生经济效益的文化资源，它对于当代文化创新的开发利用价值，也必然会在文艺创作、文化创意、旅游等方面显现出来。

现在，这一调查的成果以图书的形式——《江宁非物质文化遗产资源集萃》（下称《集萃》）呈现给读者。该书以近150万字、3000余幅插图,阐述"江宁非遗"的过往与今天,内容涵盖民间文学、传统美术、传统音乐、传统舞蹈、传统戏剧和曲艺、传统体育和游艺、传统技艺、民俗信仰、传统医药和其他(老地名、方言)10个门类。静态的文字,描述的是动态的历史。读者可以循非物质文化遗产项目的线索,跟随编著者的笔触,去考察历代正史、方志、明清实录、晚清民国以来的旧档案及期刊、碑刻资料,并兼览历代笔记小说、诗文集、图录、历年考古发现、境内大族宗谱、近人研究成果、田野调查资料等。可以说,《集萃》在非物质文化遗产项目的寻源溯流、探微烛隐方面的丰富详备,出其右者并不多见。编著者这么做当然不是为了搜异猎奇,而是着意探求非物质文化遗产项目产生的社会历史渊源,探求非物质文化遗产作为人们的生产、生活方式对社会生活所产生的影响之深度和广度,其与社会可持续发展的相关性,其影响人行为方式、思维方式及思想、精神、情感的深刻性,其与人的生存、发展的密切联系,非遗项目传承人在延续非物质文化遗产中的主体作用,以及非遗的传承规律等。我尤其欣赏书中对非物质文化遗产项目核心技艺的精细描述,如对"铜井挂面加工制作技艺""窦村石刻技艺"等大量项目制作技艺的描述,这些文字堪称制作的教科书,传承、保存、研究的价值尽在其中。该书向人们提供的这些认知的可能性,应该说是它的价值之一。

书中的大量插图既配合文字,也以影像的方式形象地呈现了相关历史人物和传承人样貌,表现了项目的操作技艺程序,还有相关的档案、宗谱、古地图、版画、碑刻、拓片及田野调查工作者的考察活动等。本书可谓图文并茂、形象直观,全面立体地描绘了江宁地域的非物质文化遗产项目。这种纵深性和整体性,更可让我们从历史文化的动态演进中了解把握文化元素交织、内涵深厚的"江宁非遗"的传承延续历史与现状。

江宁是古都南京主城区中独具特色的一个辖区,历史源远流长,文化积淀深厚,有鲜明的地域特性。《集萃》首次从非物质文化遗产资源这一角度,系统深入挖掘整理与之相关的文献及前人相关研究成果,集

"江宁非遗"资源调查与研究之大成,反映了江宁活态文化的生态环境和项目形态个性。《集萃》追求文图内容的完整性、学术性、规范性、知识性和通俗性,对历史资料的挖掘利用、非物质文化遗产资源的甄别与筛选、田野调查的广度与深度等方面都有新的进展。《集萃》可以称作一部全面系统深入展示、研究"江宁非遗"资源的百科全书。

该书的出版对增强江宁民众爱国爱乡的自豪感,扩展江宁地域文化的影响力,促进江宁地域非物质文化遗产保护及社会、经济和文化的可持续发展,无疑都具有重要的价值。而广大读者也会从该书中得到阅读的趣味和非物质文化遗产有效保护的启示。今天,在我们国家强调坚定文化自信之时,非物质文化遗产保护更有了深厚的思想基础。相信南京市江宁区在对区域非物质文化遗产资源深入梳理的基础上,会绵绵用力,久久为功,以持续的努力,开创生态良好、生机盎然的非物质文化遗产整体性保护的生动局面,为我国的非物质文化遗产保护提供示范性经验。

鉴于此,我祝贺《集萃》一书出版,并欣然为之作序。

(原载《江宁非物质文化遗产资源集萃》,南京出版社2022年版)

关于加快我国"非物质文化遗产保护法"立法进程的提案

（全国政协十一届一次会议提案第 2455 号）

我国的非物质文化遗产保护工作，在政府主导、全社会广泛参与的推动下，已进入全面的整体性的保护阶段。在全国普查的基础上，逐步建立起国家、省、市、县四级名录保护体系，国务院公布了首批国家级非物质文化遗产代表作名录，文化部也公布了第一、二批共777位国家级非物质文化遗产代表性传承人，建立了首批文化生态保护实验区，一系列整体规划明确、保护措施比较得当的工作，使我国的非物质文化遗产保护工作在较短的时间内取得了显著的成绩，积累了许多宝贵的经验。

但我们也必须看到，已经取得的进展与建立起科学、规范、持久、具有完整体系的保护制度距离尚远，从保护工作的现实需要和长远发展来看，立法滞后的问题已显突出。现在的保护工作，各地重视程度不一，进展不平衡；重申报、轻保护现象比较普遍，有的保护目的不明确；对非物质文化遗产价值和传承规律缺乏了解，有的保护方式欠科学；还有几年来一直存在的人员队伍建设，以及经费困难的问题仍没有得到解决。随着现代化进程的加快，许多未得到有效保护的非物质文化遗产正在很快消失。保护非物质文化遗产是一件长期性的需要人们一代一代做下去的事情，仅靠调动积极性和应急性的措施是远远不够的，必须有坚实的法律和政策的规约及保障。因此，全国人大尽快将"中华人民共和国非物质文化遗产保护法"列入立法规划重点项目，加快我国非物质文化遗产保护法立法进程，改变立法滞后的现状，已是十分紧迫的事情。

2003年10月，联合国教科文组织第三十二届大会通过了《保护非物质文化遗产公约》，公约建议各国加强立法，建立相关的非物质文化遗产法律保护机制。2004年8月，我国十届全国人大常委会第十一次会议批准本国加入联合国教科文组织《保护非物质文化遗产公约》。我国成为较早批准加入该公约的国家之一。从世界各国保护非物质文化遗产的情况来看，大都十分重视以立法的形式进行保护。如日本在1950年5月颁布了《文化财保护法》，首次以法律的形式规定了无形文化遗产的范畴，并把无形文化遗产确立为国家法律保护的对象。1954年以后，日本对无形文化遗产项目保护的同时还认定了该项目的代表性人物，这些人被称为"人间国宝"予以保护。1975年以后，日本又规定将有特别重要价值的风俗习惯和民俗表演艺术指定为"国家重要无形民俗文化财产"加以保护。这些都以立法的形式做了规范。再如韩国，在1962年1月颁布了《文化财保护法》，其中包括了"无形文化财"的保护，目前韩国已据此公布了100多项国家级无形文化财并对其加以保护。

随着近几年我国非物质文化遗产保护进程的加快，2005年3月，国务院办公厅颁发了《国务院办公厅关于加强我国非物质文化遗产保护工作的意见》，同年12月，国务院颁发了《国务院关于加强文化遗产保护的通知》，这是国家最高行政机关首次就我国非物质文化遗产保护工作发布的权威指导意见。正是在国务院办公厅《意见》的推动下，我国开始进行第一批国家级非物质文化遗产名录的申报评审工作，并于2006年5月由国务院批准公布。国务院办公厅《意见》和国务院《通知》在指导我国的非物质文化遗产保护工作进程中发挥了重要的作用，但毕竟行政性法规不能代替法律，人大立法仍然是十分必要的。

非物质文化遗产概念的提出只有几年的时间，它的形态、构成、价值、意义、本质、规律，都仍然处在科学阐释和界定的过程中，这给立法保护带来一定的困难，但我国五十多年来对传统文化遗产和民族民间文化遗产保护的经验，以及国外非物质文化遗产（尽管称谓不一）保护的经验，特别是我国近几年来保护工作的实践，都为立法提供了基础。立法涉及的一些难点，如语言的保护、民间信仰项目的保护等，也是可以通过深入调研，在总结实践经验及借鉴国外立法的基础上给予科学把握的。

据了解，全国人大有关部门已就非物质文化遗产保护的立法问题做了不少基础性工作，希望在此基础上将此立法尽快纳入近期立法规划重点项目，多做工作，尽快建立我国的"非物质文化遗产保护法"。

2008 年 3 月 3 日提交

关于建立中国戏曲博物馆的提案

（全国政协十一届一次会议提案第 2999 号）

中国戏曲艺术以独具特色的艺术表演体系在世界戏剧中独树一帜，它融文学、诗词、美术、音乐、舞蹈于一体，通过演员高度体现中国传统美学原则的虚拟化、程式化的表演，集中展现了我国传统民族艺术的精粹性。戏曲艺术雅俗共赏，从它逐步形成到成熟的过程中，一直都与最广大的民众相联系。直到今天，戏曲艺术仍然是有着最广泛观众群的民族传统艺术形式。

戏曲艺术是一座丰厚的民族艺术宝库，不仅我国广大群众从中汲取思想文化的营养和得到文化娱乐与审美的享受，而且它也以鲜明的中国民族特色而得到世界人民的喜爱。20世纪三四十年代梅兰芳曾先后访日、美和苏联进行演出，梅兰芳精湛的表演和京剧艺术的风采，为这些国家观看演出的观众其中包括很多电影、戏剧、文学大师所叹服。新中国成立后，我国戏曲在不少国家的演出都引起轰动。因此，从中国戏曲作为民族艺术的精粹性和它作为民族艺术宝库的丰厚积累，以及它与最广泛观众的密切联系和在世界上的影响来看，尽快建立中国戏曲博物馆，有着十分重要的意义。

据研究统计，从中国戏曲在宋代形成到20世纪末，曾有394个剧种存在过。1959年,《戏剧报》新中国成立十周年专刊统计,当时有360个剧种;1983年,《中国大百科全书·戏曲 曲艺》卷统计,全国尚有317个剧种存在;2004年,中国艺术研究院戏曲研究所承担的全国重点艺术科研项目"全国戏曲剧种剧团现状调查"统计,现存的剧种有260种左右。在现有的剧种中,除昆曲、京剧、豫剧、评剧、越剧、晋剧、川剧、秦腔等少数大剧种外,大部分为民间小戏剧种,很多都处在濒临消亡的边缘,抢救性的保护和保存,已是十分急迫。

我国戏曲剧种多,遗存的戏曲文物十分丰富,如古戏台、戏曲古籍、古戏衣、戏曲年画和壁画、戏曲乐器等。据《中国戏曲志》的统计,已纳入国家、省、市、县级文物保护的古戏台有200多座,各种戏曲文物2万多件,各种戏曲的珍贵抄本、刻本10万多册,戏曲老唱片5万多张。仅中国艺术研究院就藏有戏曲老唱片3.5万张,还有280个剧种的音、像资料,戏曲古籍5万多册,古戏衣300多件,戏曲乐器、脸谱等2500多件,其中有许多是鲜为人知的珍贵戏曲文物。这些珍贵的戏曲遗存,如能在博物馆展示出来,让广大观众看到,对传播戏曲艺术会起到很好的作用。

戏曲艺术是中华民族艺术的优秀代表,无论从它的精粹性、丰富性还是保护的紧迫性来说,建立一座中国戏曲博物馆十分必要。现在,北京和全国各地建立了很多各种类型的专业博物馆,但没有一座是戏曲博物馆,这更显示出建立中国戏曲博物馆的急迫性。由国家立项、国家财政拨款,尽快建立中国戏曲博物馆实属必要。

2008年3月3日提交

关于加快民族艺术国家三馆（中国工艺美术馆、中国戏曲博物馆、中国音乐博物馆）立项和建设的提案

（全国政协十一届二次会议提案第3509号）

民族艺术国家三馆（中国工艺美术馆、中国戏曲博物馆、中国音乐博物馆）的筹建，多少年来一直是工艺美术界、戏曲界、音乐界及文化艺术界专家学者、艺术家关切和努力呼吁的我国民族艺术基础设施建设的重大项目，也有多名全国政协委员曾就三馆的建设分别作出提案，本人也曾在去年就中国戏曲博物馆的建设作出提案。这些意见和要求，得到党和国家有关领导同志的高度重视，2000年，中共中央政治局原常委、国务院原副总理李岚清曾就立项建立中国音乐博物馆作出明确批示。2007年，温家宝总理曾就建设中国工艺美术博物馆新馆作出批示。2008年，李长春、刘淇、刘云山、刘延东同志也对三馆的建设作了同意和支持的批示。

据了解，文化部与国家发改委、北京市等有关方面就三馆的建设问题进行了积极的沟通，得到国家发改委和北京市人民政府的大力支持。目前，中国工艺美术馆已得到国家发改委正式立项，并原则上同意在奥林匹克中心区B02地块建设中国工艺美术馆。B02地块土地面积24800

平方米，建筑体量应达到 8 万—9 万平方米。目前中国工艺美术馆的设计达不到这一建筑体量，因此，文化部提出在 B02 地块合并建设中国工艺美术馆、中国戏曲博物馆和中国音乐博物馆。现在三馆的项目建议书都已完成。

在奥林匹克中心区 B02 地块建成民族艺术国家三馆，将为收藏、展示、传承和弘扬我国优秀的传统民族艺术发挥巨大作用。中国工艺美术以其悠久的历史、独特的艺术风范、高超精湛的技艺和丰富多样的形态，在内涵和形式上体现着实用性与审美性的统一，闪耀着人类精神创造的智慧，呈现着人们技艺创造灵性的极致。中国工艺美术馆现在收藏的许多作品，都以技艺创造的精湛而蜚声海内外。中国戏曲以独特的演剧体系在世界剧坛独树一帜，它融文学、诗词、美术、音乐、舞蹈于一体，高度体现中国传统美学思想的虚拟化、程式化的非自然生活形态的表演，使人在欣赏形式之美的过程中，得到思想、情感的感染。中国音乐从它的远古音乐时代、钟磬乐舞时代（夏、商、周）、歌舞伎乐前期（秦、汉、魏晋）到歌舞伎乐后期（南北朝、隋、唐）、剧曲音乐时代（五代、宋、元、明、清）再到近现代音乐时期，大量的出土音乐文物如 20 世纪 80 年代我国出土的 9000 年前的骨笛、近现代搜集的如《二泉映月》等民族经典音乐作品都会使人叹为观止、闻之惊叹。民族艺术国家三馆的早日建成，对于更好更多地收藏民族优秀传统艺术品和弘扬民族优秀传统文化的重大价值不言而喻。希望国家发改委和北京市人民政府在对三馆建设已有支持的基础上，加快中国戏曲博物馆、中国音乐博物馆的立项进程，并在此基础上加快落实包括中国工艺美术馆在内的三馆在奥林匹克中心区 B02 地块的建设用地。

有关部门推动尽早落实立项及建设用地，以早日建成民族艺术国家三馆，功莫大焉！

2009 年 3 月 3 日提交

关于进一步加快"非物质文化遗产保护法"立法进程的提案

（全国政协十一届三次会议提案第 3251 号）

非物质文化遗产是中华优秀文化传统的重要组成部分，体现着我国各族人民的伟大创造力。作为"活"的遗产，非物质文化遗产在增进中华民族文化认同、绵延中华优秀文化传统、建设社会主义和谐社会、增强我国综合国力等方面具有重要意义并发挥不可替代的作用。

近年来，我国非物质文化遗产保护工作在《国务院关于加强文化遗产保护的通知》（国发〔2005〕42号）和《国务院办公厅关于加强我国非物质文化遗产保护工作的意见》（国办发〔2005〕18号）等行政文件的指导下得到长足发展：

1.完成了全国普查，摸清了非物质文化遗产的"家底"。

2.四级（国家、省、市、县级）名录保护体系的建设工作得到完善（目前国家级名录项目共计1028项，省级名录项目共计4315项）。

3.在保护实践中探索总结科学的保护方式，对不同类型项目进行有针对性的保护，如抢救性保护、生产性保护、整体性保护等，都取得了成效。

4.命名各级名录项目代表性传承人（目前国家级名录项目代表性传

承人共计1488人，省级名录项目代表性传承人共计5590人）。

5.文化生态保护区的建设工作稳步推进。目前文化部已建设命名了闽南、徽州、热贡艺术、羌族4个国家级文化生态保护实验区，非物质文化遗产整体性、科学性保护的探索已取得宝贵的实践经验。

6.工作机制已逐步建立健全。建立了非物质文化遗产保护工作部际联席会议制度。各地（除西藏自治区外）均已建立了省级非物质文化遗产保护专业机构。

7.积极参与国际间非物质文化遗产保护与合作。2004年经全国人大批准，我国加入联合国教科文组织《保护非物质文化遗产公约》。目前我国已有26个项目和3个项目分别入选联合国教科文组织"人类非物质文化遗产代表作名录"和"急需保护的非物质文化遗产名录"，成为拥有人类非物质文化遗产数量最多的国家。2009年10月，我国申请建立的由联合国教科文组织支持的亚太地区非物质文化遗产国际培训中心，获得联合国教科文组织第三十五届大会审议通过。我国参与国际间非物质文化遗产保护与合作，得到了联合国教科文组织"中国非物质文化遗产保护具有典范意义"的高度评价。

与此同时，近年来利用"文化遗产日"、传统节日多次举办的各种大型的非物质文化遗产展演活动和宣传活动，对营造全民珍爱中华优秀传统文化的良好氛围，提高全民自觉参与"非遗"保护的意识和自觉参与保护行动，起到了重要的推动作用。

但是，必须看到，非物质文化遗产保护仍面临不少问题和困难，如比较突出的重申报、轻保护和重开发、轻保护的问题，非物质文化遗产珍贵实物资料损坏和核心知识产权流失的问题，以及非物质文化遗产保护的财政等保障制度，调动和发挥各级名录项目保护单位及代表性传承人在促进非物质文化遗产有序传承和维护国家文化主权、保护国家文化安全中的独特作用等问题，都迫切需要国家立法作为基本保障来加以根本性的解决。

目前立法的难点，主要在两方面，一是民间信仰类项目是否保护、如何保护；二是语言保护问题。前者只要不是妨害民族团结、国家统一，不是违反人性、伤害人的基本权利的，都应在允许存在之列。如妈祖信仰，有迷信成分在内，但总体上表达的是人们向善、向往平安吉祥、关佑他人的一种感情和理想，并有它存在的现实意义，就应当加以保护。后者主要应侧重于对作为非物质文化遗产项目载体的语言加以保护，否则，就会脱离现实。此类难点，深入加以研究，相信会找到适合的表述文字。只有有法可依，非物质文化遗产保护才能更加有序地发展，非物质文化遗产才能真正成为民族凝聚力和创造力的不竭源泉，并为增强我国综合国力发挥作用。鉴于此，建议切实加快"中华人民共和国非物质文化遗产保护法"立法进程。

2010 年 3 月 3 日提交

关于建议在大、中、小学大力普及书法教育的提案

（全国政协十一届三次会议提案第 3726 号）

改革开放以来，书法教育有了一定的发展，现一些院校已在培养研究书法的硕士研究生和博士研究生，但不可忽视的是，目前的书法教育存在着轻基础、重高尖的倾向，呈现出不正常的倒金字塔现象。从小学、中学到大学，书法普及教育都没有得到应有的重视，不少学校，特别是农村和边远地区的许多学校，没有开设书法课或将书法视为可有可无。虽有一些有识之士积极呼吁普及书法教育，但因种种原因，比如缺少书法教师等，致使忽视书法普及教育的状况基本上没有改变。尤其是计算机普及以后，从各级学校毕业的学生拿不动毛笔已不是个别现象，大多数学生对书法这一传承了几千年本应发扬光大的民族文化已感到陌生。中国是汉字书法的母国，但目前中国各级学校的书法普及教育在某些方面不如日本。

要采取切实措施改变这种现状，建议在大学、中学、小学普遍开设书法课，实施书法的普及性教育。书法是中华民族优秀的主体性传统艺术，是中国人文化身份的鲜明标志，集中反映了中国文化的特点和中国艺术的审美特征。我们必须从中国文化发展战略的高度来考虑书法普及教育的重要性。早在1962年，一代文豪郭沫若曾提出"培养中小学生写

好字"的要求。陈云同志生前也有"小学要重视毛笔字训练"的指示。老一辈的愿望，在今天更有现实意义。

　　书法教育，当前最重要的是普及。要从小学生抓起，坚持不懈，逐渐使青少年人人能写毛笔字，人人写好毛笔字。小学、中学的学生要掌握书法书写的字法、笔法、章法等基本功；大学生要写出书法的境界，在笔意上用工，涵养情趣、气度及人品。要通过练习书法，感受民族文化的博大精深，领会中国文化的特有神韵和特色，认识传承光大民族文化的使命感，增强民族自信心。总之，在大、中、小学普及书法教育，对于广大青少年学生加深认识民族文化、历练品格、陶冶情操、修心立志、提高素养，都有重要意义。

　　因此建议教育主管部门重视书法的普及教育，把书法的普及教育作为必不可少的素质教育来抓，抓紧制定规划并尽快推行实施。应把书法作为大、中、小学的必修课，在常规课中占有一定的比重。制定相应的书法学习标准，编写相应的书法教材，建立配套的书法师资队伍，使大、中、小在校学生在不同的学习阶段都有相应的学习目标。在当前计算机使用已越来越普遍的情况下，大力开展书法普及教育，使全社会形成以写好毛笔字为荣的良好风气，已更具急迫性。如果我们从现在抓起，五年至十年之后，必将显现出普及书法教育的全面成效。

2010 年 3 月 3 日提交

关于增加各级财政投入、重视保护戏曲剧种的提案

(全国政协十一届三次会议提案第 3250 号)

近年来,戏曲界、文化界及社会有关机构和人士,一直在呼吁重视和加强保护戏曲剧种的问题。虽然包括文化、财政等部门在内的政府部门采取不少措施加强保护工作,但总体看来,成效仍不明显。

我国的戏曲剧种非常丰富,各地、各民族都有自己的剧种。根据 1999 年完成的国家艺术学科重大研究项目《中国戏曲志》的统计,戏曲在宋代形成以后到 20 世纪末,大约共有 394 个剧种存在过。1959 年,《戏剧报》新中国成立十周年专刊的统计,当时有 360 个剧种;1983 年,《中国大百科全书·戏曲 曲艺》卷统计,全国共有 317 个剧种;2004 年,中国艺术研究院戏曲研究所承担的全国重点科研项目"全国戏曲剧种剧团现状调查"统计,当时有演出的剧种仍有 260 种左右。在现存的剧种中,有 24 个剧种属少数民族戏曲剧种;在现存剧种中如昆曲、京剧、豫剧、评剧、黄梅戏、越剧、粤剧、晋剧、秦腔、川剧、高甲戏等在几省或一省范围内流行的大剧种仅占十分之一,大部分是流行于数县或一县,仅有一个专业剧团或只有民间业余演出的民族、民间小戏剧种。近几年来,由于剧团经费缺乏,演出市场萎缩,人才因待遇低而流失,青年人才难以补充,很多戏曲剧团难以为继。载体处于困境,剧种也就处于消

失的边缘。

国家启动非物质文化遗产保护工程以来，大部分戏曲剧种纳入了我国非物质文化遗产四级名录保护体系。在国务院公布的两批国家级非物质文化遗产名录共1028项中，传统戏剧有138项，有近百个专业剧团成为该剧种的保护传承单位。国家财政对每个纳入国家级非物质文化遗产保护名录的戏曲项目拨给20万元的保护经费。国家非物质文化遗产保护工程对促进民族民间戏曲剧种的保护起了重要的作用，不少地方政府采取相应政策措施扶植戏曲剧种剧团，不少民族民间戏曲剧种和剧团因此起死回生，再度兴旺，但国家的财政拨款有限，多数地方配套保护资金和措施没有落实，一次性拨款和临时性救助并不能解决我国戏曲剧种保护传承的根本问题。解决各地各民族民间戏曲剧种的生存发展问题，除国家财政扶持外，各地政府部门要通过地方立法和切实的扶持措施，对本级政府主办的戏曲剧团人员的基本生活保障性补贴和基本演出设备购置费给以保证，并通过演出专项补贴等方式，使戏曲剧团在为基层群众演出中得到发展。同时，要在扶持的前提下，通过深化各级剧团体制机制改革，以及大力支持发展民营戏曲剧团，使戏曲剧种得到保护。

戏曲剧种的保护，需要采取多方面的措施。我认为，目前剧团经费困难，各级政府主办的1914个各类戏曲剧团中相当大一部分演职人员基本的工资和剧团必需的演出设备购置费都难以保证，很多戏曲剧团已到了难以为继的局面，剧团不存，剧种何存？据调查，各地的大部分戏曲剧团，国家财政经费补贴除用于离退人员的工资和医疗费、在职人员的社会保险外，在职人员的工资仅能发到20%到40%，其余靠演出收入支付。经济欠发达地区补贴比例更低。如山西忻州市级剧团只有20%，县级剧团几乎没有，全靠演出收入维持。山西省晋城市上党梆子剧团副团长刘晋苗说："现在剧团生活很困难，为增加演出收入赶台口，从一个台口赶到另一个台口，晚上10点钟也得演出，有时一天顾不上吃一顿热饭，还挣不出基本工资。和我一起毕业到剧团工作的40多人，因为剧团生活太苦，现在只剩下4个人了。"她强烈呼吁提高基层戏曲演职人员的生活待遇。

　　以上的情况，从一个侧面反映了戏曲剧团的现状。目前也有不少戏曲剧团发展情况比较好，甚至剧目生产、演出市场、人员收入都相当不错，但总体来看，戏曲剧团特别是基层剧团亟须各级政府增加财政投入，加大扶持力度。对于戏曲剧团的补贴，可按三个方面予以增加。一是基本保障性补贴（如工资等）；二是政策性补贴（如下乡、下基层演出场次补贴等）；三是奖励性补贴（如优秀剧目获奖、模范地服务基层等）。只有戏曲剧团能够延续，戏曲剧种才能得到有效保护。

2010 年 3 月 3 日提交

第三部分　媒体访谈

共同参与保护，构建和谐精神家园
——中国艺术研究院院长、研究员王文章访谈

中国非物质文化遗产保护成果展 2 月 12 日在中国国家博物馆开展以来，平均每天观众达一万人以上，周末每天甚至达到两三万人，观众参观踊跃，社会反响热烈。日前，本报记者对这次展览的主要承办方中国艺术研究院的院长、研究员王文章进行了专访。

问：此次展览取得了巨大成功，请问举办这样一个展览显示了怎样的意义？

答：展览以两千余件实物、近两千幅图片和五万多字的说明，以及现场的活态表演和手工艺制作，整体而系统、生动而形象地向观众展示了非物质文化遗产的丰富内涵，以及与人们精神和生活的密切联系。展览现场有一块高一米、长六米的"守护我们的精神家园人人有责"签名板，现在已密密麻麻签满了二十多张。每一个参观的人都会有一种真切的感受，那就是非物质文化遗产必须保护，我们每一个人都要加入保护的队伍里来。

举办这样一个展览的意义，我想最重要的就是让人们了解什么是非物质文化遗产，我们为什么要保护它，从而提高社会公众的保护意识。

从这次展览的轰动效应来看，展览的意义已经呈现出来。当然，展览同时也起到了展示成果、交流经验、促进保护的作用。

从这次展览观众参观的踊跃程度，还给予我们一个启示，那就是人们的物质生活条件具备一定的基础之后，人们必然表达精神文化生活的需求，开始更多地关注文化建设、文化遗产保护问题，所以我们应当认识到，今天的社会发展，已经逐步具备全面进行文化遗产保护的社会环境，要因势而行，重视调动广大群众参与保护的积极性。

问：保护非物质文化遗产，对于保持世界文化的多样性具有重要意义。请您谈一谈在世界范围内推进保护工作的背景下，我国保护工作的进展情况。

答：在漫长的社会发展进步的历史过程中，人类创造了丰富多彩的非物质文化遗产，它同物质文化遗产共同延续着人类的文明史。这两者作为现存文化的记忆，对一个民族的文明延续和发展，意义是同等的。古埃及文明的中断，说明了在一定意义上，单靠物质遗存并不能保证延续一个民族的历史文明。1972年，联合国教科文组织通过了《保护世界文化和自然遗产公约》，它极大地促进了世界各国对物质遗产的保护工作，但非物质文化遗产的保护工作却相对滞后。1997年11月，联合国教科文组织第二十九届大会通过了提及"人类口头遗产"保护的决议。2000年4月，联合国教科文组织总干事长致函各国，正式启动"人类口头和非物质遗产代表作"的申报、评估工作，并于2001年、2003年、2005年分三批公布了90项人类口头和非物质遗产代表作项目，我国的昆曲艺术、古琴艺术、新疆维吾尔木卡姆艺术和蒙古族长调民歌（此项与蒙古国联合申报）名列其中。

联合国教科文组织"人类口头和非物质遗产代表作"评审公布制度实施以来，有力地推动了世界范围内非物质文化遗产的保护工作。我国代表作项目的入选，也引起人们对保护非物质文化遗产工作的关注。

实际上，中华民族历来有保护非物质文化遗产的优良传统，我国古代《诗经》的采集、整理、传承就是一个范例。新中国成立特别是改革开放以来，我国在保护非物质文化遗产方面做了大量卓有成效的工作，特别是近几年来，工作成效更加明显。2003 年，文化部、财政部等联合启动了中国民族民间文化保护工程；2004 年，十届全国人大常委会第十一次会议通过了关于联合国教科文组织《保护非物质文化遗产公约》的批准决定；2005 年，国务院办公厅印发《国务院办公厅关于加强我国非物质文化遗产保护工作的意见》，国务院颁布《国务院关于加强文化遗产保护的通知》，提出要建立国家级和省、市、县级非物质文化遗产代表作名录体系，并提出"保护为主、抢救第一、合理利用、传承发展"的保护指导方针，逐步形成有中国特色的非物质文化遗产保护制度。

对非物质文化遗产的保护，党和国家十分重视，但由于"文化大革命"和"左"的影响，50 多年来一直未能从整体上推进全面性的保护。以前从事的主要是项目性保护，如民族遗产资源调查、传统工艺美术保护、十大文艺集成编撰、中医中药保护等。从 2003 年启动中国民族民间文化保护工程，标志着我国非物质文化遗产保护由以往的项目性保护走向整体性的全面保护阶段。特别是 501 项国家级非物质文化遗产初选名录的公示，以及我国"保护为主、抢救第一、合理利用、传承发展"的保护指导方针的确立，都是令人瞩目的进展。

问：对于这次展览，很多人都表现出浓厚的兴趣，但对于什么是"非物质文化遗产"，人们大多概念模糊，而保护工作的首要问题是非物质文化遗产项目的科学认定，那么到底什么是非物质文化遗产？

答："非物质文化遗产"的称谓，在我国主要是从民族民间文化遗产演变而来。在国外，是从 20 世纪 50 年代出现的"无形文化遗产"及 70 年代出现的"人类口头与非物质遗产"概念演变而来。非物质文化遗产的称谓，是与联合国教科文组织 2003 年 10 月通过的《保护非物质文化遗产公约》的称谓相一致的。非物质文化遗产指被各群体、团体或有时为个人视为其文化遗产的各种实践、表演、表现形式、知识和技能及有关的工具、实物、工艺品和文化场所。它包括口头传说和表述，包括作为非物质文化遗产媒介的语言，表演艺术，社会风俗，礼仪、节庆，有关自然界和宇宙的知识及实践，传统的手工艺技能。其非物质性的含义，是与满足人们物质生活基本需求的物质生产相对而言的，是指以满足人们的精神生活需求为目的的精神生产这层含义上的非物质性。这种非物质性，并不是与物质绝缘，而是指其偏重于以非物质形态存在的精神领域的创造活动及其结晶，它的存在和延续主要是靠人们以口传心授的方式进行。

问：社会的发展和人们生活方式的改变，必然带来非物质文化遗产项目境遇的变化，保护工作目前主要面临哪些问题和困难？

答：目前我国的非物质文化遗产保护面临的困难和问题主要是：

1. 一些依靠口传心授方式加以传承的文化遗产正在不断消失；许多传统技艺濒临消亡；大量珍贵实物与资料遭到毁弃或流失境外；随意滥用、过度开发文化遗产的现象时有发生。

2. 法律法规建设的步伐不能及时跟上非物质文化遗产保护工作的需要，中国非物质文化遗产还缺乏相关法律的保护；管理尚不健全，保护工作还缺乏制度要求、保护标准和目标管理。收集、整理、调查、记录、建档、展示、利用、人员培训等工作相当薄弱，保护管理资金和人员不足的困难普遍存在。

3. 一些地方非物质文化遗产保护意识淡薄，重申报、重开发、轻保护、轻管理的现象比较普遍；少数地方对非物质文化遗产进行超负荷利用和破坏性开发，存在商业化、人工化和城镇化倾向对非物质文化遗产的消解，甚至借继承创新之名随意篡改民俗艺术，极大地损害了非物质文化遗产的原真性。

正如上面指出的这些问题，我们看到，在世界经济一体化和现代化进程快速发展的今天，非物质文化遗产的抢救和保护显得十分急迫。一方面是现代生活方式对它的消解，以及灾害性破坏、建设性破坏，都对其存在形态构成程度不同的危害，另外特别要指出的是，保护不当如旅游开发、机械复制等造成的对一些项目的过度开发，导致这些项目显现的某种人类文明，以及这种文明自然成长过程的中断，更应引起我们的注意。

问：非物质文化遗产的丰富性，带来保护方式的多样性，但部分人存在的急功近利的心态、某些地方对于经济利益的片面追求，以及基层专业人才的相对缺乏等，都会影响保护工作的科学性，您认为科学的保护方式应主要体现在哪些方面？

答：由非物质文化遗产内涵的丰富性而体现的民族性、独特性、多样性，决定了保护方式也应当是多样的。保护方式主要体现在四个方面，一是将非物质文化遗产转变为有形的形式，如20世纪50年代杨荫浏等对《二泉映月》的采录。二是在它产生的原初氛围中保持其活力，如一些礼仪、仪式。三是尊重和保护传承人。非物质文化遗产作为活态文化，其精粹寄寓在传承人身上，要把保护传承人作为保护工作的重要内容。四是转化为经济资源并体现为经济效益，如剪纸、年画等都可以用生产性保护来传承。任何事物都在按其自身规律衍变，保护不是使其静止和凝固，更不是单纯送进博物馆保护，强调生产性的积极保护是十分重要的。生产性保护是非物质文化遗产在当代焕发活力的不可轻视的重要手段。当然，保护手段的多样性，是以保持其按内在规律自然衍变的生长过程不因其特有的脆弱性而导致其消亡为前提。同时，这些保护手段的实施，都应建立在国家法律保护和扶植的基础之上。

问：国外是如何保护非物质文化遗产的？有哪些好的做法可供借鉴？

答：日本是最早提出无形文化遗产概念的国家，1950年5月，日本政府颁布了《文化财保护法》，其中首次以法律的形式规定了无形文化遗产的范畴，并作为国家法律保护的对象。1954年以后，日本在保护无形文化遗产项目的同时，要认定该项目艺术或技术的代表性人物，这些人被称为"人间国宝"，因此，有人称日本的这种保护措施为"人间国宝制度"。1975年以后，日本又规定将有特别重要价值的风俗习惯和民俗表演艺术指定为"国家重要无形民俗文化财产"加以保护。韩国在1962年1月颁布了《文化财保护法》，其中包括了"无形文化财"的保护，目前韩国公布了一百多项国家级无形文化财加以保护。日本、韩国从立法到大量资金投入和树立起全民参与的保护意识，一整套系统的做法已在保护方面发挥重要效能。再比如法国，1964年，法国曾进行了一次全国性的，也是其文化史上最重要的一次文化遗产大普查，提出"大到教堂、小到汤匙"的普查观念，这次普查，仅国家登记入册的遗产就有四万多件。法国文化遗产保护有两点应特别加以借鉴，一是在认定文化遗产方面，扩展了文化遗产的概念，人们珍视的对象不再局限于宫殿和教堂，像鲁贝市19世纪处于恶劣劳动条件下的纺织工人修建的公共澡堂，就被当作工业时代的见证保护起来。二是法国注重当代文化的保护，20世纪一些著名建筑师、时装设计师的作品也被列为文化遗产加以保护。不少国家注重立法、加大资金投入，以及提高全民参与保护意识的做法，都值得我们借鉴。

问：中国艺术研究院作为国家级的综合艺术科研机构，也承担着研究和保护非物质文化遗产的职能。请您介绍一下中国艺术研究院在这一方面的工作，以及今后继续开展这一工作的计划。

答：中国艺术研究院成立55年来，除了艺术研究、艺术教育和艺术创作方面的建树以外，非物质文化遗产保护也是其重要工作，并取得令人瞩目的成果，如民族经典乐曲《二泉映月》，就是由于音乐研究所前辈专家的抢录，才得以流传于世。十大文艺集成，我院承担完成了其中四部；近几年，受文化部委托，承担中国向联合国教科文组织申报"人类口头和非物质遗产代表作"的组织、评审工作，三届申报成功四个项目，成为世界上申报成功最多的少数几个国家之一。

这次在中国国家博物馆由文化部等九部委主办，我院主要承办的中国非物质文化遗产成果展，从策划、筹展、设计，汇聚了院内外二十多位著名专家学者和众多工作人员共同参与，得到中国国家博物馆和北京地区十家博物馆及各省、市、自治区文化厅（局）的支持。文化部领导具体指导筹展工作，孙家正部长为展览题词："当历史的尘埃落定，一切归于沉寂之时，唯有文化以物质或非物质的形态留存下来。它不仅是一个民族自我认定的历史凭证，也是这个民族得以延续，并满怀自信走向未来的根基和智慧与力量之源。"周和平副部长多次亲临展场指导。文化部社图司和我院共同努力，夜以继日，布置展品仅用了四天时间。展览起到了展示成果、交流经验、增强意识、促进保护的作用，其中增强人们自觉保护的意识，我看是最重要的。在文化部的领导和指导下，我院承担的国家课题"西北人文资源环境基础数据库"正在顺利进行。课题完成后，对我国西部非物质文化遗产资源会有清晰的了解；我院学者编撰的《非物质文化遗产概论》即将出版。今年我院将于5月底举办全国戏曲剧种保护、发展研讨会，全国各地著名戏曲表演艺术家和学者将会聚北京，研究戏曲剧种的保护、发展问题，并正式启用我院"中国戏曲剧种音像资料库"。现在，戏曲剧种已由20世纪50年代中期的367种减少到200余种，剧种保护迫在眉睫。6月文化遗产日之际，将在北京举办中国古琴艺术展暨古琴演奏会，之后将陆续把这一活动及戏曲艺术展和讲座开展到大学校园中去。6月，将在北京举办全国文化遗产保护学术研讨会，年底前将与联合国教科文组织合作举办非物质文化遗产保护国际学术研讨会。除此之外，我院将继续开办非物质遗产保护的专题培训班，并将组织院内外专家在大学、中学举办专题讲座。从明年起，我院研究生院将设立非物质文化遗产研究专业并正式招生。

（记者：李晓林，原载《中国文化报》2006年3月2日）

守护我们的精神家园
——访中国艺术研究院院长王文章

精彩的专场演出赢得了观众热烈的掌声，悠悠的古琴曲飘进大学校园，高层次的保护论坛会聚了全国各地近百位专家学者，戏曲剧种保护展览及座谈会吸引了尚长荣、茅威涛等二十多位各剧种的代表人物，还有中国非物质文化遗产网·中国非物质文化遗产数字博物馆的开通……中国艺术研究院为迎接首个"文化遗产日"而组织举办的一系列活动格外引人注目。为此，记者专访了中国艺术研究院院长王文章，请他谈谈文化遗产日和中国的非物质文化遗产保护。

记者：王院长，近几年来，非物质文化遗产保护日益成为大众关注的话题。请您谈谈对非物质文化遗产保护的认识和看法。

王文章：随着中国社会经济的持续快速发展，近几年来，文化生态发生着重要的变化。一方面，文化的创造空间获得了前所未有的拓展；另一方面，随着中国现代化和城市化进程的加快，文化遗产，特别是非物质文化遗产的生存状况，受到越来越严峻的挑战。在全球经济一体化的时代，文化认同已经成为一个民族最基本的文化追求，并成为一个国家综合国力的组成部分。非物质文化遗产作为文化遗产中的活态部分，凝结、保留和传递着一个民族共同的历史记忆、情感、经验和智慧，成为民族文化认同的基础。在一个国家文化凝聚力的形成和文化认同中，非物质文化遗产发挥着不可替代的作用。同时，非物质文化遗产作为民族的精神财富和情感积淀，是构成民族精神家园一个不可或缺的重要源泉。维护民族的精神家园，对于当前建设社会主义和谐社会、落实科学发展观、实现社会经济的可持续发展，也具有重要的现实意义。保护和传承非物质文化遗产，留住记忆，已成为人类社会发展的重要课题之一。

记者：今年元宵节，由九部委主办、中国艺术研究院承办的中国非物质文化遗产保护成果展引起了极大的社会反响，有35万人参观，可以说在全社会掀起了一场非物质文化遗产保护的热潮。这次文化遗产日，中国艺术研究院举办专场演出、论坛、展览，以及古琴进校园等一系列活动，是基于什么样的考虑？

王文章：为配合首个文化遗产日，由文化部主办、中国艺术研究院承办了专场演出。节目包括三批入选联合国"人类口头和非物质遗产代表作名录"的中国项目：昆曲艺术、古琴艺术、新疆维吾尔木卡姆艺术，以及中国和蒙古国共同申报的蒙古族长调民歌；此外，还精选了部分入选国家级非物质文化遗产名录的项目，如泉州南音、少林功夫、侗族大歌、泉州提线木偶等。所有这些项目，可以说都是我国非物质文化遗产中的精华，无不凝聚着天才的创造性、独特的艺术性和极高的欣赏价值，可以非常直观地让人领略到非物质文化遗产不可替代的独有魅力。

中国非物质文化遗产保护论坛也是由文化部主办、中国艺术研究院承办的一项重要活动。以国家文化遗产日的确立为标志，我国的非物质文化遗产保护已进入全面的、整体性的发展阶段。非物质文化遗产保护工作已经上升为国家文化发展战略。在这样的大背景下，会聚全国各地的专家学者共同探讨非物质文化遗产保护的现状，深入认识其概念、内涵和独特价值，研究保护的基本方法和原则，尽可能地科学地总结具体实践，及早发现不足，为保护工作寻求更深层次的理论支持与理性指导，就是理论研究的职责所在。

除了这两项活动之外，我们还重点推出了古琴艺术进大学活动。在北京大学、清华大学、中国人民大学、首都师范大学进行了四场演出，目的在于唤起青年学子对于文化遗产的保护意识，让代表时代未来的年轻知识群体通过古琴艺术与中华民族的优秀传统文化产生"和鸣"，成为传承中国人文精神和保护非物质文化遗产的"知音"。许多青年学生不是不喜爱传统文化艺术，而是他们没有机会了解、接触，一般的普及活动也很难达到高水准演出的宣传效果。为此，我们聘请了一流的琴家参加演出，并安排研究员担任讲解，尽可能让观众尽快对古琴有所了解。演出的现场气氛非常热烈，每场演出结束后师生们都不愿离开，争着与琴家合影留念。我们高兴地看到，这项高水平的普及活动达到了目的。

记者：此次系列活动中，中国戏曲剧种保护展和座谈会也办得非常精彩！

王文章：戏曲是我国各族人民共同创造的高度综合的表演艺术，具有悠久的历史和非常广泛的社会基础，是我们不可或缺的精神财富。因此，我们选择了戏曲剧种保护展作为一个窗口，展示戏曲剧种从孕育到成熟并走向繁荣的发展历程，以及戏曲剧种的变革和保护。中国艺术研究院作为国家级综合性艺术研究机构，非常关注戏曲在新的历史条件下面临的前所未有的危机，并把戏曲剧种保护作为艺术研究的重要课题。从昆曲的申报成功，到完成国家重点科研项目"全国剧种剧团现状调查"，从启动"中国戏曲剧种音像资料库"，到《昆曲艺术大典》《中国当代戏曲史》《中国少数民族戏曲剧种发展史》等一系列重要图书的出版，我们对戏曲艺术做了大量的研究和保护工作。同时，举办这个展览也是为了让更多的人看到，许多戏曲剧种面临消亡的危机，戏曲艺术的传承面临很大的困难，戏曲剧种的保护任重而道远。

记者：还有网站的建设。

王文章：对，中国非物质文化遗产网·中国非物质文化遗产数字博物馆已于6月9日正式开通。这是中国艺术研究院主办的公益性非物质文化遗产保护专业网站，其目的在于利用现代化网络平台推广传播中国和世界非物质文化遗产领域的相关知识和信息，并充分调动和利用全社会的学术、经济、舆论资源，以及社会公众的参与，以促进中国非物质文化遗产保护工作全面健康地开展。保护文化遗产，守护精神家园，需要全社会的共同参与，中国艺术研究院也将继续努力。

记者：谢谢您接受采访！相信中国艺术研究院在非物质文化遗产保护工作中还将会取得更大的成就！

（记者：朱平，原载《中国教育报》2006年6月28日）

科学保护才不会流于形式
——专访中国艺术研究院院长、中国非物质文化遗产保护中心主任王文章

随着国务院和国办相关文件的发布、第一批国家级非物质文化遗产代表性项目名录的公布，我国非物质文化遗产保护工作已进入全面的、整体性的发展阶段。在这一进程中，中国艺术研究院及于2006年9月挂牌的中国非物质文化遗产保护中心做了大量工作，发挥了重要作用，有力地推动了中国非物质文化遗产保护工作的开展。

近日，记者就保护工作的有关情况专访了中国艺术研究院院长、中国非物质文化遗产保护中心主任王文章。

记者：中国非物质文化遗产保护中心在2006年成立，这个机构主要承担了非物质文化遗产保护的哪些工作？

王文章：中国非物质文化遗产保护中心原是中国艺术研究院的内设机构，2006年成为中央编办批准成立的国家正式建制的一个事业机构，中国艺术研究院加挂"中国非物质文化遗产保护中心"（下称"中心"）的牌子。这充分表明国家对非物质文化遗产保护工作的重视。中国艺术研究院作为中国唯一的国家级综合性文化艺术科研机构，汇集了近300

名副研究员以上的研究、创作和教学的高级优秀人才。他们研究的领域，几乎涉及非物质文化遗产学的各个方面。而抢救和保护非物质文化遗产，也是中国艺术研究院50多年来努力体现的一项职能，《二泉映月》的抢救就说明了这一点。因此，调动这样一个人才资源库参与我国全面启动的非物质文化遗产保护工作，是才尽其用。

中国非物质文化遗产保护中心主要承担了以下几项工作：

第一，组织评审中国向联合国教科文组织申报世界"人类口头和非物质遗产代表作"项目。这是2000年底文化部部长孙家正委托我院承担的，从2005年第3届评审申报起，相关的申报工作就由"中心"具体承办。我院（中心）组织院内外各有关系统、机构不同领域的近30位著名专家学者组成推荐评审委员会，坚持科学性、公正性的原则认真评审，指导撰写了文本及音像资料的制作规范，并将评审结果报文化部批准后由文化部外联局报送联合国教科文组织。迄今为止，我国已有昆曲、古琴艺术、新疆维吾尔木卡姆艺术和蒙古族长调民歌（与蒙古国联合申报）入选联合国教科文组织公布的世界"人类口头和非物质遗产代表作"，成为世界上入选项目最多的国家之一。我国评审申报的组织工作，得到联合国教科文组织负责官员的高度评价。同时，在我国第一批非物质文化遗产代表性项目名录的评审中，"中心"也承办了许多具体的组织工作。

"中心"推荐音乐学家张振涛博士入选联合国教科文组织世界非物质文化遗产代表作评审委员会委员，推荐法学家梁治平博士参加联合国教科文组织有关非物质文化遗产保护法律文件的起草，推荐陈飞龙研究员、李心峰博士、苑利研究员等参加这方面的国际会议，介绍我国的非物质文化遗产保护工作。这些工作都受到了好评。我院（中心）还举办了几次国际和全国性的非物质文化遗产保护学术研讨会，为促进保护工作的经验交流和学术研究发挥了重要的作用。

目前，"中心"主体性的工作，首先是承担好文化部交办的一系列非物质文化遗产保护的具体工作。比如去年元宵节承办了文化部、国家文物局、教育部、国家民委、财政部等九部委联合主办的首届"中国非物质文化遗产保护成果展"。在不到一个月的时间里,有35万名以上观众参观展览,引起热烈的社会反响,对于唤起全社会对非物质文化遗产保护的自觉意识发挥了重要作用。

其次,"中心"还承办了文化部主办的其他一些活动,如2006年于我国第一个文化遗产日举办的"中国文化遗产日专场文艺晚会";创办了"中国非物质文化遗产网·中国非物质文化遗产数字博物馆",这是中国非物质文化遗产保护方面的首个国家级门户网站。另外,"中心"还创办了《中国非物质文化遗产》丛刊。正在建设中的"中国戏曲剧种数据库",已收集到267个剧种的音像资料。我院和"中心"主办的"和鸣——古琴艺术进大学""中国戏曲剧种保护展",也为非物质文化遗产的传承和保护发挥了很好的作用。

记者:目前,各地对申报世界非物质文化遗产代表作及国家名录都十分积极,您认为要申报取得成功,需要注意什么问题?

王文章:积极参与申报联合国教科文组织非物质文化遗产名录和中国国家级名录,积极性应该肯定。因为申报进入名录,也就是该项目的科学性得到公认,而申报的过程,也是申报单位思考如何加强保护的过程,这对于保护工作是有益的。

但应该明确,对项目实际的保护是第一位的,不能重申报、轻保护,那就本末倒置了。以前确实存在申报积极,而申报后保护措施不到位的现象。

做好申报工作,要对申报项目进行正确科学的认定。科学认定申报项目的确定性、自身价值、濒危性和保护主体保护行为的规范性,以及保护措施的可行性,这是申报工作的基础。

科学认定涉及对非物质文化遗产涵盖内容的了解。按照联合国教科文组织《保护非物质文化遗产公约》和《国务院办公厅关于加强我国非物质文化遗产保护工作的意见》,非物质文化遗产主要包括:口头传统,包括作为文化载体的语言；传统表演艺术；风俗活动、礼仪、节庆；有关自然界和宇宙的民间传统知识和实践；传统手工艺技能；与上述表现形式相关的文化空间。

关于评审的标准，联合国教科文组织《人类口头和非物质遗产代表作条例》和《保护非物质文化遗产公约》都提出了认定项目的标准，《国务院办公厅关于加强我国非物质文化遗产保护工作的意见》也制定了具体的评审标准。国际公约文件和我国政府的文件制定的认定非物质文化遗产项目的标准，大体可归纳为如下几项：具有杰出价值的民间传统文化表现形式或文化空间；具有见证现存文化传统的独特价值；具有鲜明独特的民族、群体或地方文化特征；具有促进民族文化认同或社区文化传承的作用；具有精粹的技术性；符合人性，具有影响人们思想情感的精神价值；其生存呈现某种程度的濒危性。

只有正确科学地坚持认定标准，才会知道"我们要保护什么"；只有制定和实施切实可行的保护措施，我们的工作才不会流于形式。

除此以外，我感到在申报中还应注意两个方面的问题。一方面是方法问题，要注意避免从旅游开发角度和经济开发角度去认定项目；要注意全面把握非物质文化遗产涵盖的范围，不要局限于艺术表演等少数形式而忽略了其他广泛的领域；要注意文化空间形态的认定。

另一方面是思想观念方面的问题。一是"泛文化遗产论"，即认为凡是传统文化现象，不管是否具备独立存在的本质特征，甚至对近年来出现的模仿形态项目，也都认定为非物质文化遗产加以保护。二是把普查挖掘非物质文化遗产，当成再造遗产项目，这自然缺乏认定的科学性。三是简单化对待某些非物质文化遗产项目。由于非物质文化遗产的活态流变性，人们对它的评价标准要受特定社会、时代、环境、审美的影响。因此，一方面要反对"泛文化遗产论"，另一方面取舍要持特别慎重的态度，例如对民间信仰、风俗活动、礼仪等，要持包容性的态度。

申报取得成功，从技术层面来说，要按照申报规定的要求，申报文本做到尽可能完备，保护措施要尽可能到位并具可行性。

记者：如何对已经进入各级名录的非物质文化遗产项目进行管理？这个管理体制应该是怎样的？

王文章：通过科学认定和评审，建立起国家、省、市、县四级非物质文化遗产名录体系，才能为保护工作提供可靠而科学的依据。对于已经进入各级名录的项目，目前应抓紧认定项目传承人和落实申报文本提出的保护措施。申报是手段，保护是目的。非物质文化遗产作为活态文化，其精粹是与该项目的代表性传承人分不开的。因此，对传承人的保护应该是保护工作的重点。要创造经济、环境等条件，以传承人为核心主体，使非物质文化遗产得到传承。所以，建立适合我国国情的非物质文化遗产项目传承人保护制度已显急迫。要对传承人进行档案登记、数字化存录，分级建立起专门的图文影像数据库；要组织专家对传承人的成就和传承工作进行学术性、专业性的分析、总结，对其优秀成果进行展览、展示、展演，尽可能安排他们通过授课、带徒等方式培养传承人。同时，在名录申报过程中，各项目的申报主体都提出了该项目的分期保护措施，这些措施要落到实处。

国家级非物质文化遗产代表性项目名录由国务院批准公布；省、市、县级名录由同级政府批准公布，并报上一级政府备案。今后我国向联合国教科文组织申报代表作项目，应从国家级非物质文化遗产代表性项目名录中评审产生。

为了配合保护工作的有效开展，各地要建立健全职责明确、高效长久的工作机构和比较稳定的专业队伍，要形成良好的工作运行机制，确保非物质文化遗产保护方针、工作原则、政策法规得以贯彻执行。省、市应建立非物质文化遗产保护委员会和非物质文化遗产保护中心，县一级政府也要把保护工作纳入工作职责范围。通过健全机构和队伍，全面落实保护计划。

记者：在非物质文化遗产理论研究方面，您所在的中国艺术研究院做了大量探索性的工作。不久前出版的《非物质文化遗产概论》，就是目前第一部基础性的理论著作。请问您如何评价当前的中国非物质文化遗产理论研究？

王文章：从21世纪初开始，我国的非物质文化遗产保护工作逐步走上了全面的整体性保护阶段。党中央、国务院和中央领导同志十分重视加强非物质文化遗产保护工作。进行长期、有效的保护工作，已上升为我国的一项文化发展战略。坚持可持续发展观，构建社会主义和谐社会的要求，也为非物质文化遗产保护提供了现实的和理论支持的依据。保护工作的需要和保护实践的发展，迫切呼唤着非物质文化遗产理论研究的深化。尽管目前已经涌现了一批相关的理论研究成果，但非物质文化遗产及其保护的理论研究，作为新兴的学科领域，其成果仍然显得薄弱。这主要表现在从本体上切入研究非物质文化遗产及其保护的理论成果不多。

《非物质文化遗产概论》试图从基础理论和实用理论两个方面，对非物质文化遗产进行研究，力图构成既有理论深度，又具有实践指导意义的非物质文化遗产理论体系。我在该书的序言中说："尽管这种尝试和探索没有止境，但迈出第一步，总是重要的。"现在，全国有近20所大学开设了与非物质文化遗产相关的专业方向，各高校和各地研究机构的不少理论研究人员正在进行这一方面的研究。中国艺术研究院正在组织国外有关非物质文化遗产的研究的翻译和出版工作。继《非物质文化遗产丛书》第一辑8本由浙江人民出版社出版之后，第二辑也即将出版；非物质文化遗产传承人口述史丛书正在编撰之中；非物质文化遗产普查田野调查的案例也拟编写。这些成果的陆续出版，以及由"中心"主编的《第一批国家级非物质文化遗产名录图典》的即将出版，将从不同的角度同《非物质文化遗产概论》共同构成一个比较完整的理论研究框架体系。

记者：2007年，中国非物质文化遗产保护中心将有怎样的作为？

王文章：文化部副部长周和平已对今年的重点工作做了部署。今年"中心"首先要承办好文化部和社图司2007年6月第二个文化遗产日期间的一系列展览、展演活动，进一步推动提高全社会主动参与非物质文化遗产保护的自觉意识。同时，要举办国际、国内的非物质文化遗产保护的学术研讨活动。在第二个遗产日之后，继续举办"和鸣——古琴艺术进校园"活动。几年内，要组织古琴艺术家到100所大学、中学进行古琴演奏和讲座。年中前后，"中心"要承办文化部在联合国教科文总部举办的中国非物质文化遗产保护成果展演，以及在香港举办的同一活动。今年下半年，"中心"将与常熟市人民政府共同举办第一届古琴艺术节，促进古琴艺术的传承和发扬。

在文化部的领导下，组织全国各个领域的专家对各地的普查、保护工作进行调研，总结推广保护工作经验；承担第二批国家级名录申报的具体组织工作；推动传承人保护制度的建立和实施；推动非物质文化遗产生态保护区试点工作的开展；做好非物质文化遗产珍贵实物的收藏工作等，都是中国非物质文化遗产保护中心在新的一年的工作内容。我相信，在坚持科学发展观，构建社会主义和谐社会的大背景下，我国的非物质文化遗产保护工作将会不断呈现更加喜人的景象。中国非物质文化遗产保护中心将为此承担起自己应尽的责任。

（原载中国非物质文化遗产网，2007年1月11日）

非遗，需要全人类共同守护
——访中国艺术研究院院长、中国非物质文化遗产保护中心主任王文章

记者：联合国教科文组织为什么选择了中国作为第一个在总部巴黎举办非物质文化遗产展览的国家？

王文章：我国的非物质文化遗产保护工作起步不是很早，但是近年来我国政府越来越重视非物质文化遗产保护工作：2005年3月，国务院办公厅颁发了《国务院办公厅关于加强我国非物质文化遗产保护工作的意见》，2005年底，国务院颁发了《国务院关于加强文化遗产保护的通知》，关于保护非物质文化遗产的法律法规也进入了人大立法的规划中。2006年5月，我国公布了"第一批国家级非物质文化遗产名录"，并将每年6月的第二个星期六定为中国的"文化遗产日"。国家与政府的重视和推动对保护非物质文化遗产有重要意义，再加上社会各界的参与，民众的自觉保护意识的增强，共同促进了我国非物质文化遗产保护工作的进展。在"人类口头和非物质遗产代表作"名录目前的三批代表作中，我国有四个项目入选，是入选项目最多的国家之一。另外，近年来我国所举办的相关国际学术研讨会也产生了重要影响。可以说，最近五六年，中国的非物质文化遗产保护确实进展很快，逐渐从以前的项目型保护转

变成了全面的、系统的、整体的保护。联合国之所以选定中国在联合国教科文组织总部举办这次活动，是对中国的非物质文化遗产保护工作的一种肯定。

记者：这次展览的内容是什么？反响如何？

王文章：这次展览由文化部主办，中国艺术研究院承办，全面展示了我国首批518项国家级非物质文化遗产代表作的丰富内容及其保护措施。展览的特点是活态展览：例如来自青海省的藏族老人现场绘制唐卡，内蒙古艺人现场剪纸，连南京高大的云锦织机也搬过去了，现场织锦，这些都让观众感到很新奇。我们还把原生态的演出带到了联合国教科文组织总部一千座位的大礼堂，当时座无虚席，礼堂外的大屏幕也有人驻足观看。十二木卡姆、长调、昆曲、侗族大歌、海菜腔、提线木偶、南音等地道的表演，赢得了四十多次掌声。

记者：由于语言、思维方式的不同，外国人可能无法真正"听得懂"我们的表演，那么我们的原生态表演带给他们的究竟是什么呢？

王文章：这些民族民间原生态的歌舞充分展示了我国对民族文化多样性的尊重。这些歌舞让他们看到了我们少数民族的色彩，看到了节目中的内在激情。我想，真正感动他们的就是这一点，因为这些财富和激情是属于全人类的。我们向外国人展示的，实际上是对世界人类文化传统的保护，是对人类共同精神家园的守护。日前温家宝总理访问日本带去的演出就是一场原生态歌舞。总理在演出现场讲话中用了很大一部分去讲述我们国家的非物质文化遗产，讲述我们国家对非物质文化遗产的重视，引起了很大的轰动。可以说，这些歌舞不仅仅是文艺演出，它蕴含了与全世界人民精神的沟通、情感的联络。

记者：我们的非物质文化遗产走出国门的意义是什么？

王文章：我国拥有的这些丰富的文化资源，同时也是世界文化创新的源泉。中国要走向世界，保护多元的中华文化是一个基础。现在，非物质文化遗产保护工作已经纳入了国家文化发展战略，这就更成为我们义不容辞的责任。人类的精神需要丰富，人类的发展离不开文化，文化是人类延续和表达情感的方式。在全球走向现代化的今天，我们是不是可以不要传统文化了呢？当然不是。生活条件越优越，人类就越离不开文化，如果没有了这些节庆、仪式等，没有了这些促进人们情感沟通、促进和谐世界形成的文化生活，那么人类生活的单调是不可想象的。中国的非物质文化遗产走出国门，中国的传统文化走出国门，必将引起全世界的共鸣，也将成为沟通友谊的桥梁。

（记者：王婧姝，原载《中国民族报》2007年4月27日）

科学保护非物质文化遗产：访中国艺术研究院院长王文章研究员

记者：前不久，由文化部主办，中国艺术研究院和中国非物质文化遗产保护中心承办的"中国非物质文化遗产艺术节"在法国巴黎成功举办，可以说盛况空前，保护非物质文化遗产的工作更加受到世人瞩目。我国非物质文化遗产保护工作的现状是怎样的呢？

王文章：近五六年来，随着非物质文化遗产保护在国际范围内不断得到重视，中国的非物质文化遗产保护也由以往的项目性（单项的）保护，开始走向全国整体性、系统性的保护阶段。

1.重视参与国际间的合作。非物质文化遗产保护是一个国际性的课题，是全人类共同的责任。我国积极参与了联合国教科文组织"人类口头和非物质遗产代表作"的申报，昆曲艺术、古琴艺术、新疆维吾尔木卡姆艺术，以及与蒙古国联合申报的蒙古族长调民歌先后入选了联合国教科文组织公布的"代表作"名单。在2004年8月，全国人大常委会批准我国加入联合国《保护非物质文化遗产公约》，我国成为较早加入该公约的国家之一。

2.加强对非物质文化遗产保护的法规建设。2004年，文化部、财政部公布《关于实施中国民族民间文化保护工程的通知》，提出的总体目标是，到2020年，使我国珍贵、濒危并具有历史、文化和科学价值的民族民间文化得到有效保护。

2003年11月，全国人大教科文委员会组织起草了《中华人民共和国民族民间传统文化保护法（草案）》，提交全国人大常委会审议。2004年8月，全国人大把法律草案的名称改为"中华人民共和国非物质文化遗产保护法"，并做相应的内容修订，正在广泛征求意见和修改。这部法律草案已列入全国人大立法规划。

2005年3月，国务院办公厅颁发了《国务院办公厅关于加强我国非物质文化遗产保护工作的意见》，同年12月，国务院颁发了《国务院关于加强文化遗产保护的通知》，其中对包括非物质文化遗产在内的文化遗产的保护工作，提出了系列规定。这是国家最高行政机关首次就中国非物质文化遗产保护工作发布的权威指导意见，明确指出了保护工作的重要性和紧迫性，提出保护工作的目标是："通过全社会的努力，逐步建立起比较完备的、有中国特色的非物质文化遗产保护制度，使我国珍贵、濒危并具有历史、文化和科学价值的非物质文化遗产得到有效保护，并得以传承和发扬。"保护工作的指导方针是："保护为主、抢救第一、合理利用、传承发展。"保护工作的原则是："政府主导、社会参与，明确职责、形成合力；长远规划、分步实施，点面结合、讲求实效。"《意见》明确指出，要建立名录体系，逐步形成有中国特色的非物质文化遗产保护制度。

3.具体实施形式多样的保护措施。（1）目前我国正从以下方面开展非物质文化遗产保护工作：开展普查，制定规划，建立国家和省、市、县四级非物质文化遗产名录体系，保护传承人，加强少数民族文化遗产和文化生态区的保护。（2）2006年5月，国务院公布了第一批国家级非物质文化遗产名录，其中有民间文学、传统手工技艺、民俗等10个门类的518个项目。（3）国务院确定从2006年起，每年6月的第二个星期六为中国的"文化遗产日"。开展文化遗产日的活动，旨在唤起社会公众自觉参与非物质文化遗产保护的意识。去年的第一个文化遗产日的主题为"保护文化遗产,守护精神家园",文化遗产日前后在全国各地举办了一系列活动。(4)政府主导,社会团体和机构积极参与非物质文化遗产保护。

我国的非物质文化遗产保护,是由政府主导、国务院决定,建立了由文化部牵头、九部委组成的部际联席会议制度,统一领导实施全国的非物质文化遗产保护工作。全国各省、自治区、直辖市的相关部门,也在发挥着重要的作用。

在这里,我要特别介绍我们中国艺术研究院/中国非物质文化遗产保护中心。它是经国家批准成立的担负实施全国保护工作的规划、指导、咨询、教育及推进全国普查、名录申报、项目管理等工作职能的专门机构,下设政策研究室、项目申报与管理部、大型活动与培训部及《中国非物质文化遗产》丛刊部。该机构成立以来,在政府主导之外,从规划及指导和组织实施等方面,为中国的非物质文化遗产保护做了大量有效的工作。

近年来,我院在非物质文化遗产的理论研究和保护实践方面做了大量工作,如2006年2月元宵节期间在北京举办了"首届中国非物质文化遗产保护成果展",不到一个月的时间,有35万人次参观,引起很大的社会反响。我院还组织力量,以三年的时间,对中国西部省、区的人文资源进行普查,现已取得初步的成果;2006年,开通了"中国非物质文化遗产网·中国非物质文化遗产数字博物馆",这是中国非物质文化遗产保护方面首个国家级门户网站。

记者:在当前的非物质文化遗产保护工作中,都面临着哪些困难和主要问题呢?

王文章:就世界范围而言,非物质文化遗产保护面临的主要问题是:"随着当今世界的全球一体化,不计其数的文化遗产形式正面临着消失的危险,并受到文化标准化、武力冲突、旅游业、工业化、农业区缩减、

321

移民和环境恶化的影响。"经济全球化和现代化进程对非物质文化遗产冲击和消解的问题越来越突出。

第一，一些依靠口传心授方式加以承传的文化遗产正在不断消失；许多传统技艺濒临消亡；大量有历史、文化价值的珍贵实物与资料遭到毁弃或流失；随意滥用、过度开发非物质文化遗产的现象经常可见。

第二，法律法规建设的进程不能与非物质文化遗产保护的紧迫性相适应。由于保护工作仍未能纳入国民经济和社会发展整体规划，因此与保护相关的一系列问题不能得到系统性解决。保护标准和目标管理，以及收集、整理、调查、记录、建档、展示、利用、人员培训等工作相对薄弱，保护管理资金和人员不足的困难普遍存在。

第三，一些地方保护意识淡薄，重申报、重开发、轻保护、轻管理的现象比较普遍。少数地区进行超负荷利用和破坏性开发，存在商业化、人工化和城镇化倾向对非物质文化遗产的消解，甚至借继承创新之名随意篡改民俗艺术，损害了非物质文化遗产的原真性。

第四，适合我国保护工作实际、整体性有效性的工作机制尚未建立，在不少地区政府主导的有效性难以体现。在保护工作存在的问题中，有两种倾向尤其应引起我们的注意。一种是建设性破坏，一种是保护性破坏。非物质文化遗产的保护正在全社会范围内引起人们广泛参与的兴趣，由于认识不正确，或出于良好愿望或出于经济目的，建设性破坏和保护性破坏，常常是在加强保护和开发利用的名义下进行，更具有危害性。现在，中国新农村建设正在全国农村展开，对农村进行新的建设，这本身是件好事，但是由于非物质文化遗产大部分都保存在农村地区，如果建设不当，很容易对其造成不可挽回的损失。拆旧村建新村，不对蕴含历史文化内容的有形遗产加以认真保护，承载这个村庄历史文化记忆的载体也就荡然无存。过去几十年来，这一方面已经造成了很大的损失。

保护性破坏的危害也很明显。一些项目被确定为保护对象后，一些人片面地去开发它的经济价值，如对古老村落的过度旅游开发和一些手工艺项目的大量机械复制，使这些项目显现的某种人类文明，以及这种文明成长的过程，因我们的保护而中断。在服务于旅游开发的目的下，原生态的歌舞，按照当代肤浅时尚的审美趣味加以改造；传统的民间手工艺制作大量机械复制；古老村落成了喧嚣的闹市。从表面上看，似乎是被保护项目的繁荣，实际上是对非物质文化遗产的一种本质性伤害。

记者：非物质文化遗产保护工作是一项重要的文化事业，又是一门新兴的前沿学科，在传承规律的总体把握及科学保护方面需要注意哪些问题？

王文章：非物质文化遗产活态流变性的基本特性，也决定了我们今天的保护不应是静止的凝固的保护，而是为了发展的保护。没有保护，难以发展；而没有发展，保护也就失去了重要意义。

1. 界定非物质文化遗产概念及内涵的原则。联合国教科文组织通过的《保护非物质文化遗产公约》，明确地界定了非物质文化遗产的定义："指被各社区、群体，有时是个人，视为其文化遗产组成部分的各种社会实践、观念表述、表现形式、知识、技能及相关的工具、实物、手工艺品和文化场所。这种非物质文化遗产世代相传，在各社区和群体适应周围环境以及与自然和历史的互动中，被不断地再创造，为这些社区和群体提供认同感和持续感，从而增强对文化多样性和人类创造力的尊重。"在我主编的《非物质文化遗产概论》中，为了在保护实践的普查等工作中便于操作，对非物质文化遗产涵盖的内容，划分为十三个类别：语言（民族语言、方言等）；民间文学；传统音乐；传统舞蹈；传统戏剧；曲艺；杂技；传统武术、体育与竞技；民间美术、工艺美术；传统手工技艺及其他工艺技术；传统医学和药学；民俗；文化空间。以上类别基本包含了所有存在于特定民族、群体、地域中的一切传统知识、文化现象和表现形式。这一划分是既以国际公约关于非物质文化遗产的定义为基础，又充分考虑中国自身社会特点和文化特性而概括的。其指向更清晰，类别更明确，认定也会更容易。

2.对非物质文化遗产项目认定要坚持科学性。在认定非物质文化遗产项目时，正确科学地坚持认定标准，才会知道"我们要保护什么"。对此，中国著名的民俗学家乌丙安先生有很清晰的分析：第一，从民俗旅游开发的角度认定文化保护项目；第二，用保护物质文化遗产的标准认定非物质文化遗产项目；第三，把文化表现形式仅仅理解为艺术表现形式，不能正确认定其他文化表现形式的项目；第四，不能正确把握文化空间项目的认定，往往将其分解为几种文化表现形式分别认定，割裂了完整统一的文化空间形态。

3.非物质文化遗产保护的基本方式与原则，主要有如下几项：第一，建立保护名录制度。国家和省、市、县四级非物质文化遗产名录体系的建立是保护工作的基础，既是抢救保护的前提，也是传承、弘扬的依据。第二，将非物质文化遗产转变为有形的形式。通过搜集、记录、分类，建立档案，用文字、录音、录像、数字化媒体等手段，对保护对象进行全面、真实、系统的记录，并积极搜集有关实物资料，予以妥善保存。比如20世纪50年代中国著名音乐理论家杨荫浏先生等对阿炳演奏的民间二胡曲《二泉映月》的录音记录。第三，在它产生、生长的原始氛围中保持其活力，如一些礼仪、仪式。第四，转化为经济效益和经济资源，以生产性方式保护。第五，保护传承人。非物质文化遗产作为活态文化，其精粹是与该项目代表性的传承人联结在一起的。对项目传承人的保护应该是保护工作的重点。要以传承人为核心主体，通过传授、培训，以及宣传，使非物质文化遗产项目得到传承，传承人的地位得到尊重。第六，实施文化生态区保护。这是保持文化多样性、文化生态空间完整性、文化资源丰富性的重要方式之一。

保护非物质文化遗产应坚持的原则与保护方式是密不可分的。第一，非物质文化遗产的不可再生性和脆弱性，决定了我们必须把抢救和保护放在第一位。第二，坚持积极保护的原则。非物质文化遗产活态流变性的特点，决定了我们要尽可能避免以静止、凝固的方式去保护。在不改变其按内在规律自然衍变的生长过程、不影响其未来发展方向的前提下，尽可能寻找生产性保护的方式及与旅游开发等的和谐结合。第三，坚持创造整体性社会保护的环境。任何民族、社区或地域群体，非物质文化遗产的遗存都不会是单一的，因此，从保护方式和形成保护生态两方面创造整体性保护的环境十分重要。只有如此，众多非物质文化遗产项目才会在交互的影响中得到更好的延续和发展。

保护非物质文化遗产，维护世界文化的多样性，守护人类共同的精神家园，是我们所有人的责任。让我们携手，为创造一个更加有利于可持续发展的和谐世界而共同努力。

（原载《中国社会科学报》2007年6月12日）

中国非物质文化遗产保护：守护人类的精神家园

保护工作不该是凝固静止的

2007年5月24日上午，在成都市图书馆二楼演讲厅，中国艺术研究院院长、中国非物质文化遗产保护中心主任、国家非物质文化遗产保护工作专家委员会副主任王文章，以"守护人类共同的精神家园"为题，讲述了从非物质文化遗产的现状、保护工作面临的主要问题到非物质文化遗产传承规律的总体把握和科学保护的原则等问题，让人们认识到保护非物质文化遗产的重要性与迫切性。

报告指出，中国的非物质文化遗产，很多都是世界文化的精粹，不仅受到中国人民的热爱，而且也受到世界人民的热爱。近五六年来，我国政府高度重视对非遗的保护工作，全国的保护工作已由过去的"单一性项目保护"走向"整体性、系统性的保护"阶段，"这体现了我们的认识已日趋深入和科学"。落实到具体操作上，"最根本也是最紧迫的是加强对非遗保护的法律法规建设，最行之有效的方式是建立文化生态区和保护传承人，发挥政府的主导作用，动员全社会参与，形成合力，分步实施，最终达到合理利用、传承发展的目标"。

王文章认为："鉴于非遗的活态流变性，保护工作也不应该是凝固、静止的保护，应充分尊重其发展演变的规律。"他强调："应该为了发展而保护。"而准确科学地认定非遗项目是进行正确、有效保护的基础，"不是所有传统文化现象都是非遗，认定前应该明辨其价值"。

初探现状　发展良好

记者：请谈谈目前对非遗的保护现状。

王文章：在世界经济一体化和现代化进程快速发展的今天，非物质文化遗产社会存在的基础日渐狭窄，现代生活方式对它的消解，以及灾害性破坏、建设性破坏，都对其存在形态构成程度不同的危害。尤其是一些项目被确定为保护对象后，人们片面地去开发它的经济价值，如对古老村落的过度旅游开发和一些手工艺项目的大量机械复制，使这些项目显现的某种人类文明，以及这种文明成长的过程，因我们的保护而消失，因此，对非物质文化遗产特别是许多已处于生存困境中的项目，进行正确的抢救与保护具有重要意义。从21世纪初开始，我国的非物质文化遗产保护工作逐步走上了全面的整体性保护阶段，从单个项目到现在的全面的、整体的保护阶段，说明了国家、政府和群众对非物质文化遗产的认识上了一个新台阶，逐渐走上了全面的、科学的道路。我们要重视国际间的合作，加强法规建设。2005年3月，国务院办公厅发布了《国务院办公厅关于加强我国非物质文化遗产保护工作的意见》，同年12月，国务院颁发了《国务院关于加强文化遗产保护的通知》，这标志着我国非物质文化遗产的保护工作将进入全面、科学、规范有序的发展阶段。

日前，联合国教科文组织保护非物质文化遗产政府间委员会特别会议的召开，也进一步促进了我国非物质文化遗产的保护工作。党中央、国务院和中央领导同志十分重视加强非物质文化遗产的保护工作，非遗保护工作，已上升为我国的一项文化发展战略。坚持可持续发展观，构建社会主义和谐社会的要求，也为非物质文化遗产保护提供了现实的和理论支持的依据。保护工作的需要和保护实践的发展，迫切呼唤着非物质文化遗产理论研究的深化。尽管目前已经涌现了一批相关的理论研究成果，但非物质文化遗产及其保护的理论研究，作为新兴的学科领域，其成果仍然显得薄弱。

保护意识薄弱令人痛心

记者：如何提高人们对非遗的保护意识？

王文章：对非物质文化遗产的保护问题，以什么样的方式保护，这是大家普遍关心和思考的一个问题。各个国家、各个民族的非物质文化遗产是全人类共同的文化财富，但首先还是属于自己国家和民族的，我们应从实际出发，尽快制定更加完备的抢救和保护的法律、政策，科学、全面、系统地抢救和保护现存的非物质文化遗产。口传心授的形式正在消失，传统的记忆随着过度的开发正在消失，法律法规不能与其急迫性相适应，同时人们追求物质与经济利益片面性也带来传统文化形式消失的必然性。要在现代化的进程中，努力提高人们保护非物质文化遗产的自觉性。非物质文化遗产内涵的丰富性，它体现的民族性、独特性、多样性，决定了保护方式也应当是多样的，但是，保护方式的多样性，是以保持其原生态，保持其按内在规律自然衍变的生长过程，不因其特有的脆弱性而导致消亡为前提的。无形文化遗产的不可再生性，决定了我们必须把保护放在第一位。同时，非物质文化遗产作为活态流变性的文化，其精粹是与该项目代表性的传承人联结在一起的。对项目传承人的保护也应该是保护工作的重点。

保护要坚持科学性

记者：如何认定哪些是应该受到保护的非物质文化遗产？

王文章：非物质文化遗产是一个独特的文化现象。由于非物质文化遗产具有活态流变性这一最主要的特征，我们应尊重其自然发展的演变，保护不是一成不变的、凝固的，不阻碍它自身的发展进程。地域不同，文化不同，我们要坚持科学性。要科学地认定保护对象，联合国教科文组织的《保护非物质文化遗产公约》和国务院办公厅颁发的《意见》，联合国教科文组织的《人类口头和非物质遗产代表作条例》，都提出了认定项目的标准；国际公约和我国政府制定的认定非物质文化遗产项目的标准，大体可归纳为如下几项：具有杰出价值的民间传统文化表现形式或文化空间；具有见证现存文化传统的独特价值；具有鲜明独特的民族、群体或地方文化特征；具有促进民族文化认同或社区文化传承的作用；具有精粹的技术性；符合人性，具有影响人们思想情感的精神价值；其生存呈现某种程度的濒危性。只有正确科学地坚持认定标准，才会知道"我们要保护什么"；只有制定和实施切实可行的保护措施，工作才不会流于形式。除此以外，我认为在申报中还应注意两个方面的问题：

一个是方法问题。要注意避免从旅游开发角度和经济开发角度去认定项目；要注意全面把握非物质文化遗产涵盖的范围，不要局限于艺术表演等少数形式而忽略了其他广泛的领域；要注意文化空间形态的认定。

另一个是思想观念方面的问题。一是"泛文化遗产论"。认为凡是传统文化现象，不管是否具备独立存在的本质特征，甚至对近年来出现的模仿形态项目，也都认定为非物质文化遗产加以保护；二是把普查挖掘非物质文化遗产，当成再造遗产项目，这自然缺乏认定的科学性；三是简单化对待某些非物质文化遗产项目。由于非物质文化遗产的活态流变性，人们对它的评价标准要受特定社会、时代、环境、审美的影响，因此，一方面要反对"泛文化遗产论"，另一方面取舍要持特别慎重的态度，例如对民间信仰、风俗活动、礼仪等要持包容性的态度。

通过科学认定和评审，建立起国家和省、市、县四级非物质文化遗产名录体系，才能为保护工作提供可靠而科学的依据。对于已经进入各级名录的项目，目前应抓紧认定项目传承人和落实申报文本提出的保护措施。申报是手段，保护是目的。非物质文化遗产作为活态文化，其精粹是与该项目代表性的传承人分不开的，因此对传承人的保护应该是保护工作的重点。要创造经济、环境等条件，以传承人为核心主体，使非物质文化遗产得到传承，所以，建立适合我国国情的非物质文化遗产项目传承人保护制度已显急迫。要对传承人进行档案登记、数字化存录，分级建立起专门的图文影像数据库；要组织专家对传承人的成就和传承工作进行学术性、专业性的分析、总结，对其优秀成果进行展览、展示、展演，尽可能安排他们通过授课、带徒等方式培养传承人。同时，在名录申报中，各项目的申报主体都提出了该项目的分期保护措施，这些措施要落到实处。

（记者：王嘉，原载《成都日报》2007年5月25日）

中韩文化遗产争夺硝烟再起

"继端午、中医等文化纷争后,亚太非物质文化遗产中心的归属又成了中韩争夺的另一战场。"

"端午节'申遗'"的争论似乎还言犹在耳,中韩关于文化遗产新的争夺战又已悄然打响。

2008年3月23日,韩国联合通讯社援引韩国文化遗产厅的说法称,韩国与中国将为建立一个联合国下属的亚太非物质文化遗产中心展开竞争,"韩国在2005年就在联合国教科文组织(UNESCO)大会上宣布,将寻求建立这个中心。今年2月,韩国文化遗产厅向该组织递交了提议。中国政府可能会在下月向UNESCO申请成立"。

然而,《国际先驱导报》向负责此事的中国非物质文化遗产保护中心了解到的信息却是,去年10月,中国文化部就已经由中国驻UNESCO代表处向UNESCO递交了书面申请。"口头申请则更早。"该中心主任王文章说:"如果能在中国成立,对提高中国文化软实力非常重要,这是大家为什么争的原因。"

中国优势不逊韩国

其实,争夺者中还包括日本。"日本已经提出口头申请,但是有没有书面申请我不知道。"王文章说。科学意义上的保护，韩日都比中国早，但是中国保护程度并不亚于对方。

"近六七年来，中国已建立国家、省、市、县四级保护名录。而且比起日韩，由于中国民族数量众多，历史悠久，因此非物质文化遗产我们更为丰富。"王文章说。昆曲艺术、古琴艺术、新疆维吾尔木卡姆艺术和蒙古族长调民歌相继列入 UNESCO "人类口头和非物质遗产代表作"名录。

去年 4 月，在位于巴黎的 UNESCO 总部，中国非物质文化遗产艺术节隆重拉开帷幕，这些非物质文化遗产集中亮相，得到联合国官员的高度评价。UNESCO 文化助理总干事里维耶尔当时就说，"中国保护的成绩应该在全世界推广"。

一个月后，首届中国成都国际非物质文化遗产节在成都成功举行，全世界一百多种非物质文化遗产亮相。王文章说，像这类的国际交流，中国从 2002 年开始从未间断，这也是中国最大的竞争优势之一。

当然，与中国相比，韩国也有一定优势。"韩国非物质文化遗产数据库技术非常完备，立法保护也比中国先行一步，至今，中国全国人大还没有通过非物质文化遗产保护的法律。"王文章说。

9 月会有初步结果

不管谁的优势大，在今年 9 月 UNESCO 秋季大会上将有一个初步结果。"与会代表将讨论谁更能承担这个职能。"王文章说，明年 9 月将正式公布结果，但目前很可能已经有了一个折中方案。"在中韩两国各设立一个，承担不同的责任，也有可能在日本再设一个。去年 5 月，里维耶尔女士来中国考察时，就表达了这样的观点。"

王文章进一步解释说："这么设想，主要是考虑到中韩两国申请都很有积极性，体现一种保护和承担责任的热情。"届时，中国将承担非物质文化遗产数据库的搜集保存。在谈到"培训"的具体职能时，王文章说，涵盖的范围非常广,"包括邀请中国、亚太、UNESCO的非物质文化遗产领域的专家对亚太地区内从事保护工作的人员进行专业培训,同时也在中国高等院校加强人才培养,以及举办相关学术活动,提高公众保护意识等"。

合作保护比竞争重要

能否完成这样的使命,还需要经过严格考察。今年4月底,UNESCO将派一个考察组到中国非物质文化遗产中心。"他们主要看我们有没有实力履行申请书上的承诺,包括人才储备、经费、办公设备等。"王文章说他完全有信心。"中国艺术研究院有七百多名在职人员,其中,副研究员以上有三百多人,资金问题国家会完全投资。"身兼中国艺术研究院院长的王文章说。

谈到与韩国的竞争,在王文章看来并不存在。"文化遗产不仅属于民族和国家,也是全人类的共同财富,所以大家一起承担责任是件好事。"

此前,有关"端午节和中医"被韩国抢先"申遗"的事情曾引起中国民众的强烈不满,对此,王文章觉得是大家不了解情况。"韩国在申报书中已经说明是从中国传过去的,而且中国文化一心要走向国际,不就是传播与弘扬吗?韩国只是进行了很多演变,有了另外的面貌而已。"

(记者:卢俊、周玮,原载《国际先驱导报》2008年3月28日)

少数民族非物质文化遗产保护工作意义重大
——访中国艺术研究院院长、中国非物质文化遗产保护中心主任王文章

在"国际唐卡艺术及非物质文化遗产保护青海论坛"开幕式上，记者电话采访了中国艺术研究院院长、中国非物质文化遗产保护中心主任王文章。

王文章说，唐卡艺术源远流长，内容丰富，是藏民族文化的奇葩，因其独特的艺术风格、鲜明的民族特点、浓郁的地域色彩而著称于世，成为全人类稀有的艺术形式，这是中华民族的骄傲，也是全人类共同拥有的珍贵文化财富。作为藏民族文化之精华的唐卡艺术，千百年来影响深远，具有很高的学术价值和艺术价值，在我国丰富的少数民族文化遗产中独具代表性。珍视少数民族的文化艺术遗产，重视当代的文化艺术创造并且促进各民族之间的相互交流、相互补充、保持特色、共同发展，应该是我们不可忘记的责任，也应该是我们以实际行动体现的努力。我想，这也是举办此次"国际唐卡艺术及非物质文化遗产保护青海论坛"的重要原因。

王文章说，在世界经济一体化和全球化进程快速发展的今天，随着现代化的文化转型过程，少数民族非物质文化遗产赖以生长的文化生态环境在迅速变化，唐卡艺术自身的生存与发展也面临着一些问题。唐卡

作为一种优秀的非物质文化遗产表现形式，成为支持"热贡文化生态保护实验区"的重要基础。今天，如何更好地保护、传承和发展唐卡艺术，如何保持唐卡艺术的独特性和个性，已成为人们广泛关注的议题。我们应该在抢救和保护唐卡艺术的基础之上，整体而全面地结合其面临的实际境况，在保护中充分考虑到唐卡艺术的民族性、地域性和综合性，从学术层面去探讨和研究唐卡艺术的承续性，寻找一条科学的、健康持续的发展道路。我相信，此次论坛的召开是建立了一个良好的交流平台，集中各位专家学者的研究成果，充分展示各自独特的见解，这将为保护唐卡艺术及少数民族非物质文化遗产起到重要的促进作用。

（记者：王琼瑶，原载《青海日报》2008年6月16日）

文化遗产与我们一道前进
——访文化部副部长、中国非物质文化遗产保护中心主任王文章

我国是一个历史悠久的文明古国，非物质文化遗产对一个民族一个国家具有深刻的影响，保护传承尤其重要

记者：《光明日报》新年之际推出新专版《文化遗产》，您不仅是文化部副部长，也是中国艺术研究院院长和中国非物质文化遗产保护中心主任，因此想请您就非物质文化遗产保护、传承和发展，与关注此话题的读者进行一次交流。

王文章：我国是一个历史悠久的文明古国，各族人民在漫长的历史进程中创造、保护和传承了丰富的非物质文化遗产。过去的十年可以说是我国非物质文化遗产保护、传承和发展非常重要的十年。我国进入21世纪以来，非物质文化遗产保护工作逐步走上了全面的整体性保护阶段。2001年5月，联合国教科文组织公布了第一批"人类口头和非物质遗产代表作"名录，中国昆曲艺术入选，我国非物质文化遗产保护由此进入了一个飞速发展的时期。

在这之前，我国对文化遗产的保护，在整个社会的普遍意识中，还

更多局限在有形的物质文化遗产保护方面，而对无形的非物质文化遗产的保护，主要还是通过口传心授的方式进行保护和传承。新中国成立后长期开展的民族民间文化保护工作，其中有很大的部分也涉及非物质文化遗产。

昆曲艺术入选使我们更加深刻地认识到许多像昆曲艺术一样的非物质文化遗产具有的特殊性。它的生存形态、传承链条、保护难度，以及它对一个民族一个国家深刻而悠远的影响，都促使我们用新的理念、新的方式和新的做法来面对非物质文化遗产，将它作为一个整体进行保护。

十年后我们再回头来看，这一点就更加鲜明。去年秋天，随着我国申报的一批项目入选人类非物质文化遗产代表作名录，加上十年来先后入选的昆曲艺术、古琴艺术、新疆维吾尔木卡姆艺术、蒙古族长调民歌等项目，我国已成为世界上拥有联合国教科文组织非物质文化遗产名录项目最多的国家。

将非物质文化遗产作为整体来看待，因而更理性、更科学地来研究、保护和传承有价值的非物质文化遗产

记者：您的回顾令人自豪和振奋，您可否就我国非物质文化遗产保护的理念、方式和做法，与其他做得比较好的国家进行一下比较，谈谈我们取得这样成绩的原因。

王文章：应该说，世界上其他非物质文化遗产保护做得比较好的国家如日本、韩国、加拿大、法国等，都比我们起步早，经验值得我们借鉴和学习。我国虽起步晚一些，但保护的措施得力，走得比较快。

与此前相比，其中的一个改变是，我们将非物质文化遗产作为整体来看待，这是一个保护观念的转变，使大家更理性、更科学地来面对、研究、保护和传承那些有价值的非物质文化遗产。譬如去年秋天入选人类非物质文化遗产代表作名录的妈祖信俗，凝聚了中华民族博爱、为善、向上、扶危济困、心灵慰藉等精神情感，是我们的优秀文化遗产，但以前因其中杂糅着一些非科学的元素而被否定。今天，我们更加理性地认识到这个信俗与人的全面发展和建设和谐社会的理念相适应，而加以保护和传承。

2007年，我国一批非物质文化遗产赴法国巴黎，在联合国教科文组织总部举行的中国非物质文化遗产艺术节上举行展演，引起强烈反响，教科文组织官员感叹说中国的做法应该在全世界推广。

重申报轻保护、重开发建设而忽视保护、开发利用其经济价值而忽视其精神文化内涵传承等，都值得警醒

记者：听您谈起这十多年我国非物质文化遗产的保护传承，有一种如数家珍的自豪感，还想请您从比较个人化的角度，谈谈您印象最深的进步和最遗憾的不足。

王文章：我觉得，贵报前不久的《我国成为人类非遗代表作最多国家》和《传承链条正在中断　保护工作任务艰巨》两篇报道的标题，可以借来表达我的高兴和遗憾。前一篇报道既说明了我国非物质文化遗产的丰富和深厚，同时也表达了国际社会对我国非物质文化遗产工作的肯定和赞赏，十分令人高兴。但同时，正如后一篇报道所关注到的，文化部蔡武部长在全国非物质文化遗产保护督察工作会议上指出，在全球化进程中，随着工业化、城市化的步伐加快，许多源于农耕文明、主要靠口传心授方式传承的非物质文化遗产的生存土壤及其生态环境受到了严重冲击，大批非物质文化遗产传承人因年事已高或后继乏人，传承链条正在中断，非物质文化遗产保护工作仍面临着艰巨的任务。

回过头来看看这十多年我国非物质文化遗产保护的发展历程，可以清晰地看到发展进步的台阶：我国第一次大规模非物质文化遗产普查工作业已结束，先后公布了两批共1028项国家级非物质文化遗产和三批共1488名国家级非物质文化遗产项目代表性传承人，形成了国家、省、市、县四级名录体系和保护机制。2006年确定了每年的"文化遗产日"，闽南、徽州、热贡和羌族四个国家级文化生态保护实验区相继设立。成都国际非物质文化遗产节、中国非物质文化遗产传统技艺大展等相继举行。

但同时，我国非物质文化遗产保护工作，也面临着在全球化大潮冲击下传承链条正在断裂的窘境。据普查统计，我国传统戏曲品种在六十年间损失了三分之一；承载着丰富非物质文化遗产的古村落风貌也因大兴土木遭到破坏；一些地方重申报轻保护，或重开发建设而忽视保护，或开发利用其经济价值而忽视其精神文化内涵传承，等等。这是尤其值得我们警醒的。

优秀非物质文化遗产凝聚了中华民族的精神血脉，文化遗产应该按其自身演变进程发展，与我们一起前进

记者：还有一个很让人关心的话题，就是如何看待保护传承和科学利用非物质文化遗产的关系，和如何看待您曾提到过的手工技艺类非物质文化遗产生产性保护。

王文章：我最想说的是，对我国丰富而深厚的非物质文化遗产保护、传承和利用，无论怎样，最重要的一点是，这些优秀的非物质文化遗产凝聚了中华民族的精神血脉，对于我们今天守望民族精神家园、构建核心价值体系、建设和谐社会、创造更新更灿烂的文化具有十分重要的意义。优秀民族文化遗产将与时代、与我们一道前进！对于丰富而深厚的非物质文化遗产，我以为，应该按其自身演变的进程去演变、去发展。譬如剪纸，今天的剪纸与20世纪50年代的剪纸已有了很大不同，虽然技艺还同以前一样，但时代前进了，人们的审美趣味变化了，这些改变已在创造传承的过程中印入传承人的脑海里，同样的技艺，表现出来的结果则不一样了。这也是手工技艺类的非物质文化遗产生产性保护的成功例子，但如果像有些人想的那样，将传统技艺剪纸的优秀作品用电脑复制，再通过机器来批量生产，那种凝聚在手工技艺中的精神血脉，便在这种复制和机器生产中消失了。

所以，我说优秀民族文化遗产将与时代、与我们一起前进，也就是说，在建设和谐社会的今天，让中华民族在漫长的历史进程中创造、保护和传承下来的优秀民族文化遗产，成为我们今天精神成长、文化创造和社会进步的一个重要因素，这对延续和传承中华精神和民族血脉、保存中华文明生存和发展的文化根基，实现中华民族的伟大复兴，具有十分重要的意义。

（记者：谌强，原载《光明日报》2010年1月8日）

熔铸民族传统　彰显文化自信
——文化部副部长王文章畅谈传统节日

2月4日，恰逢二十四节气之首——"立春"。按北京传统习俗，"立春"要吃春饼、春卷，名曰"咬春"。在这个万物复苏的特殊日子里，记者在中国艺术研究院见到了文化部副部长、中国非物质文化遗产保护中心主任王文章。在他堆满了书的办公室里，王文章副部长跟记者畅谈了传统节日的文化内涵及保护意义，而由他主编的《中国传统节日》一书，也将于近期出版。

丰富节日内涵　延续文化记忆

记者：和个人的记忆一样，对于一个民族来说，特定日子的周而复始，就产生了节日。节日加深了我们对一种文化的体验和认同，是超越个人回忆的"文化记忆"，您觉得这种文化记忆之于一个民族，有哪些意义？

王文章：一个民族的文化传统和价值观，跟文化记忆是密切联系在一起的。文化记忆的中断，就是民族意识的中断。中华民族有绵延五千多年的历史，在世界上也是独树一帜的，本身就包含了一种文化的延续。

文化当然可以通过典籍传承，但典籍只是一种辅助，更需要一种"活"的传承，像民间会通过习俗来延续文化。

近代以来，我们以西方为师，这本来是没有问题的。今天，我们也仍需更好地学习西方。问题是，在当时的学习过程中，对自身的文化采取了片面过激的否定。文化当然需要自省，但这种自省要建立在文化自信的基础上，不能盲目崇拜西方。新中国成立之初，对文化记忆的认识、把握并不完全科学。"文革"期间，曾排斥中华民族的一些优秀文化，把很多传统的东西丢掉了，现在需要很长时间才能恢复，所以我们要加倍努力，把断裂的链条重新接起来。中国的传统节日，形式多样，内容丰富，是中华灿烂文化的重要组成部分，是我国丰富的非物质文化遗产宝库中的瑰宝，它作为中华民族传统文化的重要表现形态，凝结着中华民族的智慧，寄托着中华民族的感情，积淀着中华民族的历史，蕴含着中华民族的精神与文化，是维系国家统一、民族团结、家庭和社会和谐的重要精神纽带，也应是发挥当代社会主义先进文化影响力的重要载体。在中华民族的历史发展进程中，传统节日融入人们的生活和精神、情感世界，激发着民族的生命力、创造力和凝聚力，推动着中华文化历久弥新、不断延续发展。因此，大力弘扬传统节日文化，推动传统节日在与新的发展着的时代的整合中呈现旺盛的生命活力，是传承中华民族优秀文化传统和当代文化创新的必然要求，也是维护和保障中华民族文化与生活方式多样化的必然选择。

记者：2007年12月，国务院公布了《国务院关于修改〈全国年节及纪念日放假办法〉的决定》，正式将清明、端午、中秋等中华民族的传统节日纳入国家法定节假日。这是政策上对传统节日保护的支持，您觉得在保护传统节日过程中，还需要注意哪些问题？

王文章：把传统的民族节日确定为国家法定假日，对于整个国家的社会生活和广大民众的生活方式来说意义非凡。社会和民众有了一个生活的节点，人们通过历史的记忆和现实具有丰富内涵的节日形式呈现，加强对自身的文化及社会和国家的认同。这对于全民正确认识传统节日宝贵的文化价值、积极参与节日活动、努力保护节日文化传统、注重节日文化资源的运用与创新，都具有深远影响。当然，由于我国历史悠久和民族的多样性，传统节日遗产十分丰富，把传统节日确定为国家法定假日，是在充分论证的基础上进行的，它们必须同时具备悠久的历史性、现存的活态性、广泛的群众性和仪式的原生性等几个标准。清明、端午、中秋、春节等传统节日确立为国家法定假日，适应了广大群众的普遍性要求。

今天要延续民族的文化记忆，应该把节日过得丰富多彩，要让民众喜欢过。我觉得首先要充分挖掘传统节日的文化内涵，让民众特别是青年人充分了解它。经过了上千年乃至几千年的积淀，节日的文化内涵是非常丰富的。比如贴春联和门神，就不仅仅是种简单的仪式，而是寄托了平安、吉祥的美好愿望。传统节日有了文化内涵，还要有标志性符号。如今把文化内涵化为标志性符号也很重要。

延续、弘扬乃至发展传统节日的另一个重要方面，是要努力将传统节日的文化资源转化为当代人的生活方式或生活实用品。如浙江嘉兴市的人们普遍热情参与赛龙舟、插艾草、吃粽子等端午活动，真正把具有丰富而独特文化内涵的端午节当成自己充实的节日。与此相呼应的是，这里是全国最大的粽子产地，年产粽子2.5亿个，占全国年产量的一半以上。通过努力挖掘传统节日的文化内涵，开发传统节日的文化资源，像年画、剪纸等，就会从文化影响力和日常生活两个方面吸引人们欢欢乐乐过节。

记者：有学者指出，传统节日放假，有助于民众更加珍视传统节日的价值。另外，它也很容易流于形式，变节日为普通的公共假日。您如何看待这个问题？

王文章：这种担心并非没有道理。现代社会人们很忙碌，节奏越来越快，在过节时也停不下来，所以只有通过增加节日产品，丰富节日文化内涵，才能吸引人们自觉地停下来过节。

事实上，现代社会中的任何传统节日都不会原汁原味地保留历史传统的原貌，因为它的原始土壤和环境已经改观，在现代化的过程中，都会遇到传统淡化和节日"变味"的尴尬情况。其实我们现在所有的传统节日都是以历史遗留物和文化象征物的形式保存下来的，不可能也没必要完全回到过去。我们只需更好地保存文化记忆中的"合理内核"，把民族文化的精华部分留存下来就可以了。

重视传统节日　体现文化自信

记者：当前，民众，特别是青年人更热衷于圣诞节、情人节等西方节日。全球化时代，我国的传统节日该如何重新发挥魅力？

王文章：我们不能一味排斥西方节日，就像不能盲目崇尚西方节日一样。圣诞节、情人节之类的"洋节"，本身也是西方民族文化的结晶，承载着西方国家人民的文化遗产，也是人类优秀文化的一部分。

但是，我们对青年人热衷于西方节日的现象也不能听之任之。我们应该反思的是，在全球化时代，在文化竞争日趋激烈、文化发展相对不平衡的今天，我们优秀灿烂的民族节日文化为什么缺乏当代吸引力，又该如何在提升本民族传统节日的魅力上做文章？

这要求我们首先要改变观念，即传统节日不可能完全复制古代的原始形态，必须加以改造、整合、提升，以适应现代人的审美需求和文化诉求。同时通过有效的形式，使中国人特有的集体意识、和谐理念与社会道德感不断地被激发出来，在现代社会中发出光彩。

其次是需要全社会都来参与，齐抓共兴，形成合力。政府部门要发挥组织协调作用，民间协会、相关事业单位的主动推动也很重要，专家学者的参与会提升节日活动的学术含量和品位，同时也需要各类媒体的宣传报道，让民众乐于参与。

记者：现在有很多国家也在过春节，您觉得有必要把我国的传统节日推广到世界各地吗？

王文章：当代中国的国际地位提升很快，随着我们对传统节日认识的加深，对传统节日价值的肯定也必然会影响世界。像现在的春节，不仅是华人，很多外国人也参与到了其中。

现在提倡保护世界文化的多样性，我们看重自己的传统文化，也尊重其他民族的文化，不会强求别人过我们的传统节日，但中国的传统节日有其独特的文化品格，能吸引不同族群的人，可能会在更大范围内传播。所以我们也乐于向世界宣传自己的传统节日，也欢迎他们来认识、了解我们的文化。这是很好的事情，也是一种文化自觉、文化自信的体现。

加强生产性保护　科学对待"非遗"

记者：商业经济冲击着节日的内涵，热炒"洋节"某种意义上是商业操作的结果，而某些地方也将传统节日文化包装开发借以提升旅游点的品位，您觉得商品经济是有助于传统节日的传承还是消解、破坏了节日？

王文章：这个问题挺有意思。节日离不开商品经济，因为传统节日本身呈现的形态就是跟商品经济密切联系的。比如在农村，节日时会唱戏，台下就有很多小商小贩。有商品经济，才能让节日有氛围，才能满足人们对饮食、仪式、娱乐的需要。

商品经济对推动"洋节"起了很好的作用。我们也要注重商品经济跟节日文化内涵的结合，生产相关产品。在文化多样化的时代，人们对生活的追求也呈现出多样化形态。时代在发展，中国的传统文化元素也要更多地融入人们的生活中。

确实，有的地方将传统节日文化包装开发借以吸引游客，这不是个别现象。事实上，我们并不反对非物质文化遗产资源进行合理开发和利用，而且提倡对某些类型的非物质文化遗产项目，如手工技艺类的项目进行生产性保护。去年，我们在北京召开了一个学术研讨会，主题就是研究非物质文化遗产的"生产性保护"问题。所谓"生产性保护"，就是鼓励经营、开发、生产，但前提是对非物质文化遗产的保护，而不是破坏。如果是"生产性破坏"，那是我们坚决反对的。

记者：您长期致力于非物质文化遗产的保护工作，节日文化也是"非物质文化遗产"中重要的一环，请谈谈非物质文化遗产保护过程中存在的问题与困难？

王文章：我国对非物质文化遗产非常重视，"中华人民共和国非物质文化遗产保护法"也在制定之中。联合国教科文组织公布的人类非物质文化遗产，我国的数量排第一位。七八年来，我国非遗保护的成果非常显著，建立了四级名录保护体系，即国家级、省级、地市级和县级，并且还建立了传承人保护体系，给有特殊技艺的人提供补贴和创造传承条件。我们还划定了一些文化生态保护区，对文化遗产进行立体性保护，并大力筹建非物质文化遗产数据库。同时还开展了很多国际活动，赢得了世界范围内对我们保护工作的肯定。

然而，保护过程中确实也存在不少问题。最突出的是不少地方"重申报，轻管理"，保护措施跟申报没有结合起来，成了一种空头保护。同时"重开发，轻保护"，过于重视经济效益。比如某些少数民族的舞蹈，本来是在特定的区域中流传的，现在为了旅游开发，融入了很多时尚元素，与"原生态"的歌舞有了很大的差别。此外，对"非遗"的科学认知还存在一些问题。这是一个飞速发展的时代，不能轻易判断或否定某些文化，比如传统民间信仰，也不能轻易忽视，应该记录下来。总的来说，要科学、慎重地对待非物质文化遗产。

（记者：郑巧，原载《中国社会科学报》2010年2月9日）

有历史记忆的环境是非遗重建难点
——访中国非物质文化遗产保护中心主任王文章

非遗项目传承人应是救助的核心;非遗的文化空间需要重视;非遗的重建要尊重传承主体;非遗犹如紫砂茶壶泡茶,离不开积淀。

针对非物质文化遗产保护问题,6月22日至26日,中国艺术研究院院长、中国非物质文化遗产保护中心主任王文章等专家一行先后到绵竹、都江堰、彭州等地调查四川非物质文化遗产的损毁情况。其间,记者就四川非遗恢复和重建等问题专访了王文章。

记者:非遗是无形的文化遗产,那么如何看待这次大灾对四川非遗造成的损失?

王文章:除非遗传承人伤亡外,非遗传承的环境遭到严重破坏。因为非遗与人的生活方式和生产方式紧密相连,很多非遗有特定的环境,如建筑、唱歌的地方、族群聚居地、劳作之地、开展民俗活动的特定环境等,这些特定环境一旦不存在,它所承载的很多历史记忆就消失了。重建,可以恢复原来的样子,但可能永远丢失历史的记忆,所以说,这次大灾对非遗的损失是难以估计的。

记者：对非遗这类无形的文化遗产，应采取什么措施进行救助？

王文章：首先，应把非遗项目传承人作为救助和保护的核心。非遗的无形性决定了它是通过传承人来延续的。传承人是保护的主体，所以应尽可能地为传承人的生产、生活环境提供条件。比如，绵竹年画、羌绣等民间传统技艺，应支持传承人开展传习活动，鼓励他们生产的产品，通过政府、社会中介机构或一些公司去销售。一旦有了收入，他们的生活就有保障，他们的技艺传承才能良性循环，因此，生产性保护是最根本的保护和最好的传承。

其次，重视非遗文化生态、文化空间的保护。非遗的存在不是单一的，像一些民俗活动，是在一定地域范围内开展，并世世代代延续下来的，对其文化空间的保护就显得很重要。

再次，非遗的灾后重建保护，要充分地尊重传承主体和保护主体，他们自己最知道这些项目对他们本身的意义——他们的情感、思维方式、精神向往均寄托其间。政府在尊重他们诉求的基础上，要为他们创造保护和传承的条件。目前，文化部将投入一千余万元，用于灾区非遗传承人的救助和一些传承环境的修复。

记者：灾区非遗重建的难点在哪里？

王文章：非遗跟紫砂茶壶泡茶是一样的道理，多年积淀的茶垢泡出来的茶才有一种独特的味道。在有历史记忆的环境里，积淀了很多的记忆，新建的房子、环境，就不可能让人触景生情。非遗有一个特点，是与历史记忆联结在一起的。换一个地方，很多东西就联想不起来。这就是地震灾害带来的最大破坏，也是重建的难点。

传承人在，也可以帮助恢复一些记忆，但对一些少数民族来说，特别是对只有30多万人口的羌族来说，它的社会记忆本来就很薄弱，这种情况下，对羌族历史文化遗产和遗迹的抢救，包括一些非遗的物质载体的抢救，刻不容缓。

  之所以要建立羌族文化生态保护实验区，就是希望重建羌族文化生态空间，这对我国五十六个民族文化的多样性有着重要的意义。少数民族语言、民俗、传统的工艺技术等文化形态，如果在全球经济一体化过程中消融了，这对中华民族来说，损失是巨大的。

（记者：王向华、张珏娟，原载《四川日报》2008年7月11日）

保护文化遗产　建设和谐文化
——中国艺术研究院院长、中国非物质文化遗产保护中心主任王文章专访

2007年，我国非物质文化遗产保护工作又将进入一个新的发展阶段：我国将向联合国教科文组织申报第四批人类非物质文化遗产代表作；广泛展开全国第二批国家级非物质文化遗产申报认定；举办非物质文化遗产保护政府间委员会特别会议；举办第四届非物质文化遗产保护国际学术研讨会；全面推动"非物质文化遗产保护法"立法进程……近日，本报记者就今年在这个背景下展开的非物质文化遗产保护工作独家专访了中国艺术研究院院长、中国非物质文化遗产保护中心主任王文章。

记者：我国今年的非物质文化遗产保护工作任务十分繁重，中国非物质文化遗产保护中心将通过什么主题贯穿各项工作？

王文章：2006年，是中国的非物质文化遗产保护工作取得重大成绩的一年。通过第一个"文化遗产日"的宣传，在全国范围内提高了公众对非物质文化遗产保护的自觉参与意识。以国务院公布首批518项国家级非物质文化遗产为标志，我国非物质文化遗产保护真正引起了全社会的关注。在2007年，以6月的第二个星期六即6月9日第二个"文化遗

产日"系列活动为载体,全国将会呈现广泛而扎实的保护工作的新局面。由于非物质文化遗产是和谐文化的重要构成,为此,文化部确定的第二个"文化遗产日"主题是"保护文化遗产,建设和谐文化"。确立这样一个主题,就是要进一步动员全社会共同关注我们的非物质文化遗产,传承和发展我们的非物质文化遗产,建设更加美好的和谐社会。

记者:对非物质文化遗产的保护一定要有时代紧迫感,中国非物质文化遗产保护中心将在哪些方面加大保护力度?

王文章:加大对非物质文化遗产保护力度,在全面保护的基础上,一是要对代表性传承人进行保护。非物质文化遗产是以人为载体的,它的一个重要特点就是具有活态性,因此加强对代表性传承人的保护是非物质文化遗产保护的关键环节,这项工作今年将会有突破性进展。文化部正在制定相关政策,对国家级名录项目的代表性传承人的认定标准、权利和义务将做出规定。对认定为国家级名录项目的代表性传承人,为开展传承活动提供场所和条件。二是建立非物质文化遗产生态保护区,对非物质文化遗产内容丰富、较为集中的区域,实施整体性保护。各地要对保护区进行研究和规划,制定详细的保护规划和实施方案。三是建设博物馆,开展非物质文化遗产珍贵实物资料征集工作。各地在普查中要重视非物质文化遗产实物资料的登记、建档和征集工作,有条件的地区,要积极建立博物馆或展示中心,抢救流散在民间的非物质文化遗产珍贵实物资料。

记者:非物质文化遗产保护涵盖普查发掘、评审认定和宣传、推广、保护等诸方面,中国非物质文化遗产保护中心将采取哪些重要措施,把保护工作引向深入?

王文章:结合非物质文化遗产普查,全面开展第二批国家级"非物质文化遗产"申报认定。随着第一批"国家级非物质文化遗产"名单的公布，申报"国家级非物质文化遗产"开始得到全国各级有关部门和个人的高度重视，许多省、市、区把"非物质文化遗产"的申报摆到传承和弘扬民族优秀文化，提高地区及国际形象，促进经济与社会事业全面协调发展的高度，精心组织，深入发掘。为确保各地申报工作的顺利进行，日前，中国非物质文化遗产保护中心编纂出版了《中国非物质文化遗产普查工作手册》《非物质文化遗产概论》，并专门举办了第二批国家级非物质文化遗产申报工作培训。

开展今年的"文化遗产日"活动，仍然要加强保护非物质文化遗产宣传，在公众中形成参与保护的"文化自觉"。在第二个"文化遗产日"前后，我们将组织非物质文化遗产项目的一系列展览、展演活动，以及在联合国教科文组织总部举办中国非物质文化遗产保护成果展，继续举办"和鸣——古琴艺术进大学"活动。几年之内，要组织古琴艺术家到100所大学、中学进行古琴演奏和讲座。同时，举办国际和国内的学术研讨活动，推动中国非物质文化遗产的国际交流与合作。

记者：加强国际交流与合作对我国非物质文化遗产保护将产生深远影响，今年我国将在哪些方面加强同国际组织、有关国家的深层次合作与交流。

王文章：除了组织中国"非物质文化遗产代表作"赴国外演出与展览，中国非物质文化遗产保护中心还将重点推动开展非物质文化遗产保护的国际合作。促进我国的"非物质文化遗产"项目的国际认知度，并提升我国非物质文化遗产保护工作的国际形象和地位。今年，"非物质文化遗产保护政府间委员会特别会议"在我国举办，届时，将由来自联合国教科文组织等20多个国际组织和国家的专家学者、政府官员出席会议。我们将通过在此期间举办的一系列展览、展演和研讨，宣传我国非物质文化遗产保护成绩并学习借鉴国际社会的经验。人类非物质文化遗产代表作"蒙古族长调民歌"是由我国与蒙古国政府联合申报成功的。它的成功申报表明，加强国际合作对于非物质文化遗产保护具有重要意义。为此，我们将与周边国家相关机构一起，就共同遗产的发掘普查和"代表作"申报开展深层次交流合作。

记者：加强文化遗产保护，建设和谐文化的关键在于依法保护、依法建设。我国非物质文化遗产保护法制化进程如何？

王文章：非物质文化遗产保护的立法工作一直为全社会所关注。的确，非物质文化遗产的本质属性就在于它的"非物质性"，也即"活态流变性"，它传承的脆弱性，要求实施保护必须以坚实的法律保护作为基础，因此，它的保护必须迈入法制化轨道。20世纪80年代改革开放新时期以来，我国对文化遗产的保护一直更加重视。就非物质文化遗产而言，以2003年国家九部委联合实施非物质文化遗产保护工程为标志，开始进入全面性和整体性的保护阶段。特别是近三年来，国务院办公厅相继出台了《国务院办公厅关于加强我国非物质文化遗产保护工作的意见》《国务院关于加强文化遗产保护的通知》《国务院关于公布第一批国家级非物质文化遗产名录的通知》，还设立了"文化遗产日"等，充分体现了党中央、国务院对非物质文化遗产保护工作的重视和支持，也标志着非物质文化遗产保护工作已被提高到与物质文化遗产工作同等重要的地位。目前，全国人大对"非物质文化遗产保护法"的立法十分重视，有关方面表示将积极推动这一立法进程。同时，《国家级非物质文化遗产保护与管理办法》也在加紧制定之中。我们相信，我国非物质文化遗产保护法制化进程必将在2007年取得重要进展。

（记者：张琰，原载《人民日报海外版》2007年1月16日）

王文章：建立文化生态保护实验区是保护非遗创举

为总结交流国家级文化生态保护实验区建设做法和经验，研究探讨目前文化生态保护区建设中存在的问题，探索文化生态保护实验区建设的规律和途径，进一步明确文化生态保护实验区建设的思路，落实文化生态保护实验区建设的措施，努力将国家级文化生态保护区建设推向新的阶段，8月22日，文化部在青海省黄南藏族自治州召开国家级文化生态保护区现场交流会。文化部副部长王文章出席并讲话。青海省副省长张建民出席并致辞。会议由文化部非物质文化遗产司司长马文辉主持。

在我国非物质文化遗产保护工作的进程中，坚持整体性保护是一项重要的原则。2006年，从加强传统文化整体性保护的角度出发，《国家"十一五"时期文化发展规划纲要》提出"确定10个国家级民族民间文化生态保护区"的要求。2007年，文化部设立第一个国家级文化生态保护实验区——闽南文化生态保护实验区，文化生态保护区建设工作正式启动。截至2011年8月，文化部已先后在全国设立了11个国家级文化生态保护实验区。

王文章对我国文化生态保护实验区建设工作开展4年多以来所取得的显著成效给予了充分肯定。他说，文化生态保护实验区建设强调的动态、整体性保护方式是适应非物质文化遗产活态流变性、恒定性和整体性特征而采取的一种科学保护措施，具有重要的开拓意义。建立文化生态保护实验区，是我国探索科学保护非物质文化遗产的一种重要尝试，也是我国文化建设工作的一项创举，有利于推动区域内非物质文化遗产的保护和传承，维护区域内文化生态系统的平衡和完整，增强区域内人民群众自觉参与文化遗产保护活动的文化自觉，增强民族凝聚力，促进当地经济社会全面协调和可持续发展，有效推动文化遗产保护、文化创新和发展，对培育社会主义核心价值观、全面贯彻落实科学发展观具有重要意义。

王文章强调，文化生态保护实验区建设是一项新课题，需要不断的实践、探索，在实践的基础上总结经验。在当前的文化生态保护实验区建设中还存在着重视不够、措施不力、理论滞后、投入不足等一些需要解决的问题，一定程度上制约了文化生态保护实验区建设工作的进展。为此，他要求各地加强组织领导，高度重视文化生态保护实验区建设；科学编制和实施国家级文化生态保护区总体规划；加强重点区域内各级非物质文化遗产名录项目保护；加强代表性传承人保护，完善活态传承机制；加强与非物质文化遗产项目密切相关的物质载体、自然人文环境等文化生态的整体性保护；支持区域内民俗文化活动的广泛开展；开展区域内非物质文化遗产的宣传教育活动；编写、出版区域内非物质文化遗产保护成果和传承普及读物，建立健全人才培养机制，培养、培训文化生态保护区建设人才，提高文化生态保护区建设管理人员的业务水平和工作能力。

王文章强调，文化生态保护实验区不是经济开发区，也不是文化产业园区，文化生态保护区建设必须遵循自身特有的规律，要坚持"保护为主、抢救第一、合理利用、传承发展"的指导方针，在保护实践中努力探索正确把握好保护传承与合理利用的关系。

会上，热贡文化生态保护实验区代表介绍了文化生态保护实验区的建设经验。福建、安徽、江西等已命名的11个国家级文化生态保护实验区相关省区市文化厅局相关负责同志，已向文化部提交设立国家级文生态保护实验区申请的省区市及经各省区市正式批准设立省级文化生态保护区的省区市文化厅局相关负责同志，以及国家非物质文化遗产保护工作专家委员会的有关专家，热贡地区国家级非物质文化遗产项目代表性传承人和民间艺人代表等参加了会议。

会议期间，与会代表将赴热贡文化生态保护实验区实地考察热贡艺术馆、热贡泥塑艺人之家、热贡画院等非遗保护项目和实体。

2011年8月22日

（责任编辑：邓莫南，原载中国网）

王文章：京剧要创新，但不能盲目创新

"如果京剧丢掉和忽视了自身的优势和构成自己赖以独立存在的特质，那么观众从京剧舞台上看到的就不是京剧，或者不像京剧了。在这种情况下，我们提出京剧要创新，但不能盲目创新。"这是近日为庆祝京剧列入联合国教科文组织"人类非物质文化遗产代表作名录"，在由文化部主办、文化部艺术司承办的2010年全国京剧优秀剧目展演新闻发布会上，被记者问起如何把握京剧的创新时，文化部副部长王文章的回答。

2010年全国京剧优秀剧目展演，在将近50天的时间里，有45台剧目，共演出84场。这是近年来最大规模的一次全国性京剧艺术盛会。而这40多台剧目中，以新创作和挖掘、整理传统剧目居多。

王文章说，艺术的生命在于创新，不创新艺术就不能发展。但是，在继承的基础上创新，这是艺术的基本规律。中国的戏曲，包括京剧在内，之所以能传承下来并继续发展，在世界三大戏剧体系中独树一帜，是因为它不是固守的。它能够在继承中不断地创新和发展，所以流传至今，这一点很重要。京剧作为一种艺术形式赖以独立存在的特殊本质被忽视，盲目地搬话剧、搬电影、搬歌舞，把这些形式纳入京剧舞台，反而丢掉和忽视了京剧自身的优势和构成自己赖以独立存在的特质。这样的话，观众从京剧舞台上看到的就不是京剧，或者不像京剧了。在这种情况下，我们提出京剧要创新，但不能盲目创新。

（记者：杨雪，原载《人民政协报》2010年12月13日）

国新办举办新闻发布会　王文章介绍我国非物质文化遗产保护与传承
——在国务院新闻发布会上的答记者问

主持人华清：女士们、先生们，上午好。欢迎大家出席今天的国务院新闻办公室发布会。6月12日是我国第五个文化遗产日，16日又是中华民族重要的传统节日——端午佳节。今天我们特意请来文化部副部长王文章先生、文化部非物质文化遗产司司长马文辉先生，请他们向大家介绍中国非物质文化遗产保护与传承等方面的情况，并回答记者感兴趣的问题。现在先请王部长介绍情况。

王文章：各位新闻界的朋友们，大家上午好！欢迎大家参加今天的新闻发布会。长期以来，新闻媒体对我国非物质文化遗产保护工作给予了很多的报道和关心，借此机会，向大家表示衷心的感谢！

国务院确定，从2006年起，每年6月的第二个星期六为中国的"文化遗产日"。今年6月12日是我国第五个"文化遗产日"。围绕今年"文化遗产日"期间非物质文化遗产保护工作的系列活动，文化部研究确定了"非遗保护，人人参与"的主题，专门印发了通知，要求各省、自治区、直辖市文化厅（局）精心组织开展丰富多彩的非物质文化遗产保护活动，引导社会公众关注并积极参与非物质文化遗产保护。同时，文化部还将在北京举办"巧夺天工——中国非物质文化遗产百名工艺美术大师技艺大展",并开展"把遗产交给未来——古琴名家名曲进百校"活动;与浙江省人民政府在浙江省嘉兴市共同举办"2010年端午节庆活动",与湖北省人民政府在湖北省秭归县共同举办"2010年屈原故里端午文化节"。

今天,在第五个"文化遗产日"来临之际,我向大家简要介绍一下我国非物质文化遗产保护工作进展情况和下一步工作思路。

一、我国非物质文化遗产保护工作进展非常好,进展情况大家都比较关注

近年来,在党中央、国务院的高度重视下,在各级党委、政府的领导和支持下,在相关部门的积极配合下,通过文化部门的不断努力,我国非物质文化遗产保护工作卓有成效地全面展开,取得了显著的成就。我国的非物质文化遗产保护已由以往单项的选择性的项目保护,逐步走向全国整体性、系统性的全面保护阶段。进展主要体现在以下几个方面。

(一)非物质文化遗产保护的文化自觉日益增强。各地党委、政府积极部署非物质文化遗产保护工作,社会公众高度关注并积极参与非物质文化遗产保护。今天,非物质文化遗产保护的意识已日益深入人心。社会公众特别是年轻一代参与保护的程度从根本上决定着非物质文化遗产的未来命运。因此,今年"文化遗产日"确定非物质文化遗产活动的主题为"非遗保护,人人参与",就是通过一系列的活动进一步增进社会公众,特别是年轻一代自觉参与非物质文化遗产保护的文化自觉。

(二)不断拓展保护领域。目前,我国的非物质文化遗产保护领域不断拓展,从原来的民间文学、传统音乐、舞蹈、戏曲、美术等民族民间艺术,拓展到目前包括传统体育、游艺与杂技,传统技艺,传统医药,民俗等十大门类,内涵更加丰富,内容更加全面。

(三)正在逐步形成科学的保护体系。在"保护为主、抢救第一、合

理利用、传承发展"的保护工作方针指导下，逐步形成了符合我国国情的非物质文化遗产保护体系，基本完成了第一次全国非物质文化遗产普查的工作。初步查明，全国非物质文化遗产资源总量共87万项。建立了较为完善的国家、省、市、县四级非物质文化遗产名录体系。2006年和2008年国务院公布了两批1028项国家级非物质文化遗产，命名了国家、省、市、县级非物质文化遗产项目代表性传承人。2007—2009年评定并公布了三批共1488名国家级非物质文化遗产项目代表性传承人。命名了闽南文化、羌族文化、客家文化（梅州）、武陵山区（湘西）土家族苗族文化生态保护实验区等6个国家级文化生态保护实验区。稳步推进非物质文化遗产专题博物馆和传习所建设。逐步加强各级非物质文化遗产保护工作机构和队伍建设。中央和省级财政已累计投入17.89亿元用于非物质文化遗产保护，确保了非物质文化遗产保护工作的顺利开展。

（四）重视参与国际间的合作，赢得国际社会的积极肯定。我国积极参与联合国教科文组织实施的非物质文化遗产代表作申报制度。我国已有22个项目列入"人类非物质文化遗产代表作名录"，有3个项目列入"急需保护的非物质文化遗产名录"。我国成为世界上入选代表作名录项目最多的国家。2004年8月，全国人大常委会批准加入联合国教科文组织的《保护非物质文化遗产公约》，今年5月，文化部在中国艺术研究院挂牌成立了联合国教科文组织支持的亚太地区非物质文化遗产国际培训中心，这表明国际社会对我国非物质文化遗产保护工作的充分肯定。

二、下一阶段非物质文化遗产保护工作的总体思路

我国的非物质文化遗产保护工作取得了显著成就，但同时也必须清醒地看到，目前我国非物质文化遗产保护仍然面临着许多困难和问题。首先，共性的问题。随着全球经济一体化和现代化进程的加快，主要依赖口传心授方式加以传承的非物质文化遗产不断消失，许多传统技艺濒临消亡，这是国际性的问题。其次，就我们自身面临的问题而言，主要

是一些地方仍然缺乏科学保护意识，重申报、重开发、轻保护、轻管理，保护措施不落实，甚至出现超负荷利用和破坏性开发，背离了实施非物质文化遗产保护工作的根本出发点。

科学保护非物质文化遗产，已经成为时代赋予我们的非常紧迫的历史使命。针对存在的困难和问题，在今后的非物质文化遗产保护工作中，我们将把对非物质文化遗产的科学保护放在首要位置。按照"保护为主、抢救第一、合理利用、传承发展"的保护工作指导方针和"政府主导、社会参与，明确职责、形成合力；长远规划、分步实施，点面结合、讲求实效"的工作原则，以非物质文化遗产项目和传承人为核心，最终建立起科学而有效的非物质文化遗产保护和传承的机制。

（一）加强法规建设，促进非物质文化遗产立法保护。在已有的行政法规的基础上，推进中华人民共和国非物质文化遗产保护法立法工作。文化部将配合有关部门，推动保护法尽快出台。

（二）健全保护机制，推进非物质文化遗产保护开展。要针对非物质文化遗产不同的类别，深入研究每一类项目不同的保护措施，分门别类制定保护与传承的指导意见，建立非物质文化遗产保护监督机制、退出机制，对保护不力的项目和单位予以警告和摘牌。完善教育传承机制，使非物质文化遗产融入生活，焕发时代的活力。

（三）加大宣传力度，不断提高社会公众对非物质文化遗产的认知度和自觉参与保护的意识。真正做到社会公众自觉参与非物质文化遗产保护，并在保护中共享保护成果。

（四）尊重非物质文化遗产传承规律，以科学的方式保护非物质文化遗产，并充分发挥非物质文化遗产在当代社会发展中的重要功能和作用。要继续以建立健全四级名录体系、保护传承人、建立文化生态保护区，重视生产性保护，以及运用现代科技手段保护等方式，科学、全面、系统地抢救和保护现存的非物质文化遗产。科学的方式要以正确的原则为指导，第一，要坚持把抢救和保护放在第一的原则；第二，要坚持积极保护的原则；第三，要坚持整体性保护的原则。从保护方式和形成立体的保护生态两个方面去活态地保护非物质文化遗产。

保护非物质文化遗产不是为了留住历史，也不是为了回到过去。我们要立足于非物质文化遗产的保护，加强文化自觉，促进文化创新，激发民族文化创造精神，为落实科学发展观、建设社会主义和谐社会做出贡献。

非物质文化遗产保护是一项来自民众、融入民众的工作，是一项功在当代、利在千秋的伟大事业。每一位公民都有义务和责任来保护非物质文化遗产。衷心希望各媒体和各位新闻界的朋友们加大宣传，为保护非物质文化遗产发挥更大的作用。

谢谢大家，下面我愿意回答大家的提问。

主持人华清：下面请大家提问，提问时请报一下所代表的新闻机构。

《经济日报》记者：《经济日报》从去年开始在"文化周末"版块设立了"关注国家非物质文化遗产保护"系列，到现在已经采访了36个非物质文化遗产项目。我们在采访的过程中注意到一个问题，关于非物质文化遗产保护和市场开发度的问题。如果不进行市场开发，很多非物质文化遗产项目存在一个如何传承下去的问题，因为现在很多年轻人面临着养家糊口的问题，如果不能为传承人带来一定的经济利益，可能不会吸引年轻人关注非物质文化遗产的传承，但是如果市场开发的程度过高，又会违背非物质文化遗产保护的初衷。请问王部长，如何把握非物质文化遗产市场开发度的问题？

王文章：你提的问题是我们当前在保护非物质文化遗产中需要准确把握的问题。目前在总体上，我们对非物质文化遗产保护的把握是健康的、科学的，但是在实际的保护过程中也存在一些问题，最根本的问题是过度开发利用。为什么会出现这个问题，对不同的非物质文化遗产项目在把握上没有按照性质和不同的类型进行准确的把握。

一方面，有一些属于传统手工技艺类型的非物质文化遗产项目，比如说年画、剪纸,就要按照积极保护的原则,进行生产性的保护,要把它作为我们的一种生活方式加以延续。这种项目的传承、生产和开发,使它产生经济效益,维持这些传承人的生活和再传承的经济基础。如果能够从中得到经济效益,传承就有了积极性。

另一方面,对一些民间信仰的项目,和其他濒危的传统音乐及传统表演艺术,目前抢救要放在第一位。比如说一些民间音乐很难传承,开发利用很难做到,首先是要抢救下来。我们知道,20世纪50年代对《二泉映月》的抢救还是先录下来,现在用现代科技的手段抢救、保护民间的表演艺术和传统音乐是普遍的手段,这不是开发的问题,是把抢救和保护放在首位。我想按照不同项目的性质加以区别对待,就能够比较好地把握这个问题。

国际广播电台记者:请问王部长,刚才您提到关于立法的问题,我们在前两年一直听到这个声音,但是具体什么时间会推出,里面会有什么样的内容,能否介绍一下?

王文章:非物质文化遗产保护有很多方式,但是最重要的方式是立法保护,立法保护是最根本的保护方式。应该说,我们国家非物质文化遗产保护过程中是比较注重推进立法保护的。像2005年3月国务院办公厅就颁发了《国务院办公厅关于加强我国非物质文化遗产保护工作的意见》,2005年底国务院又颁布了《国务院关于加强文化遗产保护的通知》,在推进非物质文化遗产保护中起到了很好的作用。现在一些地方制定了一些保护条例,云南、贵州、广西、福建、新疆、宁夏、江苏、浙江等省区都制定了地方性的非物质文化遗产保护条例,这对于促进地方性的保护起到了很好的作用。现在全国人大和国务院的有关部门包括文化部在内,都在推动国家的非物质文化遗产保护法的颁布。现在立法工作已经做了很多调研,草案正在征求各方面的意见,我们期待国家的非物质文化遗产保护法能够早日出台。

《法制晚报》记者：请问王部长，刚才您说下一步的工作重点是科学保护非物质文化遗产，请问具体操作是什么？您刚才介绍中说现在地方重申报，媒体有报道说现在好多地方争夺名人故居为非物质文化遗产，这方面有没有出台相应的管理办法？还有风水，我国有没有准备申请人类非物质文化遗产？

王文章：科学保护最重要的是遵循非物质文化遗产传承的基本规律。非物质文化遗产传承的基本规律，恒定性和活态流变性是它最重要的特征。首先，非物质文化遗产作为一种文化传统存在，有它不能随便改变的特质或者基因。同时非物质文化遗产随着时代的变化，比如说一些当代人的审美取向融入其中，它又是在变化中传承的。人们注意它的恒定性时就不能随便改变它的形态。我们注意到它的活态流变性时，就要活态地保护它，就不能使它凝固、僵化。我们保护的措施或者一些规定就要按照基本的传承规律来制定。在保护的时候，抢救保护要放在首位，同时又要贯彻积极保护的原则，既能使它很好地传承，又要在当今时代的发展中焕发出活力。

关于重申报、轻保护的倾向，实际上是违背它的传承规律的。要改变这种现象，首先我们在申报方面要按照申报的有关规定，严格评审。要严格地进一步控制国家级非物质文化遗产项目的数量，要进一步完善市级和县级非物质文化遗产名录体系的建设。这样在非物质文化遗产名录体系建设中，就形成一个好的结构。这个结构是国家级名录少而精，省级的名录是名录的中间，市、县级名录占数量的多数，是一个很好的基础。这样一个合理的金字塔形的结构，就使我们把关注点、保护的基础放在了基层。同时要加大监督和检查的力度，要组织专家组对各地申报的国家级名录项目进行检查和监督，对于没有采取有效的保护措施加以保护的，保护不力的要限期予以改正。对于不能很好落实保护措施的，要在名录中除名。当然更积极的保护措施还是针对不同的类型项目采取不同的保护措施，使它能够在当代的发展中跟文化建设、文化创新和当代生活结合起来，在当代的发展中能够产生一种保护的活力。

关于风水的问题，很多项目是不是可以确定为国家级的名录，都在专家的研究之中。今天我们对非物质文化遗产很多项目认定还处在一个进一步深化研究的过程之中，有一些项目不能草率地或者盲目地下结论，比如说很多民间信仰的项目。涉及风水的问题，我讲一个例子，比如说妈祖信仰，我们知道，妈祖信仰是福建及台湾地区很多民众信仰的项目，这其中有迷信的成分，但是总体上表达了人们一种向善、追求美好的意愿，总体上是应该加以肯定的。对一些民间信仰的项目，包括风水这类项目，应该做一些深入的研究。我们对一般性地否定或者肯定都是反对的，我们应该在深入研究的基础上得出一些结论。

中央电视台记者：请问王部长，我国在非物质文化遗产保护方面建立了6个文化生态保护区，这方面现在的情况怎么样，请您介绍一下。

王文章：文化生态保护区的建设是我们对非物质文化遗产进行整体性保护的重要方式。文化生态保护区建设对文化的多样性、文化生态空间的完整性和文化资源的丰富性保护是最有效的方式之一。现在国家公布了6个文化生态保护实验区，以后还会陆续公布文化生态保护实验区。

澳门澳亚卫视记者：第三批国家级非物质文化遗产名录申报项目里有三项是澳门的申请，已经通过评审，进入了30天的公示期，这个公示期是什么意思？是不是已经确定为在名录里面了。如果确定的话，中央会给澳门这三个项目在资金上什么支持？

王文章：这个问题请非物质文化遗产司司长马文辉同志回答。

马文辉：第三批国家级名录项目的评审是严格按照国务院的"18号

文件"确定的标准、条件、程序开展和进行的，充分发挥专家的作用，严格、科学、规范、按程序进行评审。

开始的程序是专家组评审，因为这里有60多位专家，来自中国社会科学院、北京大学、辽宁大学、中央民族大学等机构的60多位专家学者分成10个专家组，对整个申报材料的3136项进行分组评审。评审之后，我们又召开了正式的评审委员会会议，评审委员会会议确定之后又报非物质文化遗产保护工作部际联席会议成员单位（除了文化部以外还有13个成员单位）征求意见，最后确定新增项目190项，项目扩展159项，这其中包括三项已经公示的澳门项目。公示结束以后，根据公示期间社会的反馈，部里开会专门研究，提出进一步修正的意见，再报部际联席会议成员单位向大家进行汇报和审议，如果部际联席会议成员对名单都表示同意，就正式报国务院审批。国务院批准之后，再以国务院文件的形式正式公布认定。

保护上，澳门、香港的非物质文化遗产都非常珍贵，包含了重要的文化价值，肯定要注意加强保护，从各个方面予以适当的倾斜。

香港《文汇报》记者：对我国与日韩等周边国家共有的非物质文化遗产，如何向联合国教科文组织申报非遗的代表作名录，怎样处理各国间"抢申"的问题？

王文章：根据联合国教科文组织《保护非物质文化遗产公约》的精神，以及操作指南的相关规定，缔约国有权利，也有义务和责任，向联合国教科文组织申报本国领土上的非物质文化遗产项目，通过评审列入联合国教科文组织非物质文化遗产代表作名录。对于两个遗产国家共同拥有的同源共享的非物质文化遗产项目，每一个国家均可以单独申报，如果列入代表作名录之后，也不妨碍其他的国家再次单独申报。

例如，联合国教科文组织在2003年11月7日公布的第二批代表作名录中，就有阿塞拜疆申报的"阿塞拜疆木卡姆"，这是作为传统音乐申报的。还有伊拉克申报的"伊拉克木卡姆",乌兹别克斯坦、塔吉克斯坦共同申报的"沙士木卡姆音乐",都分别入选。到2005年11月25日联合国教科文组织公布第三批代表作名录中,中国也申报了"新疆维吾尔木卡姆艺术",也列入了代表作名录。这说明共同拥有的项目,在一个国家申报之后,其他国家还可以单独申报。

中国与不少周边国家共同拥有同源共享的非物质文化遗产项目,中国愿意与这些周边国家就联合申报的问题、联合保护的问题,进行深入的协商。中国愿意与周边国家进行联合申报和保护,共同传承发展同源共享的非物质文化遗产项目,增进睦邻友好关系。2005年中国与蒙古国成功申报了蒙古族长调民歌。申报成功后,两国建立了"中蒙两国蒙古族长调民歌联合保护协调指导委员会",以指导和促进两国开展对该项目的联合保护工作,成为中国与周边国家联合申报的成功范例。

联合国教科文组织在《公约》的框架下设立代表作的名录制度,是为了加强各国对非物质文化遗产保护的重视。申报是一个手段,推动保护才是真正的目的。我们对跟周边国家共同拥有的一些项目,也是特别强调联合申报、联合保护,把保护放在第一的位置上。申报不是一种竞争,应该是作为大家携手来保护非物质文化遗产的一个重要桥梁。在这方面,我们秉承了一个重要的原则,合作保护比申报竞争更重要。今后我们跟周边国家还会就联合申报的问题、联合保护的问题进行更多的合作。

北京电视台记者:第一,今年"文化遗产日"的主题是"非遗保护,人人参与"。请您具体介绍民众在非遗保护中的作用是什么。第二,一些地区现在对非物质文化遗产保护的态度走向了一个极端,当前非遗保护的商品化倾向越来越明显,想听听您对非遗保护商业化倾向的看法。第三,非物质文化遗产保护的真正可持续发展的措施是什么?

王文章:请马文辉回答。

马文辉：今年"文化遗产日"非遗保护的主题确定为"非遗保护，人人参与"，我们是基于这样一些考虑：非遗保护的原则是"政府主导、社会参与"，这是非常辩证和全面的口号。因为我们国家高度重视非物质文化遗产保护，国家在政策层面上、经济层面上、动员上做了大量工作。政府主导是一个方面，政府做这些工作最根本的是把社会动员起来，因为非遗就在我们身边，非遗的传承人、非遗的主体就是我们广大的人民群众，尤其是非物质文化遗产主要部分在民间，这样动员全社会形成一种高度的保护非物质文化遗产的自觉意识，是非遗保护一项长期的任务。虽然在前些年的基础上我们进行了广泛的社会动员，使大家对非遗保护逐渐有了认识，但是这种宣传教育、这种自觉性的提高还是一个长期的工作。今年我们仍然凸显这一点，就是为了让大家感觉到非遗保护是我们每个人的责任，我们都有责任保护这一珍贵的遗产，所以提出"非遗保护，人人参与"。

王文章：我再补充一点，今年"文化遗产日"期间还有一个活动："把遗产交给未来——古琴名家名曲进百校"活动，向大学生和中小学生一边讲解古琴的知识，同时演奏古琴名曲。这实际上是让青少年能够直接跟传统的经典古琴名曲见面，既聆听又了解古琴作为非物质文化遗产代表作的价值、意义，直接参与这些活动就能够体会到非物质文化遗产珍贵的价值。同时，现在很多青少年在演奏古琴，这样一些实际的活动使他能够感同身受，能够体会到非物质文化遗产的价值，同时也体会到参与的快乐。

新华社记者：请问王部长，我们知道任何国家的非物质文化遗产都是全人类共同的遗产，最好的保护方式就是传承，增加公众的认知度和国际的知名度。我们看到，为迎接今年的"文化遗产日"，文化部将在国内举办一系列推广活动，不知道在国际上是否有这样保护传承推广的活动，呼应全人类文化遗产保护的主题？

王文章：在非物质文化遗产保护方面加强国际间的合作非常重要。前几年我们在联合国教科文组织法国总部，举办了一个中国非物质文化遗产保护的成果展，同时中国的一些表演类的非物质文化遗产在联合国教科文组织的总部进行了演出。那次活动我也参加了，当时有192个国家的代表观看了展览和演出，他们对中国非物质文化遗产的丰富性、对当时展览内容的丰富和演出的精彩大为赞叹。通过那次展览和演出，他们对中国非物质文化遗产保护的现状有了深入的了解。

前几年，我们在四川成都还举办了国际非物质文化遗产节，也吸引了国外很多非物质文化遗产保护方面的专家和一些旅游者参加。最近在中国艺术研究院挂牌成立的"亚太地区非物质文化遗产国际培训中心"，我想它开展的一系列活动将会对中国非物质文化遗产保护方面在国际上的宣传，包括国际社会对中国保护非物质文化遗产的认知，都有很大的促进作用。非物质文化遗产首先是我们自己国家和民族的，但是它也是全人类共同的精神财富，所以在国际间的合作保护方面，我们今后还会做出更多的努力。

主持人华清：今天上午的新闻发布会就到这里，谢谢大家！

（原载中华人民共和国国务院新闻办公室网站，原标题为《国新办举行非物质文化遗产保护传承情况发布会》，2010年6月2日）

我国非物质文化遗产进入全面保护阶段
——国务院新闻办举行新闻发布会 文化部副部长王文章介绍我国"非遗"保护与传承

在我国第五个"文化遗产日"即将到来之际，6月2日上午，国务院新闻办公室在北京举行新闻发布会，邀请文化部副部长王文章介绍中国非物质文化遗产保护与传承取得的成果，并回答记者提问。国务院新闻办公室一局副局长华清主持发布会。

王文章说，近年来，在党中央、国务院的高度重视下，在各级党委、政府的领导和支持下，在相关部门的积极配合下，通过文化部门的不断努力，我国非物质文化遗产保护工作全面展开，取得了显著的成就。我国的非物质文化遗产保护已由以往单项的选择性的项目保护，逐步走向全国整体性、系统性的全面保护阶段，非物质文化遗产保护的文化自觉日益增强，保护领域不断拓展，正在逐步形成科学的保护体系。第一次全国非物质文化遗产普查初步查明，全国非物质文化遗产资源总量共87万项，并建立了较为完善的国家、省、市、县四级非物质文化遗产名录体系。2006年和2008年国务院公布了两批共1028项国家级非物质文化遗产，2007年至2009年评定并公布了三批共1488名国家级非物质文化遗产项目代表性传承人。中央和省级财政已累计投入17.89亿元用于非物质文化遗产保护，确保了非物质文化遗产保护工作的顺利开展。同时，我国还十分重视参与国际间非遗保护项目的合作，赢得了国际社会的充分肯定。目前我国已有 26 个项目被列入联合国教科文组织公布的"人类非物质文化遗产代表作名录"，有 3 个项目被列入"急需保护的非物质文化遗产名录"，成为世界上入选人类非物质文化遗产代表作名录项目最多的国家。

王文章指出，目前，我国非物质文化遗产保护仍然面临着许多困难和问题。首先，随着全球经济一体化和现代化进程的加快，主要依赖口传心授方式加以传承的非物质文化遗产不断消失，许多传统技艺濒临消亡，这是国际性的问题。其次，一些地方缺乏科学保护意识，重申报、重开发、轻保护、轻管理，保护措施不落实，甚至出现超负荷利用和破坏性开发，背离了实施非物质文化遗产保护工作的根本出发点。针对这些问题，相关部门今后将进一步加强法规建设，促进非物质文化遗产立法保护；健全保护机制，推进非物质文化遗产科学保护；加大宣传力度，不断提高社会公众对非物质文化遗产的认知度和自觉参与保护的意识；尊重非物质文化遗产传承规律，以科学的方式保护非物质文化遗产，并充分发挥非物质文化遗产在当代社会发展中的重要功能和作用。

王文章说，非物质文化遗产保护是一项来自民众、融入民众的工作，是一项功在当代、利在千秋的伟大事业。每一位公民都有义务和责任来保护非物质文化遗产。围绕今年"文化遗产日"期间非物质文化遗产保护工作的系列活动，文化部研究确定了"非遗保护，人人参与"的主题，并要求各省、自治区、直辖市文化厅（局）精心组织开展丰富多彩的非物质文化遗产保护活动，引导社会公众关注并积极参与非物质文化遗产保护。同时，文化部还将在北京举办"巧夺天工——中国非物质文化遗产百名工艺美术大师技艺大展"，开展"把遗产交给未来——古琴名家名曲进百校"活动；与浙江省人民政府在浙江省嘉兴市共同举办"2010 年端午节庆活动"，与湖北省人民政府在湖北省秭归县共同举办"2010 年屈原故里端午文化节"。

在回答记者关于如何把握非物质文化遗产保护与市场开发之间的关

系问题时,王文章说,目前我国对非物质文化遗产保护的把握总体上是健康的、科学的,但是在实际保护过程中也存在一些过度开发利用的问题,其中最主要的原因就是没有按照不同的非物质文化遗产项目的性质和类型进行准确把握、区别对待。"有一些属于传统手工技艺类型的非物质文化遗产项目,比如说年画、剪纸,就要按照积极保护的原则,进行生产性的保护,要把它作为我们的一种生活方式加以延续。这种项目的传承、生产和开发,使它产生经济效益,维持这些传承人的生活和再传承的经济基础,调动其积极性。而对一些民间信仰的项目及其他濒危的传统音乐和传统表演艺术,目前要把抢救放在第一位。"

有记者问:对中国与日韩等周边国家共有的非物质文化遗产,如何向联合国教科文组织申报非遗的代表作名录?怎样处理各国间"抢申"的问题?王文章说,根据联合国教科文组织《保护非物质文化遗产公约》的精神,以及操作指南的相关规定,对于两个以上国家共同拥有的同源共享的非物质文化遗产项目,每个国家均可以单独申报,如果列入代表作名录之后,也不妨碍其他国家再次单独申报。中国与不少周边国家共同拥有同源共享的非物质文化遗产项目,中国愿意与这些国家就联合申报、联合保护的问题进行深入的协商,共同传承发展同源共享的非物质文化遗产项目,增进睦邻友好关系。"申报是一个手段,推动保护才是真正的目的。申报不是一种竞争,应该是作为大家携手来保护非物质文化遗产的一座重要桥梁。在这方面,我们的原则是,合作保护比申报竞争更重要。今后我们跟周边国家还会就联合申报、联合保护的问题进行更多的合作。"

文化部非物质文化遗产司司长马文辉也参加新闻发布会并回答了记者的提问。

(记者:翟群,原载《中国文化报》2010年6月3日)

文化部回应人大委员担忧：立法可强制保护非遗

国家鼓励支持地方利用非遗项目开发产业化是否会破坏非遗？非遗是否有必要单独立法？昨天，《中华人民共和国非物质文化遗产法（草案）》经全国人大常委会分组审议，委员们主要围绕上述两个问题展开观点交锋。文化部副部长王文章到会听取分组审议意见，会后接受本报记者采访时表示，国家鼓励地方重申遗、重保护，有的地方存在重申报、轻保护的问题，立法通过后将可强制要求地方进行相关非遗项目的保护和合理开发。

问题一　非遗开发热或引起破坏

全国人大常委会委员倪岳峰表示，草案规定，国家鼓励和支持地方开发非遗项目发展文化产业，这迎合了某些地方利用非遗从事经济开发的利益冲动，无疑加剧了非遗开发与保护之间的矛盾。

与上述观点相呼应，列席会议的全国人大代表刘柔芬在分组审议时表示，《草案》明确鼓励地方开发非遗项目，实际上根据目前掌握的情况，许多地方已将申请下来的非遗项目开发成旅游项目，保护不足情况较为严重。

同时，全国人大常委会委员马启智说，现在很多非遗和商业、市场机制结合起来，频繁的演出是为了招揽游客，增加收入。凡是有可以被市场利用的非遗，市场也绝不会让它闲置，但是现在为迎合观众的口味和需求，在商业化的过程中，原来的非遗面貌也在变化，原汁原味的非遗都走了样，福兮祸兮值得研究。

回应　重申报也要重保护

对此，文化部副部长王文章表示："我国非物质文化遗产保护已经进入一个新的保护阶段，有些地方过去开发违背了非遗保护的客观规律，有的地方重申报、轻保护，但整体来说近几年我国非遗保护取得了重要成绩，其中一个重要方面是全民意识的提高。我们的观点是反对重申报、轻保护，要求重申报、重保护。申报很重要，申报非遗起码要达到相关的法规条例的要求，申报是为了推动保护，但是不能光申报不保护，或者乱保护，今天在审议中的意见很有建设性。"

问题二　非遗是否有单独立法的必要

列席会议的青海省人大常委会副主任马福海对非物质文化遗产单独立法的必要性提出疑问，他表示，"物质文化"与"非物质文化"在实际操作中很难分清，实际上，除了自然界的物质，其他几乎都有人类加以改造的痕迹。是否可以考虑将我国文物保护法与非物质文化遗产法合二为一？

回应　立法后可强制地方保护非遗

王文章表示，目前有9个省市制定了非遗地方性法规，在没有通过国家性的立法之前，地方立法保护对于保护非物质文化遗产很重要，立法保护是最根本的保护。此前，我们都是单项的选择性的项目保护，如对少数民族、中药等,从2003年开始我们将所有的非遗都纳入其中,真正采取一个科学的态度对待非遗保护。如果该法通过,我们国家的非物质文化遗产立法体系将进一步完善。有些地方不太重视,或者没有立法,通过呼吁宣传,地方政府也会加入非遗保护中,立法通过之后将强制要求地方进行相关非遗项目的保护和合理开发。

同时,非物质文化遗产有其自己延展的规律,这部法律草案里面为此专门规范了按照其规律进行科学的保护。因此,专门通过国家立法保护非遗非常必要。

问题三　草案未涉及非遗知识产权保护

全国人大常委会委员倪岳峰提出,类似戏曲等非遗如果开发将必然涉及产权的保护,但是目前的《草案》中没有涉及。

回应　将有配套法规落实具体问题

王文章回应说,针对非遗的保护法是全国范围内一个整体性的法律,不可能进行一些很具体的规定。该法通过后,我们一定会通过一些政策来细化怎样来落实该法律,包括知识产权,如生产性保护,对税收、贷款、政策扶持,将会继续制定详细的法规政策,推动非遗保护工作的实施。

(记者:孙乾,原载《京华时报》2010年8月26日)

非物质文化遗产保护的重要里程碑
——文化部副部长王文章谈非遗法出台

经全国人大常委会会议三次审议,《中华人民共和国非物质文化遗产法》于25日获表决通过。这部法律的出台有着怎样的意义?我国非遗保护的现状如何?如何解决非遗保护中有些地方"重申报、轻保护"的问题?怎样应对部分非遗传承后继乏人的窘境……带着这些问题,记者25日下午在法律通过后第一时间采访了文化部副部长王文章。

文化立法取得突破性进展　非遗保护步入依法保护阶段

记者:经过社会各界人士和有关方面的共同努力,《中华人民共和国非物质文化遗产法》由全国人大常委会今天正式通过,您怎么评价出台这部法律的意义?

王文章:这是非物质文化遗产保护工作的一大喜事,它标志着我国非物质文化遗产保护工作的重大进展,是非物质文化遗产保护工作的一个重要里程碑。由此,我国的非物质文化遗产保护会步入依法保护阶段。

为推进非物质文化遗产保护工作的开展,我国出台了一系列重要政策规定,通过开展非物质文化遗产资源普查、建立国家四级名录保护体系、加强传承人保护等一系列重要举措，非物质文化遗产保护工作取得了显著成效，但是，在全球经济一体化和现代化进程中，我国经济社会发生了急剧的变迁，非物质文化遗产依存的社会环境日益狭窄，许多珍贵的非物质文化遗产濒临消亡，大量具有历史、文学、艺术、科学价值的珍贵实物流失。同时，由于非物质文化遗产保护制度建设特别是立法滞后，保护工作无法可依。出台《中华人民共和国非物质文化遗产法》，为我国非物质文化遗产保护提供了根本性的依据，使经费投入、传承人扶持等得到有效保障，会有力地提升非物质文化遗产保护工作的科学水平。

出台《中华人民共和国非物质文化遗产法》，是履行联合国教科文组织《保护非物质文化遗产公约》的责任和义务。我国于2004年8月加入《公约》，《公约》要求各国采取法律措施，确保非物质文化遗产得到保护和弘扬。

这部法律的出台，是文化立法取得的突破性进展，对全面促进我国非物质文化遗产保护、弘扬中华民族优秀传统文化、建设中华民族共有的精神家园、推动文化大发展大繁荣、促进经济社会全面协调可持续发展，将产生积极而深远的影响。

鼓励将非遗资源转化为生产力　合理开发可享税收优惠

记者：我国非物质文化遗产内容丰富、形式多样，我们倡导的保护也是以全方位、多层次的方式来反映和保存文化的多样性和丰富性。除对非物质文化遗产进行田野考察、采集、立档、保存、研究等抢救性保护外，整体性保护、生产性保护近年来颇受关注。

王文章：是的。抢救性保护、整体性保护和生产性保护是非遗保护的几种主要方式。

建设文化生态保护实验区，就是推进整体性保护的重要举措——既对无形的非物质文化遗产进行有效保护，也重视有形的民居、古建筑、历史街区和古村镇、重要文物等物质文化遗产的保护，又兼顾自然和文化生态环境，有利于调动当地政府和社会公众参与保护非物质文化遗产的积极性。2007年至今，经地方申报，组织专家考察和论证，文化部先后批复设立了闽南、徽州、热贡、迪庆等11个文化生态保护实验区。目前，这11个国家级文化生态保护实验区正在编制规划实施细则，进入整体性保护的具体实施阶段。

生产性保护是指非物质文化遗产项目通过生产过程得到活态保护和发展。在产品生产、流通、销售过程中，产生经济效益，并促进相关产业发展，使非物质文化遗产项目的核心技艺在生产实践中得到传承，也使非物质文化遗产的保护有了可持续传承的动力，实现非遗保护与经济社会协调发展的良性互动。

开展生产性保护，政府扶持是重要保障。近年来，文化部举办了一系列传统美术、传统技艺类非物质文化遗产项目展示活动，全面展示了我国传统手工艺"巧夺天工"的精粹性和文化内涵。代表性传承人的技艺及其作品展示，使更多的民众认识到传承非物质文化遗产的重要价值。

《中华人民共和国非物质文化遗产法》指出，国家鼓励和支持充分发挥非物质文化遗产资源的特殊优势，在有效保护的基础上，合理利用非物质文化遗产代表性项目，开发具有地方、民族特色和市场潜力的文化产品和文化服务。同时明确规定对合理利用非物质文化遗产代表性项目的单位予以扶持，依法享受国家规定的税收优惠。

今年文化部还将开展国家级非物质文化遗产生产性保护示范基地建设工作，在全国范围内先行试点，总结经验后再逐步推开。

重申报、轻保护的现象将得到根本扭转

记者：国务院已经公布两批1028项国家级非遗项目，抢救保护了一大批具有重要历史、文化和科学价值及珍贵濒危的非物质文化遗产。同时，国家、省、市、县四级非物质文化遗产名录体系已初步形成，但我们在采访中也发现，一些地方缺乏科学保护意识，重申报、重开发、轻保护、轻管理，保护措施不落实。对这种现象，您怎么看？

王文章：申报是非物质文化遗产保护的重要环节和手段，是确定各级名录的基础性工作。近年来，非物质文化遗产名录的申报工作大大促进和带动了各地的保护工作。反对和限制申报工作中的重申报、轻保护现象，一直是我们工作中的一个侧重点，但必须看到，目前仍然存在重申报、轻保护的现象。有的地方和单位只看重入选名录的社会影响，保护措施不落实。有的甚至只把非物质文化遗产项目视作经济资源开发利用，忽视按照科学规律进行传承。这些做法都是放弃承担相应的保护义务和责任的表现，应该引起社会的高度重视。文化部正在采取措施，引导这些地方将工作重点从申报转移到保护。

首先，确保各级名录的均衡合理。严格把握标准，适当控制国家级名录项目数量，努力推进地方名录特别是市、县级名录的建设，使国家、省、市、县四级名录体系形成合理的金字塔结构。在今后的国家级名录项目评审中，将进一步严格把关，对申报热降温，把保护的实事做实。

其次，进行全面、科学保护。针对非物质文化遗产的不同类别，在现有基础上分门别类地进一步完善非物质文化遗产项目保护标准和实施方案，对非物质文化遗产进行科学性保护。同时，遵循非物质文化遗产恒定性和活态流变性的规律，对列入各级名录的项目采取抢救性、生产性、整体性等多种方式进行全面保护。从"重申报、轻保护"转变为既重申报，更重保护。

最后，建立健全名录项目的监督检查和退出机制。文化部将总结近年来我国非物质文化遗产保护工作的实践经验，并参照联合国教科文组织《保护非物质文化遗产公约》的有关规定，建立国家级名录的退出制度，定期组织专家对国家级名录项目保护情况进行评估、监督和检查，对保护不力和进行破坏性开发的项目及单位予以警告，对于确实不再符合国家级名录标准、没有资格继续列入国家级名录的予以除名，并追究相关责任。

破解"后继乏人"窘境 授徒、学艺可获国家资助

记者：目前，部分非物质文化遗产存在后继乏人的现象，对此，应采取什么措施，以进一步完善保护传承机制？

王文章：非物质文化遗产是以活态形式传承的文化遗产，主要依靠传承人口传心授而世代相传。因此，传承人保护是非物质文化遗产保护工作的重点和核心。

随着城市化、现代化进程的加快和人们生活方式、生产方式的改变，不少非物质文化遗产项目面临着后继乏人的问题。对一些濒临失传的具有传承价值的项目，国家在组织人员进行记录、整理的同时，也对传承人给予一定资助，鼓励其传授技艺。

2007年至2009年，文化部先后命名了三批国家级非物质文化遗产项目代表性传承人，共计1488名，并专门举行了颁证仪式。中央财政从2008年起专门资助国家级非物质文化遗产项目代表性传承人每人每年8000元，从2011年开始，对传承人每年资助增加到了10000元，鼓励和支持他们开展传承活动。

各地对保护传承人重要性的认识不断深化，并因地制宜地采取了多种保护措施，如建立传承人档案，改善传承人的工作环境，为生活困难的传承人提供基本生活保障，对传承人授徒传艺、开展传习活动给予扶持等。目前，各地评定的省级非物质文化遗产项目代表性传承人共6332名。各地（市）、县也认定命名了一批传承人，逐渐形成了国家级、省级、地（市）级和县级四级非物质文化遗产项目代表性传承人命名机制。

《中华人民共和国非物质文化遗产法》也制定了鼓励代表性传承人开展传承、传播活动的具体措施，包括帮助提供必要的传承场所，提供必

要的经费资助其开展授徒、传艺、交流等活动，支持其参与社会公益性活动，以及支持其开展传承传播活动的其他措施等。

《中华人民共和国非物质文化遗产法》的颁布实施，对建立完善传承人保护的长效机制提出了更高的要求，我们今后将继续彰显代表性传承人的重要地位，加大对传习活动的扶持力度。社会教育和学校教育，使非物质文化遗产项目的传承后继有人。今年文化部将开展第四批国家级代表性传承人申报评审工作；启动非物质文化遗产代表性传承人抢救性记录工程；通过深入调研，出台实施生产性保护的扶持政策，研究制定对学艺者、继承者的助学、奖学等激励措施，逐步建立起长效的传承机制。

（记者：周玮，原载《光明日报》2011年2月26日）

要坚决制止非遗中的"伪民俗"

在10日结束的全国非物质文化遗产保护工作会议上,文化部副部长王文章指出,在非物质文化遗产的保护和利用中,要充分尊重文化遗产的文化价值和特定内涵,坚决制止"伪民俗"。

王文章说,开展非物质文化遗产保护,要注意处理好保护传承与旅游的关系,处理好非物质文化遗产表现形式与文化创意产品、旅游产品的关系。要坚持保护为主、合理利用的原则,在保持非物质文化遗产本真性的基础上,通过适度旅游开发向外界宣传推广。在保护与旅游结合的工作中,我们要始终把保护、传承放在第一位,针对因为发展旅游而严重影响非物质文化遗产保护、传承的要迅速落实整改措施。

王文章强调,我们应充分尊重文化遗产背后的文化价值和特定内涵,尊重文化遗产中蕴含的风俗、信仰和情感,不能为了追逐经济效益对非物质文化遗产项目进行破坏性的商业包装,例如有的地方为了招徕游客,不分时间、不分地点、不分场合地表演所谓的"民俗风情",严重伤害了特定风俗的庄严感、神圣感和特有群体的情感,损害了非物质文化遗产的"真实性",对这类"伪民俗"旅游项目要采取措施予以坚决制止。

此次由文化部主办的全国非物质文化遗产保护工作会议于12月8日至10日在浙江省宁波市举行。

(记者:郑黎、冯源,新华社2011年12月10日)

王文章委员：应对少数民族戏曲剧种实行抢救性保护

戏曲艺术是中华民族传统文化的珍宝，其中既包括众多的汉族戏曲剧种，也包括绚烂多彩的少数民族戏曲剧种。今年正在召开的全国两会上，全国政协委员、中国艺术研究院院长王文章提交了《关于对少数民族戏曲剧种实行抢救性保护的提案》，呼吁各界共同关注我国少数民族戏曲剧种的生存和发展。

据王文章委员调研统计，我国少数民族戏曲剧种有不到20个，其中藏戏、壮剧等因地域艺术特色的不同，又被细分为以不同地域称谓的类型。少数民族戏曲剧种有的是形成于元、明、清时期的比较古老的剧种，如藏戏、壮剧、侗戏、白族吹吹腔等；有的是形成于清末、民国初期的近代剧种，如傣剧等。新中国成立以后发展起来的当代剧种有苗剧、彝剧、满族新城戏等。

"中国戏曲艺术是中华各民族人民共同创造的。它从宋、金时期形成比较完整的戏曲艺术形态，到金末元初元杂剧的出现，中国戏曲进入比较成熟的发展时期，到明清传奇和清代地方戏的蓬勃兴起。可以说，中国戏曲无论在它的孕育期，还是发展期，都曾得到各个少数民族文化艺术的滋养。"王文章介绍说。

王文章还在提案中详细列举了历史上中国中原戏曲艺术和少数民族

文化艺术之间相互交融的生动实例。据了解，早在汉代中国戏曲的孕育期，被称为"胡曲""胡舞"的少数民族乐舞即广泛流行于中原地区。在早期的戏曲唱腔中，不少曲调来源于少数民族音乐。胡琴作为现在许多剧种的主要乐器，也来源于少数民族。汉族和中原地区的戏曲对边疆和各个少数民族戏曲的形成和发展也产生过重要影响，如藏戏的繁荣与清王朝奉行的民族和睦、文化交流政策密不可分。五世达赖阿旺罗桑嘉措于清顺治九年（1652）率3000人的队伍，赴北京晋见顺治皇帝，在北京住了两个多月，在内蒙古住了5个多月，观看了汉、满、蒙古等民族的戏曲、歌舞表演。五世达赖回到拉萨后，受这些艺术的启发，组织了宫廷歌舞队，并将西藏各地的藏戏班调来拉萨参加一年一度的雪顿节，促进了藏戏的发展。

提案中还列举说，如甘南藏戏缔造者之一的琅仓四世活佛，20世纪30年代在内蒙古传法，每年冬天都要来北京过冬，他先后观看了梅兰芳、马连良、尚小云、金少山、李万春、李多奎等京剧名家的演出，并与梅兰芳等广泛交往，深入探讨京剧艺术。在琅仓四世活佛的影响下，甘南藏戏表演以舞台艺术为主体，讲究表演动作的规范化，重视服饰背景的运用等，都说明其从京剧等戏曲中借鉴了大量艺术元素。还有像侗戏、白剧、壮剧等的形成，更是直接受到了汉族戏曲的影响，所演出的剧目，有不少是移植于汉族的传统戏。汉族传统剧目《牛郎织女》《孟姜女》《白蛇传》与《梁山伯与祝英台》等均传入少数民族地区，侗戏将《孟姜女》改编为《江女万良》演出，其女主人公几乎完全成为"侗族化"的妇女艺术形象。这种在内容、形式，以及表现方式上的民族化，既体现了民族剧种的个性艺术特征，又体现了中华戏曲文化的一脉相承。

"应充分认识到少数民族戏曲剧种所具有的重要现实意义。"王文章强调说，"少数民族戏曲剧种具有鲜明的民族风格和艺术个性。少数民族戏曲体现的中华民族戏曲文化的共同特征和本民族戏曲的文化特色，构成了中国少数民族戏曲重要的文化价值和审美价值。所以说，重视支持、扶植少数民族戏曲剧种，对于促进当代各民族之间文化的交流、交融，对于保护珍贵的非物质文化遗产，都有重要的现实意义。同时，戏曲艺术在今天仍然是社会大众，特别是农村、偏远地区观众最能直接欣赏到的艺术形式。在少数民族地区，少数民族戏曲剧种的演出，也仍然是基层观众最喜爱的艺术欣赏方式。"

然而，据调查，随着社会现代化进程的加快，目前少数民族戏曲的生存和发展正面临种种困难。一是少数民族戏曲剧种在迅速消减。一些少数民族地区的业余剧团，由于青年艺术骨干常年在外打工，无法开展活动。业余剧团的减少，直接危及少数民族戏曲剧种的生存和发展。二是少数民族戏曲教育不健全，艺术人才的匮乏是少数民族戏曲发展的瓶颈。三是经费困难使政府文化部门不能通过经济扶持来支持剧种传承。不少少数民族地区经济相对落后，有限的文化经费仅能维持专业剧团的日常运转，演出剧目和场次少，不能满足观众的需要。"鉴于以上情况，如果对少数民族戏曲剧种不能在政策上予以特殊的保护，其发展前景令人忧虑。近年来，文化、民委、财政等部门通过非物质文化遗产保护等方面的政策支持，为保护少数民族戏曲剧种做了大量工作，取得了一些成效，但随着我国现代化进程的推进，剧种保护特别是少数民族戏曲剧种保护形势仍不乐观。"王文章表示。

为此，王文章建议，由文化主管部门牵头，会同民委、财政、宗教等部门制定保护规划，确定保护目标及对策；由国务院转发部门规划，请各地政府部门根据不同情况采取措施，有针对性地对本地流播的少数民族戏曲剧种在演出、人才培养、艺术传承和保护等方面予以切实保障。在此基础上，调动从艺者（包括专业剧团和社会办的艺术团体）的积极性、创造性，共同努力，把少数民族戏曲剧种保护好、传承好。

（记者：李珊珊，原载《中国文化报》2013年3月7日）

四川为国际非遗保护提供经验
——访中国艺术研究院院长、中国非遗保护中心主任王文章

截至目前，我国非遗保护工作已走过10多年历程，中国艺术研究院院长、中国非物质文化遗产保护中心主任王文章见证了我国非遗保护历程。日前，记者对来蓉参加第四届中国成都国际非物质文化遗产节的王文章进行了专访。

非遗保护走向整体性系统性

记者：非遗保护工作进行了10多年，我国的非遗保护工作取得了哪些成绩？

王文章：10多年来，中国的非遗保护主要从以下方面开展工作：一是通过全面普查，弄清我国非物质文化遗产的数量、项目产生的渊源，以及演变的历史过程、现状、传承、保护措施等基本情况；二是建立起国家名录保护体系和国家传承人名录公布制度；三是从非遗项目的丰富性、独特性出发，探索生态性保护、整体性保护等不同的有效保护方式；四是设立国家级文化生态保护实验区。

10多年中，我国非遗保护工作，由以往单项的项目保护，走向全国

整体性系统性的保护阶段。《中华人民共和国非物质文化遗产法》的颁布实施，标志着我国非遗保护走上依法科学保护阶段。

记者：怎么理解整体性、系统性保护？

王文章：单一的项目保护如果脱离它生长、传播的地域，它的保护可能没办法持久。整体性保护是一种文化生态保护，从生产材料、生存环境、氛围到传播、传承的基础，都需要进行保护。整体性保护让非遗项目保护更持久。

记者：非遗保护如今面临经费、传承人等不少问题，您觉得最大的困难是什么？

王文章：一是经费问题。我国对非遗保护投入非常重视，从2003年到现在，投入超过22亿元。二是重申报轻保护问题。有一部分人更看重非遗项目的经济价值，过度开发，随意滥用，保护措施并没有认真落实，这是不利的。还有几个实际问题需要尽快研究：非遗传承人很多是手工生产，规模不大，需要国家尽快制定减免税收政策，扶持传统手工技艺发展；非遗项目需要制定品质质量标准并实施，如唐卡、织锦等，用传统颜料还是化学颜料有很大差别，这需要相关机构尽快制定相关标准。

另外，中国的非遗项目，群体性传承是很鲜明的一个特征，但是知识产权保护强调个人性。非遗项目是前人的东西，但是我在传承中又把它提高了、丰富了，那么这个知识产权该属于谁？不能因为知识产权的分割性限制非遗的传承。

四川灾后重建的抢救性保护具示范性

记者：在这10多年非遗保护历程中，四川及成都充当着怎样的角色?

王文章：中国10多年的非遗保护成绩十分显著。国际社会认为，中国非遗保护经验值得在世界范围内推广。这中间，四川及成都做出了很大贡献，特别是汶川特大地震后，四川在灾后重建过程中对非遗的抢救性保护为全国作出了示范性榜样。

记者：除灾后重建经验外，四川还有哪些其他贡献？

王文章：四川在非遗抢救性保护、整体性保护、生产性保护方面提供了很多经验。四川及成都对非遗保护采取了很多扶持，在保护经费、保护措施、为传承人提供传承条件方面，在全国走在前面。其中很重要的一个就是传承人，包括对非遗传承人地位的尊重，支持和扶持他们建立工作室、传承基地，这些都为非遗保护提供了很好的经验。

记者：本届非遗节发布的《成都展望》，特意提到，非遗将成为汶川地震灾后重建的重要资源。四川应如何利用这个资源？

王文章：2009年春节，我在汶川感受很深。当时，一些民间风俗、仪式的恢复，给经历汶川特大地震的群众以精神慰藉，联系起人们之间的感情，促进人们相互理解。蜀锦、蜀绣、年画等一些手工技艺，也为部分群众生产自救提供资源。

四川的非遗非常丰富，它们能为现代创意产业的发展提供资源和基础。四川的文化创意产业，可从非遗中汲取灵感，对促进老百姓经济收入、产业发展有很大作用。

（记者：张良娟，原载《四川日报》2013年6月21日）

王文章：中国非遗保护工作总体已进入科学持续发展阶段

"中国的非物质文化遗产保护工作总体上进入了一个科学持续发展的阶段。"中国艺术研究院院长、中国非物质文化遗产保护中心主任王文章在参加全国政协十二届二次会议期间接受记者采访时如是说。

目前，中国在非物质遗产保护方面已取得了很多宝贵的经验。王文章认为，这些经验总括起来如下：中国重视非物质文化遗产保护的国际合作，中国是最早加入联合国教科文组织制定的《保护非物质文化遗产公约》的国家之一，中国曾多次组织世界性的非物质文化遗产的博览会和国际性的非物质文化遗产会议，这些都表明中国对国际间合作的重视；中国政府对非物质文化遗产工作的重视，2011年国家颁布《中华人民共和国非物质文化遗产法》，对非物质文化遗产进行立法保护表明党中央、国务院对此项工作推进的重视；中国在实践中不断探索非物质文化遗产保护方式，目前已探索出非物质文化遗产的多种保护方式，比如整体性保护原则、生产性保护方式、抢救性保护方式，根据非物质文化遗产保护的不同类型，采取不同的保护方式，使得非物质文化遗产能够得到更有效的保护；重视发挥保护主体传承的作用，提高非物质文化遗产传承人的地位和肯定他们的价值，设置非物质文化遗产名录；重视树立公民非物质文化遗产保护的自觉性。

"《中华人民共和国非物质文化遗产法》的颁布，使得非物质文化遗产的保护按照更科学的精神进行，这种科学保护就为持续的保护建立了重要的基础。"针对国家立法保护非物质文化遗产一事，王文章做出了这样的评价。

王文章认为，中国的非物质文化遗产保护工作越来越符合文化遗产保护的规律。他指出，中国非遗保护工作做得好，是社会各方面共同努力的结果。这其中起主体作用的是非物质文化遗产的传承人，这些传承人现在更加珍视自己所拥有的非物质文化遗产项目。在现代化进程中，有些非物质文化遗产项目传承的环境可能会发生改变，有的可能濒临消亡的困境，有的面临传承的一些困难，但由于现在我们对非物质文化遗产保护的促进，这些传承人对自身的非物质文化遗产项目的价值有了更深刻的认识，他们认为把所热爱的项目继承下来传承下去，对社会甚至民族都有贡献，所以就更重视自己所"拥有"的那项项目，更加珍惜和热爱它。"中国在非物质文化遗产保护方面，特别是传承人传承方面，已经走上了比较健康、持续的发展进程。"王文章说。

谈到目前中国非物质文化遗产保护进程中存在的问题，王文章指出：虽然近年来在非物质文化遗产保护工作中存在的"重申报、轻保护"现象逐步得到了扭转，但有些地方对非物质文化遗产保护的意义和重要性仍旧理解得不够。"有些地方申报成功省级项目，还想申请国家级项目，国家级项目入选后，还想申报人类非物质文化遗产名录。当然这些愿望是好的，这些做法也是好的，但是在重申报的同时，必须要更加重视保护。"王文章说。

"《中华人民共和国非物质文化遗产法》颁布之后，我国非物质文化遗产保护工作总体上进入了一个科学、持续发展的阶段，但还需要制定一些具体的政策、措施来将其细化。"王文章认为。

王文章指出，我国的很多非物质文化遗产项目，需要通过技术性的认定，利用技术上的标准来促进它的发展。对此，他举例说："比如，差不多样子、尺寸的少数民族织锦可能价格差异很大，一些属于非物质文化遗产项目的织锦可能使用的染料是矿物质的，并且是用手工织法来织的，价格可能相对就比较高。有的织锦可能使用的是现代的化学染料，并且是用机器来织的，这样的织锦价格可能就比较便宜，但它们之间的差别人们却很难分辨出来。"他认为："这就需要通过技术上的认定，制定一些标准，使那些品质好的、真正属于非遗的项目能有一个技术标准认定下来，从而便于它的销售。这些都需要用政策性的规定把它规范下来。"

除此之外，王文章还认为，国家也需重视非物质文化遗产传承人传承的困难，特别是重视基层传承人的困难，要通过一些具体措施来解决他们在传承方面和生活方面的困难。"从 2011 年开始，国家已对国家级非遗项目代表性传承人每年每人进行 1 万元的财政专项补贴。虽然补贴金额并不高，但却是对非遗传承人价值的肯定，这对传承是一种鼓舞。当然仅靠这些补贴，有些基层经济困难的传承人的生活还难以保障。所以一方面，传承人自身需要通过生产性保护，在产品的销售方面能形成有经济来源保障的传承链条，而另一方面国家也要从政策上来给予他们更多的扶持和支持。"王文章说。

（记者：杨闯，原载新华网 2014 年 3 月 11 日）

创新非遗传承人培养方式，建议将非遗传承人培养纳入现代教育体系[*]

目前，我国非遗保护取得了重要成绩，也得到了国际社会的高度评价，但仍有许多工作要做：整体性保护需要加强规划，抢救性保护需要加强组织，生产性保护需要加强扶持，工作核心仍然是以建立完善的传承体系为目标的传承人培养工作。传承人的培养要从实际出发，探索多种有效方式。建议将非遗传承人培养纳入现代教育体系。

2013年8月，中国非物质文化遗产保护中心与福建省文化厅在莆田设立非物质文化遗产人才培养基地，推动福建省艺术职业学院与莆田传统工艺美术企业合作培养非遗项目传承人才。

此前，福建省艺术职业学院由于专业设置与社会需求脱节，难以招生。全国工艺美术重镇莆田每年的文化产业产值都在100亿元以上，不少企业从事的传统工艺项目是国家级、省级非遗项目，这些企业也都普遍存在招工难及招工后年轻人需要较长时间培训的问题。为此，福建省艺术职业学院与4家传统工艺美术企业签订协议，共同培养金镶玉制作工艺和木雕工艺两个国家级非遗项目传承人。首期试点招生200名，第一学年主要是文化课，第二学年以专业技能课教学为主，第三学年是专

---

[*] 本文为在全国政协、双周协商座谈会上的发言摘要。

业实习期，学生直接参与工艺品的设计与制作，融入实际创作过程。这种传承方式是一种招工与招生互通、毕业与就业衔接、教授与非遗传承人共同授课、企业生产与非遗传承融合的新模式。

  非遗传承人培养是非遗传承的核心，在探索和总结各种有效方式加强传承人培养的同时，还要进一步重视通过宣传和针对性的政策，不断提高社会对传承人的价值认知、提高传承人的社会地位，以综合措施保障非遗传承的持续性。

  （原载人民政协网，原标题为《创新非遗传承人培养方式》，2015年11月23日）

专访全国政协委员、文化部原副部长王文章："非遗保护传承不能丧失自我品格"

随着《湖南省实施〈中华人民共和国非物质文化遗产法〉办法》于今年7月正式施行，湖南非物质文化遗产保护从此跨入"法治时代"。

国家级非物质文化遗产代表性名录项目118个，国家级传承人76人；省级非物质文化遗产项目202个，省级传承人247人；设立了"武陵山区（湘西）土家族苗族文化生态保护实验区"和4个国家级生产性保护基地，"女书习俗"两度走进联合国总部……湖湘文化遗产正以丰富独特的形态，闪耀走出国门，走向世界。

然而，随着经济转型和社会变革加快，一些非物质文化遗产正在不断消失，部分传统技艺濒临消亡，现有传承人群体后继乏力，"人走歌息""人亡艺绝"问题突出，非遗保护意识和能力不足，保护不力、利用失当、过度开发的现象时有发生。

日前，全国政协考察团来湘调研"中华老字号品牌质量提升情况"，曾担任中国非物质文化遗产保护中心主任的全国政协委员、文化部原副部长王文章研究员接受《湘声报》记者独家专访，畅谈了新时期非遗保护工作的思考和见解。

"立法是非遗保护的关键和里程碑"

《湘声报》：你曾多次来湘调研非物质文化遗产保护，对湖南印象最为深刻的非物质文化遗产有哪些？

王文章：湖南非物质文化遗产内涵深厚，价值独特。我对火宫殿、湘绣、湘西土家族毛古斯舞和不少地方戏等印象特别深，其制作技艺和文化传承就是非物质文化遗产，也是湖南非遗资源的典型代表。

《湘声报》：自2011年6月1日起，《中华人民共和国非物质文化遗产法》已实施5年多，这些年来，我国非遗保护发生了哪些新的变化？

王文章：非遗保护最根本的是立法保护。《中华人民共和国非物质遗产法》通过后，中国非遗保护进入了依法保护阶段，这是一个里程碑式的发展。从此，我们的非遗保护更具科学性，更加讲究规范性，更加有了保护的整体性，保护的方向和目标也更明确，措施更具体，是在原有基础上向前迈了很大的一步。

但一直存在的非遗保护经费投入不足、有些非遗项目历史包袱重、非遗技艺及载体社会认知度不高、非遗传承人青黄不接等现实问题仍应被清醒认识到。

"非遗传承人要具备工匠品质"

《湘声报》：前段时间上映的电影《百鸟朝凤》引发观众热议。电影讲述了唢呐代表的传统文化传承在市场大潮中被冲击、边缘化，并被一些年轻人排斥的现实情景。当前，传统文化传承应该如何既顺应现代社会发展需求，又能保留传统文化中有价值的东西？

王文章：非遗保护强调本真性继承前人技艺的同时，还应结合传承人自身体验加以丰富综合，创新创造地传承下去。要深刻认识非遗传承具有恒定性与活态流变性对立统一的根本规律。

传统技艺的积累是恒定的，但传承人本身造诣、原材料和技术环境的变化，就会令它产生新的调整。就拿臭豆腐来说，不同的师傅，不同的火候，也会有味道的差别。以前是手磨豆腐，现在是机器加工，炉柴火换成了燃气，但臭豆腐的核心制作技术一直延续了下来。

总的来说，非遗保护的方针是"抢救第一、保护为主、合理利用、传承发展"，但也不应是凝固的保护，让其成为文物，而是在继承的基础上创新。有些项目适合发展生产，制造产品，政府应积极引导扶持这些项目，在生产和创作中，实现经济社会效益与传承发展双赢。

《湘声报》：现今环境中，如何选择并培养合格的非遗传承人？

王文章：就湖南来说，我们这次看的白沙溪黑茶、臭豆腐小吃、老字号中药的制作技艺就属于非遗保护的内容和重点，人不存在，技艺就不存在了，所以说，非遗保护的核心就是保护传承人。

保护传承人不仅仅是保护起来，而是要尊重他的地位，认识他的价值，尊重他的传承和创造。近些年，非遗传承人申报名录就是为了尊重传承人，使他们能有一个良好的传承环境。传承人要拥有神圣的责任感和坚守的品格，具备真正的工匠精神，对项目最本真的品质、最核心的技艺坚持传承，像爱惜自己的生命一样保护好文化遗产。

"非遗保护不力、开发过度，应予以除名"

《湘声报》：近年来，"重申报，轻保护"、市场功利性过度开发等问题仍不同程度存在。如何实现非遗理性传承与开发？

王文章：在进行非遗保护传承的过程中，可以适当研究市场开发，但开发并不是丧失自我品格。有些传承人或传承机构受市场驱使，把非遗技艺当成获取利益的工具，盲目追求经济效益，把本真丢掉了，改变了所传承项目的原真性。

"重申报，轻保护"现象实际上是违背它的传承规律的。要改变这种现象，首先我们在申报方面要按照规定、严格评审。要严格地进一步控制国家级非遗项目的数量，进一步完善省、县（市）级非遗名录体系的建设，使非遗名录体系建设形成一个好的结构：国家级名录少而精，省级名录在中间，市、县级名录为多数，是一个很好的基础。这样一个合理的金字塔形结构，就使我们把关注和保护的基础放在基层。

同时，要加大监督和检查的力度，组织专家组对各地申报的国家级名录项目进行检查和监督，对于没有采取有效保护措施加以保护的、保护不力的要限期予以改正；对于不能很好落实保护措施的，要在名录中除名。

当然，更积极的保护措施还是针对不同类型项目采取不同的保护措施，使它能够在当代发展中跟文化建设、文化创新和当代生活结合起来，产生一种保护的活力。

《湘声报》：你主编的《非物质文化遗产概论》一直是关于非物质文化遗产的权威基础理论，如何理解其中提到的"非遗保护应该有的放矢"这一观点？

王文章：很多项目是不是可以进入国家级名录，都在专家的研究之中。今天我们对非物质文化遗产的很多项目认定还处在进一步深化研究的过程之中，对有些项目不能草率或者盲目地下结论，其中包括很多民间信仰的项目。比如，妈祖信仰是福建及台湾地区很多民众信仰的项目，这其中有迷信的成分，但总体上表达了一种人们向善、追求美好的意愿，这是应该加以肯定的。再比如风水，我们对一般性地否定或者肯定都是反对的，应该在深入研究的基础上得出一些结论。

《湘声报》：非遗保护工作从专项专人保护传承到实现文化自觉、文化自信，还需在哪些方面努力？

王文章：非遗就在我们身边，与日常生活息息相关，这也是要进行非遗保护的意义。非遗保护得好与差，最关键的就是大众广泛参与的程度，大众认知度越广泛，觉得保护非遗乐在其中，就能自觉参与。

"非遗日"的设立就是为了营造非遗保护的社会氛围。当前，学校和社会要加强对中小学生、青少年的非遗教育和宣传，使其认识非遗的价值和意义，从而自觉参与到保护中来。当非遗保护成为一种社会共识的时候，中华民族优秀传统文化自然得以发扬光大。

（记者：李飞，原载《湘声报》2016年10月14日）

退出机制是非遗保护不可缺的一环

近几年来，我国非物质文化遗产保护和传承取得了重要进展，目前，国家级非遗项目代表性传承人已达1986人。然而在"申报热"的背后，却存在"保护冷"的现实。一些地方为了"申遗"成功，甚至不惜造假。

在刚刚闭幕的全国两会上，全国政协委员、中国艺术研究院院长、文化部原副部长王文章就此问题接受了《中国青年报》记者的专访。王文章说，"重申报、轻保护"的问题依然存在，他认为这是文化部在非遗保护工作中亟须重视的首要问题。

王文章告诉记者，2004年至2005年，文化部门针对全国"非遗"项目进行排摸普查，各地统计上报的"地方上自认为是非物质文化遗产"的项目达87万项。"但这个数据要重新归类，因为肯定有很多是重复的。比如相邻两个县报的可能是同一个非遗项目。"

王文章说，中华民族有五千年文明史，非遗项目多是肯定的，但是，"在处理申报的过程中我们发现，有的地方喜欢'人造'一个非遗项目"。比如戏曲中有一个"声腔剧种"，该剧种作为一个单独的演出形式事实上已经失传，但"声腔"的特色和内容已被其他一些地方戏曲所吸收。有些地方为了申报一个非遗项目，专门为"声腔剧种"组建了一个演出团，重新"塑造挖掘"了一个"人造非遗"项目。

王文章说，近十年来，文化部一直在着力对上述87万个申报项目进行归类，并通过严格的"科学认定"方法，把那些质量不高的非遗申请"弹"回去。

"进入国家级名录，这个地方就出名了。"王文章说，一些地方或个人在对非遗项目的保护上，不是不去做，而是不能理解保护的真正意义。非遗项目保护不力的另一个原因在于"经济利益最大化"。一些个人或地方在申报非遗时，把它看成一种经济资源，"想体现它的经济价值，用来赚钱"，一旦发现该项目赚不着钱，就会疏于保护。

对此，王文章认为，利用非遗项目赚钱不是不可以，但要在保持非遗项目传统特点不变的情况下才妥当，"在保持传统特色的前提下，作品能赚钱，可以"。

王文章还提醒，一些具有较高精神和文化价值，但已经不能赚钱的非遗项目，更应该引起各地重视。他说，地方非遗项目保护的主体不是只有文化部门一家，"有的项目，比如传统体育项目属于体育部门，传统饮食文化属于很多行业，传统中医中药属于卫生部门。如果但凡不能开发经济资源的项目就不去保护，那很多项目很快就会消失"。

王文章透露，为了治理非遗保护不力的问题，文化部门一直在尝试酝酿一套合理的退出机制，"有的地方没有落实保护措施、项目保护单位发生变化、保护不得力等，去年我们就撤销了一批非遗项目，重新调整了一批非遗项目的保护单位"。

在非遗名录的撤销问题上，王文章的态度"非常慎重"。他告诉记者，其实早在第二批国家级非遗名录公布之后，文化部就开始酝酿出台"退出机制"，"组织专家到各地做了几次督查，发现一些问题，但那时还没有实施撤项目这个举措"。

直到去年，文化部才慎重地第一次撤销、合并一批非遗项目，对105个保护单位亮了红牌。其中，有的改变了保护单位，还有的被"提出批评"，有的传承人进行了调整，有的传承人因为不履行责任而被剔除出了非遗传承人名录。

王文章说，"退出机制"是非遗保护中一个不可或缺的方面，文化部现在下发了一个具有制度性规范意义的文件，要求各地根据文化部提出的要求和标准首先进行自查，一级一级往下查，一级一级往下监督。各地自查后，文化部再根据情况做进一步的监察和调整。

（记者：王烨捷、王晶晶，原载《中国青年报》2013年3月19日）

政协委员王文章：非遗传承应当促进当代文化创新

"非物质文化遗产作为重要的文化资源，在当代文化创新发展中应该加以开发利用，但在这之前很关键的一个环节是传承人要把它传承下来，如果放弃传承只做开发就会本末倒置。"全国政协委员、文化部原副部长、中国艺术研究院名誉院长、联合国教科文组织亚太地区非物质文化遗产国际培训中心管理委员会主席王文章在近日接受中国日报网记者专访时如是说。

发展非遗不能盲目创新

据王文章介绍，我国现代意义上的非遗保护工作从 2001 年昆曲艺术被列入联合国教科文组织"人类口头和非物质遗产代表作"名录之后正式开始。十多年来，从国务院到各级政府都非常重视非遗，对非遗保护采取了从项目普查、非遗名录体系建设、国家级代表性非遗传承人认定、文化生态保护实验区建设等一系列综合性保护措施。社会公众也开始逐步珍视非遗，保护非遗的观念已经深入人心，整个社会逐渐形成了一种文化自觉，这是非遗保护一个重大的进步。

王文章认为，对于非遗的保护和传承，一是需要国家扶持补贴，二是进行非遗产品的品质认定，三是进行创意开发。创意开发最好是由专门的社会企业机构来做,而不是靠传承人去改良传统。非遗传承最重要的是促进当代的文化创新发展。

"非遗项目之所以成为遗产,是经过多年一辈辈传承下来的,像基因一样,这个就是恒定性。但艺术家的审美观念会改变,新的题材、新的表现方法也会被吸入,这就是活态流变性",王文章介绍说,"非遗的恒定性和活态流变性这两个特征是对立统一的,所以我们在保护传承中要遵循它本来的自然发展规律,辩证地去保护和传承,不能僵化停滞,也不能盲目创新,要保持它的原真性"。

提高非遗传承人补贴

近年来,国家有关部门在全国范围内对非物质文化遗产进行了普查,统计显示全国非遗项目总共87万项。现在已经公布了四批国家级非遗名录,国家级传承人有1900多名,是非遗保护的重点。另外,已经形成国家级、省级、市级、县级四级名录保护体系,从非遗的整体性上进行保护。

在非遗传承的整个系统工程中,传承人的扶持仍是薄弱环节。"目前国家级非遗传承人每年补贴2万元,我今年的提案建议将此标准提高到3万元",王文章说,"省级、市级、县级的补贴都是由地方自己定,我建议各级政府部门对省地、市级非遗代表性传承人的传承补贴也相应提高"。据了解,目前日本对其国家级"人间国宝"每人年度补贴折合人民币约为17万元,韩国约为7.5万元。

王文章说:"我们要充分尊重传承人,认识到他们的价值,尊重他们继承和创新的主体地位。社会可以对非遗进行各种时尚和创意开发,但是如何合理地体现出来,传承人是最了解的,我们都不能代替他们。"

非遗传承人培养应纳入国家现代教育体系

随着非遗保护工作的不断深入，保护工作面临新的问题和挑战。王文章认为，目前我国非遗保护的核心问题是如何持续传承。不少优秀传承人因年老逐渐失去传承能力。传承人中挑大梁的中年骨干虽已发挥重要作用，但所从事项目形成品牌效应的还不太多，以其作品和传承形成大师级影响的则更少；很多具有传承价值的非遗项目后继无人，存在消失的危险。

据统计，在现有1986名国家级非遗传承人中已有250余人去世，在世的传承人中70岁以上的占了很大一部分。

对此，王文章在今年的提案中建议将非遗传承人培养纳入国家现代教育体系。建议相关部门在院校调整特别是中等专业技术职业院校建设发展的基础上，从实际出发，创造条件，筹建专门的非物质文化遗产学院等教育机构，或在现有大学创设特色专业，在深入论证的基础上制定教学大纲。如此，我国非遗传承人的培养，将会通过传承方式创新逐步较快改善后继乏人的问题。

近年来，有大批优秀的传承人如陶艺家朱乐耕、篆刻家骆芃芃、木版水印艺术家魏立中等，在中外不少大学的教学中产生影响。在非遗保护实践中，已涌现出雄厚的师资力量。

他说："做好非遗传承人的培养工作，仍然要重视和发挥传统的'以师带徒'的方式，这是那些以口传心授的方式传承的非遗项目培养新人的有效方式，但此种方式，已远不能适应我国非遗保护现实发展的要求。现在师傅带徒弟的培养方式，即使是国家级传承人或中国工艺美术大师以师带徒，'教'和'学'得再好，学生也没有学历，这是年轻人不愿学的一个重要原因。"

从非遗保护的认知中获得文化自信

党的十八大以来,习近平总书记多次谈到"文化自信"。对此,王文章说:"文化自信,从非遗保护的角度来看就要加强对非遗保护的认知。文化自信很重要,如果我们觉得非遗是落后过时的东西,就不会很好地去保护。非遗对我们精神家园的构建很重要,而我们国家又是多民族大家庭,各民族都有自己的非遗文化,我们要格外珍惜。"

(记者:冯明惠、毕楠,原载中国日报网 2017 年 3 月 13 日)

新中国戏曲艺术的70年
——全国政协京昆室副主任王文章访谈

编者按：戏曲艺术是中华文艺百花园中的璀璨花朵，但在中华人民共和国成立之前，几近凋敝。70年来，在党和政府正确方针政策的鼓励支持下，中国戏曲艺术不断发展、创新，呈现出绚烂的光彩。戏曲艺术是新时代传承中华优秀传统文化，坚定文化自信的重要载体；也是人民政协发挥凝心聚力作用，建设各民族共有精神家园，培育中华民族共同体意识的重要文化载体。在中华人民共和国成立70周年和人民政协成立70周年之际，本报专访全国政协京昆室副主任王文章，请他谈谈新中国戏曲艺术70年取得的成就和启示。

中国戏曲艺术"百花齐放，推陈出新"

文化周刊：新中国高度重视戏曲艺术的传承发展，20世纪50年代初就确立了"百花齐放，推陈出新"的戏曲工作方针。文化部制定了整理改编传统戏、新编历史剧和创作现代戏"三者并举"等政策，对戏曲艺术的繁荣发展起到重要作用。新时期以来，戏曲更是展现出勃勃生机。请结合70年戏曲发展，谈谈新中国戏曲工作的成就。

王文章：中华人民共和国走过了70年光辉历程，中国戏曲在这70年中的继承、创新、发展，也取得了显著成就。首先，在中国共产党的领导下，确立了戏曲"百花齐放、推陈出新"的正确方针及其贯彻落实的各项措施。1951年4月3日，毛泽东主席为中国戏曲研究院题词"百花齐放，推陈出新"。1951年5月5日，政务院发布由周恩来总理签署的《中央人民政府政务院关于戏曲改革工作的指示》（后被简称为"五五指示"）指出："中国戏曲种类极丰富，应普遍地加以采用、改造与发展，鼓励各种戏曲形式的自由竞赛，促成戏曲艺术的'百花齐放'。"党的十八大以来，以习近平同志为核心的党中央高度重视中华优秀传统文化的继承、弘扬和戏曲繁荣发展工作。文化自信成为继承发展包括戏曲在内的优秀传统文化的基石。2015年7月17日，国务院办公厅印发《关于支持戏曲传承发展若干政策的通知》。通知指出，要采取系列措施，"培育有利于戏曲活起来、传下去、出作品、出名家的良好环境，推动全社会重视戏曲、关心支持戏曲艺术发展的生动局面"。正是因为有了正确的戏曲工作方针的指引和国家不断健全的各项政策的扶持保障，在中国戏曲发展的70年中，尽管曾经历了"文革"的摧残以及经济转型和当代审美多元化趋向的冲击，广大戏曲工作者仍以自己的聪明才智和奋发的精神，推动中国戏曲在事业发展、剧目创作演出、优秀人才培养等方面不断取得新的辉煌成就。

其次，由各级人民政府领导的大批专业戏曲艺术院团，艺术教育院校及研究院所陆续建立。这些戏曲艺术机构的建立，使中国戏曲艺术走上了历史上从来没过的稳定发展时期。各类艺术机构汇聚了表演、创作（包括编、导、音、美）、教育、研究等方面的优秀专业人才。从艺者的政治、经济、社会地位得到保障，广大戏曲艺术工作者真正成了文艺创造的主人。全国各类戏曲艺术机构汇聚的人才、积累的剧目、研究的成果以及形成的独特艺术面貌、技艺传承机制和职业道德规范，已成为中国戏曲的宝贵财富，是中国戏曲守正出新、薪火赓续的根基。

再次，中国戏曲的"百花齐放"，既体现于不同流派、不同风格艺术家的表演，也体现在京、昆和各种地方戏曲剧种的百花争艳。中华人民共和国成立之初的十多年中，戏曲艺术工作者对传统剧种剧目进行了大规模挖掘，不少湮没无闻或趋于衰亡的古老剧种，如南北昆曲，很快唱响全国。一些地区萌生出新剧种，如北京曲剧、吉林吉剧等；一些地方小戏如江西采茶戏，湖南花鼓戏等发展成为大型剧种；少数民族戏曲如彝剧、傣剧等显露光彩。据《戏剧报》1959年的统计，全国戏曲剧种由中华人民共和国成立之初的100多个发展到368个。而据原文化部艺术司近年的统计，全国现有戏曲剧种有348个！近些年来，伴随着社会现代化进程的加快，文化标准化、同质化的趋势出现了。在这样的背景下，从非遗保护角度讲，中国戏曲仍葆有其多样性的形态，这不能不说是对当今世界人类文化多样性的巨大贡献。

最后，我国重视戏曲演员和戏曲创作、导演、音乐、舞美人才培养，建设起了灿若繁星的艺术家队伍；实行"三并举"剧目政策，以优秀的剧目构成了璀璨夺目的艺术长廊。中华人民共和国成立后，重视以各种形式教、传、帮、带培养戏曲演员。一是以政府力量建立各个剧种的专科学校，有计划地培养青年演员；二是通过以团带班培养新人；三是通过演员讲习会等形式提高演员思想艺术水平；四是老艺术家以收徒的方式传授技艺。70年来的戏曲舞台上，各个剧种都涌现出一大批优秀艺术家，他们深受人民喜爱，与其他门类的创作人员一起，共同撑起戏曲艺术的天地。这里不可能一一列举出长串的名单，用"灿若繁星，德艺双馨"来形容他们是准确的。

我国重视实行整理改编传统戏、新编历史剧和创作现代戏"三者并举"的剧目方针，70年来，在这三方面积累了一大批古今中外不同题材的优秀剧目。整理改编传统戏，注重保留原本从思想到表演的传统精华，或删繁就简，或去芜存菁，或"化腐朽为神奇"，呈现旧戏新颜。新编历史剧则是注重历史故事的现实观照，以古鉴今。而现代戏的创作则是以戏曲形式直接表现现实生活，反映时代精神。70年来，戏曲表现现实题材，从内容到形式的创新突破前所未有，为戏曲艺术发展增添了无尽的生命活力。中华人民共和国70年，大批戏曲优秀剧目的积累不仅是戏曲创作的成就，也是中华民族当代文化创造的财富。实践证明，"三者并举"的剧目方针是有效的，它是在克服对待戏曲传统的简单粗暴态度，以及创作题材决定论等的极端片面性中，逐渐被正确认识和贯彻的。虽然这一政策是在中华人民共和国成立之初即提出的，但真正全面贯彻落实还是在改革开放以来的新时期。当作家、艺术家的思想得到解放，对历史和现实的感受触发创作灵感，才可能主动选择题材，深刻地揭示矛盾，生动形象地表现生活、塑造人物。

去芜存菁，守正出新，舞台艺术面貌焕然一新

文化周刊：新中国戏曲艺术在推陈出新方面，取得了怎样的成就？

王文章："推陈出新"在指导戏曲舞台面貌由旧向新的转变中发挥了重要作用。推陈出新符合事物演进的辩证法，是对待文化遗产的正确态度。传统戏曲作为民族文化遗产，其精华和糟粕有时候是杂糅在一起的。正确判断两者的界限需要采取审慎的态度。新中国是从艺术实践入手来解决这一问题的。1952年10月6日至11月14日，中华人民共和国成立后的第一次戏曲会演在北京举行，有23个剧种的82个剧目，其中传统戏63个，历史剧11个，现代戏8个。梅兰芳、尚小云、程砚秋、荀慧生、周信芳、盖叫天、袁雪芬、常香玉、李万春、马连良、张君秋、谭富英、裘盛戎、新凤霞、徐玉兰、王文娟等一大批著名艺术家都参加了那次会演。人们看到，后来成为经典的《贵妃醉酒》《将相和》《三岔口》《白蛇传》《梁山伯与祝英台》等焕然一新的舞台艺术面貌，从中体味到推陈出新应有的思想蕴涵和艺术魅力。周恩来总理在那次会演的闭幕式上讲话指出，那次会演是历史上从来没有过的，从会演看出了毛主席指示的"百花齐放，推陈出新"的远景。

作为"推陈出新"的范例，大家都会讲到昆曲《十五贯》。它对原作

从剧本体例、故事情节、舞台表演和唱腔设计都做了去芜存菁、守正出新的整理、提高。原作包含的故事内容错综复杂，可以从娱乐角度改编为情节诡异离奇的探案戏或表演精粹的生旦戏，也可以从思想内容着眼改编为"清官戏"。新的改编则突出了批判官僚主义和主观主义的思想内涵。这正如戏剧家张庚先生当时在评论中指出的：《十五贯》成功的原因之一，是"没有从原作之外强加进去一些它原来所无法承受的主题；整理者只是从原作中发现了它的积极因素，发扬了它，而去掉了它的消极因素而已"。《十五贯》的改编，说明当代人是可以从传统剧目中发现符合时代要求的新内容，并完全可以解读出时代精神的。正确地发掘历史深度与揭示现实观照，完全可以让传统剧目"起死回生"。

今天人们再回顾那段戏改的历史，都记得"一个戏救活了一个剧种"的名言，而实际上，《十五贯》的成功，不仅是救活了一个剧种，更重要的是开阔了人们认识和对待传统戏曲剧目遗产的广阔思想空间。戏曲传统文化遗产，完全可以在新的时代要求下，通过推陈出新传承发展。据1957年全国第二次剧目工作会议统计，当时共挖掘传统剧目51876个（其中有文字记录的共14632个）。"推陈出新"使许多瑕瑜互见的传统剧目获得当代生命，有一大批剧目成为今天仍在上演的戏曲经典。而且，戏曲创作"三并举"中的新编历史剧和现代戏的创作，也从舞台表现形式的推陈出新中获益良多。

文化周刊：新中国的戏曲政策和一系列举措对戏曲的传承具有哪些深远意义，又给我们以何种启示？

王文章：从70年来戏曲发展走过的历程与取得的显著成就中，可以得到很多启示。首先，党的正确领导是中国戏曲持续传承发展的根本保证。从中华人民共和国成立前夕，中国戏曲从整体上濒临凋零，到中华人民共和国成立后逐步繁荣兴盛，离不开党的正确文艺方针和戏曲工作方针的指引和各级人民政府的扶植、支持。党的十八大以来，习近平总书记围绕文化自信作出一系列重要论述。文化自信让今天传承、弘扬戏曲艺术有了更基本、更深沉、更持久的力量。今天，我们的党对包括戏曲在内的中华优秀传统文化传承发展的高度重视，标志着戏曲的传承发展站在了一个新的高度。

其次，要坚持以历史唯物主义、辩证唯物主义的观点，正确认识传统戏曲艺术遗产。70年中，戏曲发展也曾经历过一系列问题，如阶级性与人民性、推陈与出新、"有利、有害、无害"、内容与形式等的讨论和争论，才有了科学的判断，形成了一支坚持投身于戏曲继承发展的坚定、自觉的剧作家、艺术家和理论家队伍。有了这样的基础，"百花齐放，推陈出新""百花齐放，百家争鸣"和文艺的"二为"方向才能更好地贯彻和坚持，戏曲也才有生命活力。

再次，要始终坚持戏曲与人民群众的紧密联系，这是戏曲发展的生命线。我们党历来坚持文化发展为了人民，文化发展成果由人民共享，提出文化发展要不断满足人民群众多层次、多样化、多方面的精神文化需求。广大戏曲工作者遵循这样的要求，坚持以主动、自觉的态度和方式深入观众、深入基层演出，使戏曲艺术之根始终扎牢在人民群众的沃土之中。70年来，戏曲发展有很多经验值得总结，其中很多启示意义，对戏曲未来的发展都是至关重要的。

文化周刊：您在政协委员履职期间提交了《关于对少数民族戏曲剧种实行抢救性保护的提案》，主编的《中国少数民族戏曲剧种发展史》填补了中国少数民族戏曲史研究的空白，请谈谈保护与发展少数民族戏曲重要意义何在。

王文章：少数民族戏曲研究是戏曲理论研究中比较薄弱的一个环节，需要不断加强。事实上，从宋金形成较为完整的戏曲艺术形态，到金末元初元杂剧的出现、中国戏曲进入比较成熟的发展时期，及至明清传奇和清代地方戏的兴起，无论在戏曲的孕育期还是发展期，汉族和中原地区的很多戏曲剧种都受到少数民族歌、舞、乐的影响，而汉族和中原地区的戏曲对于少数民族戏曲的形成和发展亦产生过重要影响。"和实生物，同则不继"，异质的融合，才使中国各个戏曲剧种呈现"和而不同"的共性与个性。由于少数民族戏曲流播地区辽阔，艺术呈现形态复杂，在揭示戏曲共同规律与各个剧种个体规律、不同剧种之间的关系与异同方面确有一些难度，在此基础上的艺术整体性概括尤为困难。这也是少数民族戏曲一些个体剧种研究成果较多，但整体研究相对薄弱的一个原因。少数民族戏曲展现着中华戏曲文化的一脉相承，它体现的中华民族戏曲文化的共同特征和本民族戏曲的独特个性，构成了中国少数民族戏曲重要的文化价值和审美价值，是需要今天特别珍视的非物质文化遗产。少数民族戏曲同样是与群众联系紧密、观众喜闻乐见的艺术形式，最能体现浓郁的民族生活气息，最能抒发民族的思想情感，最能淋漓尽致地呈现民族艺术手段。少数民族戏曲在新的时代要有更好的发展，理论研究要促进这种发展。

坚定文化自信，新时代戏曲艺术创新性发展

文化周刊：您长期在文化领域从事管理工作，又是戏曲研究的学者，几十年来，发表了很多戏曲理论评论文章，并担任《中国大百科全书》戏曲卷第三版主编。您主编的《昆曲艺术大典》被称为昆曲研究领域的标志性重大成果。请结合具体学术成果，谈谈研究、保护、传承戏曲艺术，对于更好地继承优秀传统文化、坚定文化自信的独特价值。

王文章：与中国戏曲千年历史不相称的是，对其系统性、体系性的研究一直难有。到1915年才有王国维《宋元戏曲史》这部公认的近现代研究中国戏曲史的开山之作。真正从内容上整体性、体系性地对中国戏曲的全面研究，是在中华人民共和国成立之后。如《中国戏曲通史》《中国戏曲通论》《中国戏曲志》等著作，都是以马克思主义的观点、方法为

指导，但更注重对中国戏曲自身发展实际进行深入考察的奠基性的史、论、志研究著作。目前的研究，已出版的大批史、志、论文献，形成了完备的戏曲研究框架。

戏曲的研究同其他理论研究一样，一是要"讲清楚"，二是要"有用"。要理论联系实际。古为今用、洋为中用，经世致用，都注重一个"用"字。当然这个"用"不只是功利性的实用，而是要揭示戏曲延续传承的历史规律，揭示戏曲艺术发展规律，揭示戏曲本体创作规律。"讲清楚"，是要让人们比较清楚地认识和遵循这些规律，以指导和推动戏曲传承创新、繁荣发展，这就是"要有用"。中国戏曲理论体系的建构，必须坚定文化自信，要从中国社会和文化的实际出发，深入考察中国戏曲的历史和现实的状况，特别是中华人民共和国成立以来的戏曲艺术实践，确立自我主体、多元参照的戏曲理论研究体系。这一体系的建构，一是要强调民族性，二是要强调当代性，要在二者的融合辨析中，建设独特的中国戏曲理论体系。在此基础上的戏曲理论研究成果，才有可能揭示中国戏曲的独特艺术规律，并对中国当代戏曲的传承发展实践起到指导、参考的作用。同时，对戏曲自身价值的发掘，可以让我们更清晰地认知戏曲艺术不仅是民族精神、文化的载体，它优秀的思想蕴涵、乡音乡情也是民族精神的生成力量，让我们从中汲取文化自信的底气。

文化周刊：从非遗保护的角度，应如何更好地保护与传承中国戏曲？请谈谈对戏曲保护与传承的思考。

王文章：戏曲艺术在新的时代应该有创新性发展。首先，要坚定文化自信，进一步认识中国戏曲的独特价值。在现代化进程中，生活节奏的快速，艺术方式的多元化，审美趋向的多样性，文化娱乐的消费性，都可能使人们对戏曲的未来判断产生不确定性。但真正了解中国戏曲千百年嬗变的历史，就会发现，中国戏曲从来都是在曲折的历程中不断更新变革而葆有不绝的生命力。当代以京、昆为代表，并由丰富的地方戏剧构成的博大的戏曲艺术体系，其艺术表现力足以为戏曲的当代发展提供继承创新的无尽资源。由国家文化和旅游部、江苏省人民政府主办，昆山市人民政府承办的"戏曲百戏（昆山）盛典"于2018年10月26日在昆山开幕，将在三年内分三批把我国现存剧种全部展演一次。这既展现了中国戏曲百花齐放的绚烂景象，也向世人证明中国戏曲的当代活力。中国戏曲体系中分支剧种的兴替、声腔的嬗变是正常规律，但在当今文化同质化演进的趋势之下，很难再有新的剧种产生，我们应该格外珍视戏曲文化遗产，尽可能以活态方式传承。

其次，要继续坚持"百花齐放，推陈出新"，坚持"二为"方向和贯彻"双百"方针，戏曲的创作、服务都要以人民为中心。今天，当我们对文化遗产的认知更具自信时，我们能够更加准确地判断什么是"陈"、什么是"新"，能够以包容的心态，更加辩证地从传统中发现更多正能量的思想智慧。我们也应反思，推陈出新带来戏曲舞台新面貌的同时，一些剧目所具有的在今天看来值得珍视的思想遗产，也曾因时代的局限性被过滤了。从舞台形态讲，我们也能发现戏曲舞台演进历史中，很多本真的演出形态，比我们今天看到的更丰富有趣。今天，在现代化的进程中，人们的生活方式和审美趋向都在改变。很简单地说，戏曲的欣赏一定要以正襟危坐两个多小时这种形式在剧场进行吗？要重新审视、发现、反思的东西很多。在新的时代，向传统戏曲宝库的开掘，也许会让人们看到一个崭新的艺术世界。

再次，戏曲院团要健全科学经营机制。政府部门要落实好各项戏曲发展的扶持政策措施。院团要抓住有利于戏曲繁荣发展的机遇，健全内部机制，建立保留剧目制度和剧目上演制度。传承是创新的前提，艺术上要守正创新。戏曲院团的活力在演出，影响在人才，生命在演出质量。坚持"三者并举"的剧目政策，但要重视现代戏创作，多出老百姓喜闻乐见的剧目。专业院团的发展是中国戏曲发展的最根本保证，同时必须重视大力推动民间职业戏曲剧团及戏曲非职业班社的发展。现存的绝大部分戏曲剧种的活态传承存在于民间戏曲团体中。在中国戏曲史上，戏曲生成与发展的主体在民间。民间戏曲团体演出内容要健康，艺术上要适应年轻观众，融会贯通，放开尝试。今天虽然社会体制改变，但对戏曲发展而言，民间土壤仍是依托。政府部门应以完善的经济政策，大力扶持社会力量参与推动戏曲发展。

复次，要十分重视戏曲人才的培养。这是关系到戏曲能否传续的重大问题。必须正视目前青年优秀人才减少以及他们所学的剧目和能演的剧目日渐减少的问题。院校和院团培养与师徒传承要有机结合，政府部门要特别落实戏曲人才培养的经济政策。

最后，要重视戏曲的社会推广教育问题，要坚定地坚持推进，但要采取积极而又审慎的态度。比如要有专门的机构审定进校园演出的剧目和团体，在思想内容和艺术的精湛性上要有标准，充分体现中国戏曲的美学魅力。

（记者：王小宁，原载《人民政协报》2019年9月30日）